U0142973

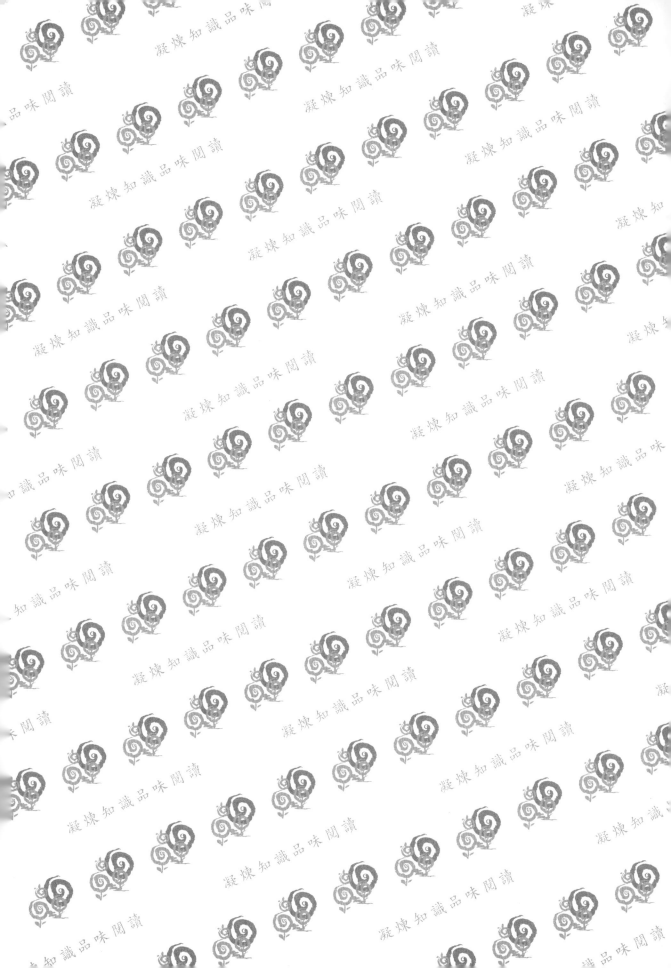

研究&方法

結構方程模式理論與實務：
圖解Amos取向 第二版

Principles and Practice of Structural Equation Modeling with Amos Graphics

五南圖書出版公司 印行

李茂能 教授 著

序言

　　Amos為圖形操作介面，不需撰寫程式即能執行SEM分析，受到廣大研究者的喜愛。本版Amos應用專書秉持著「推陳出新」與「精益求精」的精神，對初版書中圖表與內容進行修正、調整章節結構，並持續推出SEM新知。新版仍維持十章，在第一～五章主要在章節調整及文意內容之更新，以強化本書的正確性與可讀性，第六章則為全新的SEM應用新知，而在第七～十章則在段落結構與內容上，有較大篇幅之更新。為了聚焦，第一版中第六章的二層次因素分析，已移往隨書光碟，供需要者自由讀取。

　　本書的內容，第一章介紹Amos的基本操作介面、繪圖工具、檔案連結方法與統計分析。第二章介紹模式隱含共變數矩陣的追蹤與推導。第三章介紹SEM理論模式的基本原理（含模式可辨識性及極小化過程）。第四章介紹適配度指標的選用與解釋。第五章介紹SEM量尺不確定性的處理方法及驗證性因素分析在測驗編製上的用途。第六章探究SEM應用上潛藏的困惑，更深入探討SEM應用上，重要的啟示與限制。第七章介紹如何利用Amos進行差異試題功能（DIF）分析，新增MACS取向與MIMIC取向之DIF分析流程圖及WinSteps DIF報表的分析。第八章介紹跨群組與跨時間之測量及結構不變性分析。第九章介紹因果關係類型及SEM取向的交叉延宕分析。第十章探索SEM多元共線性的症狀與其解決方法，新增SmartPLS與WarpPLS的應用介紹，以利檢驗預測變項間或預測變項與效標間的共線性。隨書附贈MLE極小化增益集與交叉延宕相關分析增益集，以方便讀者在SEM實務教學或研究上的應用。

　　為了讓讀者掌握各章之脈絡與主要學習要點，乃在各章節之前，提供了一些待答問題，以引導讀者從章節內容中找出答案。當這些前導問題都能正確回答之後，就可著手解析章節之末的習題了。另外，在各章節結束時，均提供結語一節，總結該章的重點與啟示，以溫故知新。

　　本書不僅是SEM初學者也是精進者的最佳寶典，內容深入淺出，除了新知之外，係筆者多年授業與解惑的結晶，它不僅將統計理論與Amos操作實務相結合，並

化解與澄清許多研究生實務上常碰到的問題與迷思。筆者一向秉持著專業知能承先啓後之使命感，不問代價戮力以赴。倘仍有內容疏漏或偏誤之處，尚請國內外同好不吝指正。

另外，欲觀看個人SEM之部落格，其網址為：https://mao-neng-fredli.blogspot.com/2024/。

李茂能

2024年春於嘉義

目錄

第1章

圖解Amos徑路圖繪製一點通

A
m
o
s

一、利用圖解式Amos進行統計分析，先導工作有哪些？

　　（一）Amos的圖形介面與功能表單如何操作？

　　（二）資料檔案如何利用DOS/SPSS/Excel建立？

　　（三）SEM理論模式之徑路圖如何繪製與命名？

　　（四）Amos如何連結資料檔案與理論模式？

　　（五）Amos分析屬性如何設定？

二、如何執行Amos進行統計分析？

三、如何輸出與閱讀Amos徑路圖與統計報表？

Amos（Analysis of moment structures）軟體（Arbuckle, 2005 & 2009），係SEM（Structural Equation Modeling）的常用應用軟體。Amos從第7版之後，為了與IBM SPSS的出版序號一致，Amos的序號從第7版直接跳至第16版。Amos隨著版次的增加，亦逐次增加了一些嶄新功能，最新版為29版（2022），其中以5、6版間操作介面的變動較為顯著，之後變動不大。Amos具有兩大操作模式：一為圖解式，一為Basic語法式，這兩種執行模式具有互補之功能，各有優缺點。語法式Amos較具彈性，適合於大型模式之資料分析及允許操控輸出結果，但需撰寫語法程式，非Visual Basic使用者較不易入門。圖解式Amos最大的優點在於其圖形繪製徑路圖的操作介面，使用者一點就通，免去撰寫程式的繁瑣，最適合一般研究者使用。本章主要在介紹圖解Amos的人性化操作介面，以切合大多數使用者之需要；而Basic語法式的程式撰寫，適合於具有程式設計基礎者，非本書探討範疇。本章首先介紹Amos的圖形操作介面及其繪圖工具，其次說明原始資料檔案的製作、資料連結方法及徑路圖的繪製，最後介紹Amos分析屬性的設定、統計分析執行步驟及報表的輸出。

一、Amos的圖形操作介面與功能表單

第6版之後，Amos的圖形操作介面變動不大，本書乃依照Amos 6.0版之操作介面作介紹，之後版本之更動，請逕行參閱各版Amos的操作手冊。圖1-1係Amos 6.0版Graphic模式的操作介面，主要分為三區：第一區為浮動的繪圖工具顯示區（最左側），使用者可以增刪該區內之繪圖工具及改變其顯示位置，第二區為多功能視窗區（如：製作或顯示徑路圖切換區、組別顯示區、模式顯示區、簡單χ^2考驗結果顯示區、既存Amos檔案顯示區），第三區為徑路圖繪製與編輯區（最右側）。請注意第二區中的估計參數模式的選單 Unstandardized estimates / Standardized estimates ，當您點選未標準化參數（Unstandardized estimates）時，在第三區中的徑路係數即會呈現未標準化參數值；當您點選標準化參數（Standardized estimates）時，在第三區中的徑路係數即呈現標準化參數值；當您欲拷貝徑路圖與其徑路係數時，常會用到這個選單。

Amos常用指令之執行，除了利用功能表單上之選目（例如：如Edit表單下之 Move 選目）外，亦可在工具視窗中找到相對應之工具圖像；例如： ，只要在該工具圖像上按一下使成下凹之狀態，即可執行相同之操作功能。Amos在各功能表單選單之左側，亦同時呈現相對應指令之工具圖像（參見圖1-2），其設想甚為周到，望圖、望文均可生義。

　　圖1-1繪圖區內的徑路圖設計，依照傳統SEM徑路圖繪製規範，潛在變項（包含共同因素與獨特因素）常使用圓形或橢圓形表示，而觀察變項（又稱測量指標、外顯變項）則使用方形表示。另外，潛在變項間的相關以雙箭頭曲線表示，直線單向度箭頭則表示因果關係。例如：圖中所有觀察變項均為潛在變項的「效果或反映性指標」（Effect/reflective indicators）。

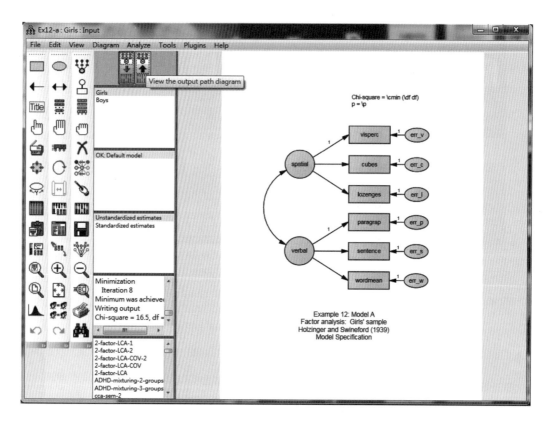

圖1-1　Amos Graphic之使用者介面：Amos 6.0以上版本

　　為便利初學者查詢與操作，以下將Amos所提供的八個功能表單File、Edit、View、Diagram、Analyze、Tools、Plugins與Help，逐一簡單介紹，使用者只要具有初步概念，記得Amos擁有哪些功能可用，當您實際應用時知道去何處查找即可。另外，這八個功能表單下的次功能表單，運用起來較不便，研究者通常可直接在圖1-1的左側圖像視窗內，點選即可。

（一）檔案（File）

　　常用的檔案操作表單，主要有建立新檔案（New）、打開舊檔案（Open）、儲

存檔案（Save/Save As）、資料檔連結設定（Data Files）、列印（Print）、檔案管理（File Manager）與結束（Exit）等，參見圖1-2之檔案功能表單。表單之底部列有目前目錄中的Amos檔案，可以雙擊點選檔案名稱，具有Open File的功能。值得注意的是，有些個人電腦的操作系統有時可能無法讀取中文檔名的資料檔，建議您改用英文檔名，並將該資料檔案存放在Amos Graphic執行檔所在的子目錄之下，即可順利讀取資料檔案。另外，舊版的Amos（如Amos 20）可能無法讀取新版的Amos程式檔案（如Amos 21），而出現以下之警訊：

"The file, #####, is in the wrong format"

這是較舊的ANSI編碼法無法讀取較新的Unicode編碼法所產生的障礙，欲解決此問題，請利用文字編譯器打開此Amos檔案，存檔時存成「ANSI」格式而非「Unicode」格式。此時，舊版的Amos就可以讀取較新版本的Amos程式檔案。

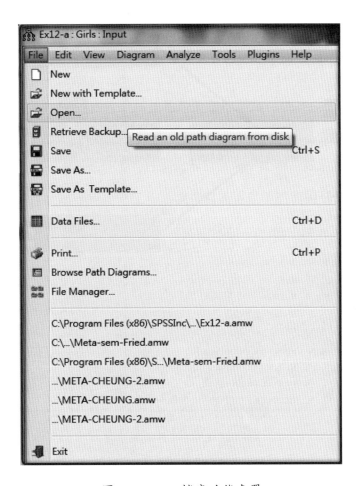

圖1-2　Amos檔案功能表單

（二）編輯（Edit）

主要編輯工具，含有回覆（Undo）、重作（Redo）、拷貝徑路圖到剪貼簿（Copy），與工具列上常用之編輯工具（參見圖1-3之編輯功能表單的Select, Select All, Deselect All, Link, Move, Duplicate, Erase, Move Parameter, Reflect, Rotate, Shape of Object等製圖工具）。此外，點選Drag properties物件 ![icon] 後，會出現可以拖曳屬性的視窗（參見右圖），讓使用者拷貝一個物件之屬性到另一物件，省去重複設定相同物件屬性的麻煩。例如：當打開拖曳屬性的視窗之後，使用者點選「Name」之後即可點選來源變項之物件，並按住滑鼠左鍵，將該物件之名稱屬性拖曳到徑路圖中待更換變項名稱的物件中，可省去輸入該變項名稱的麻煩。

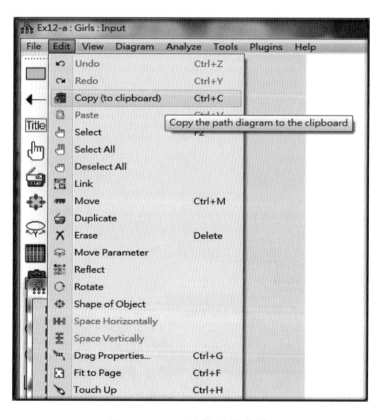

圖1-3　Amos編輯功能表單

（三）查閱（View）

　　圖1-4之查閱功能表單，主要在設定介面屬性（Interface Properties）、分析屬性（Analysis Properties）、物件屬性（Object Properties），及顯示模式中之變項（Variables in Model）與資料檔中之變項名稱（Variables in Dataset，本功能可免去變項名稱的輸入，請參閱圖1-40之細節）等之設定。「Text Output」則係查看Amos分析結果之選目。

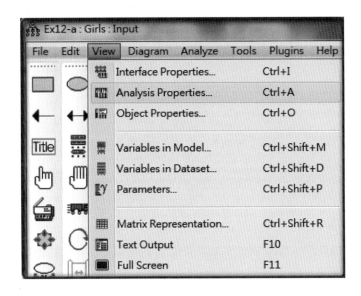

圖1-4　Amos查閱功能表單

1. 前述Amos的介面屬性視窗，其快速鍵為「Ctrl + I」，主要在於界定Amos使用者介面的屬性，諸如介面大小、文字字型、顏色設定、製圖框之位置等。圖1-5為使用者介面屬性的設定視窗，當研究者按下Page Layout後，於Paper Size視窗下，利用Portrait/Landscape的選目，選擇直式或橫式徑路設計圖框的型態與大小，即可對調徑路設計圖框的顯示型態與大小；另外，研究者於多群組設計時，有時需要針對不同群組設計不同之徑路圖，就須打開圖1-6之介面屬性視窗，點選其中的Misc後，再點選「Allow different path diagrams for different groups」，即能進行不同徑路圖之設計，以便進行參數在組間的等同限制。

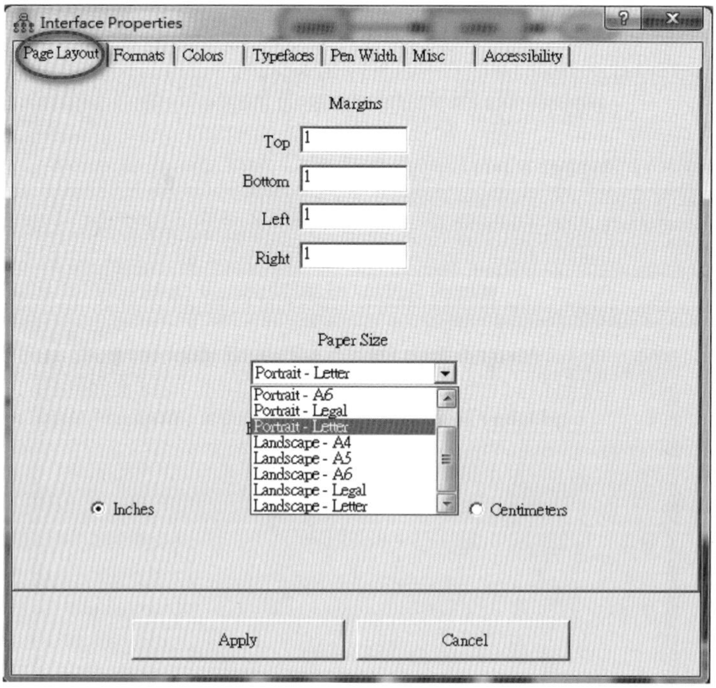

圖1-5　Amos徑路圖視窗屬性設定視窗

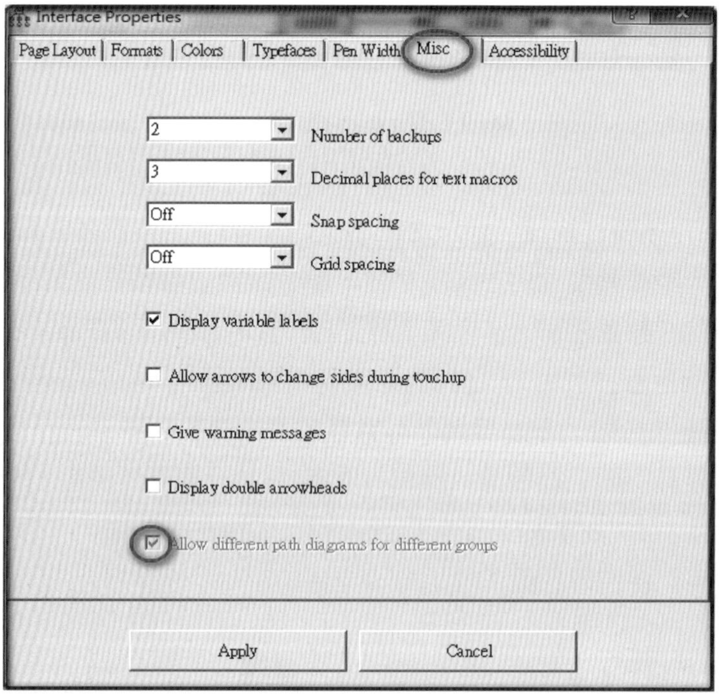

圖1-6　多群組不同徑路圖設定視窗

2. 至於分析屬性的設定，亦是Amos使用者最常用到的視窗，參見圖1-7，其快速鍵為「Ctrl + A」。在此視窗中，研究者通常需針對估計方法（Estimation）、結果輸出（Output）、共變數矩陣之屬性（Bias）進行設定，參見圖1-7之結果輸出及圖1-8-1共變數矩陣屬性的設定視窗。

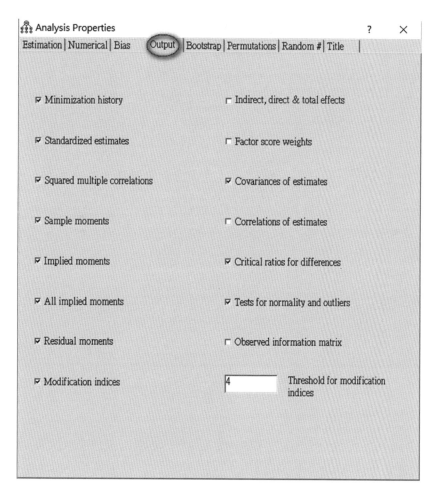

圖1-7　Amos分析屬性設定視窗：結果輸出

　　圖1-7的分析屬性視窗中，所勾選的統計量數依序為：極小化過程之統計量、標準化估計值、複相關係數、樣本共變數矩陣、隱含共變數矩陣、殘差矩陣、修正指標、ACOV矩陣（對角線為參數估計值的變異量）、差異值的z考驗、常態性與極端值之考驗、最後一欄為修正指標臨界值之設定（常定為4），研究者可以視實際需要自行設定。

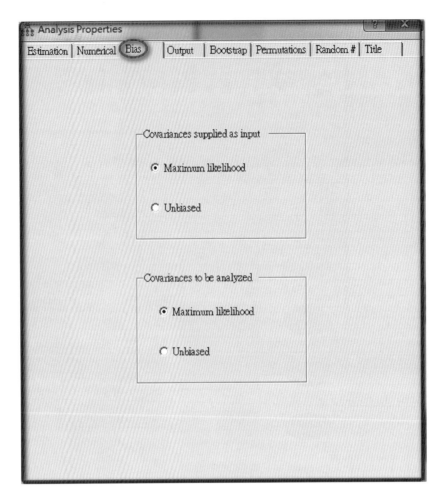

圖1-8-1　Amos共變數矩陣屬性之設定

　　圖1-8-1係在分析屬性視窗下「Bias」的設定視窗，使用者須在此確認輸入與待分析的共變數矩陣是否為不偏估計值（除以n-1）。如果不是，請點選Maximum likelihood（除以n），如果需要不偏估計值，請點選Unbiased。Amos的內定模式是使用Maximum likelihood估計值進行資料分析（以便處理漏失值），這與EQS或LISREL使用不偏估計值去分析有所不同。因此，如果樣本不大時，不同SEM軟體所得之結果必然會有較大差異。

3. 另外一個在「View」下Amos常用的物件屬性（Object Properties）設定工具 ，此物件之快速鍵為「Ctrl + O」。欲使用此物件視窗有兩種途徑：第一種是使用滑鼠左鍵按下此工具圖像，第二種是將滑鼠移向感興趣之物件（包含指標、因素、變異數、

迴歸係數、共變數），雙擊該物件就會跳出以下之物件屬性設定視窗：圖1-8-2。

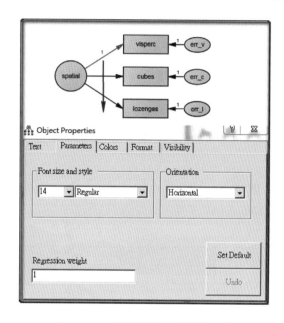

圖1-8-2　物件屬性之操作視窗

筆者推薦您使用上述第二種的操作方式，不管是變項之命名或參數之設定均較省時省力。在此視窗內，主要在進行變項之命名（按Text）及各項參數之設定（按Parameters）。

（四）製圖（Diagram）

圖1-9係製圖Diagram功能表單，下拉後表單內容內含製圖之必用工具：如Draw

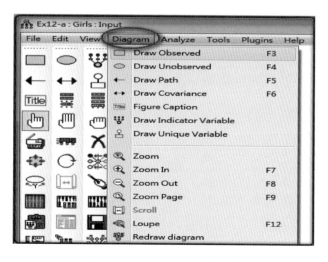

圖1-9　Amos製圖功能表單

Observed、Draw Unobserved、Draw Path、Draw Covariance等及其相對應之快速鍵。通常這些常用的製圖工具，亦可在圖1-9左側工具視窗內找到，研究者點選這些圖像工具，即可使用，操作較為方便。

（五）統計分析（Analyze）

圖1-10之統計分析功能表單中，內含執行估計（Calculate Estimates）、多群組設定（Manage Groups）、多重模式設定（Manage Models）、模式實驗室（Modeling Lab）、模式界定搜尋（Specification Search）、自由度（Degrees of freedom）計算、多群組分析（Multiple-Group analysis）、貝氏估計（Bayesian Estimation）與資料填補（Data Imputation）等統計功能。

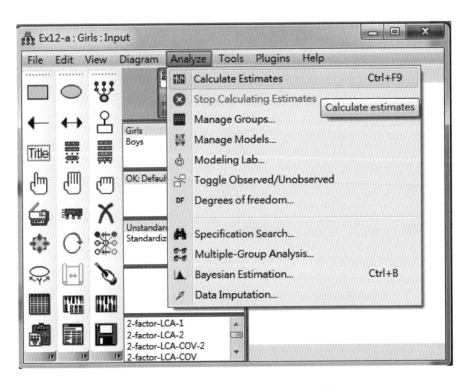

圖1-10　Amos統計分析功能表單

（六）工具（Tools）

圖1-11之Amos工具表單（Tools），可以針對字型大小（List Font）、對稱性（Smart）、顯示徑路圖綱要（Outline）、黃金分割比（Golden），與程式撰寫（Write a Program）等進行設定。

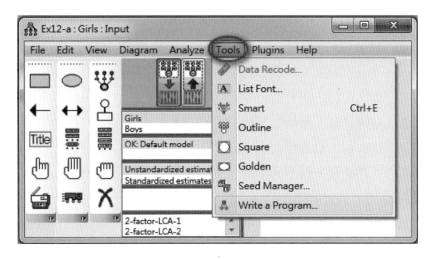

圖1-11　Amos工具表單

（七）巨集（Plugins）

　　圖1-12之巨集（又稱增益集）選單，可供研究者選用或編輯Basic程式，如SRMR的計算程式。目前Amos內建有6個巨集，可供巨集之執行（Run）、修訂（Edit）與刪除（Delete）。當然，亦可利用「Create」自創巨集。圖1-12中「Estimate Construet Reliability」增益集，係筆者所創建。讀者欲使用此增益集，可先點開圖1-12中的「Create」按鈕，在打開的程式視窗中，編輯程式，該相關程式碼，請參考光碟資料庫中的*.VB程式。詳細之增益集建置過程及程式內容，請參見本書第五章習題八。

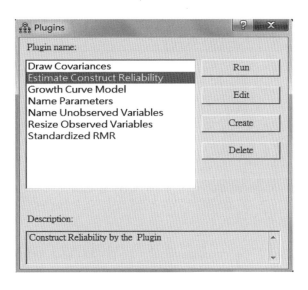

圖1-12　Amos18.0巨集的副程式表單

Amos巨集「Plugins」，係Amos事先利用 Basic語言所撰寫的巨集之所在，例如：點選 圖1-12之「Name Parameters」巨集執行後，會 出現右側之參數命名視窗，研究者可以針對共 變數、變異數、迴歸係數、平均數與截距等參 數自動以字首加以命名，以利於報表上各徑路 之辨識與解釋，此功能在多群組分析時，進行 參數命名最爲方便。另一常用的巨集「Name Unobserved Variables」，則用來進行潛在變項 的自動命名，可免去輸入潛在變項的名稱。另 外，如果統計分析前事先點選「Standardized RMR」巨集，則可以計算標準化之RMR。

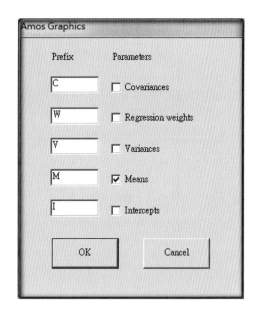

（八）線上協助（Help）

圖1-13之Help表單，主要在提供線上協助，研究者只要點選內容（Contents）即 可立即檢索與查看相關線上協助之內容。

圖1-13　Amos線上協助表單

二、Amos主要繪圖工具與點選方法

以下本節先談Amos徑路圖的繪製與命名，再談Amos繪圖工具的功能與操作。

（一）Amos徑路圖的繪製與命名

Amos的徑路圖設計，係採icon圖形導向，可看圖會意，學習容易。欲進行SEM 分析，徑路圖的製作是必備知能。Amos徑路圖的基本繪圖工具及其繪製方法，使

用者須先行學會，細節參見以下本節（二）之說明。例如：在理論模式徑路圖之繪製慣例中，常以橢圓形或圓形 ⬭ 代表潛在因素及殘差因素，而以方形 ▢ 代表外顯變項或指標。通常研究者將潛在因素視為因，而外顯變項視為果（Reflective indicator）。因此，習慣上使用單項箭頭 ⬅ 由潛在因素指向外顯變項；至於雙箭頭 ⬌ 工具，則用來繪製變項間之共變關係。圖1-14-1係因素徑路圖的繪製實例，圖中兩個潛在變項各有三個反映性指標，而每個指標皆帶有測量誤差。

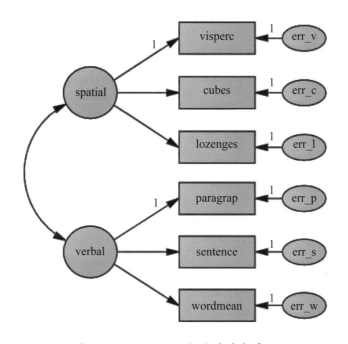

圖1-14-1　Amos徑路圖的繪製實例

　　使用者應用這些Amos製圖工具時，只要點選圖1-10左側工具視窗中的圖像，該圖像按鈕就會成下凹狀態（例如：下方工

具 ⬅ ⬌ 中的橢圓形圖像）。

　　此時製圖者即可將滑鼠游標移向Amos之製圖區（該點選之圖像會出現在製圖區），按下滑鼠左鍵不放，並拖曳

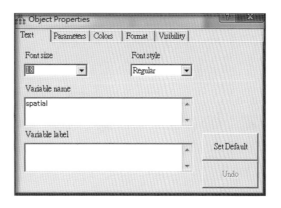

繪製所需之圖樣大小。假如選錯按鈕，再按一次即可解除下凹狀態。對於這些因素或指標的命名有兩種方法：第一種方法是雙擊您所欲命名的物件，Amos會立即出現物件屬性交談框（參見前頁右下角object properties視窗），在此物件屬性框內進行變項之命名、參數之設定及字型大小等之設定；第二種方法是點選資料集之變項表單（Variables in Dataset）的白色圖像 ▤ 。如果理論模式的徑路圖已跟檔案連結時，Amos會立即顯示資料集中所有的變項名稱之表單交談框（參見圖1-14-2），使用者可用滑鼠左鍵，按下表單中變項名稱不放（如wordmean），將之拖曳右邊圖框中所欲命名之方形指標物件，變項名稱就會出現在方框中，可省去打字命名之麻煩。

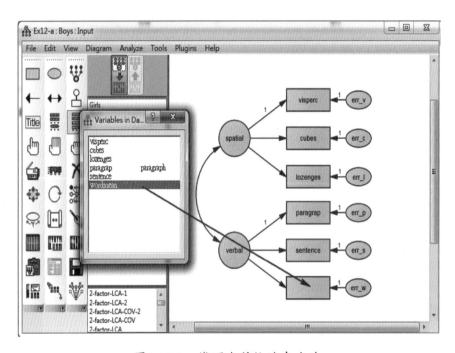

圖1-14-2　變項名稱快速命名法

（二）Amos繪圖工具的功能與操作

　　以下圖1-15，係全部Amos繪圖工具之英文彙整說明（取自Byrne, 2001 & 2016），以便利使用者快速查詢。使用者如仍有繪圖工具運用上之困難，請在此彙整表之後，繼續閱讀各繪圖工具的中文說明。

　　圖1-15的Amos工具物件，其中不少工具可望圖生義，不說自明，使用者只要稍加動手練習即可駕輕就熟。為便利讀者快速之瀏覽，在此亦將這些英文圖示說明轉譯

成中文圖示說明（詳見圖1-16、圖1-18與圖1-19），以利使用者根據中文圖示說明，稍加演練即能無師自通。不過，為了初學者易於上手，筆者將各圖中比較重要，常用到而又具有特殊功能的工具圖示，會額外之文字說明，未介紹到的圖像工具及其相關之操作方法，如仍有疑惑請參看Amos操作手冊。

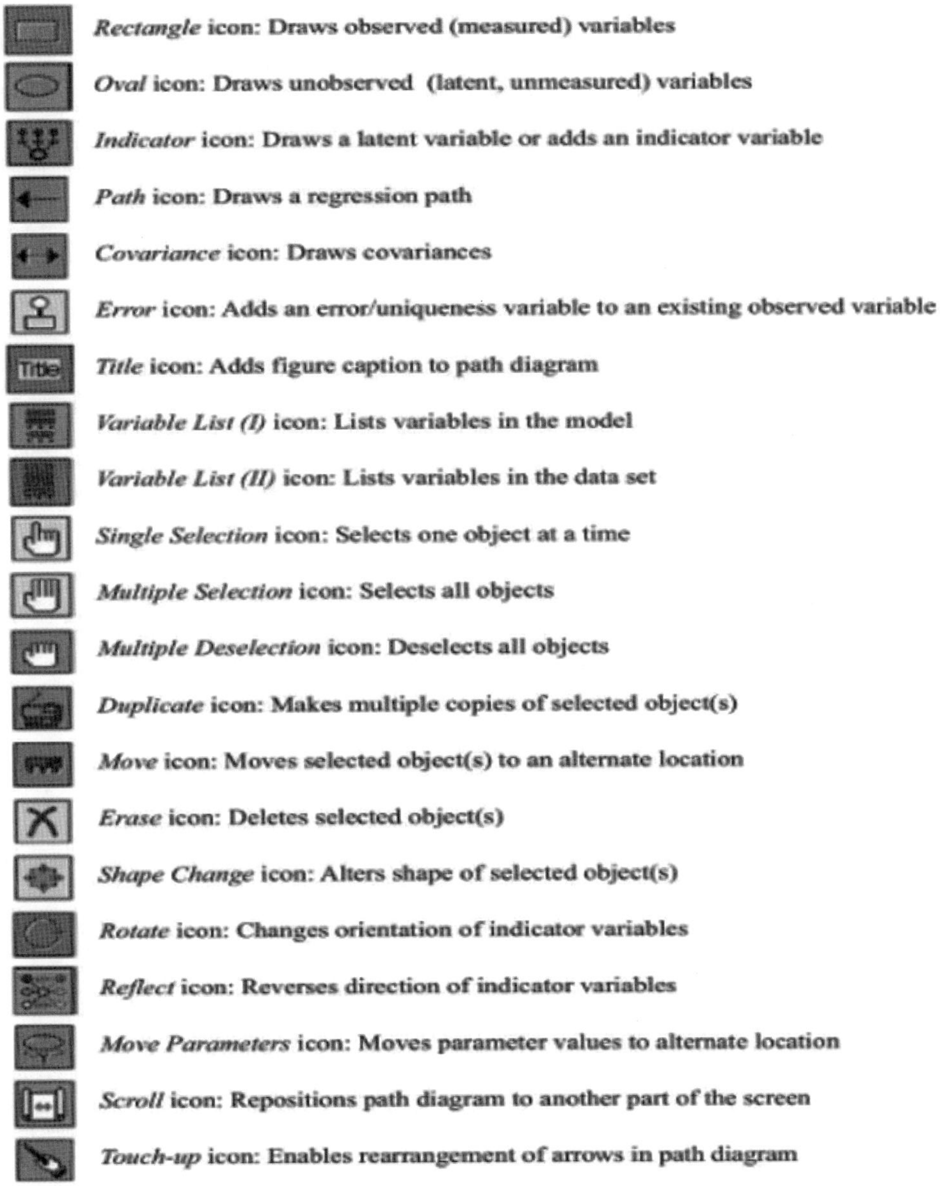

Rectangle icon: Draws observed (measured) variables

Oval icon: Draws unobserved (latent, unmeasured) variables

Indicator icon: Draws a latent variable or adds an indicator variable

Path icon: Draws a regression path

Covariance icon: Draws covariances

Error icon: Adds an error/uniqueness variable to an existing observed variable

Title icon: Adds figure caption to path diagram

Variable List (I) icon: Lists variables in the model

Variable List (II) icon: Lists variables in the data set

Single Selection icon: Selects one object at a time

Multiple Selection icon: Selects all objects

Multiple Deselection icon: Deselects all objects

Duplicate icon: Makes multiple copies of selected object(s)

Move icon: Moves selected object(s) to an alternate location

Erase icon: Deletes selected object(s)

Shape Change icon: Alters shape of selected object(s)

Rotate icon: Changes orientation of indicator variables

Reflect icon: Reverses direction of indicator variables

Move Parameters icon: Moves parameter values to alternate location

Scroll icon: Repositions path diagram to another part of the screen

Touch-up icon: Enables rearrangement of arrows in path diagram

圖1-15　Amos之主要繪圖工具與相關之功能（接下圖）

Data File icon: Selects and reads data file(s)

Analysis Properties icon: Requests additional calculations

Calculate Estimates icon: Calculates default and/or requested estimates

Clipboard icon: Copies path diagram to Windows clipboard

Text Output icon: View output in textual format

Save Diagram icon: Saves the current path diagram

Object Properties icon: Defines properties of variables

Drag Properties icon: Transfers selected properties of an object to one or mo target objects

Preserve Symmetry icon: Maintains proper spacing among selected group of objects

Zoom Select icon: Magnifies selected portion of a path diagram

Zoom-In icon: Views smaller area of path diagram

Zoom-Out icon: Views larger area of path diagram

Zoom Page icon: Shows entire page on the screen

Fit-to-Page icon: Resizes path diagram to fit within page boundary

Loupe icon: Examines path diagram with a loupe (magnifying glass)

Bayesian icon: Enables analyses based on Bayesian statistics

Multiple Group icon: Enables analyses of multiple groups

Print icon: Prints selected path diagram

Undo (I) icon: Undoes previous change

Undo (II) icon: Undoes previous undo

Specification Search: Enables modeling based on a specification search

圖1-15　Amos之主要繪圖工具與相關之功能（續上圖）

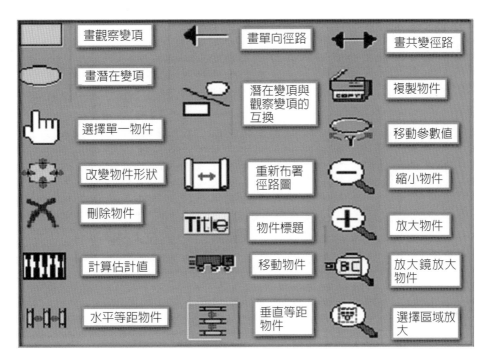

圖1-16　Amos之主要繪圖工具與相關之功能（一）

在圖1-16中，方形 物件，係用以繪製觀察變項，橢圓形 物件，則用來繪製潛在變項，而 物件的單箭頭與雙箭頭工具，則用來繪製變項間之因果或共變關係。繪圖時如發現物件與物件間之垂直與水平距離不等距時，可以使用下列之圖像 進行距離等距化之工作，讓徑路圖更具美感與對稱性。其他像Title工具物件 ，具有兩大功能：(1)設定徑路圖標題；(2)輸出統計結果於徑路圖中。第一種功能之標題設定，請在圖1-17中Figure Caption視窗中輸入標題即可；而第二種功能欲輸出統計結果於徑路圖中，需在Figure Caption編輯視窗中，輸入以下基本統計量的輸出控制指令：

Chi-square=\cmin(df=\df)

NFI=\nfi

P=\p

執行後，即會在徑路圖視窗中顯示相關統計量。讀者不難發現=\號之後，即為待輸出之統計量名稱，這些統計量名稱之其他語法設定，請參閱Amos使用者操作手冊的附錄。

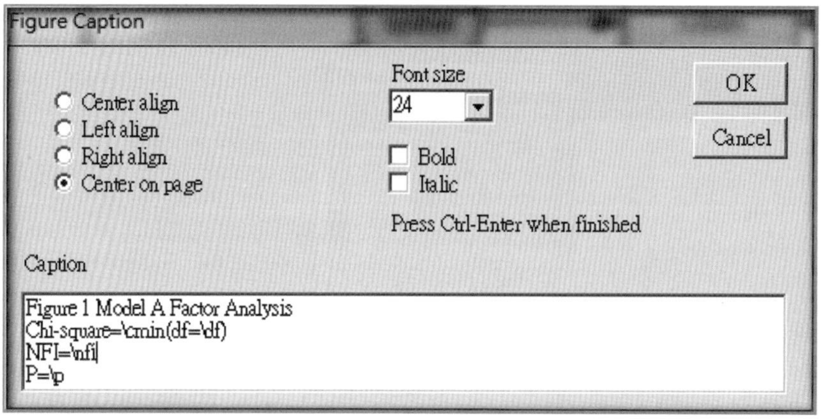

圖1-17　圖形標題附加相關統計量方法

另一常用物件 　，係移動製圖物件的工具，點選該工具後，將滑鼠移至待移動的物件後，該物件會變成紅色，再按下滑鼠左鍵拖曳到想要移動的地點。

為複製物件之工具，點選該工具後，將滑鼠移至待複製的物件後，該物件會變成紅色，再按下滑鼠左鍵拖曳到想要複製的地點。

為改變物件形狀之工具，點選該工具後，將滑鼠移至待變形的物件後，該物件會變成紅色，再按下滑鼠左鍵移向想要改變的形狀。

為刪除物件之工具，點選該工具後，將滑鼠移至待移除的物件後，該物件會變成紅色，再按下滑鼠左鍵確定刪除它。

為縮小整個徑路圖之工具，點選該工具後，整個徑路隨之縮小，連續點選則逐漸縮小。 　則為放大整個徑路圖之工具。　為徑路圖之局部放大鏡，點選該工具後，將滑鼠移至待放大的徑路，則會出現一四方形放大範圍。當徑路係數不易由肉眼觀看時，即可應用此工具進行仔細觀察。

圖像可用以點選物件，一次點選一個，之後即可針對該物件或被連續點選之物件組，進行物件形狀之改變、複製物件、移動物件、移動參數、變項徑路之微調、垂直或水平等距物件等工作。 　圖像可用以點選徑路圖上之所有物件，不用時可用 　解除所有物件之選擇。

圖1-18　Amos之主要繪圖工具與相關之功能（二）

在圖1-18中，⬤係用來畫正圓與正方形，⬭係使用黃金分割比（3：5）來畫圓與方形；需要以黃金分割（Golden）比呈現時，請先點擊後者圖像（在圖1-11Amos的Tools表單下），再畫圓與方形。係用來列印徑路圖。係用來複製徑路圖到剪貼簿中，以便拷貝至其他文書編輯軟體中。用來儲存徑路圖於舊檔案中，係則用來儲存徑路圖於新的檔案中。

在圖1-19中，常用來快速畫潛在變項、增加指標變項與誤差變項（有幾個指標，就按幾次）；相當於⬭、▢、等三個工具的所有功能，點選它之後，在出現的橢圓上按一下，即可增加一個圖像。用來設定統計分析屬性，則可用來進行物件屬性之設定。自Amos 6.0起新增兩個副程式：一為貝氏估計（Bayesian Estimation）副程式，以圖像表示之；二為缺失資料填補（Data imputation）副程式，以圖像表示之。

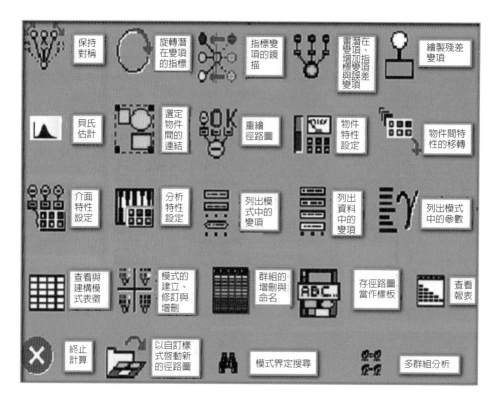

圖1-19　Amos之主要繪圖工具與相關之功能（三）

　　係列出模式中之變項名稱（Variables in Model）的工具（在圖1-4 View表單之下），按下此藍色工具圖像，即會顯示圖1-20之變項名稱視窗。

　　另外，此圖像工具　　　亦可供編輯模式中的變項名稱，使用者可以滑鼠左鍵按住並拖移到徑路圖中待更換之變項名稱的物件中，可省去輸入變項名稱的麻煩。

　　在圖1-19的　　　工具（在圖1-3 Edit表單下），可以將某一物件之屬性，利用滑鼠拖曳複製到其他物件上，例如：您可以使用「X coordinate」進行物件之垂直位置對齊，而使用「Y coordinate」，則可進行物件水平位置之對齊（參見圖1-21）。

　　當理論模式之徑路圖設計完畢，Amos會自動轉化為相關的聯立方程式，Amos會據此模式，進行參數之估計與統計考驗。因此，徑路圖設計完畢即等於程式設計完畢，完全不必理會LISREL的八大矩陣MPLUS四大矩陣或EQS的三大矩陣（Bentler-Weeks模式）之模式界定與程式語法等問題。使用者熟悉上述Amos圖像工具之基本

功能後，進行Amos之基本操作實務，將是輕而易舉。

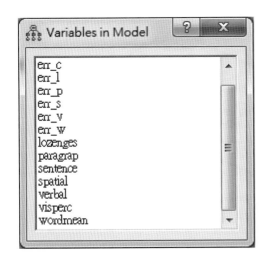

圖1-20　變項名稱顯示視窗

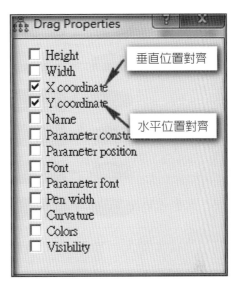

圖1-21　Amos物件間屬性複製法

　　因此，當理論模式之徑路圖設計完畢，即可進行原始檔案之連結。以下茲舉一實例，以具體說明原始資料檔案的製作與連結的步驟。

三、原始資料檔案的製作與連結

　　Amos可以讀入多種資料格式（如相關矩陣、共變數矩陣與原始資料）或資料庫檔案，在此僅針對常用之資料檔案格式作說明。通常研究者可以利用一般文書處理軟體建立純文字DOS檔或使用SPSS、Excel等統計軟體建立資料分析檔案，以供Amos呼叫進行資料分析，茲依序分別說明如下：

（一）DOS/SPSS/Excel檔案之建立

1. 利用一般文書處理軟體建立純文字檔

　　當使用純文字檔建檔時，需以「，」隔開各變項之數據，且第一行需列出變項的名稱。從第二行開始，依序輸入各變項的數據如圖1-22-1。

```
ID, AGE, MATH, SCIENCE, CHINESE
1,   12,   90,     80,      95
2,   11,   65,     70,      80
3,   10,   87,     88,      92
4,   12,   66,     78,      80
5,    9,   68,     75,      66
```

圖1-22-1　純文字檔之原始資料輸入格式

如待分析資料為相關矩陣，請依圖1-22-2之範例格式建檔。注意，此資料格式需另建rowtype_與varname_兩個固定變項，此兩變項須設定為「String」變項，請在SPSS變項瀏覽器內之Variable type視窗內點選「String」，而n、stddev & mean在varname_變項名稱後，需以「,,」表示空白，不須輸入任何變項名稱。

```
rowtype_,varname_,form1,form2,form3,form4
n,,60,60,60,60
stddev,,1.90,2.10,1.75,2.00
mean,,2.00,2.50,1.90,2.20
corr,form1,1
corr,form2,.39,1
corr,form3,.39,.30,1
corr,form4,.50,.42,.52,1
```

圖1-22-2　純文字檔之相關矩陣輸入格式

2. 使用SPSS資料編輯器建立相關矩陣或原始資料的檔案

如欲使用SPSS建立相關矩陣檔案，其建檔格式如圖1-23所示。

因為Amos的既定統計分析對象是共變數矩陣，假如您的待分析資料為相關矩陣，他會要求各變項的標準差資訊，以便轉換成共變數矩陣。圖1-23係利用SPSS資料編輯器，其相關矩陣亦需包含各變項的平均數、標準差及樣本人數，Amos方能將之轉成共變數矩陣及計算正確之參數估計標準誤及χ^2值；如所輸入的資料如為共變數矩陣時，需把rowtype_變項下的corr改成cov即可；而rowtype_變項下的stddev與mean在進行平均數結構分析時才需用到，研究者如只需進行共變數結構分析則可省略。另外，n、stddev及mean在varname_變項下須以空白表示，不須輸入任何名稱。因為Amos的既定統計分析對象是共變數矩陣，假如您希望Amos分析的對象是相關矩陣，您可將各變項的平均數與標準差，分別設定為0 & 1。

以上為相關矩陣之輸入格式，如為原始資料，SPSS之建檔格式如圖1-24，此時就不須用到rowtype_與varname_兩個變項。

	rowtype_	varname_	form1	form2	form3	form4
1	n		60.00	60.00	60.00	60.00
2	corr	FORM1	1.00	.	.	.
3	corr	FORM2	.29	1.00	.	.
4	corr	FORM3	.39	.30	1.00	.
5	corr	FORM4	.50	.42	.52	1.00
6	stddev		1.90	2.10	1.75	2.00
7	mean		2.00	2.50	1.90	2.20

圖1-23　SPSS相關矩陣之輸入

圖1-24係SPSS利用資料編輯器所建立之原始資料檔案格式，利用此種檔案格式可進行平均數結構或共變數結構分析。

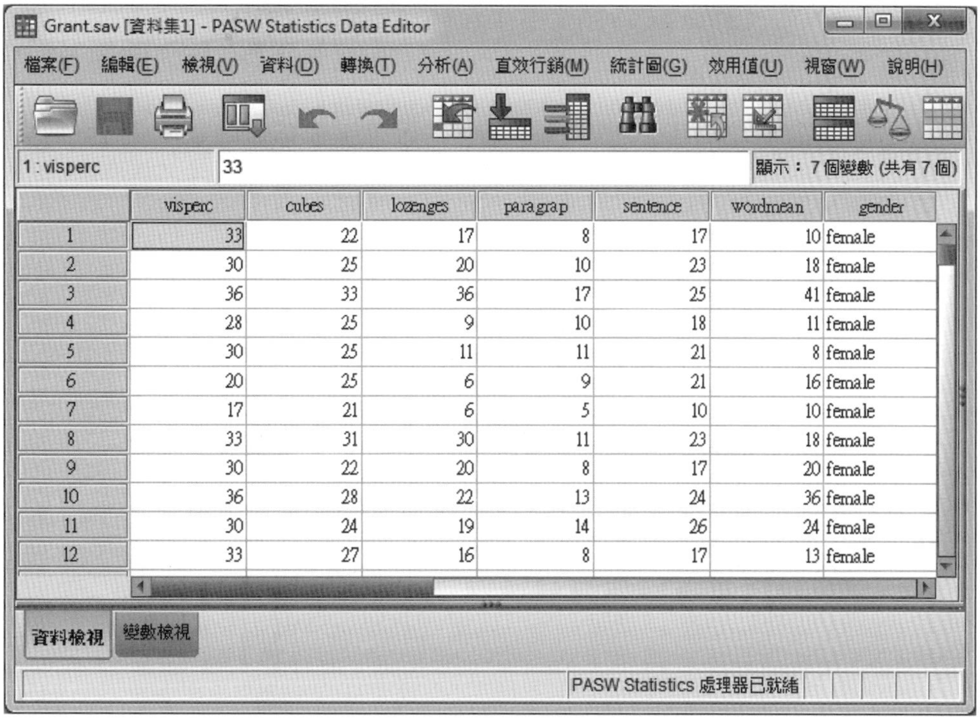

	visperc	cubes	lozenges	paragrap	sentence	wordmean	gender
1	33	22	17	8	17	10	female
2	30	25	20	10	23	18	female
3	36	33	36	17	25	41	female
4	28	25	9	10	18	11	female
5	30	25	11	11	21	8	female
6	20	25	6	9	21	16	female
7	17	21	6	5	10	10	female
8	33	31	30	11	23	18	female
9	30	22	20	8	17	20	female
10	36	28	22	13	24	36	female
11	30	24	19	14	26	24	female
12	33	27	16	8	17	13	female

圖1-24　SPSS原始資料矩陣之輸入格式

3. 使用Excel資料編輯器建立相關矩陣或原始資料的檔案

圖1-25爲Excel相關矩陣（女孩子資料）之輸入格式，它跟圖1-23之SPSS相關矩

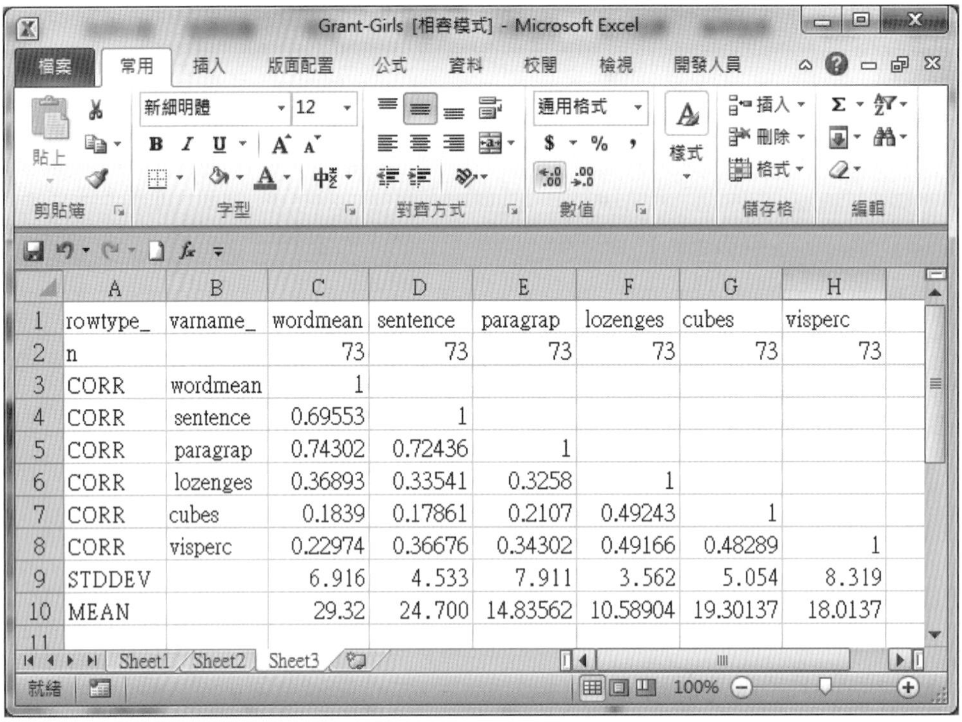

	A	B	C	D	E	F	G	H
1	rowtype_	varname_	wordmean	sentence	paragrap	lozenges	cubes	visperc
2	n		73	73	73	73	73	73
3	CORR	wordmean	1					
4	CORR	sentence	0.69553	1				
5	CORR	paragrap	0.74302	0.72436	1			
6	CORR	lozenges	0.36893	0.33541	0.3258	1		
7	CORR	cubes	0.1839	0.17861	0.2107	0.49243	1	
8	CORR	visperc	0.22974	0.36676	0.34302	0.49166	0.48289	1
9	STDDEV		6.916	4.533	7.911	3.562	5.054	8.319
10	MEAN		29.32	24.700	14.83562	10.58904	19.30137	18.0137

圖1-25　Excel相關矩陣之輸入格式（取自Holzinger & Swineford, 1939）

陣之輸入格式非常類似，唯一不同的是變項名稱必須放在Excel資料表單的第一行。注意，此資料格式亦需另建rowtype_與varname_兩個變項，而n、stddev及mean在varname_變項下，需以空白表示，不須輸入任何名稱。

如所輸入的資料爲共變數矩陣時，需把rowtype_變項下的corr改成cov（參見圖1-27）；而rowtype_變項下的stddev與mean，在進行平均數結構分析時才需用到，研究者如只需進行共變數結構分析則可省略。

圖1-26係Excel原始資料之輸入格式，它與圖1-24之SPSS原始資料矩陣之輸入格式非常類似，唯一不同的是變項名稱必須放在Excel資料表單的第一行。本資料係Holzinger & Swineford（1939）針對一所Grant-White School中學生所做的心理測驗成績，含73位女孩子與72位男孩子；前三個測驗在測空間知覺，後三個測驗在測語文能力。

當上述資料分析檔案建立後，按下Amos「FILE」下之「DATA FILES」，在出現圖1-28之視窗後，點選「File Name」以讀入SPSS資料編輯器所建檔的資料。當待分析的資料檔名稱出現在視窗之中，即表示Amos已將理論模式之徑路圖與此資料檔相

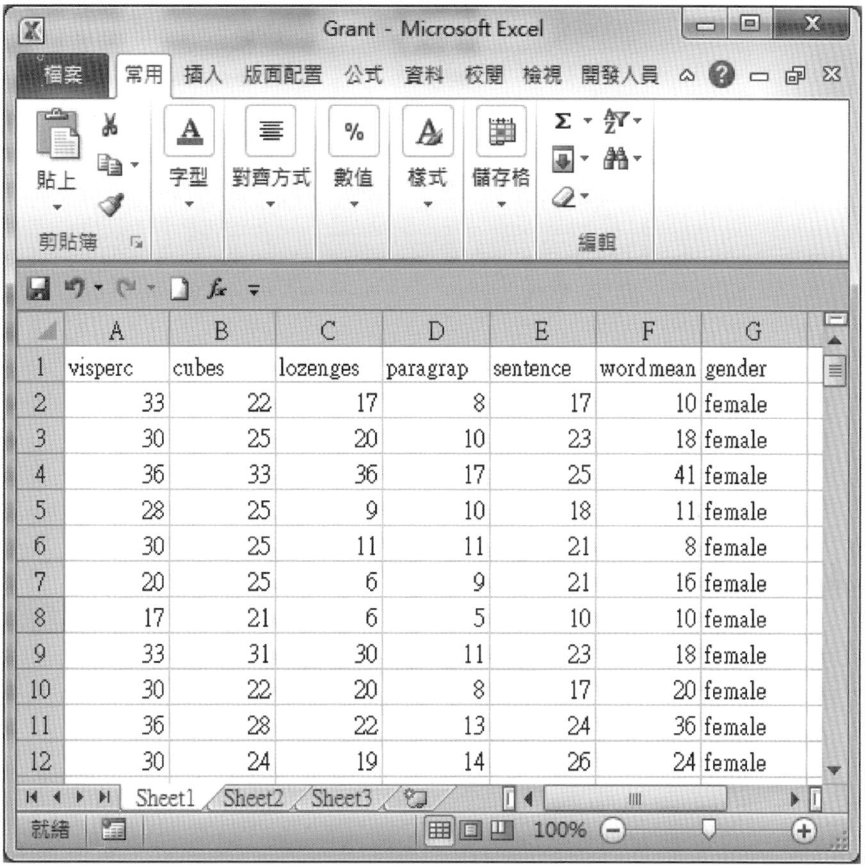

	A	B	C	D	E	F	G
1	visperc	cubes	lozenges	paragrap	sentence	wordmean	gender
2	33	22	17	8	17	10	female
3	30	25	20	10	23	18	female
4	36	33	36	17	25	41	female
5	28	25	9	10	18	11	female
6	30	25	11	11	21	8	female
7	20	25	6	9	21	16	female
8	17	21	6	5	10	10	female
9	33	31	30	11	23	18	female
10	30	22	20	8	17	20	female
11	36	28	22	13	24	36	female
12	30	24	19	14	26	24	female

圖1-26　Excel原始資料矩陣之輸入格式

互連結。此後，如欲查看所連結的SPSS檔案內容，可按下圖1-28「Data Files」視窗中之「View Data」按鈕查看。至於理論模式徑路圖與資料檔相互連結的更多細節，請繼續參閱下節說明。

（二）檔案與徑路圖之連結

本節將依單一檔案與多群組檔案之連結，逐一說明如下：

1. 單一檔案之連結

以Excel共變數矩陣單一資料檔（Warren5v）爲例，其檔案內容與輸入格式，參見圖1-27 & 圖1-30。本資料係Warren, White and Fuller（1974）針對98位農場合作社經理表現（Performance）的調查研究，測量變項有管理知識（Knowledge）、管理價值（Value）、工作滿意度（Satisfaction）與過去的訓練（Past_training）。

Amos使用者如欲進行徑路圖的理論模式與資料檔案之連結，需利用圖1-28

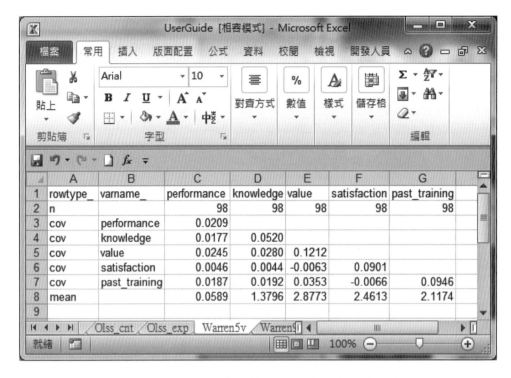

圖1-27　共變數矩陣資料Excel檔案之內容與格式

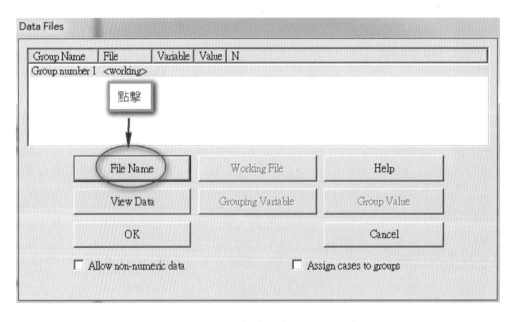

圖1-28　Amos資料檔案之呼叫視窗

的「File Name」進行檔案之連結，點擊之後，就會出現開啟舊檔的視窗，參見圖
1-29。圖1-29中的「UserGuide」Excel檔案集（係Amos手冊中的資料檔案），包含許
多Excel的檔案，需使用圖1-30視窗，進行Excel檔案表單之選擇。

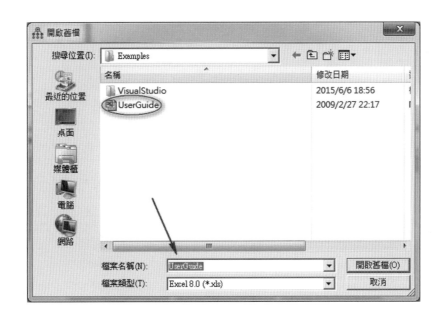

圖1-29　Amos相關資料Excel檔之呼叫

接著，在Excel檔案鍵入檔案名稱的視窗內，按下「開啟舊檔」的按鈕之後，就
會出現圖1-30的Excel表單之選擇視窗，本例係選擇「Warren5v」檔案。

圖1-30　相關資料Excel檔案表單之選擇

按下OK之後，Amos與相關矩陣Excel檔即可連結成功。當待分析的資料檔名稱出現在圖1-31視窗之中，即表示Amos已將徑路圖與此資料相互連結成功。

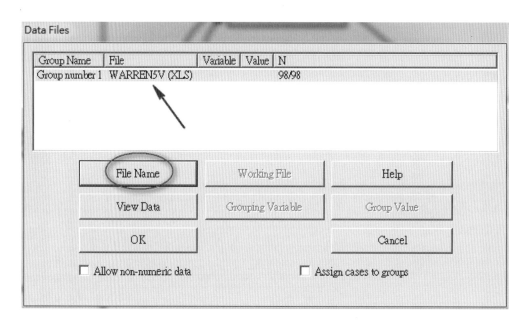

圖1-31　Amos與相關資料Excel檔案之連結成功畫面

2. 多群組檔案之連結

多群組分析的建檔，可建在不同資料檔案中，亦可儲存在同一資料檔案中。

首先，研究者須利用Amos的群組管理對話框（此群組管理表單在Amos的功能表單Analyze下），
建立多個群組的名稱。其次，當多群組資料分析檔案（如圖1-30內容）建立後，按下Amos「FILE」下之「DATA FILES」，出現圖1-32之視窗後，點選「File Name」以讀入如SPSS／Excel資料編輯器所建檔的資料。如果多群組的資料存在不同檔案中，需分別讀入不同檔案的資料。當待分析的資料檔名稱出現在視窗之中，即表示Amos已可將徑路圖與此資料檔相互連結。此後，如欲查看所連結的SPSS檔案內容，可按下圖1-32「Data Files」視窗中之「View Data」按鈕查看。

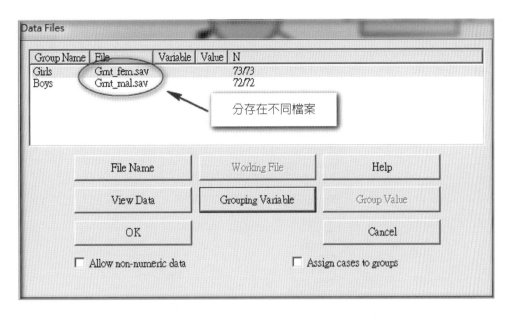

圖1-32　Amos資料檔設定視窗：不同檔案

　　在多群組分析時，如果資料存在同一檔案中，研究者須利用「Grouping Variable」與「Group Value」按鈕，進行各組資料之連結設定（參考圖1-33～圖1-38之操作順序），不必分割成兩個檔案再作連結設定，不過這項設定僅限於原始資料檔。

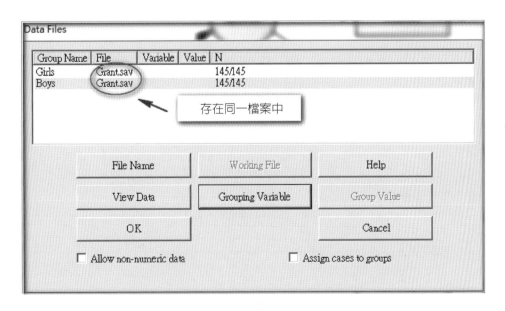

圖1-33　Amos資料檔設定視窗：相同檔案

接著，點選圖1-33中之「Grouping variable」按鈕，打開圖1-34的選擇變項視窗，點選「gender」，進行性別檔案之連結。隨後，就會出現圖1-35性別檔案連結視窗。

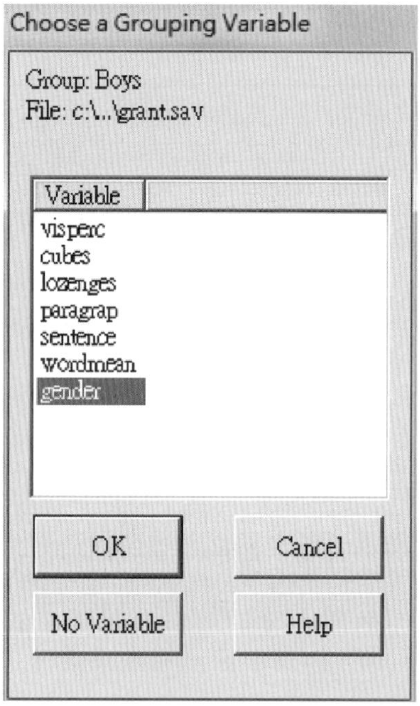

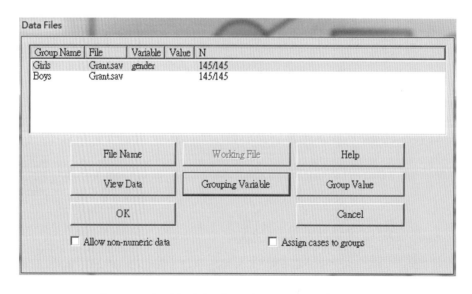

圖1-34　選擇變項視窗

圖1-35　多群組分析性別（gender）檔案之連結

其次，點選圖1-35中之「Group Value」按鈕，打開圖1-36的群組變項值設定視窗，點選「female」之後，按下「OK」，進行群組變項值的設定。圖1-37即顯示女孩子的資料檔已連結成功，人數為73人，男孩子的資料檔尚待進行連結。

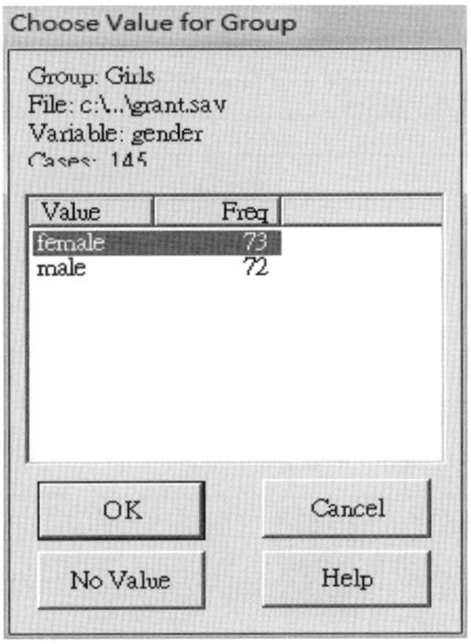

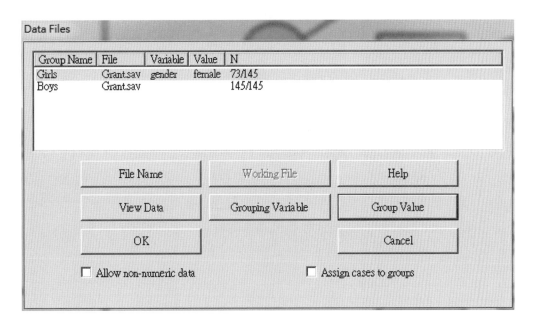

圖1-36　群組變項值設定視窗

圖1-37　Amos多群組分析女生資料檔設定結果：資料存在同一檔案

　　同理類推，男孩子資料連結檔案過程與女孩子資料檔設定完全相同，圖1-38係男孩子與女孩子資料檔設定完後之結果視窗，按下「OK」之後，即代表兩群組之檔案連結成功，圖中顯示男生組有72人，女生組有73人，總共145人。

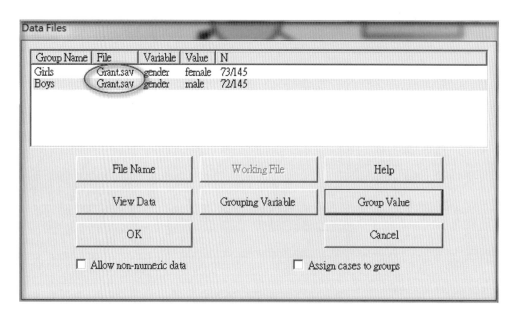

圖1-38　Amos多群組分析資料檔設定結果：男、女資料存在同一檔案

四、Amos徑路圖的繪製與變項的命名

　　Amos徑路圖的繪製可在資料檔案連結之前，也可在資料檔案連結之後；使用後者方法，Amos可以自動連結徑路圖中變項的名稱，省去打字的麻煩。因此，以下的實例解說，將先連結資料檔案，再進行徑路圖的製作，以便拖拉變項名稱進行自動命名。由於資料檔案連結的方法已如前述，不再贅述；本節將透過徑路分析與SEM分析，著重如何選用Amos圖像工具，教導徑路圖的繪製及變項名稱的自動命名方法。

（一）徑路分析

　　徑路分析（Path analysis）係傳統指標變項間因果關係的分析，不涉及潛在變項，因而假定各指標變項無測量誤差。因此，繪製徑路圖的Amos圖像工具，主要需用到：▢（繪製指標變項）、←（繪製因果方向）、↔（繪製共變關係）、

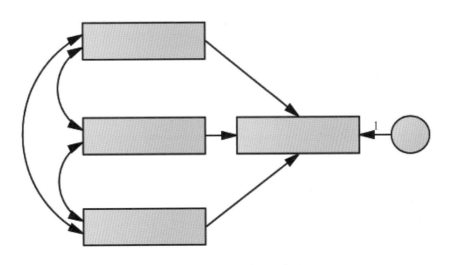（繪製殘差變項）。

　　以前述圖1-27的資料爲例，該資料係Warren, White and Fuller（1974）針對98位農場合作社經理表現（Performance）的調查研究，假設研究者想利用預測變項管理知識（Knowledge）、管理價值（Value）與工作滿意度（Satisfaction）等三個預測變項，去預測農場合作社經理的表現，其徑路圖設計，初步如圖1-39所示。徑路圖之設計過程，首先利用點選圖像工具 ▭ 後，於Amos徑路圖繪製區的適當位置，按下滑鼠的左鍵，拖曳代表觀察變項的方形框到能容納變項名稱的大小；接著利用拷貝工具 📻 ，複製三個相同的方形框，並利用 🚚 工具，將預測變項與效標變項拖曳到適當位置。其次，利用 ← 繪製因果方向、 ↔ 繪製共變關係、 繪製殘差變項，初步徑路設計之完成如圖1-39所示。

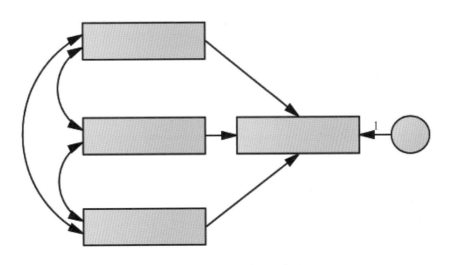

圖1-39　徑路分析設計圖

　　接著，利用圖1-40中之「Variables in Dataset」的交談框（在View表單之下），使用滑鼠左鍵，按住所需的變項名稱不放，將該觀察變項的名稱（Performance）拖曳到徑路圖的指標變項方框中，如圖1-40，其餘的觀察變項名稱，依法炮製。假如方框容納不下觀察變項名稱，可以點用Amos圖像工具 ✥ 後，移動滑鼠至該物件，將該物件拉大或縮小。

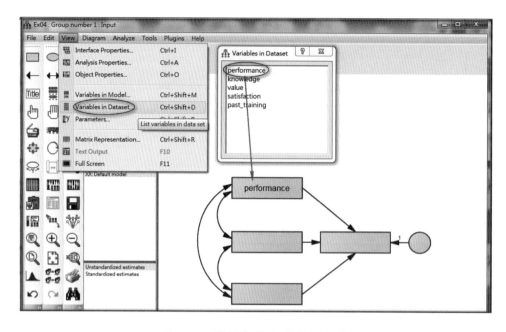

圖1-40　資料集的觀察變項視窗

最後，點擊Amos的增益集「Name Unobserved Variables」（在Plugins表單之下），替測量誤差變項自動命名，如圖1-41中的e1。

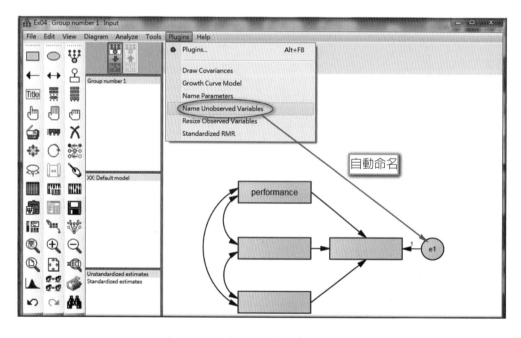

圖1-41　潛在變項自動命名增益集

研究者亦可利用滑鼠左鍵雙擊測量誤差e1，以打開右側之物件屬性視窗（Object Properties），在Variable name視窗中手動將測量誤差e1，改名為error。圖1-42係徑路分析徑路圖設計的完成實例，正等待下一步Amos的統計執行分析。

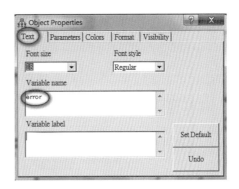

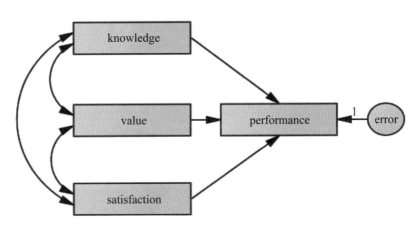

圖1-42 徑路分析徑路圖設計的完成實例

（二）SEM分析

SEM分析則涉及潛在變項間之結構關係與指標變項間之測量關係，因此繪製SEM徑路圖的Amos圖像工具需用到：⬭（繪製潛在變項）、▭（繪製指標變項）、⬅（繪製因果方向）、↔（繪製共變關係）、⅄（繪製誤差變項）。為加速徑路圖之製作，Amos提供組合圖像工具，可以取代⬭、▭ & ⅄等三個工具的功能；換言之，具有前述三個圖像工具的功能，可加速SEM徑路圖之製作。以下仍針對一研究實例，說明如何在圖解式Amos中，操作圖像工具製作SEM徑路圖。本資料係Holzinger & Swineford（1939）針對一所Grant-White School中學生所做的心理測驗成績，內含73位女孩子與72位男孩子；前三個測驗在測空間知

覺，後三個測驗在測語文能力。該研究想知道男、女同學的因素結構（測量模式），是否具有等同性。以下將依徑路圖之製作、變項名稱的命名與因素負荷量組間等同限制之順序，說明Amos的操作方法。

1. 徑路圖之製作

首先，點選圖像工具 後，於Amos徑路圖繪製區的適當位置按下滑鼠的左鍵不放，拖拉代表潛在變項的橢圓形到能容納變項名稱的大小，再鬆開左鍵之按壓；接著，將 放在代表潛在變項的橢圓上，再度按下滑鼠的左鍵，即會出現第一個圖像 （注意第一個指標變項與誤差變項的徑路係數都自動設定為1），再連續按滑鼠的左鍵兩次以繪製其他兩個指標變項，就已完成繪製一個潛在變項，內含有三個指標變項的因素組型，代表空間知覺的因素，參見圖1-43。同理，繪製另一個含有三個指標變項的因素組型，代表語文能力的因素。當所有因素指標都繪製完後，如欲旋轉相關指標的顯示位置，須利用 圖像，進行90°的旋轉。操作時，請先點選 後，接著將滑鼠移到潛在變項的橢圓上（該潛在變項會變色），按下滑鼠左鍵，即可將指標變項進行順時針的垂直旋轉。

最後，因為兩個潛在變項：空間知覺與語文能力間具有密切關係，需使用 ↔ 圖像進行相關連結（操作過程與前述的圖像工具操作類似）。因為要進行男女學生的雙因素結構之等同性考驗，研究者須建構兩個徑路圖（圖1-43 & 圖1-44）分屬男女學生（Amos允許研究者設定不同群組具有不同徑路圖，設定方法請參見圖1-50或圖1-51）；並須針對因素型態或因素負荷量等進行等同性考驗。實例操作，請參見第八章。

2. 變項名稱的命名

變項的命名，Amos可以使用拖曳方式自動命名，但如需更改變項的命名，則利用物件屬性視窗，手動鍵入。

假如橢圓與方框容納不下觀察變項名稱，可以點選Amos圖像工具 ，移動滑鼠至該物件變色後，即可利用滑鼠左鍵將該物件拉大或縮小。

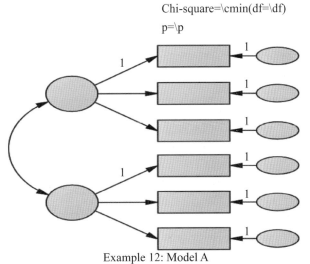

Example 12: Model A
Factor analysis: Girls' sample
Holzinger and Swineford (1939)
Model Specification

圖1-43　雙因子因素結構：女生

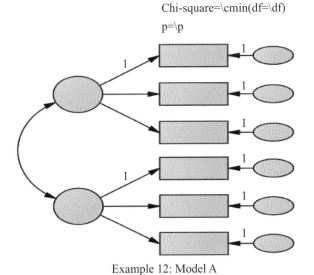

Example 12: Model A
Factor analysis: Boys' sample
Holzinger and Swineford (1939)
Model Specification

圖1-44　雙因子因素結構：男生

　　接著，利用「Variables in Dataset」的交談框（在View表單之下），使用滑鼠左鍵，按住所需的變項名稱不放，將該觀察變項的名稱（如visperc）拖曳到方框中，如圖1-45，其餘的觀察變項名稱，依法炮製。

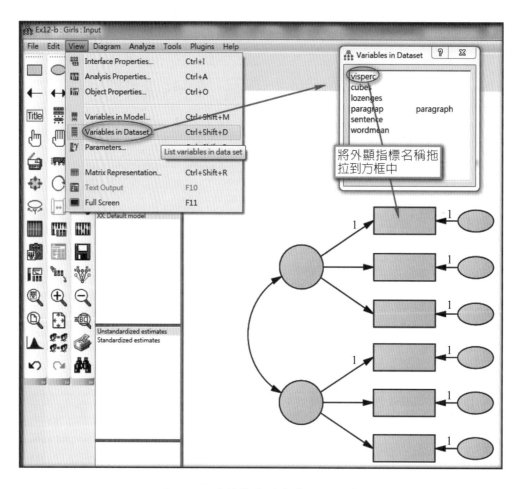

圖1-45　資料集中的觀察變項視窗

　　其次，潛在變項則利用Amos副程式「Plugins: Name Unobserved Variables」自動命名，參見圖1-46：二因素自動命名為F1 & F2，測量誤差自動命名為e1～e6。因兩組使用同一個徑路圖，此因素名稱的命名只需針對其中一組之因素命名即可。

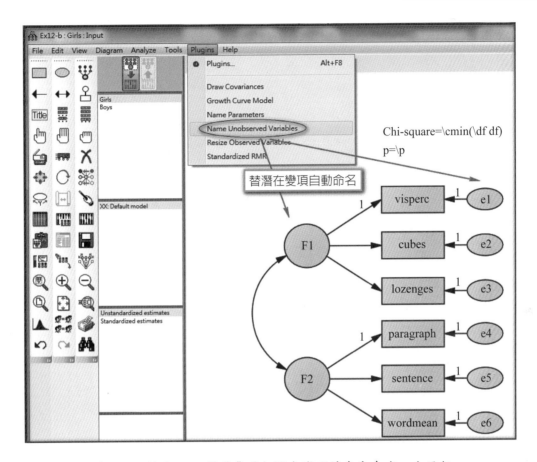

圖1-46　利用Amos增益集進行潛在變項的自動命名：女子組

　　如果研究者想要修正圖1-46中F1 & F2之名稱，首先點擊待命名之潛在變項F1，在出現的Object屬性視窗下之Text表單下「Variable name」內，鍵入因素名稱（如spatial）；F2的因素名稱的命名，亦依此為之（參見圖1-47的因素命名結果）。

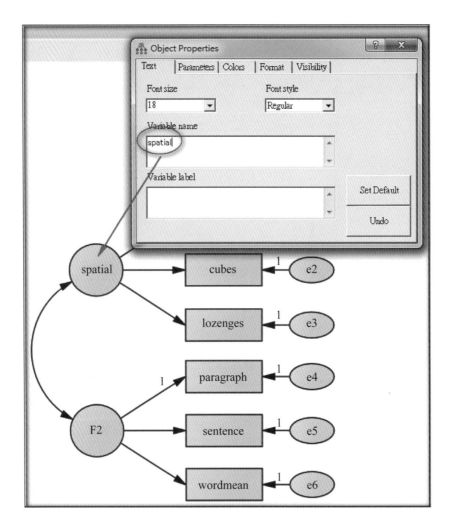

圖1-47　因素名稱的命名

3. 組間因素負荷量等同限制

欲進行多群組因素負荷量等同性考驗，其操作方法有二：

(1)利用Amos的副程式 ![Multiple-Group Analysis...] ，自動進行參數等同性之設定，實例操作請參閱第八章圖8-5 & 圖8-6之具體操作步驟與相關文字之說明。

(2)手動設定相同的徑路係數名稱，操作步驟如圖1-48的提示，首先點擊待命名之徑路，點選Object屬性視窗之後，在出現的Parameters視窗「Regression weight」內，鍵入徑路名稱（如cube_s）；其餘的徑路係數名稱的命名，亦依此為之。

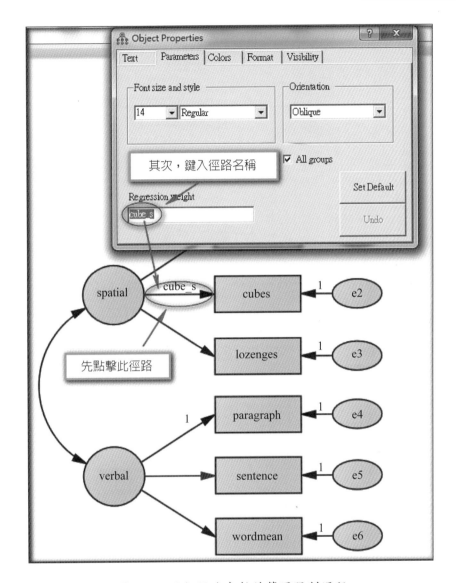

圖1-48　兩組徑路參數的等同限制過程

　　圖1-49係男、女生徑路參數完成等同限制的範例；因兩組使用同一徑路圖，只需針對其中一組之係數命名即可。在Amos多群組分析的語法裡，未命名的參數在不同群組間可以擁有不同的估計值，假如兩組的參數名稱一樣，即視為這兩組之參數將進行等同限制。Amos多群組分析的內定模式是多群組均採相同的徑路圖，但允許不同組間具有不同的參數估計值。

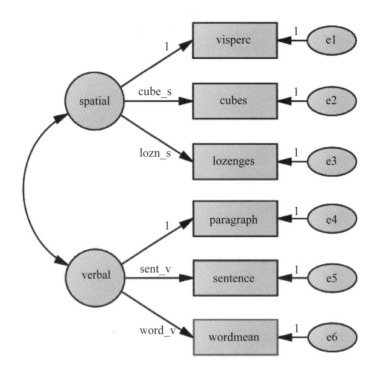

Example 12: Model B
Factor analysis: Girls' sample
Holzinger and Swineford (1939)
Model Specification

圖1-49　徑路參數等同限制的完成設定範例

　　假如各群組需要不同的徑路圖設計，研究者須在介面屬性視窗中，點開「Misc」後，勾選「Allow different path diagrams for different groups」，參見圖1-50之提示；或者利用圖1-51之提示，將「Parameters」下之「All groups」取消勾選。這兩種設定方法，只能擇一設定，不能同時進行。

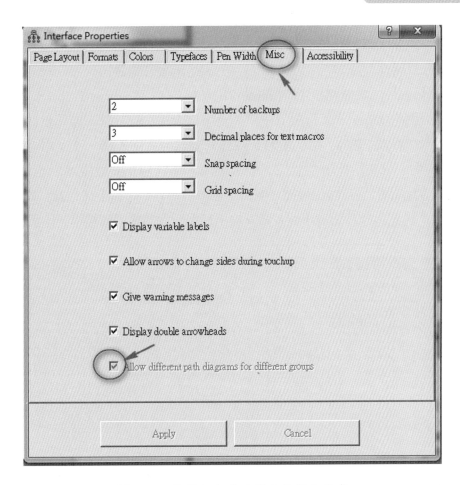

圖1-50　多群組允許不同徑路圖之設定

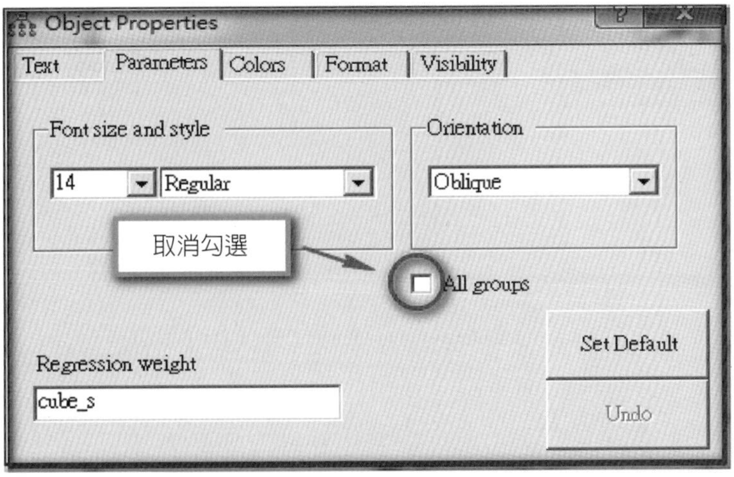

圖1-51　多群組允許不同徑路圖之另一種設定

五、Amos分析屬性的設定

Amos分析屬性（Analysis Properties）的設定，旨在點選待輸出的統計量，這是最常用的表單之一。點開圖1-52的Amos「View」下之「Analysis Properties」的視窗中，Amos提供的Output統計量數依序為：極小化過程之統計量、標準化估計值、複相關係數R^2、樣本共變數／相關矩陣、隱含共變數／相關矩陣、殘差矩陣、間接／直接／總效果、修正指標、估計值共變數矩陣、估計值相關數矩陣、差異值的z考驗、常態性與極端值之考驗、最後一欄為修正指標臨界值之設定。由圖1-52輸出設定（Output）的點選內容可知，研究者要求輸出標準化迴歸係數與複相關係數R^2。

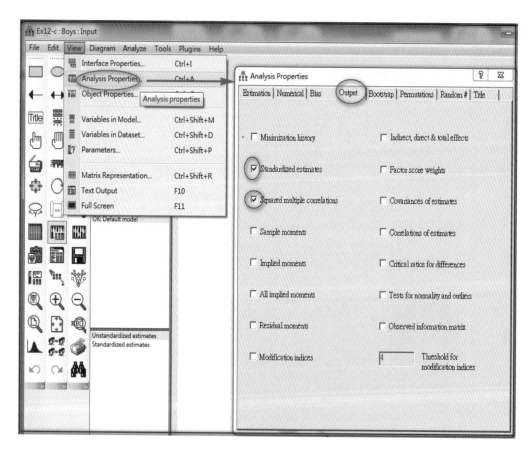

圖1-52　分析屬性視窗的設定：輸出結果

在此分析屬性視窗中，研究者有時需額外針對估計方法（Estimation）進行設定，例如研究者想進行平均數結構的統計分析時，就需點開圖1-53的「Estimation」

選單,並在其分析屬性視窗中勾選「Estimate means and intercepts」。最大概似估計法(Maximum Likelihood)是Amos預設估計法,最適用於資料未違反多變項常態分配時。最大概似估計法出現問題時,可改用一般化最小平方法(Generalized least squares)。未加權最小平方法(Unweighted generalized least squares),則較適合於觀察變項均有相等之測量單位時。

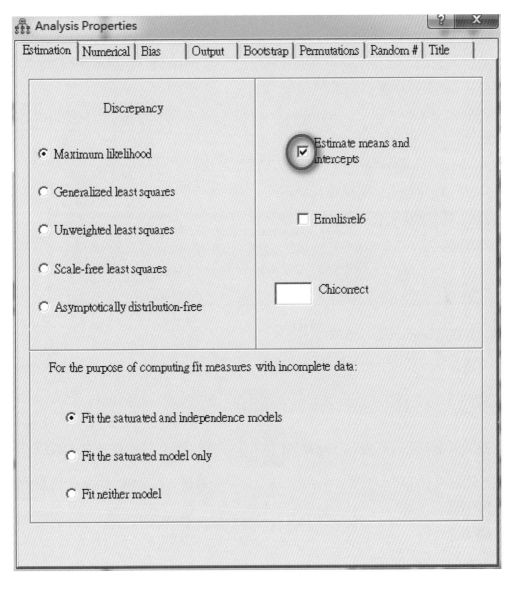

圖1-53　分析屬性視窗的設定:估計方法

當前述的徑路圖設計與分析屬性的設定完成之後，研究者即可進行Amos的統計分析工作了。

六、Amos統計分析之執行步驟

綜上所述，Amos統計分析之基本操作步驟，可以摘要如下（參見圖1-64之流程）：

➤ 利用Amos「File」下之「Data Files」，可讀入相關矩陣（需加列標準差）、原始資料或共變數矩陣。

➤ 按Amos「File」下之「New」與利用其所提供之工具圖像，根據理論模式，於徑路圖設計區繪製徑路圖及其相關變項之命名。

➤ 點開Amos「View」下之「Analysis Properties」分析屬性視窗，進行輸出統計量的設定。

➤ 接著即可執行Amos統計分析，執行方法有二：

（一）利用Amos之功能表單。

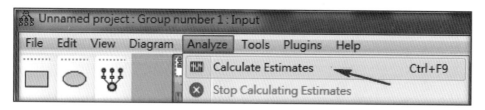

（二）點選Amos的工具圖像 ▦ 。

換言之，使用者可以點選功能表單「Analyze」下之「Calculate Estimates」或按下Amos工具列中之計算器圖像 ▦ ，即可執行統計分析。若分析成功，則中間展示區上方右邊的徑路圖像 ▦▦ 會變成紅色。不變紅色，表示分析失敗，過程中有錯誤。接著，Amos於執行指令完畢後，可利用中間展示區這兩個圖項 ▦▦ ，在徑路圖設計階段與徑路圖係數輸出階段間作切換。第一個圖像 ▦ 為「input path diagram」，第二個圖像 ▦ 為「output path diagram」。按下第一個圖像可回到徑路圖設計階段，當程式設計無誤的話，按下第二個圖像即可顯示變項估計值。另外，研究者可以在這兩個圖像的下方視窗中，點選「Standardized estimates」以顯示標準化參數估計值（需在分析屬性視窗中事先勾選），點選「Unstandardized estimates」則可顯示未標準化參數估計值。

七、Amos徑路圖與統計報表的輸出

Amos 在執行過程中會產生以下幾個輸出檔案，以利分析運用：

*.amw＝輸出的徑路圖（帶有徑路係數）。

*.amp＝輸出的統計報表（可用Amos 檔案經理打開）。

*.AmosOutput＝輸出的統計報表（html文件）。

*.AmosTN＝縮小的徑路圖。

*.bk#＝Amos備份檔案。

Amos統計結果輸出，徑路圖部分可按下 圖像以檢視徑路係數及簡單之分析結果，如欲查看更詳細之文字報表，請按下View之下「Text Output」。以下報表的輸出方法，將依徑路分析與SEM分析，依序說明如下。

（一）徑路分析

1. 徑路圖的拷貝與複製

Amos徑路圖的輸出方法有二：一是點擊工具圖像 ，進行拷貝，二是點選表單指令，進行拷貝（參見圖1-54，在Edit功能表單之下）。進行拷貝到剪貼簿（Clipboard）之後，就可在文書處理等軟體上進行複製。

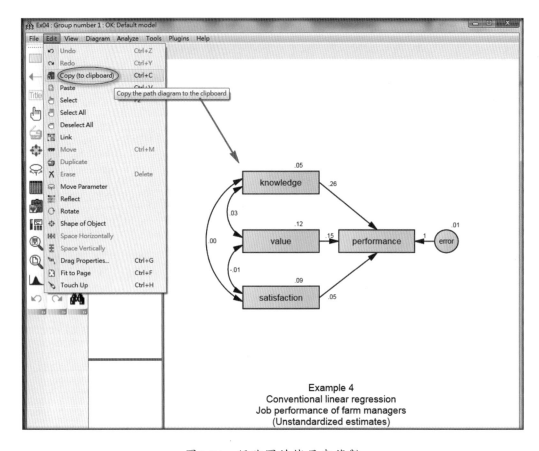

圖1-54　徑路圖的拷貝與複製

2. Amos統計報表之輸出

　　點選圖1-55中Amos表單「View」下之「Text Output」，進行Amos統計報表的輸出。點擊之後，就會出現圖1-56的統計報表選單，其左側欄位係各種統計分析的彙整綱目。假如研究者欲觀看模式摘要報告，請點擊「Notes for Model」；假如研究者欲觀看迴歸係數的輸出報表，請點擊「Estimates」→「Scalars」→「Regression Weights」（參見圖1-57的輸出報表）。

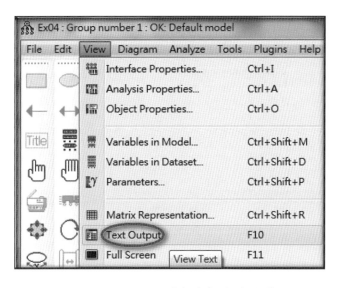

圖1-55　Amos統計報表輸出的選單

　　根據圖1-56的模式摘要報告，本模式的χ^2與自由度均為0，相關之機率則無法計算。當χ^2變項之期望值等於它的自由度時，此理論模式為完全適配，亦即此模式可以適配任何資料。換言之，本模式將永遠為眞，因為沒有任何方法或資訊可以否證它。

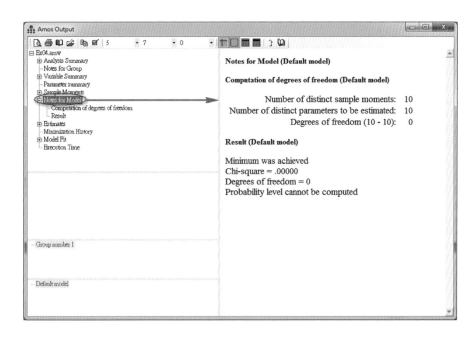

圖1-56　模式摘要報告選單

　　圖1-57頂端的左邊圖像工具列中 ，依序分別用以列印預視、列印、列印格式設定、打開檔案、結果拷貝至剪貼簿與報表觀看部分等之設定。圖1-57的右側頂端 小視窗內，依序分別用以設定小數點位數、欄位寬度與最大欄位數（0表表格將不被分割）。例如：研究者如發現報表中的p值下出現「***」，即表示該項p值 < .001，研究者如欲了解p值之精確值，就需要增加小數點位數。

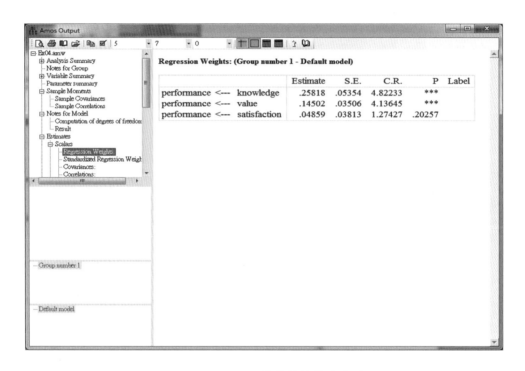

圖1-57　Amos迴歸係數的輸出報表

（二）SEM分析

1. 徑路圖的拷貝與複製

　　Amos徑路圖的輸出方法有二：一是點擊工具圖像 ，進行拷貝；二是點選表單指令，進行拷貝（參見圖1-58的Copy表單）。進行拷貝到剪貼簿之後，就可在文書處理等軟體上進行複製。

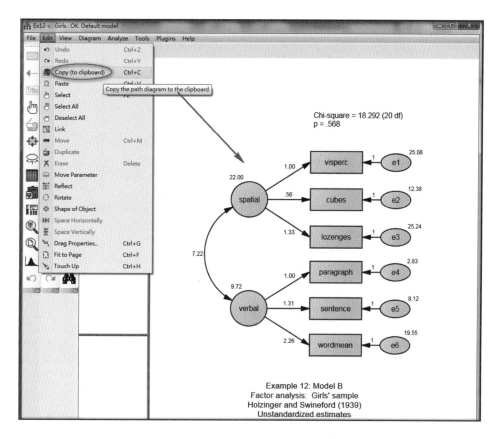

圖1-58　徑路圖拷貝到剪貼簿

2. Amos統計報表之輸出

　　點選圖1-59中Amos表單「View」下之「Text Output」，進行Amos統計報表的輸出。點擊之後，就會出現圖1-60的統計報表，其左側欄位係各種統計分析的彙整綱目。假如研究者欲觀看模式摘要報告，請點擊「Notes for Model」（參見圖1-60）；假如研究者欲觀看迴歸係數等統計量的輸出報表，請點擊「Estimates」→「Scalars」（參見圖1-62）。假如研究者欲觀看模式適配度考驗摘要表，請點擊「Model Fit」（參見圖1-63）。

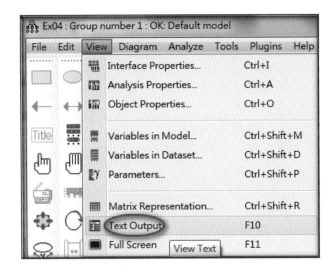

圖1-59　Amos統計報表的輸出

　　圖1-60的模式摘要報告，反映出極小化估計過程可獲致合理的解（Minimum was achieved），並未出現任何警訊；自由度與卡方值均大於0，相關之機率為.56821，顯示本模式與資料相適配。

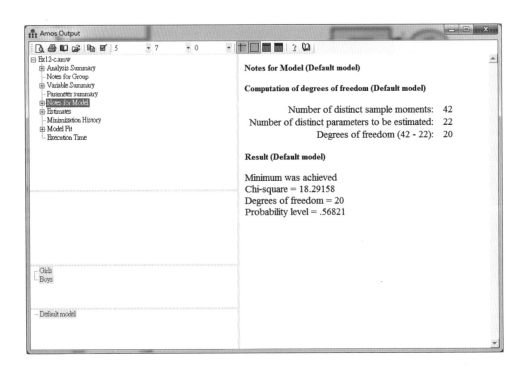

圖1-60　模式摘要報告

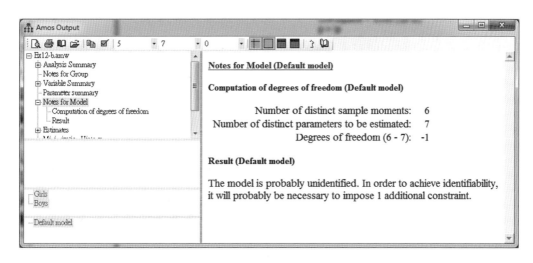

圖1-61　模式不可辨識的實例

不過，當SEM模式的自由度為負時，會導致理論模式不可辨識（Unidentified），Amos也會在模式摘要報告中提出警訊（參見圖1-61的實例）。模式不可辨識，可利用下列方法加以解決：

➤ 限制模式中部分的參數。

➤ 刪除部分徑路或係數。

➤ 固定潛在變項的測量誤差。

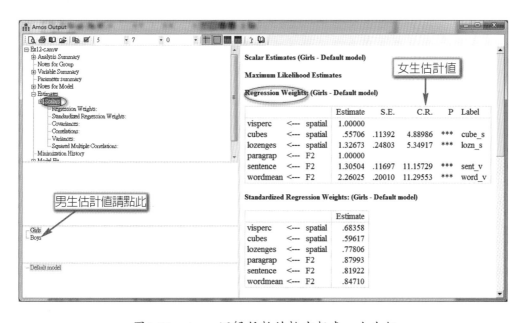

圖1-62　Amos迴歸係數的輸出報表：女生組

　　圖1-62右側分析結果，係女生組的迴歸係數輸出報表，如欲獲得男生組的迴歸係數輸出報表，請點選圖1-62左下角的「Boys」，以進行組別間報表之切換。在未標準化的迴歸係數輸出報表中，Amos會針對每一參數（除了事先固定為1的徑路）進行統計顯著性考驗（考驗該迴歸係數是否為0的虛無假設）。表中CR值相當於t考驗之結果，用以檢驗這些迴歸係數估計值是否等於0。P值之下的***，代表相關參數的p值小於.001。除了各參數估計值的p值須達顯著性的既定標準之外，尚須檢視其估計值之合理性；例如：標準化迴歸係數大於1時，即出現不合理之估計值。

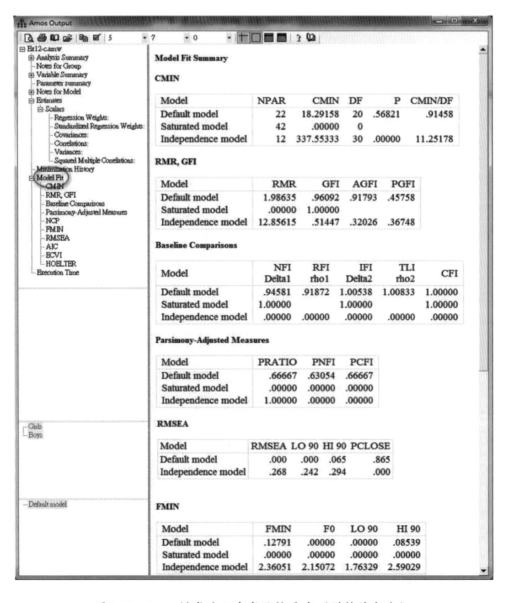

圖1-63　Amos模式適配度考驗摘要表（僅摘錄部分）

　　另外，點選圖1-63左側之「Model Fit」選單，就會出現理論模式適配度考驗摘要表，這是SEM分析者必看的報表。該視窗右側包含各類型適配度指標，在Model下分別有提議之內定模式（Default model）、飽和模式（Saturated model）和獨立模式（Independence model）。內定模式係研究者之提議模式；飽和模式係完美模式，因為待估計參數之數目等於資料點數，其χ^2恆等於0；獨立模式為虛無模式，模式中的變項關係均設定為無關。從資料中顯示，本研究結果之卡方值為18.29158，自由度為20，p值為.56821，本因素結構模式之適配度佳，反映出男女測量模式具有等同性；其他適配度指標（GFI=.9609, RMSEA=.000, NFI=.9458），也支持此結論。

八、結語

　　圖解Amos不須撰寫語法程式，只利用圖形操作介面與繪圖工具執行SEM分析，為最視覺化的SEM軟體，易學易用。讀者只要根據圖1-64的Amos基本操作流程，逐一演練Amos的操作步驟，初學者第一次即能上手。

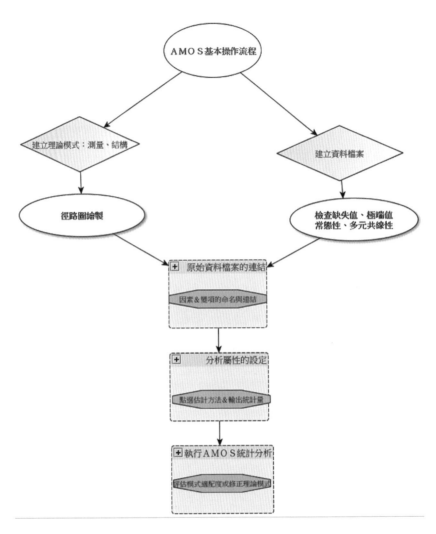

圖1-64　　Amos的基本操作流程

習　題

一、光碟中第一章的Amos練習檔案：EX12b，係Holzinger & Swineford（1939）針對
　　一所Grant-White School中學生的心理測驗成績，內含73位女生與72位男生；前
　　三個測驗空間知覺，後三個測驗語文能力。請根據該筆資料計算各變項間的相關
　　矩陣，並將該矩陣讀入Amos，進行男、女同學的因素結構（測量模式）的等同

性統計考驗。

二、標準化係數＝未標準化係數×$\sqrt{\dfrac{因素變異量}{題目變異量}}$

$$=\sqrt{1-\dfrac{題目誤差變異量}{未標準化係數^2×因素變異量＋題目誤差變異量}}$$，請利用此關係，驗證上題標準化係數與未標準化係數間的關係。

三、Amos操作解惑

如果研究者遇到硬碟無法寫入的警訊：The file Ex03.amw is open in read-only mode。

解決此Amos檔案無法執行的困境有二：

（一）移動此Amos檔案到沒有寫入保護的硬碟。

（二）以管理者身分執行Amos：  。

第2章
傳統徑路分析的追蹤規則與SEM參數估計

　　模式隱含共變數矩陣（Model-implied covariance matrix）的估計，是SEM（Structural Equation Modeling）的核心演算工作。早期，Wright（1934）曾利用徑路圖發展出徑路追蹤規則（Tracing rules of path analysis），就能夠估計此隱含共變數矩陣，但因其遇到大的理論模式時，易於犯錯，常無法顧及所有有效之徑路。近年來SEM應用軟體改採矩陣代數法，以估計隱含的變異數—共變數矩陣；此法在極小化過程中常會採用微分方法，分析過程不易為一般讀者所理解。由於過去Wright徑路追蹤規則引領了當代SEM的發展，熟悉這些徑路追蹤規則，對於今日SEM統計分析的基本邏輯之理解具有很大助益。

　　為了讓SEM的初學者能輕鬆無縫接軌，本章將先以徑路分析（Path analysis）為探究徑路追蹤規則的首要對象，再擴及SEM的應用。徑路分析是近代SEM之先驅，旨在利用一組聯立線性方程式，計算變項內與變項間之隱含相關係數與共變數。徑路分析利用圖像，表徵模式中變項間之關係與聯立方程式建立了一對一之關係。徑路分析可以讓研究者將SEM中任何雙變項間的共變量，分解成具有可加性的成分。換言之，徑路分析的過程中會將相關程度分解成不同成分的效果（間接與直接效果），以估計出模式中之徑路參數。因此，徑路分析可以讓我們計算出模式所隱含的變異數—共變數矩陣。由此觀之，理解徑路分析中相關係數的分解與合成，乃是理解SEM的必備基本功。研究者於繪製徑路圖後，就可以利用徑路分析追蹤規則，計算模式中變項間之期望變異數與共變數矩陣。

　　由於對於標準化變項間之隱含共變數矩陣追蹤規則較易，本章中將先利用Wright（1934, 1968）的徑路追蹤規則，介紹標準化變項間隱含共變數矩陣之追蹤規則與實例演示，再推演到未標準化變項間隱含共變數矩陣之追蹤規則，因為未標準化變項的追蹤規則只是標準化變項追蹤規則的類化與延伸。變項追蹤規則先以徑路分析為例作推導，再以CFA模式為例作分析。

一、標準化變項追蹤規則：以徑路分析為例

　　在標準化的徑路分析中，相關係數可以分解成結構（因果）成分與非結構（非因果）成分。結構（因果）成分包含直接與間接效果；非結構（非因果）成分包含虛假與未分析效果（參見圖2-1所示）。理解相關係數的分解與合成，對於理解SEM模式分析的參數估計具有莫大幫助，尤其是隱含共變數矩陣的計算或推導過程的具體化，將使一般讀者徹底理解SEM的統計演算過程。

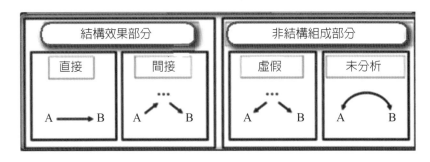

圖2-1　相關係數的組成（修訂自Hancock, 2011）

　　在徑路分析的徑路圖中，箭頭代表因果關係。單箭頭→代表從因到果的徑路，雙箭頭↔代表變項間之相關徑路。獨立變項(A)稱為外衍變項（Exogenous variables），而依變項(B)稱為內衍變項（Endogenous variables）。徑路係數係指因果變項間之直接效果；因為係從相關係數估計而來，所得的徑路係數為標準化係數。徑路係數的報告，習慣上在下標中先列效果再列原因，例如：P_{21}，係指由變項1到變項2的徑路係數。徑路分析的因果流向，如係單向（無迴路或無互為因果）稱為遞迴（Recursive）模式。

　　徑路分析模式中，雙變項隱含相關包含有結構成分與非結構成分，其中結構成分又包含直接效果（第一條徑路）與間接效果（第二條徑路）兩部分，而非結構成分又包含虛假相關與未分析效果（參見圖2-1 & 2-2）。圖2-2中最後一欄位模式隱含相關係數（Model-implied correlation），包含結構與非結構效果，乃是模式與資料適配度差距極小化過程中必須使用到的統計量。注意外衍觀察變項間（如V1 & V2）之相關（r_{21}）屬非結構成分，乃是無法分析的，因此無法針對r_{21}加以分解。

　　Wright（1934）發展出一套徑路追蹤規則，可用來分解模式中雙變項之實得相關係數，以估計出因果徑路係數。以下為其對於標準化變項追蹤規則的描述：

　　「在因果關係的徑路關係中，變項間之相關大小乃由所有連結兩變項的徑路係數（直接或透過共同因素）所組成，每一鏈結（Each chain of path）的徑路貢獻值，係相關徑路係數之乘積。假如雙向箭頭的殘差相關（residual correlations）存在時，此一鏈結的貢獻值，也是相關徑路係數之乘積，但當中僅能一個係數可為相關係數（參見圖2-6），其他的係數則需為徑路係數」。

　　簡言之，只要符合第三小節（三）所陳述的徑路三大追蹤規則，模式中雙變項間之隱含共變數或單一變項之隱含變異數，等於所有可能連結中的標準化係數乘積加總

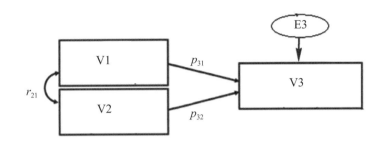

	結構效果部分		非結構組成部分		model-implied correlation
	直接	間接	虛假	未分析	
V1, V3	p_{31}	--	--	$r_{21}p_{32}$	$p_{31} + r_{21}p_{32}$
V2, V3	p_{32}	--	--	$r_{21}p_{31}$	$p_{32} + r_{21}p_{31}$
V1, V2	--	--	--	r_{21}	r_{21}

圖2-2　相關係數的分解（修訂自Hancock, 2011）

之和（The correlation of any two variables in a path diagram can be expressed as the sum of coefficients that connect the two variables）。例如：在徑路分析中設Y為一內衍變項（依變項），那麼任一外衍變項X（自變項）與Y的相關係數，可以由公式2-1導出：

$$\rho_{YX_i} = \sum_{j=1}^{n} (\beta_{YX_j})(\rho_{X_jX_i})$$

公式2-1

公式2-1右側中 β_{YX_j} 表從自變項 X_j 到依變項 Y 的標準化迴歸係數，$\rho_{X_jX_i}$ 係 X_i 與 X_j 的相關係數，所有n個 X 變項均係變項 Y 的因（Kenny, 1979, p. 36; Carey, 1998）。假設含有兩個自變項，其相關係數就含有兩個連結路徑（routes），當 $i = 1$ 時，$\rho_{YX_1} = (\beta_{YX_1})(\rho_{11}) = \beta_{YX_1} * 1 = \beta_{YX_1}$（直接效果）；當$i = 2$時為間接效果，$\rho_{YX_2} = (\beta_{YX_2})(\rho_{12})$，此兩自變項的相關係數，即等於所有可能鏈結中的標準化係數乘積加總之和：$\beta_{YX_1} + (\beta_{YX_2})(\rho_{12})$。

（一）由標準化迴歸係數計算變項間的相關係數

根據公式2-1，推導圖2-3之標準化變項之隱含共變數矩陣如下：

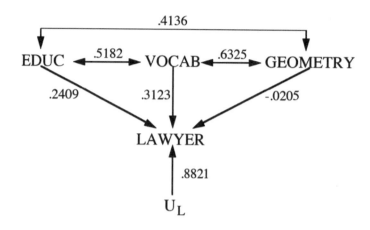

圖2-3　EDUC與LAWYER變項的徑路分析圖（Carey, 1998）

　　以圖2-3中EDUC與LAWYER的相關係數為例，自變項（Educ, Vocab, & Geometry）與依變項（Lawyer）間的相關連結，包含有三個連結路徑，等於一個直接效果加上兩個間接效果的和：

$$\rho_{LE} = \beta_{LE} + \beta_{LV}\rho_{VE} + \beta_{LG}\rho_{GE}$$
$$.3943 = .2409 + (.3123)(.5182) + (-.0205)(.4136)$$
$$.3943 = .2409 + .1618 - .0085$$

　　公式2-1亦可利用公式2-2的矩陣型式表達，且可同時計算多個變項間之相關係數，非常簡潔與便利。

$$\rho_{Xy} = R_{XX}\beta_{Xy}$$　　　　　　　　公式2-2

　　公式2-2中，ρ_{Xy}代表所有自變項與依變項間相關的Column向量，R_{XX}代表所有自變數的相關矩陣，β_{Xy}代表所有標準化的迴歸係數Column向量（亦即半淨相關向量）。以目前圖2-3的例子：

$$\begin{pmatrix} \rho_{EL} \\ \rho_{VL} \\ \rho_{GL} \end{pmatrix} = \begin{pmatrix} 1 & \rho_{EV} & \rho_{EG} \\ \rho_{VE} & 1 & \rho_{VG} \\ \rho_{GE} & \rho_{GV} & 1 \end{pmatrix} \begin{pmatrix} \beta_{EL} \\ \beta_{VL} \\ \beta_{GL} \end{pmatrix}$$

　　利用SPSS矩陣語言撰寫程式，將可快速獲得各自變項與依變項Lawyer間的相關係數，參見表2-1的SPSS語法程式；表2-2為SPSS語法程式的輸出報表。

表2-1　SPSS矩陣語言之語法程式

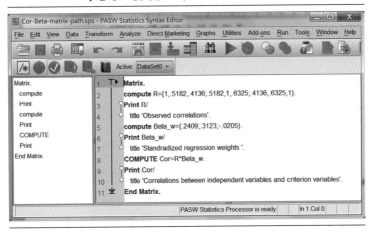

表2-2　SPSS矩陣語言之語法程式的輸出報表

Observed correlations between independent variables
```
   1.000000000      .518200000      .413600000
    .518200000     1.000000000      .632500000
    .413600000      .632500000     1.000000000
```

Standradized regression weights
```
    .2409000000
    .3123000000
   -.0205000000
```

Correlations between independent variables and criterion variables
```
    .3942550600
    .4241681300
    .2766659900
```

表2-2底部的三個相關係數（.39425506、.42416813、.27666599），分別為：
ρ_{EL}、ρ_{VL}、ρ_{GL}。

（二）由相關係數計算變項間的標準化迴歸係數

假如研究者已知所有觀察變項之相關矩陣，可利用表2-3的SPSS矩陣語言之語法程式，計算圖2-3模式徑路中的標準化迴歸係數；表2-4為SPSS語法程式的輸出報表。

表2-3　SPSS矩陣語言之語法程式

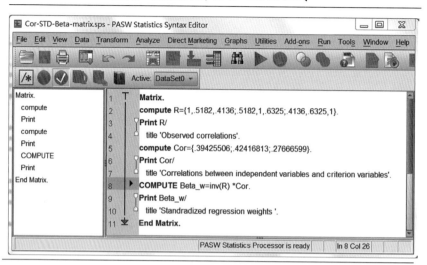

表2-4　SPSS矩陣語言之語法程式的輸出報表

Observed correlations between independent variables
1.000000000	.518200000	.413600000
.518200000	1.000000000	.632500000
.413600000	.632500000	1.000000000

Correlations between independent variables and criterion variables
.3942550600
.4241681300
.2766659900

Standardized regression weights
.2409000000
.3123000000
-.0205000000

（三）標準化變項徑路追蹤三大規則

一般來說，標準化變項徑路圖中任一雙變項間相關之模式隱含期望值，只要遵守下列3條件（Roesch, 2011），就可以利用連結路線之追蹤推導出來。因果徑路之追蹤起始點，永遠從果追蹤起（Go from effect to cause），如為雙箭頭之相關徑路，則無此限制，一經選定該起始變項，永遠從那裡開始。

1. 無迴路（No loops）：在圖2-4之單一路線中，同一變項不可以經過兩次。

圖2-4中r_{AB} = ACDECB，顯示在同一次的徑路追蹤中經過C兩次，違反此規則，此徑路不成立。換言之，任一特定徑路追蹤，中介變項僅能走過一次。

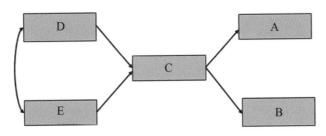

· No loops：同一變項不可以經過兩次
· 隱含r_{AB} = ACB(○)
· 隱含r_{AB} = ACDECB(×)

圖2-4　徑路追蹤規則1

2. 不可往前進後再後退；但可先後退再前進。

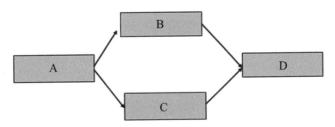

· 不可往前進後，再後退；但可先後退，再前進
· 隱含r_{BC} = BAC(○)
· 隱含r_{BC} = BDC(×)

圖2-5　徑路追蹤規則2

　　追蹤路線只能從果起始，要走多遠沒有限制，但一經走過由因而果之徑路（BD），就不能回頭走由果而因之徑路（DC）；亦即不允許箭頭對箭頭。換言之，此規則只允許共同的因（如圖2-5中的A變項），但不允許共同的果（如圖2-5中的D變項）。

3. 每一路線，至多僅允許涉及一個未分析到的相關係數（雙箭頭部分，僅能通過一次）。

　　注意圖2-6之追蹤規則乃是假定沒有循環的迴路（No feedback loops）；換言之，該模式需為方向性的遞迴（Recursive）模式，如DACF。

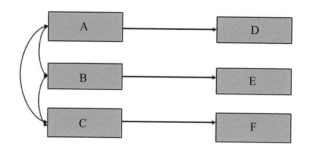

· 每一路線，至多僅允許一個未分析到的相關
· 隱含r_{DF} = DACF(○)
· 隱含r_{DF} = DABCF(×)

圖2-6　徑路追蹤規則3

二、標準化隱含相關係數之實例推導

　　本節實例中的推導按以下順序介紹之：相關係數與徑路係數之計算、隱含相關係數之實例演算與R^2及殘差的計算。

（一）隱含相關係數計算之基本步驟

1. 計算變項間之實得相關係數與徑路係數。

2. 利用Wright's追蹤規則（1934）及參見前述Kenny（1979）公式2-1，計算隱含相關係數之步驟有三：

　　(1) 標示出所有配對變項之可能路線（含直接與間接效果）。

　　(2) 計算複合徑路係數乘積。

　　(3) 加總上述所有可能徑路係數。

3. 比較觀察相關係數與隱含相關係數。

（二）四個變項模式之實例解說

1. 計算變項間之相關係數與徑路係數

$$
\text{Obsered } R =
\begin{array}{lccc}
 & \text{Challenge} & \text{Threat} & \text{PF} \\
\text{Threat} & -.70 & & \\
\text{PF} & .50 & -.45 & \\
\text{Depress} & .25 & .50 & -.60
\end{array}
$$

利用Wright的追蹤規則反推，以獲得迴歸係數。

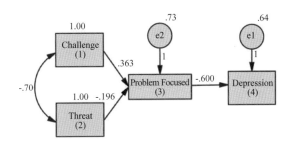

圖2-7　四變項之徑路模式分析結果與其相關矩陣（Roesch, 2011）

註：為利於後續之實例說明，四個變項將以數字表示，Challenge:1、Threat:2、Problem Focused:3、Depression:4。

　　圖2-7中之四變項模式的待估計徑路參數為6，而其共變數矩陣的非重複性元素共有$(4\times(4+1))/2 = 10$。因此，本模式為過度辨識（Over-identified）模式（df = 10 − 6 = 4），意味著有些參數被刪除了；例如：Challenge(1)與Threat(2)對Depression(4)的直接效果被設定為0，因此其相關徑路未被標註出來。假如待估計參數超過10，亦即自由度為負值，該模式即為不可辨識。

　　為了計算徑路係數，可由公式2-1間接推導出：

$$.50 = P_{31} + (-.70 \times P_{32})$$
$$-.45 = P_{32} + (-.70 \times P_{31})$$

　　解出以上兩個聯立方程式，可以獲得$P_{31} = .3628$（直接效果），$P_{32} = -.196$（間接效果）；而殘差項的變異量可由公式2-10求得：

$$\text{Var}(e2) = 1 - R^2 = 1 - [.363^2 + (-.196^2) + 2 \times .363 \times (-.196) \times (-.70)]$$
$$= 1 - .27 = .73$$
$$\text{Var}(e1) = 1 - R^2 = 1 - .6^2 = .64$$

　　另外，讀者亦可直接利用公式2-27推導以上這些迴歸係數，將更省時省力。

2. 利用Wright's追蹤規則計算隱含相關係數

　　根據Wright's追蹤規則，標示出所有配對變項之可能路線，不需要的路線則設定為0，共有四種相關徑路鏈結（請注意圖2-7中Challenge & Threat對Depression的直接效果被設定為0。因此，其直接效果之鏈結不包含在內）。先計算複合徑路係數乘積，再加總所有可能的徑路係數（參見公式2-1），即為該組的隱含相關係數，本實例計算結果如下所示：

➢ 隱含 $r_{challenge.pf} = p_{31} + (r_{12} \times p_{32}) = .50$
➢ 隱含 $r_{threat.pf} = p_{32} + (r_{12} \times p_{31}) = -.45$
➢ 隱含 $r_{challenge.dep} = (p_{31} \times p_{43}) + (r_{12} \times p_{32} \times p_{43}) = -.30$
➢ 隱含 $r_{threat.dep} = (p_{32} \times p_{43}) + (r_{12} \times p_{31} \times p_{43}) = .27$

　　茲將上述這些個別之係數彙整後，可獲得表2-5中之隱含相關矩陣（Implied Correlations）之資料：

表2-5　觀察相關係數與隱含相關係數矩陣：Amos報表

Sample Correlations

	Threat	Challenge	Problem Focused	Depression
Threat	1.00000			
Challenge	-.70000	1.00000		
Problem Focused	-.45000	.50000	1.00000	
Depression	-.50000	-.25000	-.60000	1.00000

Implied Correlations

	Threat	Challenge	Problem Focused	Depression
Threat	1.00000			
Challenge	-.70000	1.00000		
Problem Focused	-.45000	.50000	1.00000	
Depression	.27000	-.300000	-.60000	1.00000

Residual Correlations

	Threat	Challenge	Problem Focused	Depression
Threat	.00000			
Challenge	.00000	.00000		
Problem Focused	.00000	.00000	.00000	
Depression	.23000	.05000	.00000	.00000

3. 將上述表2-5中前面兩個矩陣（Sample & Implied）的對應元素相減，可獲得殘差相關矩陣（參見表2-5底部的Residual Correlations），優良的參數估計值，可使隱含相關矩陣與觀察相關矩陣間的差距極小化。當模式與資料完全適配時，隱含相關

矩陣與觀察相關矩陣間的差距（亦即殘差相關矩陣）將為**0**矩陣。一般都希望殘差相關的絕對值在.05以下，否則為不佳模式。從表2-5之殘差矩陣知：仍有兩殘差係數≧.05，此係因省略了Challenge→Depression & Threat→Depression的兩條徑路所致；暗示著本理論模式並非最適配的理論模式。較佳的理論模式，也是使隱含相關矩陣與觀察相關矩陣間的差距極小化的主要原因之一。

4. 如果利用數值分析法的迴圈迭代，亦可找出最佳的參數估計值，使得觀察相關或共變係數與隱含相關或共變係數間之差異量獲得極小化。茲將極小化過程與差異函數F的估計方法，以矩陣方式呈現彙整於下，以利讀者在概念上的進一步掌握。圖2-8係殘差共變數矩陣之計算公式，此公式2-3顯示出：殘差共變數矩陣（S-Σ）等於觀察共變數矩陣（S）減去隱含共變數矩陣（Σ）。

$$\begin{bmatrix} s_1^2 & s_{12} \\ s_{21} & s_2^2 \end{bmatrix} - \begin{bmatrix} \hat{\sigma}_1^2 & \hat{\sigma}_{12} \\ \hat{\sigma}_{21} & \hat{\sigma}_2^2 \end{bmatrix} = \begin{bmatrix} s_1^2 - \hat{\sigma}_1^2 & s_{12} - \hat{\sigma}_{12} \\ s_{21} - \hat{\sigma}_{21} & s_2^2 - \hat{\sigma}_2^2 \end{bmatrix}$$

$$\mathbf{S} \quad - \quad \hat{\mathbf{\Sigma}} \quad (\mathbf{S} - \hat{\mathbf{\Sigma}})$$

observed covariance matrix   model-implied covariance matrix   residual covariance matrix

公式2-3

圖2-8　殘差共變數矩陣之計算

5. 利用差異函數F評估資料與模式之適配性，F函數基本公式界定如公式2-4：

$$F = \frac{1}{2} \text{tr}[(S - \hat{\Sigma})W^{-1}]^2$$

公式2-4

　　公式2-4中，tr代表trace，係指主對角線上各元素之和；W係殘差矩陣的加權校正矩陣。當前後兩次的適配函數F值的差小於聚斂標準，則終止估計迴圈。

6. 使用不同的加權係數矩陣W，會導致不同的參數估計方法，請參見表2-6（修訂自Hancock, 2011）。

表2-6　SEM參數估計中的不同加權係數矩陣與使用時機

估計方法	加權校正矩陣	分配假設	使用時機
Unweighted Least Squares (ULS)	I	多變項常態	測量單位相同
Generalized Least Squares (GLS)	S	多變項常態	樣本大時等於ML

表2-6　SEM參數估計中的不同加權係數矩陣與使用時機（續）

估計方法	加權校正矩陣	分配假設	使用時機
Scale-free Least Squares (SLS)	Diag(S)	多變項常態	測量單位不同
Maximum Likelihood (ML)	Equivalent to using $\hat{\Sigma}$	多變項常態	通常偏好ML
Asymptotically Distribution Free (ADF)	Browne (1982, 1984)	無	需要大樣本
Robust (Satorra-Bentler)	χ^2 & std. error corrections	無	推介用於非常態資料

　　不同的SEM估計方法使用不同的加權係數矩陣，使用時機請參看表2-6的最後一欄位內之說明，而各種參數的估計方法則具體說明如下。

(1) 未加權最小平方法

　　本法的加權矩陣為單元矩陣I，事實上等於未作任何加權，故稱為未加權最小平方法，等於一般最小平方法，故其殘差共變數矩陣為：

$$\begin{bmatrix} s_1^2 - \hat{\sigma}_1^2 & s_{12} - \hat{\sigma}_{12} \\ s_{21} - \hat{\sigma}_{21} & s_2^2 - \hat{\sigma}_2^2 \end{bmatrix}$$

residual
covariance matrix

　　本法適用於觀察變項具有相同的測量單位時（標準差均為1的相關矩陣資料），一般不推薦使用。其極小化函數界定如公式2-5：

$$F_{\text{ULS}} = \frac{1}{2} \, \text{tr}[(S - \hat{\Sigma})I^{-1}]^2 = \frac{1}{2} \text{tr}(S - \hat{\Sigma})^2 \qquad \text{公式2-5}$$

(2) 廣義最小平方法

　　本法的加權矩陣為觀察共變數矩陣S^{-1}，旨在針對標準化之殘差進行極小化，故其標準化殘差共變數矩陣為：

$$\begin{bmatrix} \dfrac{s_1^2 - \hat{\sigma}_1^2}{s_1^2} & \dfrac{s_{12} - \hat{\sigma}_{12}}{s_1 s_2} \\[3mm] \dfrac{s_{21} - \hat{\sigma}_{21}}{s_1 s_2} & \dfrac{s_2^2 - \hat{\sigma}_2^2}{s_2^2} \end{bmatrix}$$

　　本法適用於觀察變項殘差出現異質性時，其極小化函數界定如公式2-6：

$$F_{GLS} = \frac{1}{2} \, tr[(S - \hat{\Sigma})S^{-1}]^2 \qquad \text{公式2-6}$$

當樣本逐漸增大時，其極小化函數會逼近於最大概似法的估計值。

(3) 量尺不受限（Scale-free）最小平方法

本法的加權矩陣為對角線單元矩陣Diag（S^{-1}），旨在針對標準化之殘差進行極小化。其極小化函數界定如公式2-7：

$$F_{GLS} = \frac{1}{2} \, tr[(S - \hat{\Sigma}) \, diag \, (S^{-1})]^2 \qquad \text{公式2-7}$$

(4) 最大概似法

本法的加權矩陣為隱含模式矩陣Σ^{-1}，旨在針對模式導向的標準化之殘差（Model-based standardized residuals）進行極小化，故其標準化殘差共變數矩陣為：

$$\begin{bmatrix} \dfrac{s_1^2 - \hat{\sigma}_1^2}{\hat{\sigma}_1^2} & \dfrac{s_{12} - \hat{\sigma}_{12}}{\hat{\sigma}_1\hat{\sigma}_2} \\[3mm] \dfrac{s_{21} - \hat{\sigma}_{21}}{\hat{\sigma}_1\hat{\sigma}_2} & \dfrac{s_2^2 - \hat{\sigma}_2^2}{\hat{\sigma}_2^2} \end{bmatrix}$$

當F_{ML}極小化時，最大概似法的參數估計值所界定的母群，將會使得樣本的發生率最大。其極小化函數F_{ML}界定如公式2-8：

$$F_{ML} = \log|\hat{\Sigma}| + tr(S\hat{\Sigma}^{-1}) - \log|S| - p \qquad \text{公式2-8}$$

式中p為觀察變項數目，本法最常被推薦使用。

(5) 母群分配不受限法（又稱為WLS）

本法的加權矩陣為Browne（1984）所建議的矩陣W^{-1}，不受母群分配的限制，因為ADF會針對原始資料的峰度透過W^{-1}進行調整，因此本法必須使用「原始資料」進行參數估計。不過本法不適用於小樣本及自由度很大時。其極小化函數F_{ADF}界定如公式2-9：

$$F_{ADF} = F_{WLS} = (s_{ij} - \sigma_{ij})'W^{-1}(s_{ij} - \sigma_{ij}) \qquad \text{公式2-9}$$

(6) 修正最大概似法：非常態性資料的校正法（卡方校正 & Bootstrapping法）

當常態性資料的基本假設違反時，模式中的參數估計值仍然是正確的，但是卡方與標準誤則是偏估的：在非常態性資料下，卡方值會高估，而標準誤會低估。Satorra-Bentler scaled χ^2考驗（Satorra, Bentler, 1994）可針對卡方值與標準誤加以校正，可惜Amos目前尚未提供，請使用MPLUS、EQS & LISREL等軟體，取得此統計量！

（三）標準化變項R^2 & 殘差之計算

以三變數V1、V2、V3為例，因為變項均經過標準化，其變異數均為1，$C_1=C_2=C_{E3}=1$，參見圖2-9（修訂自Hancock, 2011）。V3係內衍變項，其變異量含有可由V1 & V2預測到的變異量（又稱為決定係數，R^2）與無法預測到的殘差變異量（$1-R^2$），參見公式2-10。

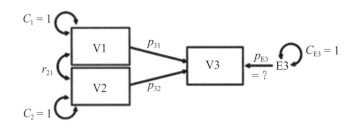

圖2-9　標準化變項之徑路模式

$$C_{E3}=1=\underbrace{p_{31}^2+p_{32}^2+2(p_{31}r_{21}p_{32})}_{R^2}+\underbrace{p_{E3}^2}_{(1-R^2)}\Rightarrow p_{E3}=\sqrt{1-R^2}$$

公式2-10

根據圖2-9 & 圖2-11的實例，公式2-10係未標準化公式2-16，簡化而來。注意公式2-10中R^2與殘差（$1-R^2$）的計算過程，下面實例會使用到。

以下茲以一實例，分別就觀察變項與潛在變項，說明R^2與殘差之計算過程與結果，參見圖2-10與圖2-11。

1. 計算觀察變項R²與殘差實例解說

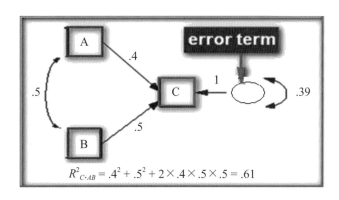

$$R^2_{C \cdot AB} = .4^2 + .5^2 + 2 \times .4 \times .5 \times .5 = .61$$

圖2-10　觀察變項R²之計算

　　由圖2-10可知：觀察變項A & B之R² = .61，其殘差 = 1 − .61 = .39。假如C_{E3}的變異量設定為1，由公式2-10可知：$p_{E3} = \sqrt{1 - .61} = \sqrt{.39} = .62$。

2. 計算潛在殘差變異量實例解說

　　圖2-11例子旨在說明潛在變項的誤差變異量之計算過程，請參閱右下角之說明；顯然地，其誤差變異量亦等於$1 - R^2$。

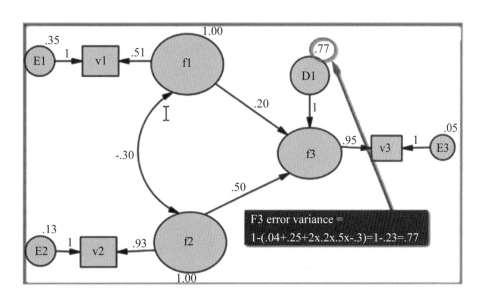

F3 error variance =
1-(.04+.25+2x.2x.5x-.3)=1-.23=.77

圖2-11　潛在變項之殘差計算

三、未標準化變項追蹤規則：以徑路分析為例

如果使用的是未標準化變項，那麼前述之追蹤規則就不足以推導出相關係數之期望值。然而，假如沒有從一依變項到另一依變項之徑路的話，只要將前述之標準化變項規則，增添以下兩個規則，即可推導出未標準化變項之變異數與共變數矩陣期望值（Lessem, 2002）。

1. 在推導共變數時，假如在追蹤路線的方向轉換點，該徑路連結並未連結到含有雙箭頭的不同變項（亦即僅包含一個外衍變項，或稱為獨立變項）時，方向改變點變項的變異數期望值需包含於徑路係數的交乘積中。如果該徑路連結中包含有雙箭頭的兩個外衍變項時，則徑路係數的交乘積中僅可以包含一個共變量。因此，公式2-11 & 公式2-12中，每一可能的連結中僅能包含一個變異數（僅涉及一個外衍變項）或一個共變數（涉及兩個外衍變項）。茲以圖2-12徑路模式中之三變數V1、V2、V3為例，因為三個變項均未經過標準化，其變異數分別為C_1，C_2；而C_{21}則為共變數，均不需推導。

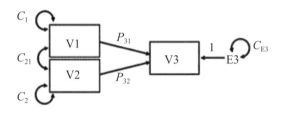

圖2-12　未標準化變項之徑路模式（修訂自Hancock, 2011）

根據前述第二節之標準化徑路追蹤規則，再新增共變數額外規則，本模式中雙變項的共變數計算，如公式2-11～公式2-13所示：

$$\sigma_{31} = P_{31}C_1 + P_{32}C_{21} \qquad\qquad 公式2\text{-}11$$

$$\sigma_{32} = P_{32}C_2 + P_{31}C_{21} \qquad\qquad 公式2\text{-}12$$

$$\sigma_{21} = C_{21} \qquad\qquad 公式2\text{-}13$$

2. 在推導變異數（變項與自己本身的共變數）時，如從一依變項到另一獨立變項且又追蹤回到變項本身的徑路，只計算一次（可以經過同一變項兩次）。仍以圖2-12之三變數V1、V2、V3為例，因為三個變項均未經過標準化，其變異數分別為C_1，C_2；C_{21}為共變數，均不需推導。根據前述第二節之標準化徑路追蹤規則，再新增變異數規則，該模式中各變項變異數的計算，如公式2-14～公式2-16所示：

$$\sigma_1^2 = C_1 \qquad\qquad \text{公式2-14}$$

$$\sigma_2^2 = C_2 \qquad\qquad \text{公式2-15}$$

$$\sigma_3^2 = p_{31}p_{31}C_1 + p_{32}p_{32}C_2 + p_{31}C_{21}p_{32} + p_{32}C_{21}p_{31} + (1)(1)C_{E3} \qquad \text{公式2-16}$$

$$= p_{31}^{\ 2}C_1 + p_{32}^{\ 2}C_2 + 2(p_{31}C_{21}p_{32}) + C_{E3}$$

綜上所述，更簡便的方法是先將所有殘差變異數明確的包含在徑路圖中（以雙箭頭指向變項本身，如 C_{E3}）；其次，追蹤任何兩變項間之鏈結係先後退追蹤，在雙箭頭之處改變方向，接著再向前追蹤；而雙變項間之期望共變數或單一變項之期望變異數，等於所有可能不同鏈結中的係數乘積加總之和（公式2-11 & 公式2-12中各含有兩個不同的鏈結），而徑路鏈結是否不同，端視他們是否未具有相同係數，或這些係數來自於不同順序而定。

四、未標準化隱含共變數矩陣之實例推導

仍以圖2-12之徑路模式中三變數V1、V2、V3為例，三個變項均未經過標準化，因此模式中變項的變異數亦有待估計。此變異數、共變數矩陣中各元素的對應公式，如圖2-13所示。

$$\Sigma = \begin{bmatrix} \text{公式 2-14} & & \\ \text{公式 2-13} & \text{公式 2-15} & \\ \text{公式 2-11} & \text{公式 2-12} & \text{公式 2-16} \end{bmatrix}$$

圖2-13　三變項模式的共變數矩陣中各元素的對應公式

此三變項模式的待估計參數為6，而其共變數矩陣的非重複性元素共有 $(3\times(3+1))/2=6$，因此本模式為完全適配的恰可辨識（Just-identified）模式，模式之Amos參數估計值之計算結果，顯示於圖2-15中。圖2-14係此之變項的隱含共變數矩陣與觀察共變數矩陣。

$$\Sigma = \begin{bmatrix} C_1 & & \\ C_{21} & C_2 & \\ P_{31}C_1 + P_{32}C_{21} & P_{32}C_2 + P_{31}C_{21} & P_{31}^2 C_1 + P_{32}^2 C_2 + 2(P_{31}C_{21}P_{32}) + C_{E3} \end{bmatrix}$$

$$S = \begin{bmatrix} 1.623 & & \\ -.308 & 1.951 & \\ .198 & .290 & 1.627 \end{bmatrix}$$

圖2-14　三變項模式的隱含共變數矩陣的計算與觀察共變數矩陣

當模式為完全適配時，S與∑之殘差相關矩陣將為**0**矩陣。本模式參數之求解過程條述如下：

$$-.308 = C_{21} \qquad\qquad 公式2-17$$
$$.198 = P_{31}C_1 + P_{32}C_{21} \qquad\qquad 公式2-18$$
$$.290 = P_{32}C_2 + P_{32}C_{21} \qquad\qquad 公式2-19$$
$$1.623 = C_1 \qquad\qquad 公式2-20$$
$$1.951 = C_2 \qquad\qquad 公式2-21$$
$$1.627 = P_{31}^2C_1 + P_{32}^2C_2 + 2(P_{31}C_{21}P_{32}) + C_{E3} \qquad\qquad 公式2-22$$

其次，將C_1、C_2、C_{21}代入公式2-18 & 公式2-19，可獲得公式2-23 & 公式2-24。

$$1.623P_{31} - .308P_{32} = .198 \qquad\qquad 公式2-23$$
$$1.951P_{32} - .308P_{31} = .290 \qquad\qquad 公式2-24$$

解出以上這兩個聯立方程式，即可獲得P_{31} & P_{32}的估計值，再將以上的參數解代入公式2-22，即可獲得C_{E3}。正確的解答，請參見圖2-15的徑路係數（Amos之輸入與輸出數據皆須使用最大概似法）。

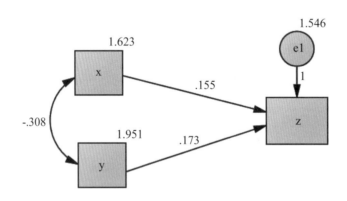

圖2-15　Amos的參數正解

五、CFA模式隱含其變數矩陣的推導：徑路追蹤

茲以圖2-16之3個未標準化變項為例，延伸徑路分析之CFA追蹤規則：將3個未標準化變項的迴歸方程式，條列於圖2-16之右側。

這一個憂鬱量表（F1），包含3個分量表：悲觀（V1）、易怒（V2）、失眠（V3），其徑路模式顯示於圖2-16左側。

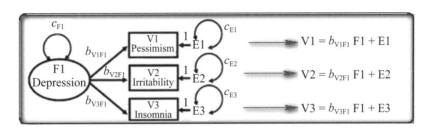

圖2-16　憂鬱量表之CFA模式：3個未標準化變項（修訂自Hancock, 2011）

　　茲先將本模式中的參數設定說明如圖2-17，圖中將潛在因素F1之變異數設定為1，此潛在變項量尺設定法，可以估計該因素下所有指標之徑路係數。

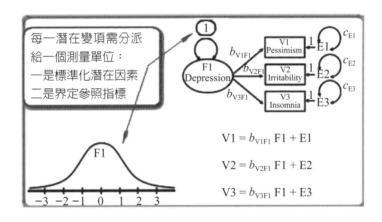

圖2-17　潛在因素測量單位設定為1

　　研究者亦可將潛在因素F1之變異數開放估計，但需將該因素下之一個參照指標之徑路係數設定為1（參見圖2-18），當作該因素測量單位之參照指標。

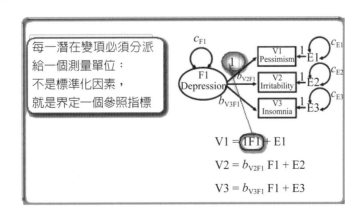

圖2-18　參照指標之徑路係數設定為1

　　沿用前述未標準化變項之徑路追蹤規則，本模式之隱含變異數與共變數矩陣內各元素之推導，其計算說明如公式2-25：

$$\hat{\Sigma} = \begin{bmatrix} b_{V1F1}^2 c_{F1} + c_{E1} & & \\ b_{V1F1} b_{V2F1} c_{F1} & b_{V2F1}^2 c_{F1} + c_{E2} & \\ b_{V1F1} b_{V3F1} c_{F1} & b_{V2F1} b_{V3F1} c_{F1} & b_{V3F1}^2 c_{F1} + c_{E3} \end{bmatrix}$$

公式2-25

　　利用Amos進行CFA分析，該模式之觀察變異數與共變數矩陣，詳如表2-7：

表2-7　樣本觀察變異數與共變數矩陣

Sample Covariances (Group number 1)

	V3	V2	V1
V3	144.00000		
V2	55.44000	121.00000	
V1	42.00000	33.00000	100.00000

　　在CFA模式下，各指標變項的隱含變異數與共變數矩陣（模式所提供的矩陣），其Amos的計算結果表列於表2-8中，與表2-7之分析結果完全相同，意指理論模式與觀察資料完全適配。

表2-8　模式隱含之觀察變異數與共變數矩陣

Impliod Covariances (Group number 1 – Default model)

	V3	V2	V1
V3	144.00000		
V2	55.44000	121.00000	
V1	42.00000	33.00000	100.00000

　　由於本模式係一完全適配模式，永遠無法考驗其為假，其殘差相關矩陣係為0矩陣，請參見表2-9。

表2-9　殘差相關矩陣

Residual Covariances (Group number 1 – Default model)

	V3	V2	V1
V3	.00000		
V2	.00000	.00000	
V1	.00000	.00000	.00000

　　本模式中之相關徑路參數亦顯示於徑路圖2-19中，本例中將潛在因素標準化，因此其變異數設定為1，其三個指標則可以完全開放估計。

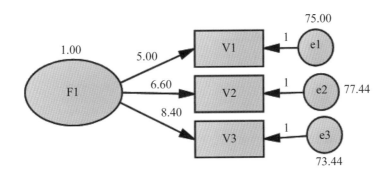

圖2-19　CFA徑路參數：潛在因素F1之變異數設定為1

　　讀者可以利用圖2-19中的徑路係數與變異量，帶入公式2-25，即可獲得表2-7的三個樣本觀察變異數與共變數矩陣。例如：V1的變異量，可由 $b_{V1F1}^2 c_{F1} + c_{E1}$ 求得：$5^2 \times 1 + 75 = 100$，而V1 & V2之共變數，可由 $b_{V1F1} b_{V2F1} c_{F1}$ 求得：$5.0 \times 6.6 \times 1 = 33$。

六、CFA隱含共變數矩陣的推導：RAM矩陣運算

　　徑路追蹤規則雖然可以估計隱含共變數矩陣，但因其遇到大的理論模式，易於犯錯，常無法顧及所有有效之徑路。McArdles'（1978 & 1984）RAM（Reticular Action Model）規則，也可用來估計隱含共變數矩陣的三個主要矩陣（S,A & F），簡潔有效，較不易犯錯。研究者有了這三大矩陣之後，就可採公式2-26的公式（Boker, et al., 2002），計算未標準化變項之隱含共變數矩陣（C_e）。

$$C_e = F(I - A)^{-1} S((I - A)^{-1})' F'$$

公式2-26

　　式中C_e係expected covariance矩陣，F係過濾變項矩陣，用來區辨外顯指標與潛在變

項，I係單元矩陣，A係非對稱性關聯矩陣，用來界定每一單箭頭徑路之迴歸係數，S係對稱性關聯矩陣，包含模式中所有觀察變項的變異數與共變數。因此，RAM徑路法必須借助於徑路圖之界定，推導估計隱含共變數矩陣所需的三大參數矩陣：S，A與F。

利用公式2-25，CFA隱含共變數矩陣的推導，參見圖2-20（修訂自Ainsworth, 2010），亦研究者可以善用SPSS Matrix Syntax Command矩陣語言或SAS Proc IML矩陣副程式，進行公式2-26之各相關矩陣之計算，參見圖2-21內之SPSS語法程式。

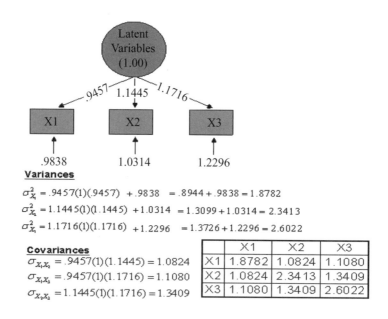

Variances

$$\sigma^2_{X_1} = .9457(1)(.9457) + .9838 = .8944 + .9838 = 1.8782$$
$$\sigma^2_{X_2} = 1.1445(1)(1.1445) + 1.0314 = 1.3099 + 1.0314 = 2.3413$$
$$\sigma^2_{X_3} = 1.1716(1)(1.1716) + 1.2296 = 1.3726 + 1.2296 = 2.6022$$

Covariances

$$\sigma_{X_1 X_2} = .9457(1)(1.1445) = 1.0824$$
$$\sigma_{X_1 X_3} = .9457(1)(1.1716) = 1.1080$$
$$\sigma_{X_2 X_3} = 1.1445(1)(1.1716) = 1.3409$$

	X1	X2	X3
X1	1.8782	1.0824	1.1080
X2	1.0824	2.3413	1.3409
X3	1.1080	1.3409	2.6022

圖2-20　CFA隱含共變數矩陣參數的推導：利用徑路追蹤規則

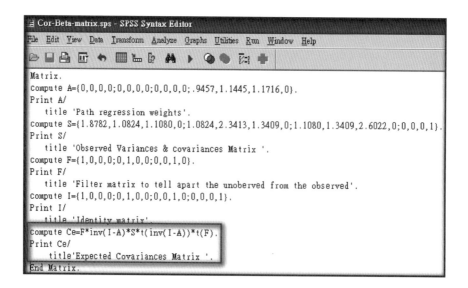

　　圖2-21　SPSS語法程式CFA隱含共變數矩陣參數之計算：透過RAM矩陣運算

　　利用上述SPSS之語法程式執行RAM矩陣運算後,即可獲得如圖2-22的隱含共變數矩陣參數的報表,與圖2-20的推導結果完全相同,足見SPSS矩陣語言之精簡與便利性。

　　執行SPSS之語法程式後,即可獲得如圖2-22的隱含共變數矩陣參數的報表,與圖2-20的推導結果完全相同,足見SPSS矩陣語言之精簡與便利性。

```
Run MATRIX procedure:

Path regression weights
     .000000000      .000000000      .000000000      .000000000
     .000000000      .000000000      .000000000      .000000000
     .000000000      .000000000      .000000000      .000000000
     .945700000     1.144500000     1.171600000      .000000000

Observed Variances & covariances Matrix
    1.878200000     1.082400000     1.108000000      .000000000
    1.082400000     2.341300000     1.340900000      .000000000
    1.108000000     1.340900000     2.602200000      .000000000
     .000000000      .000000000      .000000000     1.000000000

Filter matrix to tell apart the unoberved from the observed
    1   0   0   0
    0   1   0   0
    0   0   1   0

Identity matrix
    1   0   0   0
    0   1   0   0
    0   0   1   0
    0   0   0   1

Expected Covariances Matrix
    1.878200000     1.082400000     1.108000000
    1.082400000     2.341300000     1.340900000
    1.108000000     1.340900000     2.602200000
```

圖2-22　SPSS之隱含共變數矩陣參數的報表

七、SEM取向的徑路分析

　　因為徑路分析係SEM分析的特例,使用SEM進行傳統的徑路分析變得簡單許多。過去在進行傳統徑路分析,都是透過多次的迴歸分析才能完成徑路分析。以圖2-24的徑路設計為例,如果x1表父教育,x2表父職業,x3表兒教育,x4表兒早期職業,x5表兒後期職業,傳統的作法,需跑四次迴歸分析(參見表2-10中的四個迴歸分析的SPSS指令):

1. $x1{\rightarrow}x2$

2. $x1 + x2{\rightarrow}x3$

3. $x1 + x2 + x3{\rightarrow}x4$

4. $x1 + x2 + x3 + x4{\rightarrow}x5$

表2-10　SPSS迴歸分析語法程式：利用相關矩陣

```
COMMENT P250.
MATRIX DATA VARIABLES= X1 TO X5/
  FORMAT=LOWER/
  CONTENTS=MEAN SD N CORR.
BEGIN DATA
0 0 0 0 0
1 1 1 1 1
50 50 50 50 50
1
.635 1
.451 .494 1
.344 .424 .556 1
.347 .455 .579 .619 1
END DATA.
LIST.
REGRESSION MATRIX=IN(*)/
 DEPENDENT=X2/
 METHOD=ENTER X1.
EXECUTE.

REGRESSION MATRIX=IN(*)/
 DEPENDENT=X3/
 METHOD=ENTER X1 X2.
EXECUTE.

REGRESSION MATRIX=IN(*)/
 DEPENDENT=X4/
 METHOD=ENTER X1 X2 X3.
EXECUTE.

REGRESSION MATRIX=IN(*)/
 DEPENDENT=X5/
 METHOD=ENTER X1 TO X4.
EXECUTE.
```

表2-11，係第四個迴歸分析指令所跑出來的分析結果。表中的估計標準誤，係出自 $SE = \sqrt{1 - .432} = .754$（利用調過後的$R^2$），林老師書中的分析結果係出自 $SE = \sqrt{1 - .478} = .722$（利用未調過後的$R^2$）。

表2-11　SPSS迴歸分析結果

模式摘要

模式	R	R平方	調過後的 R 平方	估計的標準誤
1	.692[a]	.478	.432	.7536624

a. 預測變數:(常數), X4, X1, X3, X2

根據調過的R平方，進行估計；如使用未調過的R平方計算，估計的標準誤為:.722。

模式		未標準化係數		標準化係數		
		B 之估計值	標準誤差	Beta 分配	t	顯著性
1	(常數)	.000	.107		.000	1.000
	X1	-.019	.142	-.019	-.135	.893
	X2	.155	.148	.155	1.047	.301
	X3	.289	.140	.289	2.064	.045
	X4	.399	.132	.399	3.014	.004

a. 依變數: X5

現今如能利用Amos軟體，在提議之徑路圖繪製完後，一次即能完成徑路分析，堪稱便捷。以下將以林清山（1983）多變項分析統計法書中的例子（p.250），利用Amos進行徑路分析。首先，在SPSS編輯器中建立原始相關矩陣如圖2-23：

	ROWTYPE_	VARNAME_	父教育	父職業	兒教育	兒早期職業	兒後期職業
1	CORR	父教育	1.000	.635	.451	.344	.347
2	CORR	父職業	.635	1.000	.494	.424	.455
3	CORR	兒教育	.451	.494	1.000	.556	.579
4	CORR	兒早期職業	.344	.424	.556	1.000	.619
5	CORR	兒後期職業	.347	.455	.579	.619	1.000
6	N		50.000	50.000	50.000	50.000	50.000
7	MEAN		.0	.0	.0	.0	.0
8	STDDEV		1.000	1.000	1.000	1.000	1.000

圖2-23　在SPSS編輯器中建立原始相關矩陣

接著，根據相關理論建立理論模式，利用Amos之繪圖工具繪製徑路分析圖，如圖2-24所示（基本圖項之繪製與變項之命名請參考本書第一章）。圖2-24的徑路分析結果，如果利用傳統迴歸分析模式，需跑4次，才能獲得：第一次，使用父教育（x1）針對父職業（x2）進行迴歸分析。第二次，使用父教育（x1）與父職業（x2）針對兒教育（x3）進行迴歸分析。第三次，使用父教育（x1）、父職業（x2）與兒教育（x3）針對兒早期職業（x4）進行迴歸分析。第四次，使用父教育（x1）、父職業（x2）、兒教育（x3）與兒早期職業（x4）針對兒後期職業（x5）進行迴歸分析。

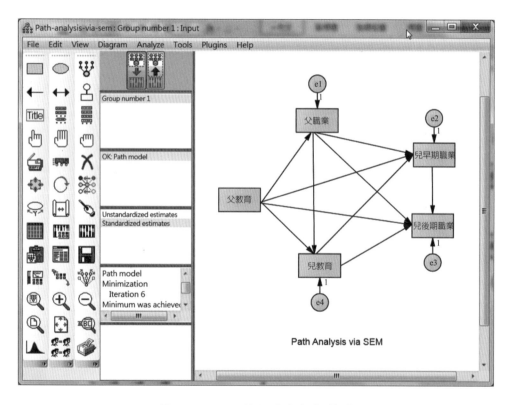

圖2-24　Amos的徑路分析設計圖

其次，執行Amos「Calculate Estimates」統計分析之後，標準化之徑路係數顯示如圖2-25，分析結果與林老師書中跑完四次迴歸分析結果，完全相同。

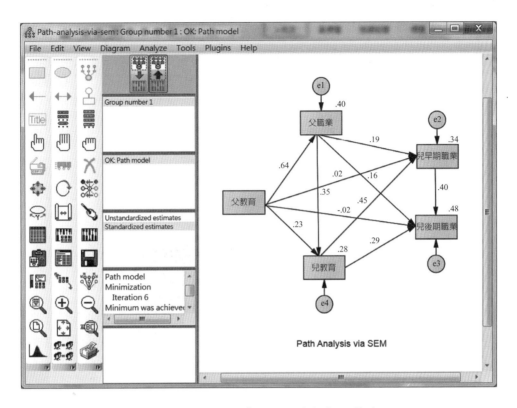

圖2-25　Amos標準化之徑路係數估計值

Amos報表中的隱含相關矩陣，如表2-12所示。表2-12中，x1表父教育，x2表父職業，x3表兒教育，x4表兒早期職業，x5表兒後期職業。

表2-12　Amos報表中的隱含相關矩陣

Implied Correlations (Group number 1-Default model)				
	x1	x2	x3	x4	x5
x1	1.000				
x2	.635	1.000			
x3	.451	.494	1.000		
x4	.344	.424	.556	1.000	
x5	.347	.455	.579	.619	1.000

因係完全適配之模式（$\chi^2 = 0$），觀察共變數矩陣與模式隱含共變數矩陣將完全相等，因此殘差共變數矩陣內之元素均為0，參見表2-13。

表2-13　Amos輸出之殘差共變數矩陣

Residual Covariances (Group number 1-Default model)				
	x1	x2	x3	x4	x5
x1	.000				
x2	.000	.000			
x3	.000	.000	.000		
x4	.000	.000	.000	.000	
x5	.000	.000	.000	.000	.000

八、結語

　　Wright（1934）運用徑路追蹤規則，定義了徑路係數與相關係數間的互換關係。學習徑路分析的徑路追蹤規則，乃是通往SEM大道的隘口。成功渡過此理論窄門，學習者經過此手算推導過程，才能真正理解SEM隱含變異數與共變數矩陣的數學演算邏輯，以彌補文字敘述之困惑與不足。

　　由於傳統徑路追蹤法則較適用於小模式，如遇大型模式常不易顧及所有有效之徑路，目前SEM的統計分析軟體均採用矩陣代數方法，計算隱含變異數與共變數矩陣。例如：McArdle的RAM矩陣運算，可用來估計隱含共變數矩陣的主要矩陣（S,A & F），簡潔有效，較不易犯錯。另外，RAMPATH（McArdle & Boker, 1990）程式中有一「draw_bridges」指令，可以說明任何模式之追蹤規則，對於學習追蹤規則甚有助益，目前此程式模組已應用在MX或OpenMX免費SEM分析軟體中（網址：http://www.vipbg.vcu.edu/~mx/mxgui/top.html）。

習　題

一、請根據以下圖2-26之徑路圖，重建研究者的相關係數矩陣：例如R_{AC}=？，並使用Wright的公式計算R^2。本資料圖取自http://web.missouri.edu/~woodph/psych420/stndpath/stndpath.html

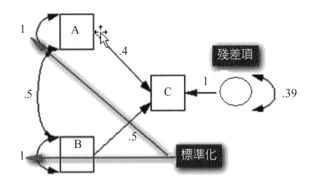

圖2-26　A, B & C之模式經路圖與參數估計值

【提示】：變項A與變項C之相關係數（R_{AC}）之推導，示範如圖2-27（直接效果加上間接效果）。

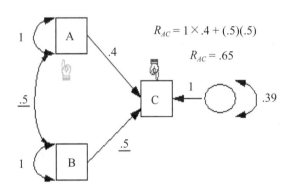

$R_{AC} = 1 \times .4 + (.5)(.5)$

$R_{AC} = .65$

圖2-27　變項A與變項C之相關係數之推導

【提示】：變異數之推導示範如圖2-28，圖中.61係R^2，為可預測到的部分（=1 – .39），而.39係殘差變異數，未能預測到的部分。

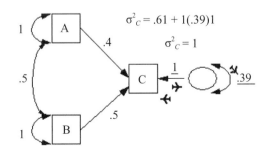

$\sigma^2_C = .61 + 1(.39)1$

$\sigma^2_C = 1$

圖2-28　變項C之變異數之推導

二、以圖2-26之徑路圖為例，請利用公式2-27計算B→C的標準化迴歸係數。

【提示】：A→C的標準化迴歸係數，計算過程說明如下：

$$\beta_{C(A.B)} = \frac{r_{AC} - (r_{BC})(r_{AB})}{1 - r^2_{AB}}$$

$$= \frac{.65 - (.7)(.5)}{1 - .5^2} \qquad \text{公式2-27}$$

$$= .4$$

本質上，公式2-27係標準化淨迴歸係數，表達排除B與A間的關係之後，A與C的淨相關。

三、標準化迴歸係數與半淨相關間有何密切關係？

【提示】：標準化迴歸係數的公式2-27與半淨相關的公式2-28很類似，只是後者分母需取平分根

$$P_{C(A.B)} = \frac{r_{AC} - (r_{BC})(r_{AB})}{\sqrt{1 - r^2_{AB}}}$$

$$= \frac{.65 - (.7)(.5)}{\sqrt{1 - .5^2}} \qquad \text{公式2-28}$$

$$= .346$$

【提示】：徑路分析中的徑路係數與半淨相關係數（semi-partial correlation）具有密切關係。就本例而言，半淨相關係數乃是排除B與A間的關係之後，A與C的淨相關。因此，本質上，迴歸分析的標準化徑路係數與半淨相關的功能相似，均在表達排除B與A間的關係之後，A與C的淨相關，差異只在分母是否取平方根而已。

四、假設變項間之已知相關係數為：r_{x1x2} = .50、r_{X1Y} = .65、r_{X2Y} = .70，請根據變項間之已知相關係數與其徑路圖設計（如圖2-29所示），利用徑路追蹤規則，計算其徑路係數。

【提示】：根據徑路追蹤規則公式2-1可以推知：r_{X1Y} = Beta1 + r12 x Beta2，r_{X2Y} = Beta2 + r12 x Beta1（直接效果 + 間接效果）

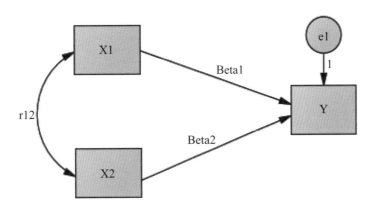

圖2-29　徑路圖設計

五、請利用徑路追蹤規則，根據圖2-30中的徑路設計，推導表2-14中空格的參數估
　　計值，接著，再以Amos的分析方法驗證之，圖2-31係Amos分析的原始資料檔
　　（Carey, 1998）。以下將以模式中之效標Lawyer & Archtct間相關係數為例，由
　　圖2-31之Excel原始資料檔案知，兩變項的相關係數為0.4773，將相關係數加以
　　分解，兩者關係共含三個部分：直接效果（.1066）、間接效果（.0572）與殘差
　　（.3135），分析結果參見表2-14。

　　【提示】：1. 假如進入一個帶有箭頭變項，就不能從一個帶有箭頭的變項
　　　　　　　　　離開。因此，從EDUC追蹤到VOCAB，又從VOCAB追蹤到
　　　　　　　　　GEOMETRY是不允許的，因為進入VOCAB變項時帶有箭頭而
　　　　　　　　　從VOCAB變項出去時亦帶有箭頭。不過，從LAWYER追蹤到
　　　　　　　　　EDUC，又從EDUC追蹤到VOCAB是允許的，因為進入EDUC變項
　　　　　　　　　時並未帶有箭頭。

　　　　　　　2. 在任一單一徑路中，不可以穿越同一變項兩次。

　　　　　　　3. 對於徑路圖中的相關係數估計（如LAWYER & ARCHTCT間的相
　　　　　　　　　關），先選擇任一個變項（可以為獨立變項，也可以為依變項）
　　　　　　　　　開始路徑鏈結（a chain）之追蹤；其次，沿著徑路追蹤到其他變
　　　　　　　　　項（可經過兩個或兩個以上之徑路），計算該鏈結中所有徑路係
　　　　　　　　　數的交乘積（例如：.2409 x .5182 x .1484為透過VOCAB的間接效
　　　　　　　　　果）。將所有追蹤路徑鏈結的交乘積，加總起來（例如：.2409 x
　　　　　　　　　.5182 x .1484 + .3123 x .5182 x .2506）。

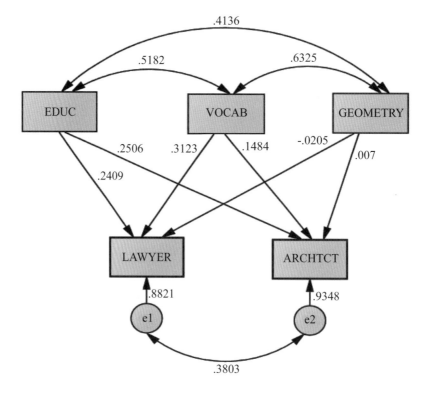

圖2-30　Amos的徑路分析之徑路圖（Carey, 1998）

表2-14　Lawyer & Archtct相關係數之分解

Decomposition of the correlation between LAWYER and ARCHTCT			
Type	**Source**	**Amount**	**Total**
Direct	EDUC	.2409(　　) = .0604	
	VOCAB	.3123(.1484) = .0463	
	GEOMETRY	-.0205(　　) = -.0001	
	Total Direct		.1066
Indirect	EDUC & VOCAB	.2409(　　)(.1484) + .3123(.5182)(　　) = .0591	
	EDUC & GEOMETRY	2409(.4136)(　　) + (-.0205)(　　)(.2506) = -.0014	
	VOCAB & GEOMETRY	.3123(.6325)(.007) + (-.0205)(.6325)(　　) = -.0005	
	Total Indirect		.0572
Residual		8821(　　)(.9348) =	.3135
Total			.4773

094

		EDUC	VOCAB	GEOMETRY	LAWYER	ARCHTCT
1	rowtype_ varname_	EDUC	VOCAB	GEOMETRY	LAWYER	ARCHTCT
2	corr EDUC	1				
3	corr VOCAB	0.5182	1			
4	corr GEOMETRY	0.4136	0.6325	1		
5	corr LAWYER	0.3943	0.4242	0.2767	1	
6	corr ARCHTCT	0.3304	0.2827	0.2045	0.4773	1
7	n	100	100	100	100	100
8	stddev	1	1	1	1	1

圖2-31　Excel原始資料檔案：各變項間之相關矩陣

六、根據圖2-32的未標準化變項的徑路圖，利用徑路追蹤規則，推導其變異數與共變
　　數矩陣。

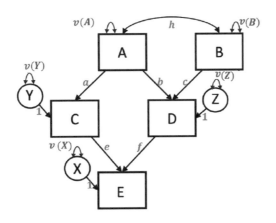

圖2-32　未標準化隱含共變數矩陣的推導

$$\text{Cov}(C, D) = a(v(A))b + ahc$$

參考案

$$\text{Var}(C) = a^2(v(A)) + v(Y)$$

第3章

結構方程模式的理論基礎

一、SEM包含測量模式與結構模式,其統計內含與目的為何?

二、如何辨識SEM理論模式中所涉及之方程式是否有解?

三、SEM參數估計目前均採適配函數極小化的程序,此極小化的基本過程
　　為何?又其三大基本核心工作是什麼?

四、SEM經常使用於哪三種應用情境?

五、事後SEM理論模式的修正,有何後遺症?

六、如何透過SEM-MLE增益集,進行MLE極小化過程的體驗?

一、引言

　　徑路分析（Path analysis）與結構方程模式（Structural Equation Models, SEM），均在分析因果間之關係與強度；但有別於徑路分析的基本假設：單一指標的構念、無測量誤差與誤差間具獨立性，SEM可以考慮到測量誤差、構念的複雜性（非單一指標所能掌握）及誤差間的相關性（縱貫性研究的特徵），近年來受到許多國內、外研究學者的青睞。由於我國教育與心理研究蓬勃發展，SEM在測驗編製與研究上的應用風起雲湧，堪稱當代應用統計學界之顯學。就以SEM的測量模式：驗證性因素分析為例，研究者用它來檢驗測驗結構的論文不勝枚舉，遍及各個學術領域：如教育行政學、醫美、心理學、特殊教育、成人教育、公共行政與測驗編製等。例如：連盈如（1997）的《精神分裂症患者親屬的準精神分裂性人格特徵》；蔡青姿（2004）的《醫學雷射美容消費意向模式建構之實證研究——結構方程模式之應用》；鍾覺非（2004）的《臺灣地區戶政機關服務品質量表之發展》；孫旻儀、王鍾和（2008）的《教師管教方式量表之編製及模式之驗證研究》；鄭博眞、黃義良（2009）的《大學教師教學評鑑量表發展之研究》；韓楷檉、黃瑞峰、黃聖夫（2011）的《生涯轉換心理量表之編製研究》；陳李綢（2014）的《國中學生正向心理健康量表之編製研究》；凃金堂（2015）的《數學後設認知量表之發展與信效度考驗》；程姿螢、張詠婷、宋曜廷（2016）的《大專學生工作價值組合量表之編製及信、效度研究》。

二、SEM的意義、內涵與基本假設

　　SEM早期稱為線性結構方程模式（Linear Structural Relationships, LISREL）或稱為共變數結構分析（Covariance structure analysis），是一眞正在分析變異數的統計方法，而傳統的變異數分析主要在分析平均數間之差異；其實，SEM亦可以處理傳統的變異數分析，如ANOVA與MANOVA的平均數結構分析（Bollen, 1989；Kline, 1998 & 2004）。不過，主要目的在於考驗潛在變項（Latent variables）與外顯變項（Manifest variable, 又稱觀察變項）間之關係，此種構念層次與測量層次間之關係，猶如古典測驗理論中眞分數（True score）與實得分數（Observed score）之關係。

　　過去迴歸分析如結合相關理論即為徑路分析（Path analysis），而探索式因素分析（EFA）如結合了相關理論即為驗證性因素分析（CFA）。實質上，SEM結合了驗證性因素分析（Factor analysis）與徑路分析（Path analysis），亦即SEM統計模式包

含了測量模式與結構模式（參見圖3-1）。測量模式旨在建立測量指標與潛在變項間之關係（例如：可檢驗測量指標的效能及構念的向度），主要透過驗證性因素分析以考驗測量模式的信、效度，其最大特色為考慮到測量誤差，研究者的主要任務在於建構具有良好信、效度之測量指標；至於結構模式則植基於厚實的理論基礎，主要在考驗潛在變項間之因果徑路關係（例如：可檢驗變項間的直接或間接效果、預測效能及整體模式的適配度），主要針對潛在變項進行徑路分析，以考驗結構模式的適配性，研究者的主要任務在於探究潛在變項間之共變性、時間序與因果關聯強度。由此觀之，SEM主要在驗證理論模式，而傳統之變異數分析、迴歸分析則在建立理論模式，唯有兩者相輔相成才能找到最適配而又具有實質意義之模式。

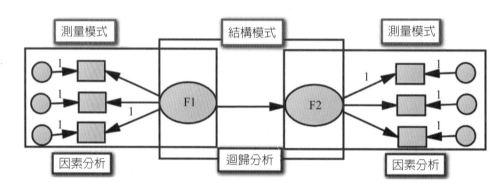

圖3-1　SEM結構方程模式的內涵

　　SEM結構模式的界定，最大的挑戰在於變項間因果方向的判定，此為因果結構模式界定的最重要基本假設。以雙變數（F1 & F2）為例，假定F1為因，其出現的時序必須在F2之前；而且F1 & F2具共變的現象，也必須排除其他可能的變因。在實驗研究上，比較能確認時序與控制干擾變項；在相關研究上，相關變項均同時施測通常無法確定時序，研究者最好使用直接效果或間接效果的詮釋用語，而非因果關係的推論。此時，欲界定F1為因、F2為果，必須植基於實質理論的推演或實徵研究的證據。由此觀之，根據SEM理論模式進行因果的推論，植基於提議模式之因果方向的正確性。因此，研究者利用SEM進行因果的結論時，務必審慎評估理論模式中因果關係的正確性。SEM理論模式的適配度考驗，並無法證實該理論模式為真；它只能協助我們確認錯誤的理論模式。

　　一個完整的SEM結構方程模式，涉及四大統計工作：理論模式的界定，理論模式的辨識，模式的估計，模式的應用情境、發展、評鑑與修正，逐一簡介如下。

三、SEM理論模式的界定

　　所謂理論模式是指描述現實世界變項間或構念間的因果關係，是科學家用以詮釋真相或真理的簡潔描述，也是人類欲了解變項間共通法則所提出的假設。此種假設的提出係根據理論的推導，而理論的產生通常係植基於人類的實徵觀察；接著，研究者再根據所提出的假設進行實徵性的考驗。現象觀察、理論模式、假設考驗間的循環關係，如圖3-2所示。

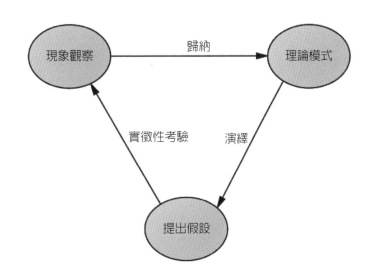

圖3-2　理論模式的建立與假設考驗過程

　　理論模式是SEM的靈魂，沒有理論基礎、文獻支撐或無法考驗的理論模式，只是沒有靈魂的軀殼而已，並無實用價值。因此，理論模式的界定，是有效SEM分析的前導要務。界定SEM模式時，研究者首先需建構理論導向的因果關係，以建構該理論模式的徑路圖，並將徑路圖轉化成測量與結構模式。因果關係的探究方法，請參閱第九章。在建立徑路圖的過程當中，研究者常須依自己研究的需要及過去的相關理論，將部分徑路係數加以固定（Fixed parameters，通常設定為0或1，不去估計它），而將其他重要參數開放估計（Free parameters）。因為理論模式是SEM的靈魂，一個有效的理論模式應具有以下之特性：正確性、精簡性、推論性、實用性與可考驗性；欲具有此五大特質，此理論模式需有紮實的理論或研究文獻的強力支撐。其中精簡性與實用性是一體的兩面，而推論性與正確性亦是共生體。例如：一個太過複雜的模式，由於無法降低其複雜性，其實用性或推論性可能不佳；一個忽視重要調節變項

（Moderators）或抑制變項（Suppressors）的不正確理論模式，可能因模式界定錯誤而會捕捉不到真相的重要特徵，甚至扭曲真相或看不到真相，其推論性當然不佳。

四、SEM理論模式的可辨識性

理論模式的可辨識性（Identifiability），是指模式中的方程式是否有解或其參數是否可以估計。在結構方程模式中，已知參數（來自測量模式）通常為測量變項的相關係數、變異數或共變數，而未知參數（來自結構模式）則依適配該資料的模式而定。模式是否可以辨識，意指是否有足夠的觀察共變數、變異數矩陣的資訊（通常為測量變項的相關係數或變異數與共變數），可以去估計模式參數。模式的辨識性，可以分為三類：恰可辨識（Just-identified）、不可辨識（Under-identified）與過度辨識（Over-identified）。以下分別說明之。

（一）恰可辨識

符合以下三個條件，該模式為恰可辨識：
1. 每一參數估計值可以獲得唯一解。
2. 方程式待估計的參數與方程式個數相同。
3. 為完全單向遞迴模式（Fully recursive）。

例如：
$$x_1 + x_2 = 6$$
$$x_1 - x_2 = 4$$

因此聯立方程式的未知數與方程式個數相同，可得唯一解：$x_1 = 5$，$x_2 = 1$，此為完全適配模式，相關矩陣可以完全再製，但無法也不需考驗該模式（此模式永遠為真）；假如將模式中部分路徑參數加以限制或刪除，就可變為過度辨識模式。因此，一個完全遞迴模式（模式中所有的變項均有交互相關）為恰可辨識。

（二）過度辨識

符合以下兩個條件，該模式為過度辨識：
1. 實徵上，該模式為可解，但無精確解。
2. 方程式中待估計的參數比方程式之個數少。

例如：
$$x_1 + x_2 = 6$$
$$x_1 - x_2 = 4$$
$$2x_1 - x_2 = 0$$

因此聯立方程式的未知數比方程式個數少，對此三個方程式無法有同時解。此聯立方程式中的變數x_1 & x_2雖有許多套解{(4,2), (5,1), (6,1)⋯}，但有一最佳解(4,2)，此組的誤差最小，要解此種方程式需要特殊解法，參見本章第六節（五）。

（三）不可辨識

出現以下三個狀況，該模式為不可辨識：

1. 方程式中待估計的參數比方程式之個數多。

2. 沒有足夠的資訊可以獲得唯一解。

3. 解並非唯一，有無限解。

例如：$x_1 + x_2 = 6$無唯一解；該方程式之解可為$x_1 = 0$、$x_2 = 6$；$x_1 = 1$、$x_2 = 5$；$x_1 = 2$、$x_2 = 4$等。

茲將前述三種方程式之解，摘要於圖3-3，以利快速參閱與對照。

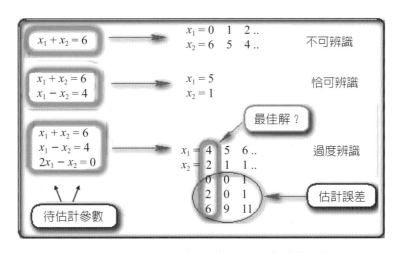

圖3-3　不可辨識、恰可辨識、過度辨識之解

（四）模式可辨識性的必要與充分條件

Bollen（1989）指出三種途徑可以檢驗模式是否可以辨識：計數規則（Counting rule）、順序條件（Order condition）與等級條件（Rank condition）。計數規則、順序條件僅是模式是否可以辨識的必要而非充分條件，等級條件才是模式可以辨識的必要且充分條件。

1. **計數規則，又稱為t-rule**：亦即待估計的參數個數（t）不能大於樣本變異數與共變數的獨特個數（u = [p(p + 1)] / 2），亦即t ≤ u、u – t = df（自由度）。其計算方法如公式3-1：

$$t \leq [p(p+1)] / 2 \text{ （p為觀察變項的個數）} \qquad 公式3-1$$

假設有三個測量變項，則適配該觀察共變數矩陣，此時u將包含p×(p+1)/2 = 6個非重複性的測量資料點（3個共變數及3個變異數）；假如待估計的參數超過6，亦即自由度為負值時，該模式即為不可辨識，Amos會顯示圖3-4的警告視窗。例如：有一單因子模式適配該資料時，未知參數為5；其中2個為因素負荷量，3個為誤差變異量。此模式因未超過6個測量資料點，即為可辨識模式。當SEM的理論模式為平均數結構時，一個含有三個測量變項的觀察共變數矩陣，則包含p×(p+3)/2 = 9個測量資料點（p為測量變項數）。

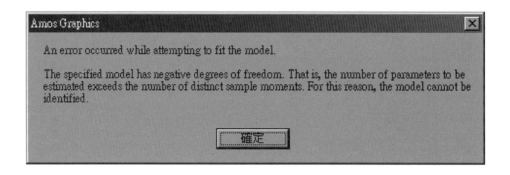

圖3-4　自由度為負的警告視窗

2. **順序條件**：順序條件僅是模式是否可以辨識的必要而非充分條件。

本順序條件旨在確認自由度是否大於或等於0。首先，假設N為所有內衍變項（依變項）數，等於方程式個數，K為聯立方程式中所有變項數（含自變項與依變項），M為某一方程式中所有的變項數（含自變項與依變項）。假如K-M=N-1（待估計參數個數），該方程式為恰可辨識，具有唯一解，可用間接最小平方（indirect least square）解法。假如K-M > N-1，該方程式為過度辨識，則需用最大概似法等解法；假如K-M < N-1，該方程式為不可辨識。以下列的方程式模組為例：

$$y_1 = 4x_1 - 2x_2 + 3x_3$$
$$y_2 = 2x_1 - x_2 + x_3$$
$$y_3 = 2x_1 - x_2$$

這個方程式模組共有3個方程式 & 6個變項（含3個自變項與3個依變項），因

此N = 3、K = 6。以第一個方程式為例，該方程式包含了4變項，因此M = 4。利用順序條件的定義，計算與比較K-M與N-1間之大小，K-M為方程式模組中排除待檢驗方程式所有變項的個數。第一個方程式的順序條件為：6 − 4 = 3 − 1。因此，該方程式為恰可辨識。就第三個方程式而言，其順序條件為：6 − 3 > 3 − 1。因此，該方程式為過度辨識。

3. **等級條件**：較難加以檢驗，符合等級條件的方程式，都能滿足順序條件，反之卻不然。

　　在每一方程式內被排除變項參數之矩陣的秩（rank，彼此線性獨立的列或行數），必須等於聯立方程式個數減1（N-1）。換言之，本條件在分析方程式間是否線性相依，以確保每一參數均有解或有唯一解。當一個聯立方程式的係數矩陣，轉換成階梯形式矩陣（echelon form）之後，就可判定該聯立方程式是否有解。更多有關矩陣秩的運算過程與方法，請參見：Berman(2022). *Echelon Form of a Matrix*": https://stattrek.com/matrix-algebra/echelon-form。如需矩陣秩的計算器，下載網址：https://matrix.reshish.com/rank.php。

　　綜合以上順序條件與等級條件，可以歸納為：

(1) 假如K-M > N-1及rank = N-1，該方程式為過度辨識。

(2) 假如K-M = N-1及rank = N-1，該方程式為恰可辨識。

(3) 假如K-M < N-1或K-M ≧ N-1及rank < N-1，該方程式為不可辨識。

　　另外，亦可利用非零的行列式值，確認等級條件，更多細節請參見https://egyankosh.ac.in/bitstream/123456789/23453/1/Unit-14.pdf。仍以前述順序條件中的方程式模組為例，簡單說明本法檢驗之步驟如下：

(1) 改寫該方程式模組

$$-1y_1 + 0y_2 + 0y_3 + 4x_1 - 2x_2 + 3x_3 = 0 \qquad 方程式1$$
$$0y_1 - 1y_2 + 0y_3 + 2x_1 - 1x_2 + 1x_3 = 0 \qquad 方程式2$$
$$0y_1 + 0y_2 - 1y_3 + 2x_1 - 1x_2 + 0x_3 = 0 \qquad 方程式3$$

將此3個聯立方程式的結構參數，摘要如表3-1。

表3-1　聯立方程式的結構參數摘要表

方程式	變項					
	y1	y2	y3	x1	x2	x3
程式1	−1	0	0	4	−2	3
程式2	0	−1	0	2	−1	1
程式3	0	0	−1	2	−1	0

(2) 刪除待辨識檢驗方程式的整個橫列（row）係數

如待辨識檢驗的方程式為方程式1，則Row 1的係數須全數刪除，參見表3-2。

表3-2　聯立方程式的結構參數摘要表：保留方程式2 & 方程式3

方程式	變項					
	y1	y2	y3	x1	x2	x3
程式1	−1̶	0̶	0̶	4̶	−2̶	3̶
程式2	0	−1	0	2	−1	1
程式3	0	0	−1	2	−1	0

如待辨識檢驗的方程式為方程式3，則Row 3的係數須全數刪除，參見表3-3。

表3-3　聯立方程式的結構參數摘要表：保留方程式1 & 方程式2

方程式	變項					
	y1	y2	y3	x1	x2	x3
程式1	−1	0	0	4	−2	3
程式2	0	−1	0	2	−1	1
程式3	0̶	0̶	−1̶	2̶	−1̶	0̶

(3) 刪除待辨識檢驗方程式中非零的縱列（columns）係數

接著，將待辨識檢驗方程式中非零的縱列係數，全數刪除。例如：方程式1中非零的縱列為y1、x1、x2、x3等四變項。因此，這四個變項下的係數，需加以刪除，參見表3-4。

表3-4　聯立方程式的結構參數摘要表：保留變項y2 & y3

方程式	變項					
	y1	y2	y3	x1	x2	x3
程式1	−1̶	0̶	0̶	4̶	−2̶	3̶
程式2	0̶	−1	0	2̶	−1̶	1̶
程式3	0̶	0	−1	2̶	−1̶	0̶

同樣地，方程式3中非零的縱列為y3、x1、x2。因此，這三個變項下的係數，需加以刪除，參見表3-5。

表3-5　聯立方程式的結構參數摘要表：保留變項y1、y2 & x3

方程式	變項					
	y1	y2	y3	x1	x2	x3
程式1	−1	0	~~0~~	~~4~~	~~−2~~	3
程式2	0	−1	~~0~~	~~2~~	~~−1~~	1
程式3	~~0~~	~~0~~	~~−1~~	~~2~~	~~−1~~	~~0~~

最後，取出還未刪除的元素組成矩陣，如表3-6 & 表3-7。

就方程式1而言，未刪除變項元素的矩陣，摘要如表3-6。

表3-6　未刪除變項的結構參數摘要表：y2 & y3

y2	y3
−1	0
0	−1

就方程式3而言，未刪除變項元素的矩陣，摘要如表3-7。

表3-7　未刪除變項的結構參數摘要表：y1、y2 & x3

y1	y2	x3
-1	0	3
0	-1	1

(4) 建構N-1階的矩陣，並檢查其行列式值，如果至少有一非零的行列式值（≠0），該方程式為可辨識的方程式。假如所有N-1階的矩陣的行列式值均為0，該方程式為不可辨識的方程式。

就方程式1而言，僅含有1個2階的方陣，其行列式值：$\begin{vmatrix} -1 & 0 \\ 0 & -1 \end{vmatrix} = -1 \times -1 - 0 \times 0$

$= 1$，此2階（$N-1=2$）矩陣的行列式值不等於0。因此，方程式1符合等級條件。

就方程式3而言，含有3個2階的方陣，其行列式值分別為：

$$\begin{vmatrix} -1 & 0 \\ 0 & -1 \end{vmatrix} = -1 \times -1 - 0 \times 0 = 1$$

$$\begin{vmatrix} -1 & 3 \\ 0 & 1 \end{vmatrix} = -1 \times 1 - 3 \times 0 = -1$$

$$\begin{vmatrix} 0 & 3 \\ -1 & 1 \end{vmatrix} = 0 \times 1 - (3 \times -1) = 3$$

以上3個2階（N−1 = 2）矩陣的行列式值均為非零（≠0）。因此，方程式3亦符合等級條件。符合等級條件的方程式，必能滿足順序條件。因此，方程式3亦將符合順序條件。假如研究者欲確認該方程式為恰可辨識或過度辨識，可利用前述順序條件檢驗之。假如(K−M) = (N−1)，該方程式為恰可辨識；假如(K−M) > (N−1)，該方程式為過度辨識。

此外，Bollen（1989, p.244）也提出二個指標規則（Two-indicator rules）及三個指標規則（Three-indicator rules），簡單易行，可供判定一個模式是否可辨識。二個指標規則適用於含有兩個潛在變項以上的模式，三個指標規則適用於僅含有一個潛在變項的模式。由此觀之，除了潛在變項個數之外，一個潛在變項需有足夠的外顯指標，是SEM理論模式可辨識性的關鍵條件。

（五）Bollen二個指標規則

1. 潛在因素 > 1，即潛在變項超過一個。
2. 至少有一對i、j（i ≠ j），其ϕ_{ij} ≠ 0，亦即：
   (1) 結構係數L中各個行（Row）僅有一非零元素，換言之，每一指標不可橫跨至其他因素上。
   (2) 每一潛在變項至少需與其他潛在變項有關。
   (3) 每一因素至少有兩個指標以上。
   (4) ⊝為對角線（Diagonal）矩陣，即觀察變項間之測量誤差獨立無關。

   當遇單一指標時，可將徑路係數固定為1，且將其誤差變異量設定為0。不過研究者將無法考慮到測量誤差了，如此會導致預測量或解釋量之下降。因此，研究如欲將測量誤差考慮進去，觀察變項數就須兩個以上。

（六）Bollen三個指標規則

　　假如僅含一個潛在變項，就必須使用Bollen的三個指標規則。

1. 結構係數Λ中各個行僅有一非零元素，換言之，每一觀察變項僅在單一潛在變項上有因素負荷量。
2. 每一潛在變項至少有三個觀察變項。

3. Θ為對角線矩陣，即觀察變項間之測量誤差獨立無關。

（七）模式不可辨識的解決方法

　　當模式發生不可辨識時，其可能出現之現象有：無法計算反矩陣、負的誤差變異量、標準化係數超過1與過大的標準誤。除了第五章之量尺不確定性的三種處理方法之外，解決SEM理論模式不可辨識的方法，端視測量模式類別而定。

1. 測量模式的類別

　　解決SEM理論模式不可辨識，研究者須先釐清所使用的測量模式到底是原因指標、效果指標或組合型指標，參見圖3-5。

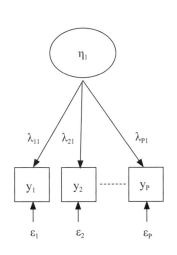

Panel A: Effect Indicators

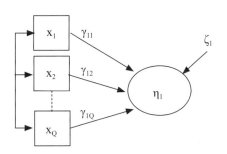

Panel B: Causal Indicators

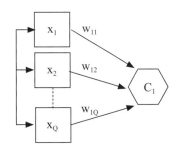

Panel C: Composite Indicators

圖 3-5　效果指標、原因指標與組合型指標

註：取自Bollen & Bauldry（2011）。

➤ 公式3-2係Panel A的測量模式：

$$y_i = \lambda_{i1}\eta_1 + \varepsilon_i$$

公式3-2

式中 y_i 為觀察指標，η_1 為潛在變項，ε_i 為測量誤差。

所有觀察指標均在反映相同的構念，因此觀察指標間具有高度相關。Panel A的測量模式是共變數導向SEM最常見的測量模式。

➢ 公式3-3係Panel B的測量模式：

$$\eta_1 = \Sigma_{i=1}^{Q} \gamma_{1i} X_i + \zeta_1 \qquad\qquad 公式3\text{-}3$$

式中 X_i 為觀察指標，η_1 為潛在變項，ζ_1 為殘差。

所有觀察指標均原因指標且無測量誤差，因此觀察指標間不一定具有高度相關。

➢ 公式3-4係Panel C的測量模式：

$$c_1 = \Sigma_{i=1}^{Q} w_{1i} X_i \qquad\qquad 公式3\text{-}4$$

式中 X_i 為觀察指標，c_1 為組合變項。本模式中的所有觀察指標為組合型指標，均無測量誤差，且組合變項亦無殘差（非因果關係所致）。

所有觀察指標決定了構念定義，因此省略了重要的觀察指標，會改變構念的特質。因此，構念的內容效度與周圓性很重要。

2. 外顯指標為效果指標或反映性指標

解決Panel A測量模式不可辨識的方法，不外乎修正或簡化理論模式、增大樣本數、使用不同估計方法 & 合併或刪除具有多元共線性的變項。以下為較常用方法：

➢ 簡化模式，刪除部分徑路。

➢ 增加樣本或觀察指標。

➢ 固定參數值：如固定測量誤差。

➢ 限制參數值：如限制模式中部分之參數，參見圖3-6中Amos所提之建議。

➢ 刪除互為因果（Reciprocal effects）徑路。

➢ 刪除殘差相關。

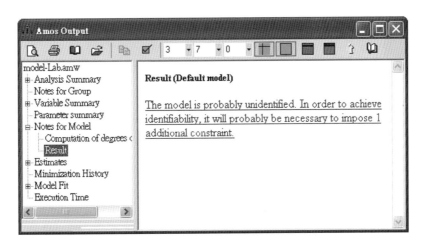

圖3-6　模式不可辨識時，Amos所提供之建議

3. 外顯指標為原因指標或形成性指標（或組合型指標）

欲分辨待測量的變項指標是原因指標或形成性指標，請檢查測量指標間是否具有可交換性及共同主題；如果具有可交換性及共同主題，這些測量指標即是原因指標，否則為形成性指標。

Panel B & Panel C之單獨存在的形成性指標的構念，欲在共變數導向（covariance-based）SEM下運作，其SEM理論模式為不可辨識，除非將其放在更大的理論模式內（如同時包含反映性指標&形成性指標的MIMIC模式）。具體言之，為避免模式不可辨識，形成性指標（含原因指標與組合型指標）的構念，至少要有兩個以上的結構徑路，連結到反映性指標或構念，參見圖3-7。

此外，Petter, Straub, & Rai（2007）提議以下一些途徑，解決原因指標或形成性指標出現的不可辨識困境：

➢ 使用成分導向（components-based）SEM（e.g. SmartPLS）。

➢ 將結構徑路係數或構念的誤差項設定為0。

➢ 形成性指標（含原因指標與組合型指標）構念的解組（參見圖10-26，李茂能，2011）。

➢ 改變測量模式，將形成性指標設定為反映性指標（不建議採用）。

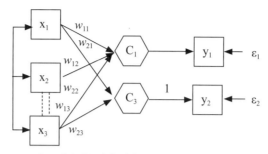

Panel A: Model with Composite Indicators

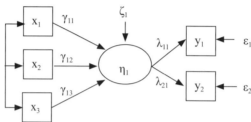

Panel B: MIMIC Model

圖3-7　組合變項模式與MIMIC模式徑路圖

註：取自Bollen & Bauldry（2011）。

五、SEM模式辨識判斷流程圖

　　圖3-8模式辨識判斷流程圖，係Ullman（1996）依據前述SEM模式辨識的基本原則，所規劃出之應用流程，供研究者快速了解不可辨識之可能原因及解決之道。自由待估參數的個數不能大於觀察資料點個數，是SEM模式可辨識的最基本要件。接著，分析測量模式是否可辨識（建立潛在因素之量尺），再分辨到底結構模式是否為單向或雙向因果關係。針對測驗編製者而言，通常只要檢查測量模式是否為可辨識之模式即可。

　　最後，當您的模式屬於非遞迴（Nonrecursive）模式，依變項間具有反饋迴路（Feedback loop）或依變項之干擾變異量間具有相關，該模式如要可辨識尚須符合Bollen（1989）的順序條件與秩條件。順序條件乃是要求每一迴歸方程式中，至少有（n-1）預測變項的係數需設定為0（n為內因變項數），此為一個方程式可以辨識的必要條件。另一秩條件則要求計算標準誤的訊息矩陣（Information matrix）為滿秩（Full rank，例如欲檢驗A矩陣是否為線性獨立的要件，R(A)=min(n,m)）與具有反矩陣（才能求得參數估計值的SE），此為一個方程式可以辨識的必要與充分條件。讀

者如欲檢驗秩條件是否符合，可以利用內、外衍因素間之徑路係數矩陣Γ，及內衍因素間之徑路係數矩陣β，建構一個C矩陣：$C=[(I-B)^{'}-\Gamma]$，接著刪除C矩陣縱行中沒含有0的縱行，而殘留的縱行形成一個新的C_i矩陣。如果這一個新的C_i矩陣的秩等於p-1（p為觀察變項數），意味著該矩陣有p-1個線性獨立的方程式，即表示該SEM模式可以辨識。爲限於篇幅，讀者如欲知順序條件與秩條件的實際例子，請參閱前篇實例與Bollen（1989）專書的說明（pp 98-106）。

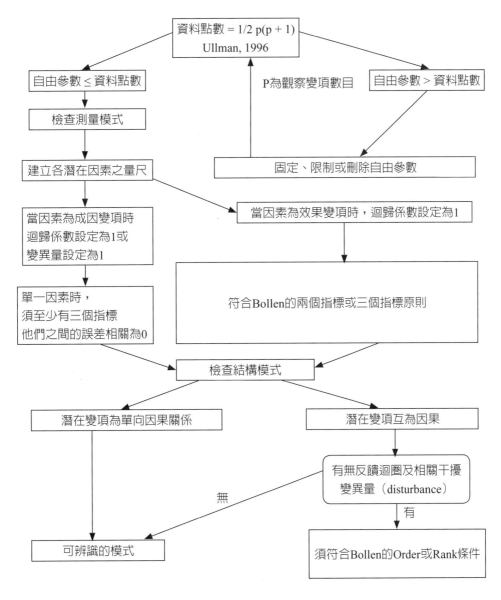

圖3-8　Ullman（1996）的模式辨識判斷流程圖

六、SEM模式的參數估計

SEM模式參數估計之前，研究者會面臨輸入資料型態的選定，輸入資料型態可為共變數矩陣、相關矩陣或為原始資料矩陣；而模式參數估計會涉及正定矩陣的評估、參數估計的步驟與方法，其中參數估計過程的核心工作為適配函數的極小化，以上這些主題將是本節探究的重點。

（一）共變數矩陣的適用時機

雖然最大概似估計法ML（Maximum Likelihood）與廣義最小平方法GLS（Generalized Least Squares）具有量尺不變性（Scale invariant or scale free）之特性，不管您使用共變數矩陣或相關矩陣，其適配函數值均相同（Bollen, 1989）；但共變數矩陣通常較適合使用於下列時機：

1. 進行不同母群或樣本間之比較，因為此時最關切的是平均數或變異數之未標準化估計值的絕對性差異。
2. 進行理論的考驗（Test of theory）及驗證因果關係，因每一建構的測量單位及組間之變異量可能不同。
3. 縱貫性變項之分析。

（二）相關矩陣的適用時機與缺點

相關矩陣，係標準化變異數共變數矩陣，則適合使用於下列時機：

1. 模式內係數間之比較，因為此時最關切的是標準化估計值的相對性差異。
2. 只欲探究建構間之關係組型（Patterns of relationships），而不想解釋建構之變異量時。
3. 進行不同變項間相對重要性之比較。
4. 變項之量尺只具相對性之意義時。

共變數結構分析，按理應使用共變數矩陣進行資料分析，以了解建構變異的解釋量。但因教育與心理的研究上，觀察變項的測量單位通常是武斷的而沒有明確的意義，研究者一般都直接使用相關矩陣分析，以探究關係組型，如CFA分析。

不過，Cudeck（1989）認為使用相關矩陣進行共變數結構分析，會產生以下三個嚴重問題：

1. 當您針對參數設限為相等而相關變項之標準差卻不同時，會修正分析模式。
2. 當您針對變項加以標準化且進行跨組參數相等限制時，會產生不正確的χ^2值與適合

度指標，因此相關矩陣不適合於多群組分析上。

3. 因為相關矩陣與共變數矩陣的抽樣分配屬性不同，會產生不正確的標準誤（ADF/WLS估計法除外），尤其當您使用ML估計法時更需謹慎為之。

　　針對上述之困擾問題，Amos進行模式估計時，會自動將相關矩陣轉換成共變數矩陣，再進行參數估計。此乃為什麼使用相關矩陣資料時，Amos會要求您亦輸入各變項之標準差資訊（Amos可用此標準差資訊，將相關矩陣轉換成共變數矩陣）。因此，在Amos中，研究者可以不去顧慮到底使用了哪一種資料型態進行分析。當您使用其他SEM分析軟體時，最好使用共變數矩陣進行分析，以確保統計結果的正確性。研究者需要顧慮的是，到底要使用標準化係數或未標準化係數去解釋研究結果。標準化係數是根據變項z分數或相關矩陣求得，未標準化係數是根據變項原始分數或共變數矩陣求得。

（三）原始資料矩陣的適用時機

　　在Amos中，當您估計方法（如ADF法）需要使用原始資料矩陣的偏態與峰度資訊，以進行非常態性資料的校正時，或當您的統計方法允許缺失值（如全訊息最大概似法FIML），並加以統計處理時，研究者就需改用原始資料矩陣進行分析。

（四）正定矩陣的基本要求

　　為了避免產生非正定（Non-positive definite）或特異（Singular）矩陣，不管是使用共變數矩陣或相關矩陣，除了均需為對稱性方形矩陣外，尚須符合以下四個條件（Wothke, 1993）：

1. 共變數矩陣中對角線變異數部分需為正值，產生負值可能原因有極端值、模式界定錯誤、抽樣變動等。

2. 共變數矩陣中非對角線共變數部分，其共變數之值需侷限於特定範圍。兩個變項之共變數絕對值，必須小於兩個變項之標準差乘積值（$\max |Cov(X, Y)| \leq \sqrt{S_X^2}\sqrt{S_Y^2}$），

   以使相關係數落在+1與−1之間。例如：以 $A = \begin{bmatrix} 2 & & \\ 0.3 & 0.5 & \\ 1.5 & 0.2 & 1.0 \end{bmatrix}$ 三個變項矩陣為例，

   利用共變數A矩陣資料，所計算出來第一及第三變項的相關係數將為1.06（$\frac{1.5}{\sqrt{1} \cdot \sqrt{2}}$），落在+1與−1之外，此為非許可值（An inadmissible value）。

3. 相關矩陣中三個變項間（i, j, k）之相關係數間須符合三角不均等性，兩個變項（i

與j）之相關係數值需落在cos[arccos(ρ_{ik}) − arccos(ρ_{jk})]與cos[arccos(ρ_{ik}) + arccos(ρ_{jk})]之極限值之間，式中k代表同一相關矩陣中的第三個變項。今設有一相關矩陣

$$A = \begin{bmatrix} 1.0 & & \\ 0.9 & 1.0 & \\ -0.5 & 0.9 & 1.0 \end{bmatrix}$$，第三個（k）變項與第一個（i）及第二個（j）變項之相關均

為0.9，而第一與第三變項之相關為−0.5，明顯違反三角不均等性，因為第一（i）與第三變項（k）之相關為−0.5，並未落在0.62（cos[arccos(0.9) + arccos(0.9)]）與1.0（cos[arccos(0.9) − arccos(0.9)]）之間。Kline（1998, 2004）指出此兩個變項（i與k）之相關係數值的可能區間，亦可由 $\rho_{ij}\rho_{jk} \pm \sqrt{(1-\rho^2_{ij})(1-\rho^2_{jk})}$ 求得，兩種求法結果相同，請讀者自行驗證。違反三角不均等性，有時是成對方式（pair-wise）刪除遺漏值所致，筆者建議您當樣本夠大時，利用SPSS進行因素分析時，最好採用表列（list-wise）完全排除遺漏值法（參見圖3-9的設定），才不會產生超出合理範圍的相關統計值，當樣本不夠大時，可以該變項之平均數取代之（Mean substitution）。

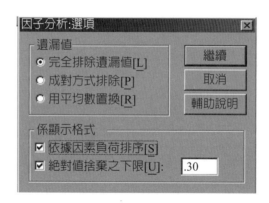

圖3-9　中文版SPSS因素分析遺漏值處理設定視窗

4. 矩陣需為滿秩矩陣，否則無法獲得正規之反矩陣。例如：以下矩陣A即為缺秩矩

陣（Deficient rank）：$A = \begin{bmatrix} 1.0 & & \\ 0.3 & 2.0 & \\ 0.65 & 1.15 & 0.9 \end{bmatrix}$，矩陣A的第三個變項係第一與第二變

項之平均數，因此第三個變項並無法提供額外之資訊。此種現象常為變項間之多元線性相依（multi-linearity）所致，例如：變項間之相關高達.90以上。在SPSS的

探索式因素分析時，如遇線性相依的相關矩陣，即會出現結構不良之相關矩陣的警訊：Correlation matrix is ill-conditioned。當我們解聯立方程式時，假如等號左、右側係數的微小值改變，會使方程式的根產生巨大的改變，即稱此聯立方程式為結構不良（Ill-conditioned）。因此，當統計分析軟體出現ill-conditioned matrix 的警告，意味著所解出的聯立方程式的根可能不可靠。如欲評估方程式的根之可靠程度，可利用條件數（condition number= norm(A)(norm(A^{-1}))）進行評估。當條件數等於1時，表示所得之根最可靠，當它的值很大時，表示所得之根愈不可靠。因此，當一個矩陣沒有反矩陣時，會出現無限大的條件數。此外，一個待分析的相關矩陣是不是結構不良之矩陣，研究者亦可以檢查其行列式值（Determinant）是否接近於0，即可輕鬆判定。

（五）SEM參數估計的基本流程與適配函數

結構方程式參數估計的迭代演算過程甚為繁複，常被稱為SEM的黑箱，此黑箱會在本章第八節中掀開，所幸目前全靠電腦去執行，一般應用者只需知道基本流程與概念即可。參數估計方法旨在分析觀察變項的共變數矩陣與結構參數間的關係。理論上，假如結構方程模式正確及母群參數已知時，母群共變數矩陣Σ會等於理論隱含的共變數矩陣Σ(θ)（根據迴歸方程式中的參數所重組之共變數矩陣），亦即Σ = Σ(θ)，式中θ向量包含模式中所有待估計的參數，例如：θ = {Λ, Φ, Θ}。不過，通常母群之變異數與共變數的參數為未知，需以樣本估計值（$\hat{\theta}$）取代之，因母數通常為未知，通常以下式考驗之：

$$H_0: S = \Sigma(\hat{\theta})$$

上式中S為Σ的樣本估計值，Σ($\hat{\theta}$)為Σ(θ)的樣本估計值。因此，實際上，結構方程模式中的參數估計，通常依下列程序為之：

1. 規劃測量模式與結構模式中之自由參數。
2. 選定參數矩陣的估計值（$\hat{\theta}$），代入隱含的共變數矩陣Σ($\hat{\theta}$)中。
3. 比較理論隱含的共變數矩陣（Σ($\hat{\theta}$)）與觀察資料之共變數矩陣（S）。
4. 採迭代法極小化上述兩大矩陣之殘差矩陣[S-Σ($\hat{\theta}$)]。
5. 適配函數極小化。

透過極小化適配函數（如ML、GLS、ADF、ULS、SLS等參數估計法）評估S-Σ($\hat{\theta}$)，並計算適配函數值（F），當前後兩次的適配函數值之差，小於聚斂標準，

則終止估計，否則繼續迭代之。由此觀之，SEM極小化的任務乃是盡可能地使隱含的共變數矩陣逼近於觀察資料之共變數矩陣。具體言之，前述SEM適配函數值，係利用差距函數：$F = (s - \sigma)^{'} W^{-1}(s - \sigma)$計算而得（Browne, 1984），此極小化適配函數之目的在使殘差$s - \sigma$極小化。式中s是觀察共變數矩陣S中，不重複的變異數與共變數所形成的向量；σ是隱含共變數矩陣$\Sigma(\hat{\theta})$中，不重複的變異數與共變數所形成的向量；W是校正加權矩陣，不同W會形成不同的適配函數。例如：若觀察變項呈多變項常態性，則$F=1/2 \ trace[W^{-1}(S-\Sigma(\hat{\theta}))]^2$。當$W^{-1} = I^{-1}$時，F為ULS（Unweighted Least Squares）適配函數，此為最簡適配函數，不推薦使用；當$W^{-1} = S^{-1}$時，F為GLS（Generalized Least Squares）適配函數；當$W^{-1} = \Sigma(\hat{\theta})^{-1}$時，F為ML適配函數；當$W^{-1} = [diag(S)]^{-1}$時，F為SLS（Scale-free Least Square）適配函數。若觀察變項違反多變項常態性假設時，將峰度資訊融入校正加權矩陣W中，以校正非常態分配的資料，即為ADF（Asymptotic distribution free, LISREL稱之為WLS）適配函數，以上不同參數估計法的使用時機，亦請參閱表2-6。一般學者於討論上述參數之估計值時，大部分都認為ML及GLS參數估計法較適用於常態分配（當樣本數增大時，兩者之適配函數值將逐漸接近），其中ML最常被推薦採用；ULS較適合於觀察變項均有相等之測量單位時，ADF適用於違反常態性假設及使用非連續性變項時，但樣本數的要求較嚴苛（例如大於1000或2000）才能獲得穩定之解（邱皓政，2004；Hu, Bentler, & Kano, 1992）。因此，如遇非常態連續變項時，先將資料加以轉換後再進行統計分析，似乎才是正途。

（六）SEM適配函數極小化的三個核心任務

SEM適配函數的極小化過程，包含三個主要任務：初始值的選擇、極小化的執行與迭代終止標準的訂定。本節輔以SEM-CAI程式的過程解說，讓讀者實際親身體驗SEM參數估計的極小化方法與過程，尤其理解起始值在極小化中的重要性。

1. 起始值的選擇

有效的初始值可加速參數的估計與決定參數是否可以收斂。有效的初始值可為一般迴歸分析的係數、工具變項估計值（必須與原先變數有高度相關，但與誤差項無關）、過去相似研究之起始值、或利用Bollen（1989）所提供之粗略原則（參見表4C.1, p 138），以決定起始值。Amos中欲界定自己的起始值，如欲用在參數等同上，只要在參數標籤之後加上起始值即可，例如B1: .25；如欲在自由參數之估計值上，只需在起始值後加上「？」即可，例如.25？，參見圖3-10起始值設定方法。然

而，通常研究者不需去設定起始值，先讓Amos的內定起始值去跑資料分析，如遇Amos無法收斂或出現不合理的參數數據時，尤其是增大迴圈數後仍然無法收斂時，研究者才需動手設定合理之起始值，看看是否能解決收斂的問題。

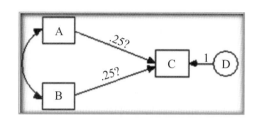

圖3-10　Amos起始值設定方法

2. 極小化的步驟

由於估計參數間之關係常為非線性關係，不易直接解出參數之估計值。因此，常需使用數值反覆迭代法，針對適配函數進行微分，利用這些極小化之估計參數，逐步極小化適配函數。統計上，極小化的三個常用方法簡述如下：

(1)Newton-Raphson運算法

此運算法需使用到第一次及第二次偏微分（參見公式3-5），將參數之新估計值逐步循環代入極小化函數中。

$$X^{(i+1)} = x^i - \frac{f'(x)}{f''(x)} \qquad 公式3-5$$

如果起始值偏離最終解很大時（如二次微分可能產生負值），本法可能導致無法極小化。因此，起始值需接近最終解，才能有效得到收斂的效能。

(2)Fletcher & Powell's 極小化法，此法不需使用到第二次偏微分，LISREL使用本法。

(3)Gauss-Newton's 極小化法，此法不需使用到第二次偏微分，Amos、EQS使用本法。

現以Bollen（1989, p. 105）的FML極小化實例，簡單說明Newton-Raphson運算法如下：

設有一徑路模式之結構方程式，如公式3-6：

$$y_1 = \gamma x_1 + \zeta_1 \qquad 公式3-6$$

其樣本共變數矩陣為：

$$S = \begin{bmatrix} \text{var}(y_1) & \text{cov}(y_1, x_1) \\ \text{cov}(x_1, y_1) & \text{var}(x_1) \end{bmatrix}$$，結構參數之隱含共變數矩陣為：

$$\Sigma(\theta) = \begin{bmatrix} \gamma^2 \text{var}(x_1) + \text{var}(\zeta_1) & \gamma \text{var}(x_1) \\ \gamma \text{var}(x_1) & \text{var}(x_1) \end{bmatrix}$$（含潛在變項之共變數矩陣的推演，則請參

考公式3-19～3-22）。

此隱含共變數矩陣 $\Sigma(\theta)$的推演，須利用到公式3-7～公式3-11。

$$\text{Cov}(x_1, y_1) = \gamma \text{Cov}(x_1, x_1) + \text{Cov}(x_1, \zeta_1) \qquad \text{公式3-7}$$

$$\text{Cov}(x_1, y_1) = \gamma \text{Cov}(x_1, x_1) = \gamma \text{Var}(x_1) \text{（假設：} \text{Cov}(x_1, \zeta_1) = 0） \qquad \text{公式3-8}$$

$$\text{Cov}(x_1, x_1) = \text{Var}(x_1) \text{（特殊的共變項）} \qquad \text{公式3-9}$$

$$\gamma = \frac{\text{Cov}(x_1, y_1)}{\text{Var}(x_1)} \text{（這是大家所熟悉的迴歸係數求法）} \qquad \text{公式3-10}$$

$$\text{Var}(y_1) = \gamma^2 \text{Var}(x_1) + \text{Var}(\zeta_1) \qquad \text{公式3-11}$$

$\text{Cov}(x_1, y_1)$、$\text{Var}(x_1)$、$\text{Var}(y_1)$為已知變項，γ、$\text{Var}(\zeta_1)$為待估計之模式參數。

如將γ設定為1，則結構方程式公式3-6，可簡化如公式3-12。

$$y_1 = x_1 + \zeta_1 \qquad \text{公式3-12}$$

注意：測量誤差之徑路係數需設定為1，只估計其變異量；其在Amos Graphic上
之徑路圖設計為：

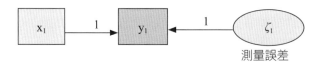

假如結構方程模式正確及母群參數已知時：$\Sigma = \Sigma(\theta)$，θ向量包含模式中所有待估
計的參數。

$$\Sigma = \begin{bmatrix} \sigma_{y_1 y_1} & \sigma_{y_1 x_1} \\ \sigma_{x_1 y_1} & \sigma_{x_1 x_1} \end{bmatrix}$$

不過，母群共變數矩陣Σ，通常需以樣本共變數矩陣S估計之。又因為隱含共變

數矩陣$\Sigma(\theta)$中之母群參數未知，估計過程中以$\Sigma(\hat{\theta})$取代之，$\Sigma(\hat{\theta}) = \begin{vmatrix} \hat{\phi}_{11} + \hat{\psi}_{11} & \hat{\phi}_{11} \\ \hat{\phi}_{11} & \hat{\phi}_{11} \end{vmatrix}$。隱

含共變數矩陣中之參數需以不同估計值代入，以尋找能使S與$\Sigma(\hat{\theta})$之差異極小化之參數估計值。

欲獲得共變數矩陣的ϕ與ψ之估計值，而使得最大概似法F_m極小化之值，可使用微分求取之，茲將F_{ml}適配函數公式及對ϕ與ψ之第一次與第二次微分結果，說明如下：

設有$S = \begin{vmatrix} a & b \\ c & d \end{vmatrix}$ $\Sigma(\hat{\theta}) = \begin{vmatrix} \hat{\phi} + \hat{\psi} & \hat{\phi} \\ \hat{\phi} & \hat{\phi} \end{vmatrix}$，而其極小化F之函數，如公式3-13所示：

$$\log\left|\Sigma(\hat{\theta})\right| + trace\ [S\ \Sigma^{-1}(\hat{\theta})] - \log\left|S\right| - (p+q)$$

$$= \log(\hat{\phi}\hat{\psi}) + \frac{a-b-c+d}{\hat{\psi}} + \frac{d}{\hat{\phi}} - \log(ad-bc) - (p+q)$$

公式3-13

上式中p + q = 2（總指標數），p為內因觀察變項數，q為外因觀察變項數。

根據公式3-5：$X^{(i+1)} = x^i - \dfrac{f'(x)}{f''(x)}$ 的極小化循環迭代公式，此公式涉及一次微分與二次微分。因此，需針對公式3-13中ψ，進行第一次微分（使用到微分定理3.1、3.3、3.6 & 3.7，請參見本章附錄）與第二次微分（使用到本章附錄的微分除法定理3.6），微分結果如公式3-14所示：

$$F_{\hat{\psi}}^{'} = \frac{-a+b+c-d}{\hat{\psi}^2} + \frac{1}{\hat{\psi}}$$

$$F_{\hat{\psi}}^{''} = -\frac{-2a+2b+2c-2d}{\hat{\psi}^3} - \frac{1}{\hat{\psi}^2}$$

公式3-14

第一階導數，用以決定極值所在；第二階導數，用以決定極大值（二階導數 < 0）、極小值（二階導數 > 0）或無法判定（二階導數 = 0）。第一階導數之值為決定是否逐漸縮小之關鍵因素，當其值為正時，表示參數起始值應降低，而當第一階導數之值為負時，表示參數起始值應升高，等於0時，表示此參數估計值已獲得F_{ml}的極小值；另外，第二階導數之矩陣需為正定矩陣，此為極小化充分條件。

同樣地，針對公式3-13中 ϕ 參數之第一次微分與第二次微分結果，將如公式3-15所示：

$$F_{\phi}^{'} = \frac{-d}{\phi^2} + \frac{1}{\phi}$$

$$F_{\phi}^{''} = \frac{2d}{\phi^3} - \frac{1}{\phi^2}$$

公式3-15

公式3-14或公式3-15中，一階微分係決定極端值之所在，二階微分，測量一階微分的瞬間變化率，以決定極大或極小值。二階微分取得的Hessian matrix，其負值為Fisher訊息矩陣，該訊息矩陣之反矩陣為ACOV矩陣，它的對角線的元素可用來計算參數的標準誤（$SE(\hat{\theta}_{ML}) = \dfrac{1}{\sqrt{I(\hat{\theta}_{ML})}}$）。Amos的分析屬性視窗中的Output選單中的「Covariances of estimates」，可以輸出ACOV矩陣，參見圖1-7。

現以實例說明F_{ml}之極小化的核心過程：假設$S = \begin{bmatrix} 10 & 5 \\ 5 & 8 \end{bmatrix}$，並分別設定起始值$\phi^0$、$\psi^0$為4與5。首先將公式3-14與公式3-15的微分結果，分別代入公式3-5中，可獲得公式3-16-1 & 公式3-16-2的極小化循環迭代公式：

$$\hat{\phi}^{i+1} = \hat{\phi}^i - \frac{\dfrac{-d}{\hat{\phi}^2} + \dfrac{1}{\hat{\phi}}}{\dfrac{2d}{\hat{\phi}^3} - \dfrac{1}{\hat{\phi}^2}}$$

公式3-16-1

$$\hat{\psi}^{i+1} = \hat{\psi}^i - \frac{\dfrac{-a+b+c-d}{\hat{\psi}^2} + \dfrac{1}{\hat{\psi}}}{\dfrac{-2a+2b+2c-2d}{-\hat{\psi}^3} - \dfrac{1}{\hat{\psi}^2}}$$

公式3-16-2

公式3-16-1 & 公式3-16-2中，分子代表適配函數的斜率，分母代表斜率改變的比率。

其次，將S矩陣中的相對應數據（a、b、c、d），帶入公式3-16-1 & 公式3-16-2中，此步驟將循環迭代一直到符合極小化的標準為止：本例循環迭代到第6迴圈時，F_{ml}函數已收斂（F=.1515），即S與$\Sigma(\hat{\theta})$之差異已達極小化（<.00001）的設定標準，此時ψ與ϕ參數之估計值均為8。讀者如欲了解參數之迭代與極小化之實際過程，可利用筆者所設計之SEM-MLE程式或Amos的Modeling Lab（☺ Modeling Lab...）功能，去觀看其極小化之過程。以下係使用筆者所設計之VB程式的迭代過程與結果：

迴圈數（i）=	1	2	3	4	5	6
ψ_i=	6.3636	7.4443	7.9278	7.9987	8.0	8.0
ϕ_i=	5.3333	6.6667	7.6190	7.9654	7.9997	8.0
F_{ml}=	.2744	.1719	.1528	.1516	.1515	.1515

將ϕ^0的起始值4，帶入公式3-16-1，於迴圈數1時，$\phi^1 = 4 - \dfrac{\dfrac{-8}{4^2} + \dfrac{1}{4}}{\dfrac{2 \times 8}{4^3} - \dfrac{1}{4^2}} = 4 + \dfrac{4}{3} = 5.3333$，

接著，將ϕ^1的值（5.3333）繼續帶入公式3-16-1，以獲得ϕ^2的值，請讀者自行驗證一下ϕ^2是否為6.6667。

假如起始值ϕ^0、ψ^0分別設定為7與6，將前述相關之數據分別代入前述公式3-16-1 & 公式3-16-2中，只要循環送代到第4迴圈F_{ml}函數已收斂（F = .1515）。其極小化之過程與結果為：

迴圈數（i）=	1	2	3	4
ψ_i=	7.7778	7.9880	8.0000	8.0000
ϕ_i=	7.2000	7.8545	7.9948	8.0000
F_{ml}=	.1577	.1517	.1516	.1515

可見一個良好的參數起始值（接近於最後之收斂值），可以加速參數估計收斂的速度（Bollen, 1989），否則會延緩收斂效率甚至出現無法收斂的後果。

3. 迭代終止標準

適配函數迴圈送代的常用終止標準為：

(1)前後迴圈的適配函數是否小於某一極小值。

(2)前後迴圈的參數估計值是否小於某一極小值。

(3)設定迴圈數與時間。

迭代終止後，電腦會根據所獲得的最小適配函數值，進行χ^2考驗（計算公式為：$\chi^2 = (N\text{-}1) \times F$, df = (p + q)(p + q + 1)/2-t，式中p為觀察依變項數，q為觀察自變項數，t為待估計的參數數目）。一般驗證性推論統計的研究者，均不希望χ^2考驗結果達到統計上之顯著水準，以便接納虛無假設H_0：S = $\Sigma(\hat{\theta})$，亦即希望所提的理論模式與觀察資料可以適配，而不是傳統探索性推論統計的推翻H_0。值得注意的是SEM重在理論模式與觀察資料之整體適配強度，而非某些參數在統計上之顯著性。

七、SEM理論模式的應用情境、發展、評鑑與修正之省思

SEM常被用來進行理論模式的考驗與發展，有時亦被用來進行理論模式間的比較。這些理論模式的評鑑內容、步驟與模式修正的迷思，將在此稍作討論。

（一）三種SEM應用的情境

Joreskog（1993）認為SEM的應用，大致可分為三種：

1. 純驗證性（Strictly confirmatory），研究者根據實徵理論，只利用單一的理論模式，考驗實徵資料的適配性，目的在於拒絕或接納該模式，而不作理論模式之修正。

2. 替代／競爭模式（Alternative/competing models），研究者主要根據實徵理論提出多個理論模式，考驗實徵資料的適配性，目的在於選擇較佳之理論模式。

3. 模式的發展（Model generating），本策略不在於理論模式之考驗（Model testing）而在於理論模式之發展或探索。研究者根據實徵理論先提出一個初始理論模式，假如該初始理論模式不能適配於所蒐集的實徵資料，研究者即進行模式之修正，並利用該筆資料進行考驗。目的在於發掘理論及統計上最適配的模式。

第一、二種的應用情境中，理論模式之提出主要係演繹取向的統計分析模式，理論模式不會被修正；而第三種的應用情境，理論模式可能會被修正（瘦身與擴展）而發展出實證取向的理論模式，因此是一種演繹與歸納取向的統計分析模式。

（二）SEM模式的發展：瘦身與擴展

SEM測量模式或結構模式的修正，文獻上有兩個方向：

1. 模式瘦身（Model-trimming）：刪除或限制部分徑路，使提議模式更簡潔。

2. 模式擴展（Model-building）：釋放部分限制之徑路，使提議模式更適配。

模式瘦身係刪除或限制部分徑路，刪除之依據可為Wald指標（未達顯著者，此指標只有EQS提供，可惜Amos、LISREL都不提供），但Amos提供參數CR值之考驗，作為參數限制的依據，當參數CR值未達顯著差異者，即可限制為相等。

模式擴展係增加部分徑路，增加之依據為MI修正指標（Modification index）、理論基礎與實質意義。修正指標約等於當一個先前固定的參數重新釋放估計時，所下降之卡方值（χ^2）。當一個參數重新估計時，下降卡方值的顯著性臨界值為3.84（α 如設定為.05）。因此，當卡方值大於3.84且有合理之理論說明或實質意義時，研究者即可考慮進行模式之修正，將相關之參數予以釋放而加以估計，不過參數釋放時會損失自由度。有時，雖然MI值不是最大，但 Expected Par Change絕對值（當模式改變後的新參數值）很大時，亦可考慮加以修正。此時SEM的目的在於理論模式之發展，而非理論模式之驗證。

由此觀之，理論模式之簡潔與適配似乎互為消長，兩者無法同時兼顧。不過，不

管是刪除或增加徑路，都必須與理論及表面效度相吻合。因此，研究者需詳細檢查理論模式之合理性、精簡性及其與實際資料之適配性，並分析有無嚴重之測量誤差、模式界定錯誤或樣本不具代表性等之問題。

（三）理論模式的評鑑

SEM理論模式的評鑑，可以從該模式的參數估計值之合理性、整體適配度及細部適配度等層面著手；例如：參數的估計值是否達到顯著水準、測量建構的指標是否可靠（複相關 > .7或決定係數 > .50）、MI指標是否不大、標準誤不大、參數z考驗的CR值達.05顯著水準、因素負荷量 > .30、標準化殘差 <1.96。這些統計量數可以幫助我們找出不適配的資料點，較多的不適配資料點或測量誤差間具有高度相關，可能反映著提議模式的因素過少、測量指標之測量誤差過大等問題。

此外，測量模式的評鑑應先於結構模式之評鑑。當評估模式之整體適配性時，假如發現χ^2值很大，研究者可以試試修正理論模式；而進行模式修正時，一次僅能修正一個參數，因為每一次的修正指標（MI，又稱Lagrange Multiplier考驗指標）MI估計值都會改變。

測量模式的常用修正策略有：刪除指標（因素負荷量過小時）、限制負的誤差變異量為正值（因素負荷量過大，Heywood cases）、增加因素（過高的殘差相關誤差）、因素的橫跨（多因素指標）；而結構模式的常用修正策略有：刪除因素（鑑別度過小或預測力過小）、增加徑路（MI值過大）、刪除徑路（徑路係數過小）。

（四）MI修正指標與測量模式的修正

MI修正指標可用來進行測量模式的修正，亦可用來進行項目分析。當研究者發現觀察資料與理論模式間之適配度不佳時，即可利用MI指標發覺初始模式上的潛在問題。基本上這是測量結構之微調過程，此微調的步驟與細節摘要如下。

步驟1：估計（或重估）一個嚴謹的基本模式

➤ 檢查相關矩陣、分析共變數矩陣。

➤ 界定因素個數、固定因素變異數為1、釋放因素間之共變數。

➤ 每一指標僅固定一個負荷量，釋放其餘所有負荷量。

➤ 固定所有測量誤差共變異數為0（相關為0），釋放所有測量誤差變異數。

➤ 估計未標準化及標準化係數、檢查殘差與標準化殘差、計算及檢查單變項LM考驗（MI修正指標）。

步驟2：評鑑該模式

➤ 該模式適配嗎？因素與測量誤差之共變數矩陣為正定（Positive definite）矩陣？

➤ LM考驗（如MI修正指標 > 3.84）反映出模式界定錯誤嗎？高的標準化殘差意含著模式界定錯誤嗎？

➤ 殘差間呈現規則的型態嗎？該理論模式適配嗎？

➤ 模式中的每一徑路、測量誤差間的每一共變數及因素間之相關，均有實徵意義或理論依據（Substantive interpretations）嗎？

步驟3：逐步修正該模式（一次僅能修正一個參數）

➤ 將不顯著的因素負荷量（例如：CR值小於1.96者）固定為0。

➤ 利用LM考驗（如MI修正指標 > 3.84）或預期參數改變量（Par change），決定是否釋放因素負荷量，重新估計之。

➤ 利用LM考驗（如MI修正指標 > 3.84）或預期參數改變量，決定是否釋放測量誤差共變數，重新估計之。

➤ 假如因素間之相關接近1，刪去不必要之因素。

➤ 假如測量誤差共變數呈現一種明顯之型態，增加因素數目。

步驟4：評鑑最終模式

➤ 每一因素至少有一指標之標準化因素負荷量 > .7以上？每一因素之建構信度 > .50以上？

➤ 評估每一指標之因素複雜度，具有交叉負荷（Cross-loadings）嗎？

➤ 該指標是否與其他指標之測量誤差具有相關？如有必要：刪除不佳之指標，並重估該模式。

　　另外，MI指標也可以用來探究測驗題目間之相關性與潛在病徵。一個較大的MI值可能象徵著：該題目之因素負荷量橫跨在不同因素上（Factor cross-loadings），或該題目與其他題目間具有測量誤差相關（Error covariance或correlated error）。CFA分析中，通常假定測量誤差間應獨立無關，相當於IRT理論中的局部獨立（Local independence）之基本假設的問題，這些現象都會形成很大的MI值。所謂誤差相關，係指理論建構無法解釋到的變異量，在不同指標變項上發生共變之現象，最常見於多元重複測量的縱貫性研究中。誤差相關的問題亦可能出自於題目系統的內容偏差，例如：遺漏了一個外衍的因素（模式中未界定到的共同變因）、題目內容與其他題目有高程度的相關或重複（可作為題目之篩選用）或受試者的系統性反應偏差，例如：題目間均出現社會期許反應偏差（Social desirability bias），可用Crowne-Marlow社會期

許量表檢驗之、選擇極端選項與偏向選擇「是或不是」（yea/nay-saying，可用正、反向題目平衡之）（Aish & Joreskog, 1990）。

此外，誤差相關亦可能來自於考生的舞弊、練習效應、量尺粗略等其他干擾因素。因此，在共變數及迴歸係數上之MI指標，可提供研究者一些量表發展的有用資訊，測驗編製者須謹慎去深入分析與了解指標出現很大MI的原因，尤其大於100時的潛在意義（Kline, 1998）。假如是重複測量所導致，研究者應在統計分析之前，就應允許自由估計殘差間具有相關。Cortina（2002）認為抽樣誤差與遺漏變數，乃是出現相關指標殘差的主因。他主張若殘差間相關是抽樣誤差所致，應將這些殘差相關固定為0，否則將使該理論模式的外在效度減弱；若殘差間相關為遺漏變數所導致，就應修正理論模式所缺漏的變項，因為允許殘差間相關，並無法復原所遺漏的變項。由此觀之，殘差間是否允許具有相關，應根據實質理論，而非根據統計分析的結果。

（五）修正SEM理論模式的省思

假如研究者發現所修正過的模式其χ^2很小且小於自由度時，請檢查該模式是否過度適配（Over-fitting），此時TLI適配指標可能會大於1。研究者勿為了適配而適配，應檢查有無不當加入太多估計參數、有無過多的因素或參數、有無過大之標準誤。此外，每一修正過之模式，需重複上述這些檢查。

對於SEM理論模式的評鑑，研究者亦應有下述的正確觀念：模式之適配性、價值性與推論性應兼顧，只根據MI修正指標去修正模式，將來其在不同樣本上之複製性可能很低，應用價值亦不高。例如：Fornell（1983）就指出模式中指標殘差間相關性的出現，可能反映了該提議模式忽略了重要潛在變項；Cortina（2002）也指出進行事後模式修改而允許指標殘差間具有相關，將會遮蓋掉原本資料底下的組成結構。由此觀之，除非是重複測量，利用指標殘差間相關性來改善模式的適配度（如利用MI值進行參數釋放估計），乃是不智之舉。

最後經修正過的理論模式，研究者最好使用大樣本，將樣本分割為二，以利進行效度複核，可檢驗該模式的推論性，對未來樣本資料之預測力進行檢驗。另外，單一模式時，研究者可利用不變性考驗策略，檢驗在不同樣本上其徑路結構之可複製性；比較多個理論模式時，可計算效度複核（Cross-validation）指標，如ECVI、AIC、CAIC、BIC，選擇較精簡之理論模式。前述兩種策略，Amos均可輕易達成您的任務需求。假如所修正過的模式仍然不適配，或修正過的模式無理論依據，這意味著您的理論模式，可能界定錯誤了（例如：省略重要變項或關係／徑路、包含不重要變項或

關係／徑路等等），研究者似乎只有另起爐灶，建立新的理論模式一途了。

八、最大概似法MLE極小化過程之體驗

本節MLE極小化過程之體驗，將透過筆者所研發的迷你SEM-MLE程式，透過微分進行Newton-Raphson運算法體驗極小化的過程，以掀開SEM的神祕面紗；本章習題中，筆者亦提供另一VB程式，係透過中央差分法（central difference）進行數值方程式的極小化，有興趣的讀者可以體驗一下不同極小化方法的效能。SEM-MLE程式含有三個MLE極小化過程試驗，請先在表單上，點開「Observed Covariance Matrix」，以便後續原始資料的輸入。這三個MLE極小化過程試驗，分別為徑路分析、SEM分析與CFA分析（參見圖3-11左上角的三個操作表單：

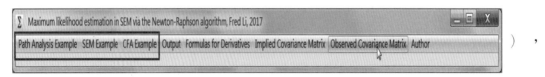

），

這三種分析模式，係SEM最常用的類型。不含測量誤差項的徑路分析實例：

，已在本章前面內容中簡介過，不再贅

述。本節將以含結構模式的SEM分析為例（如圖3-13），進行操作過程的示範與說

明：至於CFA分析的應用實例：

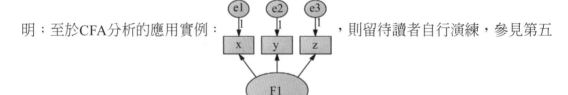

，則留待讀者自行演練，參見第五

章習題六。

（一）SEM極小化過程示範實例

本實例取自Ferron & Hess（2007）的文章，內文中提供了詳細的SEM參數微分的過程。在圖3-11的SEM-MLE程式表單中，點開SEM Example表單，MLE極小化過程條述如下，過程中將利用筆者（李茂能，2017）所設計的程式進行實例演算：

1. 設計徑路圖

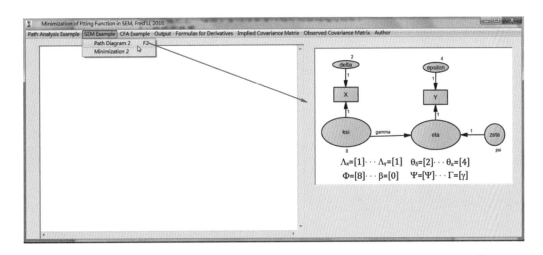

圖3-11　SEM徑路圖設計：單一內外衍變項

　　圖3-11右側視窗，係單一內外衍變項的徑路圖設計，點選表單中的「Path Diagram 2」或按F2即可取得。

2. 計算樣本共變數矩陣S

　　圖3-12右側視窗，係三個樣本的共變數矩陣資料，這三個樣本共變數矩陣可點選 SEM-MLE的操作表單「Observed Covariance Matrix」獲得。注意，圖中的資料矩陣 如涉及自變項與依變項，依變項（Y）應置於前面，自變項（X）應置於後；例如： 以Path Analysis為例：10是Y的變異數，而8是X的變異數。

3. 利用以下Bollen（1989）專書中8.21的公式，推演隱含共變數矩陣$\Sigma(\hat{\theta})$

$$\Sigma(\theta) = \begin{bmatrix} \Lambda_y(I-\beta)^{-1}(\Gamma\Phi\Gamma'+\Psi)((I-\beta)^{-1})'\Lambda'_y + \theta_\varepsilon & \Lambda_y(I-\beta)^{-1}\Gamma\Phi\Lambda'_x \\ \Lambda_x\Phi\Gamma'[(I-\beta)^{-1}]'\Lambda'_y & \Lambda_x\Phi\Lambda'_x + \theta_\delta \end{bmatrix} \qquad \text{公式3-17}$$

公式3-17涉及的八大矩陣，定義如下：

(1)Λ_x：從外衍潛在變項（自變數）到觀察變項間的徑路係數矩陣。

(2)Λ_y：從內衍潛在變項（依變數）到觀察變項間的徑路係數矩陣。

(3)θ_ε：內衍觀察變項的測量誤差共變數矩陣。

(4)θ_δ：外衍觀察變項的測量誤差共變數矩陣。

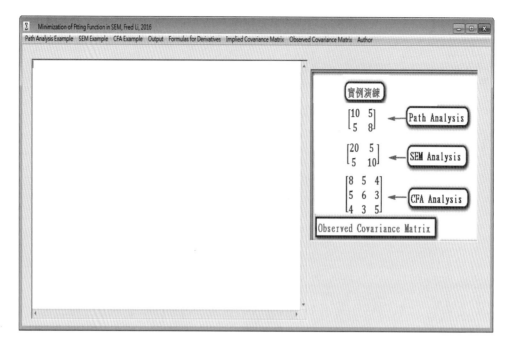

圖3-12　三個樣本共變數矩陣實例

註：SEM-MLE分析也適用於具有同樣大小的資料矩陣。

(5)φ：外衍潛在變項共變數矩陣。

(6)Γ：外衍潛在變項到內衍潛在變項的徑路係數矩陣。

(7)β：內衍潛在變項到內衍潛在變項的徑路係數矩陣。

(8)ψ：內衍潛在變項殘差共變數矩陣。

由此公式3-17可知，SEM隱含共變數矩陣（Implied covariance matrix）是模式參數集的函數，知道參數值之後，就可再製觀察共變數矩陣（Observed covariance matrix）；而模式參數值可由線性迴歸方程式取得。當公式3-17中$\theta_\varepsilon = 0$，$\theta_\delta = 0$，$\Lambda_x = I_8$，$\Lambda_y = I_p$（單元矩陣），此公式將簡化為無測量誤差與僅含觀察變項而無潛在變項的共變數矩陣；當公式3-17中$\Gamma = 0$，$\beta = 0$，$\theta_\varepsilon = 0$，$\Lambda_y = 0$，$\psi = 0$，此公式將簡化為CFA模式下的共變數矩陣。

以圖3-13之簡單SEM分析為例，其相關迴歸公式參見公式3-18～公式3-22：

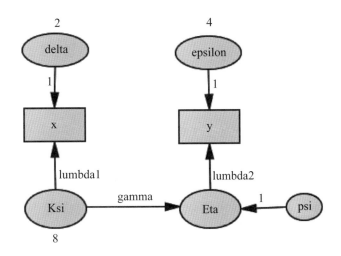

圖3-13　SEM分析徑路圖

$$\eta = \gamma\xi + \zeta \ (\text{設}X, Y\text{均化為離均差分數}) \qquad\qquad 公式3\text{-}18$$

此隱含共變數矩陣的推演，須根據公式3-19～3-22估算之。

$$Cov(x,y) = \lambda_1\lambda_2\gamma\phi \qquad\qquad 公式3\text{-}19$$

$$Cov(x, x) = Var(x) = \lambda_1^2\phi + Var(delta) \qquad\qquad 公式3\text{-}20$$

$$\gamma = \frac{Cov(x,y)}{Var(x)} \ (\text{這是大家所熟悉的迴歸係數求法}) \qquad\qquad 公式3\text{-}21$$

$$Var(y) = \gamma^2\phi + Var(psi) + Var(epsilon) \qquad\qquad 公式3\text{-}22$$

　　Cov(x, y)、Var(x)、Var(y)為已知變項，γ、Var(psi)為待估計之模式參數。將設定參數值〔$\phi = 8$、$\lambda_1 = \lambda_2 = 1$、Var(delta) = 2、Var(epsilon) = 4、β（潛在依變項間的迴歸係數）=0〕代入公式3-19～3-20、公式3-22；或代入公式3-17中，即可獲得圖3-14中SEM的隱含共變數矩陣，取得這三個隱含共變數矩陣，可點選SEM-MLE的「Implied Covariance Matrix」功能表單。

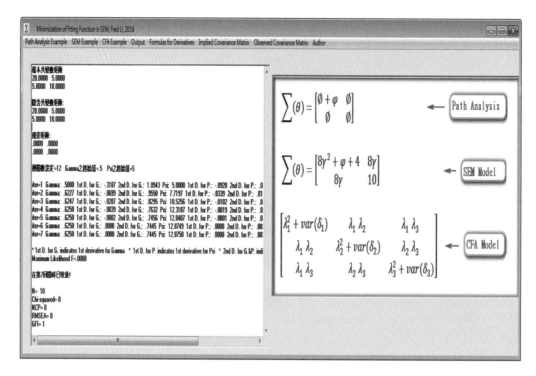

圖3-14　三個隱含共變數矩陣實例

4. 將樣本共變數矩陣與隱含共變數矩陣，代入最大概似法之F_{ML}極小化函數

$$F_{ML} = \log|\Sigma(\theta)| + tr(S\Sigma^{-1}(\theta)) - \log|S| - (p+q)$$ 　　　　公式3-23

將樣本共變數矩陣與隱含共變數矩陣，代入公式3-23可得公式3-24內之數據。

公式3-24中，本應用實例的依變項與自變項數：p = q = 1。

$$F_{ML} = \log\left|\begin{bmatrix} 8\gamma^2+\psi+4 & 8\gamma \\ 8\gamma & 10 \end{bmatrix}\right| + tr\left(\begin{bmatrix} 20 & 5 \\ 5 & 10 \end{bmatrix}\begin{bmatrix} 8\gamma^2+\psi+4 & 8\gamma \\ 8\gamma & 10 \end{bmatrix}^{-1}\right)$$
$$- \log\left|\begin{bmatrix} 20 & 5 \\ 5 & 10 \end{bmatrix}\right| - (p+q)$$ 　　　　公式3-24

利用伴隨矩陣（Adjoint matrix）求反矩陣（$A^{-1} = \dfrac{C'}{|A|}$）（可使用反矩陣網路計算器計算，參見本章附錄二），並計算出行列式值，可得公式3-25：

$$F_{ML} = \log(80\gamma^2 + 10\psi + 40 - 64\gamma^2)$$

$$+ tr\left(\begin{bmatrix} 20 & 5 \\ 5 & 10 \end{bmatrix}\left(\frac{1}{16\gamma^2 + 10\psi + 40}\right)\begin{bmatrix} 10 & -8\gamma \\ -8\gamma & 8\gamma^2 + \psi + 4 \end{bmatrix}\right)$$ 公式3-25

$$- \log(175) - 2$$

化簡，可得公式3-26：

$$F_{ML} = \log(16\gamma^2 + 10\psi + 40)$$

$$+ \left(\frac{1}{16\gamma^2 + 10\psi + 40}\right)(80\gamma^2 - 80\gamma + 10\psi + 240) - \log(175) - 2$$ 公式3-26

5. 分別針對待估計參數，進行一次與二次微分，取得偏微分方程

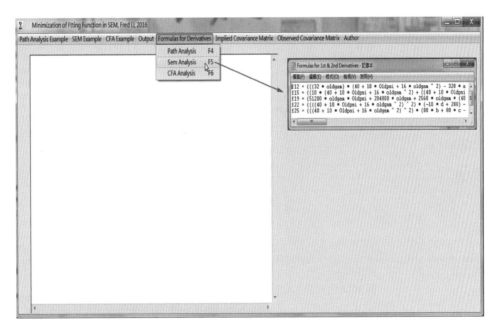

圖3-15　一次與二次微分的偏微分方程：通式設計

　　本章中的極小方法需計算到二次微分，乃是一項大工程，參見圖3-15右側小視窗；按下F4、F5、F6等微分表單，即可顯示三個實例的部分微分方程式。

6. 採迭代法，極小化上述兩大矩陣之殘差矩陣[S-Σ($\hat{\theta}$)]

　　調整模式參數值，以適配觀察共變數矩陣，適配過程請參見圖3-16。

7. 當前後兩次的適配函數值之差小於聚斂標準，則終止估計，並計算適配函數值

（F）與適配度指標。

本實例之分析結果，請參見圖3-16底部；本例FML的值爲0，表示完全適配（Perfect fit）。

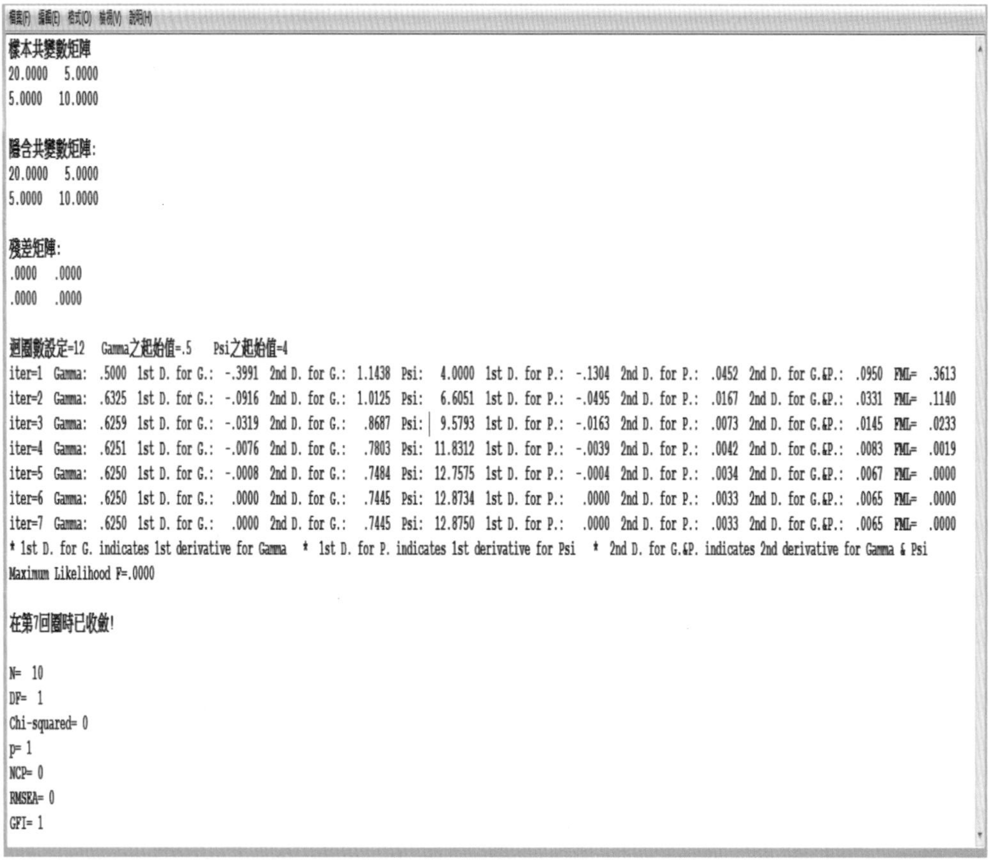

```
檔案(F) 編輯(E) 格式(O) 檢視(V) 說明(H)
樣本共變數矩陣
20.0000   5.0000
5.0000   10.0000

隱含共變數矩陣:
20.0000   5.0000
5.0000   10.0000

殘差矩陣:
.0000   .0000
.0000   .0000

迴圈數設定=12   Gamma之起始值=.5    Psi之起始值=4
iter=1  Gamma:  .5000  1st D. for G.:  -.3991  2nd D. for G.:  1.1438  Psi:   4.0000  1st D. for P.:  -.1304  2nd D. for P.:  .0452  2nd D. for G.&P.:  .0950  FML=  .3613
iter=2  Gamma:  .6325  1st D. for G.:  -.0916  2nd D. for G.:  1.0125  Psi:   6.6051  1st D. for P.:  -.0495  2nd D. for P.:  .0167  2nd D. for G.&P.:  .0331  FML=  .1140
iter=3  Gamma:  .6259  1st D. for G.:  -.0319  2nd D. for G.:   .8687  Psi:   9.5793  1st D. for P.:  -.0163  2nd D. for P.:  .0073  2nd D. for G.&P.:  .0145  FML=  .0233
iter=4  Gamma:  .6251  1st D. for G.:  -.0076  2nd D. for G.:   .7803  Psi:  11.8312  1st D. for P.:  -.0039  2nd D. for P.:  .0042  2nd D. for G.&P.:  .0083  FML=  .0019
iter=5  Gamma:  .6250  1st D. for G.:  -.0008  2nd D. for G.:   .7484  Psi:  12.7575  1st D. for P.:  -.0004  2nd D. for P.:  .0034  2nd D. for G.&P.:  .0067  FML=  .0000
iter=6  Gamma:  .6250  1st D. for G.:   .0000  2nd D. for G.:   .7445  Psi:  12.8734  1st D. for P.:   .0000  2nd D. for P.:  .0033  2nd D. for G.&P.:  .0065  FML=  .0000
iter=7  Gamma:  .6250  1st D. for G.:   .0000  2nd D. for G.:   .7445  Psi:  12.8750  1st D. for P.:   .0000  2nd D. for P.:  .0033  2nd D. for G.&P.:  .0065  FML=  .0000
* 1st D. for G. indicates 1st derivative for Gamma   * 1st D. for P. indicates 1st derivative for Psi   * 2nd D. for G.&P. indicates 2nd derivative for Gamma & Psi
Maximum Likelihood F=.0000

在第7回圈時已收斂!

N= 10
DF= 1
Chi-squared= 0
p= 1
NCP= 0
RMSEA= 0
GFI= 1
```

圖3-16　SEM-MLE程式的極小化後的報表

由此觀之，SEM極小化的使命，乃是盡可能地使隱含的共變數矩陣逼近於樣本共變數矩陣；本實例爲完全適配（F = 0.0000，χ^2 = 0，NCP=0，RMSEA = 0，GFI = 1，df = 1）。df定義如公式3-27所示。

df = [p(p + 1)/2 − t]（t為模式中待估計參數個數，p為觀察變項總數）　公式3-27

df > 0代表SEM模式中參數估計值沒有唯一解（但含一最佳解），可以滿足所有方程式，此種模式稱爲過度辨識（Over-identified）模式，df = 0，爲恰可辨識（Just-identified）模式。根據df & χ^2值就可計算出p值，以考驗SEM的虛無假設：

$$H_0: \Sigma = \Sigma(\theta)$$

Σ爲母群共變數矩陣，$\Sigma(\theta)$爲模式隱含共變數矩陣。因母數通常爲未知，通常以下式考驗之：

$$H_0: S = \Sigma(\hat{\theta})$$

式中S爲Σ的樣本估計值，$\Sigma(\hat{\theta})$爲$\Sigma(\theta)$的樣本估計值。

因本例爲完全適配，$\chi^2 = 0$。事實上，此種模式可以利用公式3-28，直接解出參數之估計值。

$$\Sigma(\hat{\theta}) = \begin{bmatrix} 8\gamma^2 + \varphi + 4 & 8\gamma \\ 8\gamma & 10 \end{bmatrix} = S = \begin{bmatrix} 20 & 5 \\ 5 & 10 \end{bmatrix} \qquad 公式3-28$$

利用公式3-28之恆等關係，利用公式3-29 & 公式3-30可以直接解出γ & φ參數：

$$8\gamma = 5 \qquad\qquad 公式3-29$$
$$\gamma = 0.625$$
$$8\gamma^2 + \varphi + 4 = 20 \qquad\qquad 公式3-30$$
$$\varphi = 12.875$$

（二）圖解SEM-MLE程式的操作步驟

爲利於讀者的快速上手，利用圖3-17的資料，將SEM-MLE程式的徑路分析操作步驟，依序圖示如步驟1～13所示：

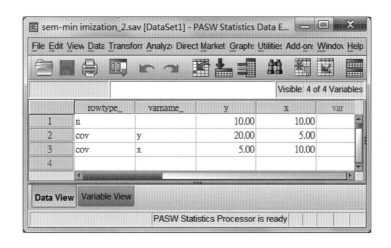

圖3-17　SEM分析實例操作的資料檔案

圖3-17的資料檔案係雙變數（x & y）的共變數矩陣，包含4個元素，N=10。

1. 演算法的提示

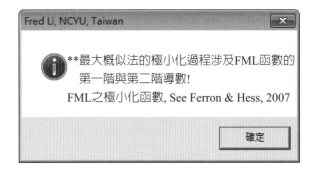

2. 資料性質提示

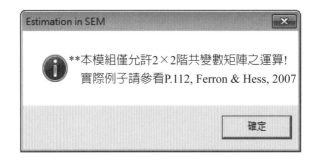

3. 輸入樣本大小

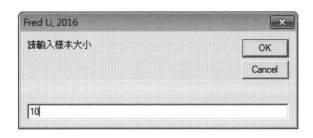

4. 輸入變項總數

5. 輸入第一個矩陣元素

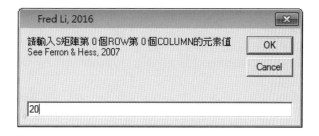

6. 輸入第二個矩陣元素

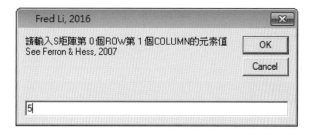

7. 輸入第三個矩陣元素

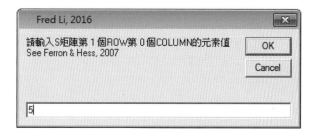

8. 輸入第四個矩陣元素

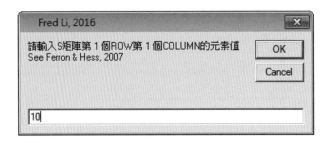

9. 設定最大迴圈數

注意最大迴圈數不能太小，否則無法收斂，例如：圖3-14中的CFA model。

10. 輸入Gamma（徑路係數）起始值

11. 輸入Psi（殘差）起始值

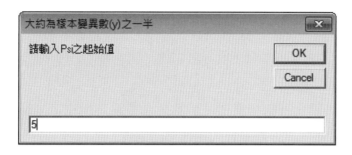

12. 參數收斂之提示

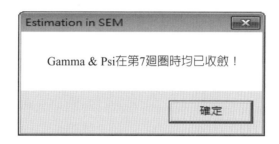

13. 估計值之警訊

　　成功輸入以上必備的數據之後，就可獲得SEM-MLE程式的極小化後之輸出結果，如圖3-16所示。讀者亦可利用具有同樣大小的新資料矩陣，先利用前述之相關公式手算，再與此SEM-MLE程式的分析結果相比對，當能深入體會SEM-MLE程式極小化的過程。

九、結語

　　SEM在社會科學界的運用日見普遍，主要用途有三：因果模式的驗證、競爭模

式的選擇與理論模式的發展，前兩者理論模式不作修正，但第三者會做模式之瘦身或擴展。SEM雖受到研究者高度的關注，惟其適配函數極小化的微分過程甚為繁複難懂。本章試圖以實例，透過SEM-MLE程式運作，逐步解說參數估計迭代過程如何極小化「理論隱含共變數矩陣與樣本共變數矩陣」間之殘差矩陣，以利讀者掌握此極小化的核心工作。

SEM包含測量模式與結構模式，前者旨在考驗建構信度（建構與指標間之關係），後者旨在考驗因果徑路關係（建構間的關係）。換言之，SEM可同時進行驗證性因素分析與徑路分析。

進行SEM分析之前，理論模式必須通過辨識性的考驗，其中最基本要件為待估計參數的個數，不能大於觀察資料點的個數。此外，待分析的共變數矩陣亦須為正定矩陣，研究者可利用行列式值檢驗之。

學通以上SEM的基本原理，對於SEM的實務運用、疑難雜症的處理與報表的正確解釋，有莫大幫助。

附錄、基本微分公式提示

（定理3.1）　常數法則：常數的微分為0

$\dfrac{dc}{dx} = 0$，其中c為常數。

（定理3.2）　常數乘法法則：常數可提出

若c為一常數，則$\dfrac{d}{dx}\big[cf(x)\big] = c\left[\dfrac{d}{dx}f(x)\right]$

（定理3.3）　冪次方法則

$\dfrac{d}{dx}x^n = nx^{n-1}$，其中n為任意實數。

（定理3.4）：加法與減法法則：相加（減）的微分等於微分的相加（減）

$\dfrac{d}{dx}\big[f(x) \pm g(x)\big] = \dfrac{df(x)}{dx} \pm \dfrac{dg(x)}{dx}$

（定理3.5）：乘法法則

$\dfrac{d}{dx}\big[f(x)g(x)\big] = \dfrac{df(x)}{dx}g(x) + f(x)\dfrac{dg(x)}{dx}$

（定理3.6）：除法法則

若 $g(x) \neq 0$ 則

$$\frac{d}{dx}\left[\frac{f(x)}{g(x)}\right] = \frac{\dfrac{df(x)}{dx}g(x) - f(x)\dfrac{dg(x)}{dx}}{[g(x)]^2}$$

（定理3.7）：自然對數函數的微分

$$\frac{d}{dx}[\ln x] = \frac{1}{x}, \quad x > 0$$

習 題

一、如果讀者具有VB撰寫能力，請利用以下VB程式驗證中央差分演算法之極小化結果，是否與本章正文中的微分法極小化之結果一致（參見圖3-16），極小化函數為公式3-26的相關實例。

SEM極小化過程示範：中央差分演算法VB程式設計實例：

```
Private Sub Command1_Click()
' Central difference algorithm
Dim rep1, rep2, rep3, rep4 As Double
cur_x = 0.1 ' The algorithm starts at x=6
cur_y = 1
gamma = 0.05 ' step size multiplier
h = 0.0001
precision = 0.00000001
cond1 = 1
cond2 = 1
run = 0
Do While cond1 > precision Or cond2 > precision
    previous_step_size_x = cur_x
```

```
        previous_step_size_y = cur_y
        precur_x = cur_x
        precur_y = cur_y
        run = run + 1
Do While previous_step_size_x > precision
        foward_x = cur_x + h
        backward_x = cur_x - h
        prev_x = cur_x
        rep1 = 16 * foward_x ^ 2 + 10 * cur_y + 40
        rep2 = 16 * backward_x ^ 2 + 10 * cur_y + 40
        cur_x = cur_x - gamma *((Log(rep1) + (1 / rep1) * (80 * foward_x ^ 2 - 80
* foward_x + 10 * cur_y + 240) - Log(175) - 2) - (Log(rep2) + (1 / rep2) *(80 *
backward_x ^ 2 - 80 * backward_x + 10 * cur_y + 240) - Log(175) - 2)) /(2 * h)
'參考公式3-26，計算左右兩邊的差分
        previous_step_size_x = Abs(cur_x - prev_x)
Loop
        cond1 = Abs(precur_x - cur_x)
Do While previous_step_size_y > precision
        foward_y = cur_y + h
        backward_y = cur_y - h
        prev_y = cur_y
        rep3 = 16 * cur_x ^ 2 + 10 * foward_y + 40
        rep4 = 16 * cur_x ^ 2 + 10 * backward_y + 40
        cur_y = cur_y - gamma *((Log(rep3) + (1 / rep3) * (80 * cur_x ^ 2 - 80 * cur_x
+ 10 * foward_y + 240) - Log(175) - 2) - (Log(rep4) + (1 / rep4) * (80 * cur_x ^ 2 -
80 * cur_x + 10 * backward_y + 240) - Log(175)  - 2)) /(2 * h)
        previous_step_size_y = Abs(cur_y - prev_y)
Loop
cond2 = Abs(precur_y - cur_y)
Form1.Label1.Caption = "The local minimum occurs at " & Chr$(13) & Format(cur_
x, "#.###") & " for x, " & Chr$(13) & Format(cur_y, "#.###") & "for y" & Chr$(13)
```

& " # of iterations: " & run

Loop

End Sub

圖3-18為中央差分演算法的VB表單，而圖3-19為VB之輸出表單。

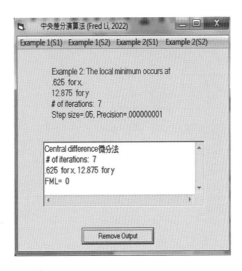

圖3-18　中央差分演算法實例

以下提供兩個實例及兩個不同stepsize & precision的設定。這兩個示範樣本共變數矩陣實例分別為：

$$\text{Example1:} \begin{bmatrix} 10 & 5 \\ 5 & 8 \end{bmatrix}$$

$$\text{Example2:} \begin{bmatrix} 20 & 5 \\ 5 & 10 \end{bmatrix}$$

至於stepsize & precision的設定，分別為.05、.005 與.00000001、.0000000001。

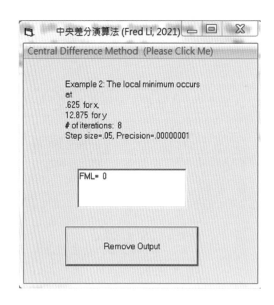

圖3-19　中央差分演算法輸出報表

二、進階閱讀：常見的SEM應用軟體（如LISREL、Amos、OpenMX、EQS）對於隱含共變數矩陣的表徵具有不同的型式，困惑著許多初學者。其中，LISREL模式具有八大矩陣，而OpenMX（使用RAM表徵）& EQS（使用Bentler-Weeks模式）則只有三大矩陣。其實，RAM模式亦可改寫成LISREL模式；而EQS亦是RAM模式的特例。有興趣的讀者，請參考Timm（2002）的Applied Multivariate Analysis專書第十章。

三、一階驗證性因素分析的可辨識性要求與二階驗證性因素分析相同嗎？其可辨識性條件為何？

參考答案：

Kline（2011）就指出欲使階層性的CFA模式可以辨識，二階因素之下至少要有三個一階因素，而且一階因素之下至少要有2個指標（p.249）；否則該模式為不可辨識（un-identified）。若CFA理論模式僅含兩個一階因素，除了一般的參數設限之外，須額外進行更嚴苛的參數限制；此乃因為二階因素沒有指標，一階的因素被視為二階因素的指標，而導致二階因素的直接效果或殘差變異量將無法辨識。若CFA理論模式僅含三個一階因素，它只有3個變項，但須估計3個參數，自由度為0，此為恰可辨識。理論上，二階CFA模式應有四個以上一階因素，該模式才能過度辨識（over-identified）。

四、矩陣秩的計算器，下載網址：https://matrix.reshish.com/rank.php

操作步驟如圖3-20 & 圖3-21：

1. 設定矩陣行列之大小。

圖3-20　矩陣秩的計算器介面

2. 輸入矩陣的元素（方程式的係數）。

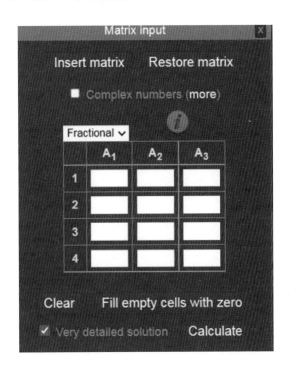

圖3-21　矩陣元素的輸入表單

本計算器不只能計算矩陣秩的大小，也可秀出求秩的演算過程（請點選「Very detailed solution」）。

3. 按下鈕，執行矩陣秩的運算。

五、反矩陣網路計算器

下載網址：https://www.wolframalpha.com/input?i2d=true&i=%7B%7B8Power%5By%2C2%5D%2Bz%2B4%2C8y%7D%2C%7B8y%2C10%7D%7D。

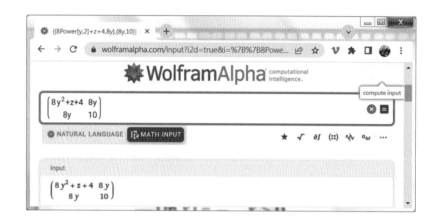

第4章

SEM模式適配度的評鑑與報告

Amos

SEM結合了因素分析與徑路分析，因而包含了測量模式與結構模式（參見圖3-1），是目前社會科學研究者經常討論的議題。其測量模式旨在考驗測量指標的效能，其最大特色為利用測量信度，進行結構參數之校正；結構模式則在考驗潛在變項間之因果徑路關係。SEM理論模式的提出需植基於厚實的理論基礎或相關文獻，因此正確的或合理的提議模式乃是適配度（Goodness of fit）考驗的基本前提，以避免把重要的變項遺漏了，卻把不重要的變項納入理論模式中，而導致偏差的參數估計值與不正確的標準誤（Schreiber, 2017）。SEM理論的推導，可以根據過去的相關理論或研究文獻，亦可再利用決策實驗室分析法（Decision Making Trial and Evaluation Laboratory, DEMATEL），邀請理論或實務專家建構變項間的因果關係（魏寶蓮，2010；Cheng, Ou, & Lin, 2018；Tsai, Ding, Liang, & Ye, 2018）。

SEM理論模式的適配度考驗，旨在評估SEM理論共變數矩陣與觀察共變數矩陣間之一致性，亦即檢驗理論模式可以再製觀察資料的能力。當兩套共變數矩陣間在整體上存在著巨大的差異時，即表示所提議的理論模式與資料不適配。SEM理論模式的適配度考驗包括測量模式與結構模式的適配度考驗，而測量模式的檢驗須先於結構模式的檢驗，方能正確估計因果徑路的結構係數（李茂能，2008）。原則上，研究者要先檢查測量模式中的每個測量指標，是否具有太大的標準化殘差（> 2.0）及過大的修正指標（> 4.0），其次需要檢查有無不良估計值（Offending estimates or improper solutions），例如：誤差變異量等於或小於0（可能由於模式界定錯誤、樣本太小、抽樣變動、多元共線性）、標準化係數過小（需刪除相關變項）或超過1（會導致負的誤差變異量）、變項分配是否為常態與過大的標準誤（Chen, Paxton, Curran, & Kibby, 2001）。

由於模式適配度的評鑑涉及模式的精簡性、樣本大小、樣本導向或母群導向、常態化與否、相對性或絕對性的評估與估計方法，沒有一種指標可以涵蓋這麼多的層面或因素（Tanaka, 1993）。因而，Amos提供不少功能不同的適配度指標，但也造成研究者不知要選定哪些指標的困惑及相關的臨界值要多大才適配？其實，研究者可試著綜合下列三類Amos適配度指標（含絕對性、相對性與精簡性），作全面性（含理論上、統計上及實用上）之評估與比較，以作出適切之結論，千萬不可僅報告達到良好適配的指標，而隱藏了模式的缺陷。以下將就Amos中常用三大適配度指標（絕對性、相對性與精簡性）的定義、用途與其臨界值，逐一加以介紹，以利於正確指標的選用。

一、絕對性適配指標

絕對性適配指標（Absolute fit measures），並不與獨立模式或基線模式作比較，而是在評估理論模式可以重製相關係數或共變數矩陣的程度。換言之，此類指標乃在評估理論模式與觀察資料間之適配度。相關適配度指標有χ^2、GFI、AGFI、SRMSR、RMSEA及ECVI（參見表4-1、4-2 & 4-3），其中χ^2指標為其他大多數指標的計算基礎，因此大部分的研究報告中都會報告χ^2，參見表4-1。

表4-1　Amos輸出之卡方統計及P值

CMIN

Model	NPAR	CMIN	DF	P	CMIN/DF
Default model	26	16.479601	16	.420018	1.029975
Staturated model	42	.000000	0		
Independence model	12	337.553331	30	.000000	11.251778

註：本例觀察變項總數（q）為6，N = 73 + 72（雙群組設計），F_{min} = .115。

1. Likelihood-Ratio χ^2，χ^2之計算等於$(N-1) \times F_{min}$，易受N大小之影響，係最原始的適配指標。Amos中簡稱CMIN，其值愈小愈好，而其相關之P值（虛無假設為眞時的機率值）最好大於.1或.2。本考驗對於違反多變項常態性之假設異常敏感，變項的分配越偏態，其χ^2也會越大，研究者宜先檢驗常態性後再運用。此外，χ^2較適合100～200人的樣本，因為χ^2的大小也會受到樣本大小的嚴重影響，樣本太大時其統計考驗力過強會導致任何模式均被拒絕（Gerbing & Anderson, 1993），樣本太小時其統計考驗力則過弱。為了考慮到模式的複雜度，模式越複雜其χ^2也會越大，因而研究者常計算χ^2/df的比值（自由度列入考慮），希望當N>=200時此值會小於3，當100 < N < 200時會小於2.5，當N>=100時會小於2。因為χ^2受制於N的本質上缺陷，導致出現許多替代性的適配度指標。

2. Noncentrality Parameters（NCP = χ^2-df）與Scaled Noncentrality Parameters（SNCP = NCP/N = $(\chi^2$-df)/N）：NCP或SNCP = 0時最適配，SNCP在Amos簡稱F0，這兩者適合模式間之比較。注意NCP可以用來計算統計考驗力（有興趣的讀者可以利用SPSS之內建函數計算之：Power = 1-NCDF.CHISQ(CR$_\alpha$, df, NCP)，有助於解釋模式可以接納與否（Saris & Satorra, 1993）。

3. Goodness-of-Fit指標（0:poor fit～1:perfit），參見計算公式4-1：

$$GFI_{ML} = 1 - \frac{tr[(\Sigma^{-1}(S-\Sigma))^2]}{tr[(\Sigma^{-1}S)^2]} = 1 - \frac{tr[(\Sigma^{-1}S-I)^2]}{tr[(\Sigma^{-1}S)^2]}$$
公式4-1

Amos中簡稱GFI（參見表4-2），反映出隱含共變數矩陣，可以解釋到樣本共變數矩陣的相對變異比（類似迴歸分析中的R^2），注意GFI會因樣本大小與模式複雜度之增加而虛胖；另一考慮到模式精簡性的Adjusted Goodness-of-Fit指標（AGFI最好 > .90），本指標較不受模式複雜度之影響，參見計算公式4-2：

$$AGFI_{ML} = 1 - \frac{q(q+1)}{df}(1 - GFI_{ML})$$
公式4-2

注意，由公式可推知，當觀察變項數q甚大，而df甚小時，$AGFI_{ML}$有可能是負值。

表4-2　Amos絕對適配度指標

RMR, GFI　　　　　　　絕對適配度指標

Model	RMR	GFI	AGFI	PGFI
Default model	1.733565	.964831	.907682	.367555
Staturated model	.000000	1.000000		
Independence model	12.856151	.514473	.320262	.367480

註：PGFI亦為精簡性適配度指標，可透過公式4-12：GFI×(df_proposed)/(q(q+1))求得，.964831×16/42 = .367555（df = 16, q = 6）。

4. Root Mean Square Residuals，Amos中簡稱RMR，參見表4-2，反映出樣本共變數矩陣與隱含共變數矩陣間的平方根殘差量，此值最好在.05以下，愈低愈好，較適合相關矩陣的分析，參見計算公式4-3：

$$RMR = \sqrt{\frac{2}{q(q+1)}\sum_i^q\sum_j^i(s_{ij}-\sigma_{ij})^2}$$
公式4-3

式中s_{ij}為樣本共變數矩陣中的第ij元素，式中σ_{ij}為隱含共變數矩陣中相對應的第ij元素，q為觀察變項數。此外，亦可利用Amos的巨集或Amos Basic語法程式計算標準化之RMR（SRMR），其定義如計算公式4-4：

$$SRMR = \sqrt{\frac{\frac{2}{q(q+1)} \sum_i^q \sum_j^i (s_{ij} - \sigma_{ij})^2}{s_{ii} s_{jj}}}$$

公式4-4

因為RMR會受到各指標量尺大小之影響（例如：有些指標可能為5點量尺，有些為7點量尺），不利於正確之解釋（Kline, 2004）。為改善此缺失，筆者建議使用SRMR指標，該值最好在.05以下。RMR或SRMR都在評估模式與資料間之整體適配度，研究者可利用共變數矩陣或相關矩陣的殘差分析，了解哪一元素或資料點最不適配（注意>.10以上之元素）。一個好的模式，所有的殘差應接近於0。因為共變數矩陣殘差分析易受到測量單位之影響，而相關矩陣的殘差分析易受到樣本大小之影響，研究者可改用常態化殘差進行分析，其定義如公式4-5。

$$常態化殘差 = \frac{(s_{ij} - \hat{\sigma}_{ij})}{\sqrt{\frac{\hat{\sigma}_{ii}\hat{\sigma}_{jj} + \hat{\sigma}_{ij}^2}{N}}}$$

公式4-5

5. Root Mean Square Error of Approximation，Amos中簡稱RMSEA，參見計算公式4-6：

$$RMSEA = \sqrt{\max\left(\frac{F_{ML}}{df} - \frac{1}{N-1}, 0\right)}$$

公式4-6

RMSEA被公認為提供最佳訊息的指標之一（參見表4-3的Amos報表），但當自由度偏低時，此指標會高估。SEM的模式複雜度與自由度具有密切關係，一般來說，SEM的模式複雜度增加（待估計參數會增加），其自由度會下降；反之，較精簡SEM模式，其自由度常會增加，因而RMSEA可能會被低估。因此，當遇到自由度很低的模式時，使用RMSEA易導致錯誤拒絕正確的理論模式（Kenny, Kaniskan, & McCoach, 2015）。此外，Amos也提供RMSEA的虛無假設（H_{null}:RMSEA ≤ .05）考驗的p值：PCLOSE（close fit機率），這是Amos中少數能夠加以考驗的指標，當p值大於.05，表示該模式近似適配。此RMSEA值在.05以下表適配度佳，在.05～.08之間其適配度表尚可，在.10以上表適配度差（Browne & Cudeck, 1993）。Hu & Bentler（1999）則建議採取較嚴苛的.06臨界值。

另外，Moshagen & Auerswald（2018）的研究發現：遇高因素負荷量時，RMSEA善於偵測到測量模式的界定錯誤，SRMR善於偵測到結構模式的界定錯誤；遇低因素負荷量時，SRMR善於偵測到測量模式的界定錯誤，RMSEA善於偵測到結構模

式的界定錯誤。

表4-3　Amos的RMSEA適配度指標

RMSEA

Model	RMSEA	LO 90	HI 90	PCLOSE
Default model	.014	.000	.079	.745
Independence model	.268	.242	.294	.000

註：本例N = 73 + 72（雙群組設計），F_{min} = .115。

本例的p值大於.05，顯示該模式近似適配，且此RMSEA值（.014）在.05以下表適配度佳。

6. Expected Cross-Validation Index：等於AIC/N，適合模式間之比較或複核效度的評鑑，Amos中簡稱ECVI，其值愈小愈好。此指標反映出在相同的母群下，不同樣本所重複獲得同一假設模式之適配度的期望值。

二、增值／相對性適配指標

　　增值／相對性適配指標（Incremental fit measures/Comparative fit indices），係針對底限模式或稱為獨立模式（The baseline,null or independent model，假設不存在任何徑路關係，所有變項間均無相關性）與提議模式（The hypothesized model）的比較，以了解提議模式改進適配的相對程度，參見表4-4。此種適合於模式適配度比較之指標主要有：

1. Normed Fit Index（最好>.90）

　　Amos中簡稱NFI，其計算公式為：

$$NFI = \frac{\chi^2_{null} - \chi^2_{proposal}}{\chi^2_{null}} = 1 - \frac{\chi^2_{proposal}}{\chi^2_{null}} \qquad 公式4\text{-}7$$

如該值為1.0，即表示提議模式為完全適配模式（Saturated model，包含所有可能的徑路關係），當該值為0時，即表示提議模式完全不適配（接近獨立模式）。因此，本類指標的值亦可視為接近完全適配模式的比值，不過此指標不適用於小樣本上（如小於200），會出現低估現象。為修正此缺點，請改用將模式自由度列入

計算的Non-normed Fit Index /Tucker-Lewis Index（考慮模式之複雜度），參見計算公式4-8：

$$NNFI = \frac{\dfrac{\chi^2_{null}}{df_{null}} - \dfrac{\chi^2_{proposed}}{df_{proposed}}}{\dfrac{\chi^2_{null}}{df_{null}} - 1}$$ 公式4-8

NNFI，Amos中簡稱TLI，本指標較不受模式複雜度及樣本大小影響（Bollen, 1990）。NNFI與NFI一樣，遇到小樣本時可能會出現其他指標顯示適配度佳，但NNFI卻顯示不適配的矛盾現象（Kline, 2004）。另外，因非常態化之特性，NNFI指標的值可能超過1，造成解釋上的困難（Byrne, 1998）。

2. Relative Fit index，Amos中簡稱RFI，此RFI值最好>.90

RFI係利用自由度修正自NFI的相對適配度指標（Bollen, 1989），參見計算公式4-9：

$$RFI = 1 - \frac{\dfrac{\chi^2_{proposed}}{df_{proposed}}}{\dfrac{\chi^2_{null}}{df_{null}}}$$ 公式4-9

3. Comparative Fit Index，Amos中簡稱CFI（參見表4-4），亦為NFI的修正指標，但可慮及樣本的影響力（Bentler, 1990），其計算公式：

$$CFI = 1 - \frac{NCP_{proposed}}{NCP_{null}}$$ 公式4-10

此值最好>.90，為母群導向之指標，因較不受樣本大小之影響，為SEM報告中最常出現的指標之一。

上述這些增值或相對適配指標，Hu & Bentler（1999）提議其決斷值，由過去的.90提高為.95以上，才可視為模式適配度佳。

表4-4　Amos增值性適配度指標

Baseline Comparisons	增值性適配度指標				
Model	NFI Delta1	RFI rho1	IFI Delta2	TLI rho2	CFI
Default model	.951179	.908461	.998508	.997076	.998441
Staturated model	1.000000		1.000000		1.000000
Independence model	.000000	.000000	.000000	.000000	.000000

三、精簡性適配指標

精簡性適配指標（Parsimonious fit measures），利用自由度比值（即考慮到參數估計數目）或Information Criterion作為加權值（參見表4-5），由於缺乏判斷模式好壞的標準，此類指標不適合單獨運用與解釋。常用精簡性適配指標有：

1. Parsimonious Normed Fit Index

Amos中簡稱PNFI（最好.50以上），計算公式為：

$$\text{NFI} \times (df_{proposed}/df_{null}) \qquad \text{公式4-11}$$

公式4-11中的$(df_{proposed}/df_{null})$，即為表4-5中的PRATIO（Parsimony Ratio）指標（16/30 = .533333）。當兩個模式間之PNFI差異值超過.06以上，即可視為兩模式間具有實質之差異，常用來作競爭模式間之比較。

2. Parsimonious Goodness-of Fit Index

Amos中簡稱PGFI，其計算公式為：

$$\text{GFI} \times (df_{proposed})/(q(q + 1)) \qquad \text{公式4-12}$$

式中，q為觀察變項數。PGFI愈接近於1.0，表模式愈精簡（最好.50以上，Mulaik, et al., 1989），本指標為樣本導向，並將模式自由度列入考慮，可用來作競爭模式間之比較，該指標請參見表4-2。

3. Akaike Information Criterion

Amos中簡稱AIC，本值愈接近於0，表模式適配度佳且愈精簡，其計算公式為：

$$\chi^2 + 2 \times （估計參數數目） \qquad \text{公式4-13}$$

AIC指標較適合於最大概似估計法及競爭或非隔宿（non-nested）模式間之比較。另一相關之指標稱為CAIC，其計算公式為：

$$\chi^2 + (1 + \text{LnN}) \times （估計參數數目） \qquad 公式4-14$$

4. Bayes Information Criterion

Amos中簡稱BIC，本值愈接近於0，表模式適配度佳且愈精簡，其計算公式為：

$$\chi^2 + （估計參數數目） \times \text{Ln}(N \times q) \qquad 公式4-15$$

BIC比AIC更能挑選出更精簡之模式。

5. Hoelter's CN（Critical N），其計算公式如4-16所示：

$$CN = \frac{\chi^2_{critical}}{F_{min}} \qquad 公式4-16$$

CN係反映樣本大小適切性的指標，大於200時即表樣本已足夠大了，可以充分代表母群。在Amos中會呈現Hoelter .05與Hoelter .01兩個水準的樣本數。

精簡適配指標ECVI、AIC、CAIC與BIC最適於非隔宿模式間之比較，若用於評估單一模式之好壞，一般都希望這些指標的值應比飽和模式或獨立模式下的值更小。

表4-5　Amos精簡性適配度指標

Parsimony-Adjusted Measures	精簡適配度指標		
Model	PRATIO	PNFI	PCFI
Default model	.533333	.507296	.532502
Staturated model	.000000	.000000	.000000
Independence model	1.000000	.000000	.000000

註：利用公式4-11：NFI$\times$(df$_{proposed}$/df$_{null}$)，可求得PNFI = .951179$\times$(16/30) = .951179$\times$.533333 = .507296，同樣方式PCFI = CFI$\times$(df$_{proposed}$/df$_{null}$)：.998441$\times$(16/30) = .532502。

另外，在平均數結構分析時，Amos並不提供GFI、AGFI、RMR與PGFI等適配度指標，因為目前仍不知如何融入平均數與截距於計算式中，所以這四個指標只出現於共變數結構分析報告中。

四、影響SEM理論模式適配性之因素

由以上SEM之指標公式知，適配指標之計算不外乎涉及以下九個統計量，而所涉及之統計量亦反映出該指標之考慮要素：

1. χ^2（含虛無及提議模式）

2. DF（含虛無及提議模式）

3. N

4. 估計參數數目

5. 觀察變項數

6. NCP

7. F_{min}

8. χ^2臨界值

9. 模式適配共變數矩陣與樣本共變數矩陣之殘差矩陣。

以RMSEA為例，$RMSEA = \sqrt{\max\left(\dfrac{F_{ML}}{df} - \dfrac{1}{N-1}, 0\right)}$，就涉及$F_{ML}$、df與N等統計量，此指標特別考慮到df & N之影響力。Heene, Hilbert, Draxler, Ziegler, Buehner（2011）的研究也發現：不管因素負荷量的多寡，研究者只要在測量模式中增加觀察變項數（自由度會增加），RMSEA對模式不適配的偵測力會下降。反之，Kenny, Kaniskan, & McCoach（2015）與Shi, Distefano, Maydeu-Olivares & Lee（2021）的研究指出：當遇到自由度低的模式或樣本小時，使用RMSEA易導致錯誤拒絕正確的理論模式，換言之，易導致不適配。因此，他們建議，此時改用SRMR或CFA。

SEM中的許多適配度指標都考慮模式複雜度的因素，但成效不彰，Cheung & Rensvold（2002）在測量不變性的模擬研究中就發現，一個模式整體適配度會因樣本大小、題目與因素數目的增加，而使許多適配度指標值（RMSEA除外）變差，這三個因素對各指標值的影響，以題目多寡因素影響最大，因素數目次之，詳情請讀者查看該研究的表3分析（p.244）。由此觀之，在解釋模式的適配度時不要忽視模式複雜的因素，而僵硬地採用傳統的固定門檻（如GFI > .90）去評估模式的優劣或適配與否，因為在較複雜的模式上似乎太嚴苛，在較單純的模式上似乎太寬鬆了。因此，當您的模式較複雜時（例如：提議模式中含三個因素以上，而每一因素含有三題以上時），筆者建議您依據RMSEA進行模式適配度之評估，因為RMSEA較不受樣本大小、題目與因素數目的影響。

五、樣本多大是大，多小是小

進行探索式因素分析時，為了達到適當的統計考驗力（如.80以上）及穩定的相關或共變數矩陣，樣本大小需大於觀察變項的數目，且受試者與試題數的比值最好為10：1以上（Nunnally & Bernstein, 1984），即使題目少於10題，受試者也應在100人以上。此外，Fabrigar, Wegener, MacCallum, & Strahan（1999）認為樣本大小之決定亦應考慮到測量變項之屬性。他們認為題目之共同性愈高（大於.70），所需的樣本則可小至100；共同性介於.40～.70之間時，樣本數在200人以上即可；共同性小於.40時，樣本數則需400人以上。

至於驗證性因素分析樣本大小的決定，可依照下列四大因素而定（Hair, Anderson, Tatham, & Black, 1998）：

1. 模式大小：受試者與自由估計參數的比值最好為10：1以上，即使參數少於10，受試者也應在100人以上，否則所獲得的相關矩陣，因抽樣誤差過大，將變得相當不穩定。

2. 模式之界定誤差（Missing constructs）：當有模式界定誤差之可能時，儘可能增大樣本。

3. 常態性與否：偏離常態時，儘量增大樣本，例如：受試者與估計參數的比值最好15：1以上。

4. 估計方法：MLE是最常見的估計法。人數可低至200，但最好大於500，ADF則需更大樣本數。

研究者如需進行效度複核，可加倍進行抽樣，再隨機分成兩半，以進行SEM分析結果一致性的檢驗。此外，樣本太小則統計考驗力偏低，樣本太大則易導致浪費時間與金錢，過大與過小均非上策。研究者如欲獲得最適切之統計考驗力，請參閱李茂能（2011）Amos專書中所附的Excel增益集，可以迅速幫您估計SEM的最少人數，或者參考MacCallum, Browne, & Sugawara（1996）的論文及論文後所附的SAS程式，該程式可以利用RMSEA的估計值，計算出與統計考驗力相對應之最低樣本數。

六、SEM理論模式適配度指標之選擇、限制與迷思

（一）理想適配度指標之特質與選擇

一個理想的適配度指標最好要具備以下之特質：1. 具有上下限（最好介於0與1之間）；2. 不受樣本大小或模式複雜度（觀察變項與潛在變項數）影響；3. 抽樣分

配之屬性要已知；4. 能評估不同層面的特性（Gerbing & Anderson, 1993）。但理想歸理想，一個指標要同時具有這些屬性，著實不易；因此必須根據自己研究的需要，借助於多元指標作判斷。

（二）適配度指標應用上的限制與迷思

SEM模式適配度指標都有其各自的特點、困惑或限制，因此研究者必須依照自己研究的特性與需求去斟酌選用。茲將過去SEM學者所提出的應用上的幾個重要限制與迷思摘述如下，俾能適切選用適配度指標及避免運用上或解釋上之錯誤。

1. 模式適配度指標僅能指出模式整體性之適配程度，無法了解模式內細部參數之適配性（Kline, 1998 & 2004）。

2. 適配度指標無法指出研究結果在理論上是否具有意義，或在應用上具有價值（Bollen & Long, 1993）。因此，除了適配度佳之外，研究者仍需檢視所提的理論模式是否具有厚實的理論基礎。

3. 適配度高的模式並不意謂著其模式已被證實為真，它只不過尚未被證明為假而已。因此，競爭模式與對等模式的提出與比較，為尋找較佳模式的可行之道（Tomarken, Waller, 2003）。適配指標僅能排除不佳模式，無法驗證所提模式為最佳，這亦反映Popper的否證論觀點：證實一個模式為假，比證實其為真容易多了。事實上，無法加以否證的理論，應該已不是一種理論，而是一個事實了；而且，SEM分析的焦點在於模式與資料適配的關聯強度，而非其統計考驗結果。更何況SEM分析通常需要大樣本才能獲得穩定之結果，也導致χ^2值很大，欲接納虛無假設也難。此種後果亦在提醒您，可能尚有更佳之理論模式適配該實徵資料。

4. 適配度高的模式，並不意謂著外衍變項是形成內衍變項的因（例如：適配好的模式亦可能出現於外衍變項與內衍變項無關的模式上）。適配度佳的模式，可能係因測量模式適配良好且擁有大部分自由度所致，而卻矇蔽了適配不佳的結構模式（Tomarken, Waller, 2003 & 2005）。理想上，標準化結構係數應大於.30（Chin, 1998），才具實質意義。因此，研究者應同時報告適配度指標與徑路係數或進行效度複核。反之，適配度不佳的模式，可能係因測量模式不佳所致，而非結構模式有誤。因此，測量模式的適配度檢驗，應先於結構模式的適配度檢驗（Anderson & Gerbing, 1988）。

5. 大部分行為科學研究的SEM分析資料，都來自於相關性的研究。因此SEM並無法轉換相關性的資料為因果性的結論，足見SEM的因果推論植基於好的研究設計，

不良研究設計並無法藉著SEM轉換其品質；也不能根據此SEM考驗結果，作出因果性的結論。

6. 適配度高的模式不一定意謂著其預測力高，因為適配度指標，僅能說明參數估計值與樣本共變數間之適配程度，並無法說明該模式可以預測潛在變項或測量指標之程度。因此，適配度甚高的理論模式，其相關之因素負荷量與R^2可能很低，亦可能漏掉了重要的研究變項（Kline, 1998 & 2004; Tomarken, Waller, 2003 & 2005）。過度依賴適配度指標，而忽視參數估計值之大小，亦會陷入與過去傳統推論統計分析過度依賴p值，而忽視效果值之相同窘境。

7. 適配度高的模式不意謂著其推論性（Generalizability）佳，尤其是利用MI指標修正過的理論模式。一個有效的模式不僅要與目前之觀察資料的組型相適配，尚需與未來資料樣本的組型相適配，亦即這個模式需具有預測力。一般來說，模式之適配性與使用之參數數目成正比，但卻與模式之推論性成曲線關係（Myung, 2004）。由圖4-1中A模式知，其模式推論性、適配度與模式複雜度均差；由B模式知，其模式適配度與模式複雜度均適中但其推論性卻最高；由C模式知其模式適配度最高但其模式之推論性並不很高，可能有模式過度適配（Over-fitting）的問題。模式適配度高但推論性不高或精簡性不佳的模式，其將來的實用性就差了。這亦反映出模式的適配度達到某一水準之後，其複雜性可能會降低該模式之實用性。因此，研究者不應一味追求模式之適配性，而忽略了模式之推論性與精簡

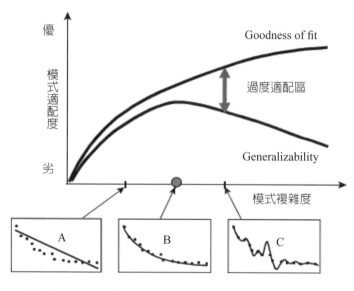

圖4-1　模式適配度與模式複雜度之關係（修訂自Myung, 2004之PPT）

性。當模式過度適配時，可尋找另一新樣本看看您的提議模式是否仍適用（cross-validation），或簡化提議模式（減少估計參數）。另外，模式過度適配也常發生在樣本過小時；因此，增加樣本資料，也是解決模式過度適配的方法。

8. 慎用MI修正指標（Modification index）進行參數的開放估計，理論上與實質上均需合理，以避免理論導向轉為資料導向。另外，殘差相關可能係遺漏重要變數所致，焦點應放在理論模式的重建而非原模式適配度之提升（Landis, Edwards, & Cortina, 2009）。每個測量指標的特殊變異量都是該指標所獨有，不應與其他測量指標具有相關（成長模式除外）。因此，不合理的指標殘差相關的連結應避免，尤其是跨因素間的殘差相關。

9. 共變數導向之SEM提議模式的複雜度會影響各種適配度指標，例如：當參數增加到模式中時，其卡方值就會下降。因此，提議模式出現適配度佳時（卡方值較小），研究者就可能無法分辨所界定的模式，到底是正確的，還是出自於模式的複雜度高所致。同樣的理由，當提議模式出現適配度不佳時，研究者就可能無法分辨所界定的模式，到底是不正確的？還是出自於模式的複雜度低所致（Anderson & Gerbing, 1984）。欲解決此困境，Richter, Sinkovics, Ringle, & Schlägel（2016）建議採用變異數導向的PLS-SEM（Partial least squares-SEM）；此模式的評估，除了較不受模式複雜度的影響之外，比較適合於理論模式的探詢、發展與建立，或形成性指標（Formative indicators）上，此類指標不考慮測量誤差。除非研究者具有很強的理論或實徵基礎（Theoretical and empirical basis），才較適合進行研究假設的驗證性SEM分析，否則最好進行探索性的PLS-SEM分析。簡言之，PLS-SEM適合於理論模式的發展及形成性指標上，SEM適合於理論模式的考驗及反映性指標上。

10. 不佳的測量模式，會高估結構係數。SEM為了校正測量指標之測量誤差，而修正潛在變項間之相關係數（correction for attenuation），導致結構係數大量提高。當測量模式不當時（如指標的信度小於.50時），即應重新尋找或增加更有預測力的指標變項，再進行結構模式之分析，否則可能會導致高估的結構係數（李茂能，2008）。

更多有關SEM應用上的延伸、困惑與建議，請繼續參看本書第六章。

七、常用的適配度指標與其適配標準摘要對照表

除了前述研究者常不知欲選擇哪一指標之困惑外，各指標的最低臨界值也是看法不一（Hooper, Coughlan, & Mullen, 2008）。為利於研究者進行SEM理論模式的適配度評鑑，特將常用的評鑑指標與最低臨界值之標準，羅列於表4-6。近年來，有不少SEM專家或研究者（如Hu & Bentler, 1999; Schreiber, Nora, Stage, Barlow, & King, 2006, Hooper, Coughlan & Mullen, 2008），建議SEM報告中應採取更嚴苛的標準（如GFI/NFI/NNFI/CFI > .95, RMSEA < .06），來評估模式的適配性。

表4-6　常用SEM適配度指標與其適配標準摘要對照表

指標名稱		適配標準或臨界值
絕對性適配指標	χ^2	愈小愈好，其p值至少大於.05顯著水準（p＞.05）
	χ^2/df	小於2（當N=<100），小於2.5（當100<N<200），小於3（當N>=200），此比值愈小愈適配
	GFI	大於.95
	RMR	此值最好低於.05，或更低（.025以下），愈低愈好
	SRMR	此值最好低於.05，或更低（.025以下），愈低愈好
	RMSEA	.05以下優良，.05～.08良好（簡單模式或小樣本，標準可稍微放鬆一些）
增值性適配指標	AGFI	大於.95，愈接近1，表示模式愈適配
	NFI/RFI	大於.95，愈接近1，表示模式愈適配
	TLI(NNFI)	大於.95，愈接近1，表示模式愈適配
	CFI、IFI	大於.95，愈接近1，表示模式愈適配
精簡性適配指標	AIC	本值愈小，表模式適配度佳且愈精簡（適用於非隔宿模式）
	BCC	本值愈小，表模式適配度佳且愈精簡（適用於非隔宿模式）
	CAIC	本值愈小，表模式適配度佳且愈精簡（適用於非隔宿模式）
	ECVI	本值愈小，表模式適配度佳且愈精簡（適用於非隔宿模式）
	PNFI/PGFI/PCFI	.50以上，表模式適配度佳且愈精簡（引自Jain & Chetty, 2022）

八、SEM研究報告中必備的資訊

（一）資料蒐集與準備過程

不可或缺的資訊有：資料蒐集過程、使用SEM的理由、研究問題或研究假設、

測量模式或結構模式與相關理論連結的敘述、樣本大小、缺失值的處理方法、常態性的檢驗、極端值的處理與線性或多元共線性的檢驗。

（二）資料分析與結果解釋

不可或缺的資訊有：分析軟體與估計方法、相關變項的平均數、標準差、相關矩陣與誤差矩陣、標準化及未標準化參數估計值、R^2與相關的顯著性考驗、SEM理論模式（含提議與最終模式）之徑路圖、模式評鑑與修正的理由、研究發現的結論與啟示。

九、結語

SEM分析是一種理論檢驗的考驗，因而所提出的理論模式須有厚實的理論基礎，否則後續對於理論與資料適配度的實徵分析，其結論效度堪慮。SEM理論模式之適配度，易受到樣本大小及模式複雜度之干擾，導致沒有一個適配度指標，能夠面面顧到。在正式論文中，建議研究者至少報告以下四種指標：χ^2、CFI/NFI/GFI、NNFI（Amos稱為TLI）、SRMR。如再加上PNFI與RMSEA/PCLOSE指標，似乎已足夠涵蓋模式適配之各面向的基本需求。另外，研究者千萬不可以僅挑選與自己資料相適配的指標進行報告，以免隱藏了模式界定錯誤的潛在問題。

習 題

一、請觀看光碟中第四章的PPT檔案：SEM運用上的戒律，以正確運用SEM於研究中。

二、Gomer, Jiang, & Yuan（2018）曾提出數個SEM整體性不適配的效果值指標，其中最易於使用的 ε，定義如公式4-17：

$$\varepsilon = \sqrt{\frac{\lambda}{N-1}} = \sqrt{\frac{\chi^2 - df}{N-1}} = \sqrt{F_0} \qquad \text{公式4-17}$$

效果值指標（ε），此值愈小愈適配，其解釋的參考標準，四點分割建議如下：

1. 小於.42為非常小效果值，代表非常適配。

2. 介於.42〜.60之間為小效果值，代表適配。

3. 介於.60〜.82之間為中效果值，代表不適配。

4. 大於.82為大效果值，代表非常不適配。

請讀者詳讀該文，以了解更多的SEM效果值指標。

三、（一）為何Browne, et al.（2002）主張，相關矩陣與殘差矩陣的檢查是SEM分析的必要工作？

（二）為何在重複測量的研究情境中，殘差小時仍會出現不適配的現象？

（三）請利用Amos的徑路圖（參見圖4-4）及以下兩個SPSS的重複量數資料檔（參見圖4-2 & 圖4-3），進行SEM適配度考驗，並驗證：

1. 低相關矩陣也會出現非常適配的結果。

2. 高相關矩陣也會出現非常不適配的結果。

以上這兩個考驗，事實上，亦即在檢驗測量品質會干擾模式適配度的評估（參見第六章）。例如：McNeish & Hancock（2018）再度證實：降低因素負荷量，會導致適配度指標值的下降；增大因素負荷量，會導致適配度指標值的增加。

	rowtype_	varname_	nk1	nk2	nk3	nk4	ifm1	ifm2	ifm3	ifm4
1	corr	nk1	1.0000	.	.	.	.	.	.	.
2	corr	nk2	.9020	1.0000	.	.	.	.	.	.
3	corr	nk3	.7560	.8620	1.0000	.	.	.	.	.
4	corr	nk4	.7720	.8910	.9300	1.0000	.	.	.	.
5	corr	ifm1	.1140	.1250	.1470	.1230	1.0000	.	.	.
6	corr	ifm2	.0950	.0990	.1140	.0940	.9590	1.0000	.	.
7	corr	ifm3	.1030	.1110	.1320	.1150	.9330	.9880	1.0000	.
8	corr	ifm4	.1050	.1040	.1080	.0920	.9100	.9810	.9870	1.0000
9	N		72.0000	72.0000	72.0000	72.0000	72.0000	72.0000	72.0000	72.0000
10	Stddev		1.0000	1.0000	1.0000	1.0000	1.0000	1.0000	1.0000	1.0000
11	Mean		.0	.0	.0	.0	.0	.0	.0	.0

圖4-2　八個對免疫系統反應的重複測量指標（組合信度較高）

　　圖4-2的相關矩陣，其各因素內之相關係數均出現高相關，其獨特變異量較小，而圖4-3的相關矩陣，其各因素內之相關係數大都未出現高相關，其獨特變異量則較大。在CFA或SEM分析時，總變異量扣除共同變異量之外，就是獨特變異量。當觀察變項的特殊變異量（來自特定題目）小且其誤差變異量（來自隨機誤差）小時，獨特變異量（有時稱為殘差變異量）就會很小，此時觀察變項的測量誤差一定很小。

	rowtype_	varname_	nk1	nk2	nk3	nk4	ifn1	ifn2	ifn3	ifn4
1	corr	nk1	1.0000							
2	corr	nk2	.1780	1.0000						
3	corr	nk3	.0380	.1420	1.0000					
4	corr	nk4	.0460	.1840	.2330	1.0000				
5	corr	ifn1	.0310	.0490	.1090	.0030	1.0000			
6	corr	ifn2	.0620	.0800	.1810	.0940	.4430	1.0000		
7	corr	ifn3	.0580	.0830	.1950	.1150	.4300	.8450	1.0000	
8	corr	ifn4	.0690	.0840	.1680	.0920	.3720	.7620	.7940	1.0000
9	N		72.0000	72.0000	72.0000	72.0000	72.0000	72.0000	72.0000	72.0000
10	Stddev		1.0000	1.0000	1.0000	1.0000	1.0000	1.0000	1.0000	1.0000
11	Mean		.0	.0	.0	.0	.0	.0	.0	.0

圖4-3　八個對免疫系統反應的虛擬重複測量指標（組合信度較低）

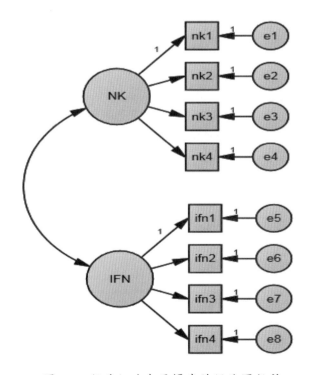

圖4-4　殺手細胞與干擾素的徑路圖設計

參考答案：

　　SEM不適配模式之偵測力，決定於模式不適配程度及測量信度，其中信度主要反映在獨特變異量上。因此當測量信度愈佳，模式不適配的偵測力就愈強。換言之，殘差相關愈小原應顯示適配度佳，但適配度指標卻顯示該模式不適配，此異常的分析結果，出自於獨特變異量與隱含相關矩陣特徵值間的微妙關係。當獨特變異量不是很小時，異常的不一致現象就不會發生。換言之，當獨特變異量變大（因素負荷量會變小），模式之適配度會出現提升的怪現象，反之，當獨特變異量變小（因素負荷量會變大），模式之適配度則會下降（Heene, Hilbert, Draxler, Ziegler, Buehner, 2011）。SEM χ^2適配度指標，取決於兩大要件：隱含相關矩陣的特徵值與殘差相關矩陣，光看其中一個要件是不夠的。尤其有些特徵值出現很小時，雖然殘差相關很小，但適配度指標卻顯示該模式不適配。因此，SEM應用者於重複測量的研究中，需檢查殘差矩陣的大小，以避免誤判。

第5章

驗證性因素分析理論與量表編製

A
m
o
s

　　本章旨在探究驗證性因素分析（Confirmatory factor analysis，簡稱CFA）的理論基礎、CFA量表編製原則與其三個必備矩陣、三種潛在變項量尺的建立方法、因素負荷量在不同量尺上的轉換、量表建構信度及抽取變異比之評估，最後介紹CFA在信、效度考驗上的各種用途。

一、CFA的理論基礎

　　CFA是SEM的特例，本質上它係一種測量模式，旨在檢驗提議測量模式的因素（或構念）的信度與結構。它與探索式因素分析（Exploratory factor analysis，簡稱EFA）最大不同，在於它係理論導向的驗證性分析，而非資料導向的探索式分析。CFA比起EFA更具有彈性，例如：CFA可以允許測量誤差間具有相關、可以針對部分參數進行設定或限制、並可以允許部分因素間具有相關（Bollen, 1989）。

　　公式5-1，係未包含平均數結構（未含有截距）單因素CFA分析的理論模式，式中$x_{q \times 1}$ & $\xi_{1 \times 1}$為離差分數。

$$x_{q \times 1} = \Lambda_{q \times 1}\xi_{1 \times 1} + \delta_{q \times 1} \qquad \text{公式5-1}$$

此共變數結構式中：

$x_{q \times 1}$ = 指標變項向量

$\xi_{1 \times 1}$ = 潛在因素向量

$\delta_{q \times 1}$ = 測量誤差向量

$\Lambda_{q \times 1}$ = 因素負荷量矩陣

　　公式5-1中，$\Lambda_{q \times 1}$係q個觀察變項的因素負荷量矩陣，相當於EFA分析中的因素組型矩陣（Factor pattern coefficient matrix）；因素負荷量顯示，ξ每一單位量的改變，x預期會改變多少的單位量。

　　因為所有變項均以離差分數表示之，公式5-1的基本假設為：

$E(\delta) = 0$

$E(\xi) = 0$，可知$E(x) = 0$（隱含平均數矩陣）

$Var(\delta) = \Theta$（測量誤差矩陣）

$Var(\xi) = \Phi$（因素變異量）

$Cov(\delta, \xi) = 0$，可推知：$Var(x) = \Lambda\Phi\Lambda' + \Theta$（隱含共變數矩陣）

由這些基本假設可以得知，誤差項的期望值為0（E(δ) = 0）、誤差項的變異數等於測量誤差、潛在因素的期望值為0（E(ξ) = 0），且潛在因素與測量誤差無關（COV(ξ, δ) = 0）。由前面基本假設知：Var(x) = Λ^2Var(ξ) + var(δ)，觀察變項X的信度，可由公式5-2估計之：

$$\hat{\rho}_{xx} = \frac{\lambda^2 \phi}{var(x)} = \frac{\lambda \phi \lambda'}{var(x)}$$
公式5-2

當完全標準化時，var(x) = ϕ = 1。因此，公式5-2可以簡化為：

$$\hat{\rho}_{xx} = \frac{\lambda^2 \phi}{var(x)} = \lambda^2$$

公式5-1中的測量誤差（δ）涉及兩類獨特變異量：隨機誤差與模式外之系統變異量（Unmodeled shared sources of variance），理論模式中尚未加以界定的構念。Kline（1998, 2004）說明了兩種模式外之系統變異量，為何系統變異量會造成測量誤差之相關。第一種模式外之系統變異量，稱之為因素內測量誤差相關；第二種模式外之系統變異量，稱之為因素間測量誤差相關。因素內測量誤差相關，可能來自於受試者或評定者的作答傾向所致，例如：X1、X2、X3係自陳式指標，就易受社會期許之影響，而X4、X5、X6如係父母評定指標，就易受月暈效應之干擾（參見圖5-1上方圖）。因素間測量誤差相關，可能係測量內容相似所致，例如：X1與X4、X2與X5、X3與X6係平行測驗，或者，X1、X2、X3係前測，而X4、X5、X6係後測（參見圖5-1下方圖）。因此，除了縱貫性研究上之重複測量之外，指標間測量誤差產生相關，可能意謂著：這些相關指標的獨特變異量具有重疊性（尚有未測到的共享變異量），暗示著可能遺漏了重要變項或所測的構念與原先的規劃不相同。

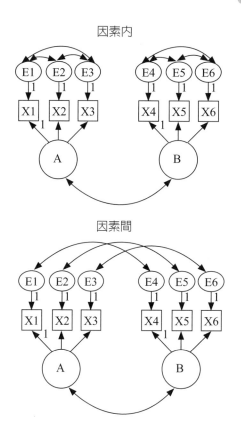

因素內

因素間

圖5-1　兩種測量誤差之相關模型

二、CFA與量表編製原則

　　傳統的因素分析均是假設潛在變項為因，而指標變項為果，亦即觀察指標為效果指標（Effect indicators）。緣此，產生以下五個測驗編製的基本原則：

1. 同一構念的外顯指標應具高度內部一致性。

2. 同一構念的外顯指標間之相關愈高愈好。

3. 單一維度構念中，信度相同的外顯指標，本質上是可以替換的。

4. 同一構念內的相關應高於構念間的相關。

5. 指標的線性組合可以取代潛在變項。

　　不過，Bollen & Lennox（1991）撰文指出：這五個測驗編製原則不適合運用於原因指標（Cause indicators）上，乃補充說明如下：

1. 同一構念的外顯指標應具高度內部一致性的原則，只適用於效果指標，不適用於

原因指標，各原因指標間不一定需要具有同質性（因為該構念可能為多維度的構念）。

2. 同一構念的外顯指標間之相關，愈高愈好原則，只適用於效果指標，不適用於原因指標，因為原因指標間具有高相關，易導致多元共線性的問題。

3. 單一維度構念中，信度相同的外顯指標，本質上是可以替換的，但不適用於原因指標，因為各原因指標本質上可能不同，刪去任何一個原因指標都會破壞該構念之架構。

4. 不管是效果指標或原因指標，除非潛在變項間之相關為0，構念內指標的相關，不一定會高於構念間指標的相關。

5. 不管是效果指標或原因指標，指標的線性組合都不等於潛在變項。

因此，量表編製者在界定測驗之構念時，首先需釐清該構念是致因構念（Causal construct），還是效果構念（Effect construct）。當構念是致因構念時，其指標必然為效果構念指標；當構念是效果構念時，其指標必然為原因指標。這兩種測量模式，量表編製的方法可能完全不同。由此觀之，傳統之信、效度理論較適合於單一維度構念，且此構念又是致因構念之測量上。

以致因構念為例，假設有一正向情緒的測量ξ_1，內含x1 = 快樂、x2 = 得意等兩個效果指標；另有一負向情緒的測量ξ_2，內含x3 = 悲傷、x4 = 恐懼等兩個效果指標。利用公式5-1，以此正負向情緒之四個指標變項為例，建立四個迴歸方程式如公式5-3：

$$x_1 = \lambda_{11}\xi_1 + \delta_1$$
$$x_2 = \lambda_{21}\xi_1 + \delta_2$$
$$x_3 = \lambda_{32}\xi_2 + \delta_3$$
$$x_4 = \lambda_{42}\xi_2 + \delta_4 \qquad \text{公式5-3}$$

由此模式知，四個指標變項的測量誤差（δ）之迴歸係數均設定為1，參見圖5-2（等於限制測量誤差與潛在因素，具有相同測量量尺），只估計潛在因素之迴歸係數，現以矩陣方式陳述如公式5-4：

$$\begin{bmatrix} x_1 \\ x_2 \\ x_3 \\ x_4 \end{bmatrix} = \begin{bmatrix} \lambda_{11} & 0 \\ \lambda_{21} & 0 \\ 0 & \lambda_{32} \\ 0 & \lambda_{42} \end{bmatrix} = \begin{bmatrix} \xi_1 \\ \xi_2 \end{bmatrix} + \begin{bmatrix} \delta_1 \\ \delta_2 \\ \delta_3 \\ \delta_4 \end{bmatrix} \qquad \text{公式5-4}$$

再以徑路圖5-2示之，注意四個測量誤差的徑路係數均設定為1（建立該指標變項的獨特變異量之量尺），只估計其誤差變異量，兩個潛在變項的相關以ϕ表示之，四個誤差變項間之關係假定為獨立無關。測量誤差的徑路係數與其誤差變異量互為函數，因此這兩個參數無法同時估計之，通常將前者設定為1。

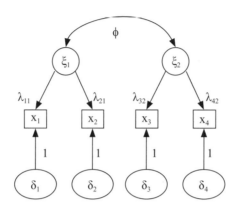

圖5-2　四個測量變項的徑路設計圖

三、CFA之三個必要矩陣 Λ、Φ 與 Θ

CFA係SEM的特例，SEM的八大矩陣中（參見pp.129～130）有五大矩陣皆為0矩陣（$\Gamma = 0$，$\beta = 0$，$\theta_\varepsilon = 0$，$\Lambda_y = 0$，$\psi = 0$）時，即為僅含三大矩陣的CFA模式。每一個CFA理論模式都有自己的徑路圖，此徑路圖含有自己的隱含共變數矩陣（Implied covariance matrix），以圖5-2之四個測量變項的徑路圖為例，其三個必要矩陣Φ與Θ、Λ界定如下：

1. $\Phi = \begin{bmatrix} \Phi_{11} & \Phi_{12} \\ \Phi_{12} & \Phi_{22} \end{bmatrix}$，為外衍因素間之共變數矩陣。

2. $\Theta = \begin{bmatrix} \text{var}(\delta_1) & 0 & 0 & 0 \\ 0 & \text{var}(\delta_2) & 0 & 0 \\ 0 & 0 & \text{var}(\delta_3) & 0 \\ 0 & 0 & 0 & \text{var}(\delta_4) \end{bmatrix}$，為測量誤差之共變數矩陣。

由此測量誤差矩陣的非對角線元素均為0，可知各測量指標測量誤差間均設定為獨立無關（參見圖5-2的徑路圖設計，均無共變關係）。

3. $\Lambda = \begin{bmatrix} \lambda_{11} & 0 \\ \lambda_{21} & 0 \\ 0 & \lambda_{32} \\ 0 & \lambda_{42} \end{bmatrix}$，為因素負荷量矩陣。

根據此三個重要之矩陣，其隱含之共變數矩陣，可以公式5-5計算之：

$$\sum(\hat{\theta}) = \Lambda \Phi \Lambda' + \Theta = \begin{bmatrix} \lambda_{11}^2\phi_{11} + \theta_{11} & & & \\ \lambda_{21}\lambda_{11}\phi_{11} & \lambda_{21}^2\phi_{11} + \theta_{22} & & \\ \lambda_{32}\lambda_{11}\phi_{12} & \lambda_{32}\lambda_{21}\phi_{12} & \lambda_{32}^2\phi_{22} + \theta_{33} & \\ \lambda_{42}\lambda_{11}\phi_{12} & \lambda_{42}\lambda_{21}\phi_{12} & \lambda_{42}\lambda_{32}\phi_{22} & \lambda_{42}^2\phi_{22} + \theta_{44} \end{bmatrix} \qquad \text{公式5-5}$$

公式5-5對角線中θ_{ii}為誤差項δ_i的變異數（$var(\delta_1)$），這些對角線之元素，相當於樣本共變數矩陣（S）中的變異數；而其餘非對角線之元素，相當於樣本共變數矩陣中的共變數。CFA分析即在考驗隱含共變數矩陣與樣本共變數矩陣間的適配程度。在極小化的過程當中，能使隱含共變數矩陣與樣本共變數矩陣間的差異極小化的參數估計值，即是最佳參數估計值。研究者亦可直接透過樣本共變數矩陣與隱含共變數矩陣間之殘差量，分析模式與資料間之適配情形。當完全適配時（$S = \sum(\hat{\theta})$），研究者即可用聯立方程式去直接求解。

四、CFA參數估計的直接解

當$S = \sum(\hat{\theta})$，即完全適配時，此時$\chi^2 = 0$，研究者可以利用聯立方程式，解出參數估計值（陳順宇，2007）。今設有一研究的相關係數矩陣如表5-1，S1 & S2旨在測空間知覺（spatial），S3 & S4旨在測語文能力（verbal），如圖5-3所示。

表5-1　相關係數矩陣S1～S4

		S1	S2	S3	S4
corr	s1	1.0000	.	.	.
corr	s2	.4871	1.0000	.	.
corr	s3	.3283	.2842	1.0000	.
corr	s4	.3479	.3011	.7356	1.0000
stddev		1.0000	1.0000	1.0000	1.0000
mean		.0000	.0000	.0000	.0000
n		100.00	100.00	100.00	100.00

本研究之CFA徑路模式設定，如圖5-3所示。

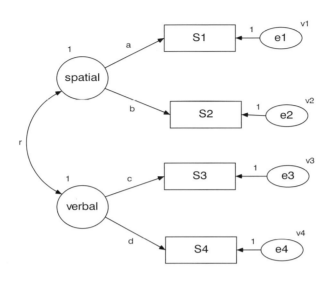

圖5-3　CFA測量模式之徑路圖設計

由此CFA理論模式知，內含兩個固定參數：兩個潛在變項的變異數固定為1，及九個自由估計參數（4個測量誤差變數v1～v4，4個測量徑路係數a～d及1個結構徑路係數r）。因此，本模式之自由度為(4×5)/2 – 9 = 1。根據此CFA徑路分析模式，其相關之迴歸方程式（Λ）、Φ、Θ，分別說明如下：

1. 外衍指標測量系統：

$$S1 = a \times spatial + e1$$
$$S2 = b \times spatial + e2$$
$$S3 = c \times verbal + e3$$
$$S4 = d \times verbal + e4$$

上式中，a～d為Λ矩陣之元素。

2. 潛在變項間之結構：

$$\Phi = \begin{bmatrix} 1 & \phi_{12} \\ \phi_{12} & 1 \end{bmatrix} = \begin{bmatrix} 1 & r \\ r & 1 \end{bmatrix}$$

其次，將上述所涉及的共變數（Φ）、變異數（Θ）與模式參數的關係推導如下（可根據Wright's徑路追蹤規則推導）：

$$Var(S1) = Var(a \times spatial+e1) = a^2Var(spatial)+Var(e1) = a^2+v1$$

$$Var(S2) = Var(b \times spatial+e2) = b^2Var(spatial)+Var(e2) = b^2+v2$$

$$Var(S3) = Var(c \times verbal+e3) = c^2Var(verbal)+Var(e3) = c^2+v3$$

$$Var(S4) = Var(d \times verbal+e4) = d^2Var(verbal)+Var(e4) = d^2+v4$$

$$Cov(S1,S2) = Cov(a \times spatial+e1, b \times spatial+e2) = abVar(spatial) = ab$$

$$Cov(S1,S3) = Cov(a \times spatial+e1, c \times verbal+e3) = ac\phi_{12} = acr$$

$$Cov(S1,S4) = Cov(a \times spatial+e1, d \times verbal+e4) = ad\phi_{12} = adr$$

$$Cov(S2,S3) = Cov(b \times spatial+e2, c \times verbal+e3) = bc\phi_{12} = bcr$$

$$Cov(S2,S4) = Cov(b \times spatial+e2, d \times verbal+e4) = bd\phi_{12} = bdr$$

$$Cov(S3,S4) = Cov(c \times verbal+e3, d \times verbal+e4) = cdVar(verbal) = cd$$

以上這些推導出來的變異數與共變數矩陣，即為隱含共變數矩陣。以下表5-2，是利用表5-1數據、圖5-3徑路設計所跑出來的Amos報表。

表5-2　觀察指標之變異數與共變數矩陣：Amos報表

Model	NPAR	CMIN	DF	P	CMIN/DF
Default model	9	.000	1	.999	.000
Saturated model	10	.000	0		
Independence model	4	120.875	6	.000	20.146

由表5-2知：χ^2值等於0，所以$S = \Sigma(\hat{\theta})$，此時可利用下列等式求解：

$$S = \begin{bmatrix} 1 & & & \\ .4871 & 1 & & \\ .3283 & .2842 & 1 & \\ .3479 & .3011 & .7356 & 1 \end{bmatrix} = \Sigma(\hat{\theta}) = \begin{bmatrix} a^2+v1 & & & \\ ab & b^2+v2 & & \\ acr & bcr & c^2+v3 & \\ adr & bdr & cd & d^2+v4 \end{bmatrix}$$

根據此兩大矩陣（S、$\Sigma(\hat{\theta})$）之對應元素，將相關之方程式羅列如下：

(1) $1 = a^2+v1$

(2) $1 = b^2+v2$

(3) $1 = c^2+v3$

(4) $1 = d^2+v4$

(5) $.4871 = ab$

(6).3283 = acr

(7).3479 = adr

(8).2842 = bcr

(9).3011 = bdr

(10) .7356 = cd

將(7)、(8)兩式相乘可得：$(ab)(cd)r^2 = .3479 \times .2842 = .0989$，移項求解得：$r = \sqrt{\dfrac{.0989}{.4871 \times .7356}} \rightarrow r = .525 \cong .53$。再將(6)、(7)兩式相除可得：$\dfrac{c}{d} = \dfrac{.3283}{.3479} = .944$；因此可推導出：$c = .944d$，帶入 $cd = .7356$，可解得 $d = .883$。如將d值帶入(10)式，可求得：$c = .833$。接著，將d值與r值帶入(7)式可得：$a = .75$，又將c值與r值帶入(8)式可得：$b = .6499 \cong .65$。而v1～v4等測量誤差之變異量，亦可由a～d值帶入(1)～(4)式而解得答案。

上述利用聯立方程式求出的解與Amos求得的解完全相同（參見圖5-4）。如果 $S \neq \sum(\hat{\theta})$ 時，此種過度辨識的模式，其參數之真正解通常無法利用前述封閉式解法求得，而須利用如最大概似法的極小化函數，求得最佳近似解。

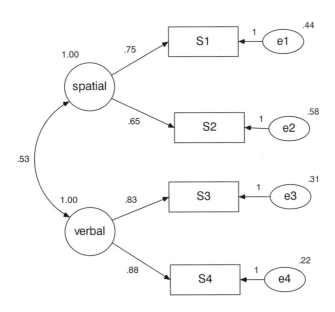

圖5-4　CFA徑路圖與Amos分析結果

至於因素的變異數，其求法如公式5-6所示：

$$var(spatial) = \frac{var(S_i) - var(e_i)}{\lambda_i^2}$$

公式5-6

以S1為例：$var(spatial) = \frac{1 - .44}{.75^2} = 1$，也可由公式5-7求得：

$$var(spatial) = \frac{Cov(S_i, S_{i'})}{\lambda_i \lambda_{i'}}$$

公式5-7

以S1 & S2為例：$var(spatial) = \frac{Cov(S_1, S_2)}{\lambda_1 \lambda_2} = \frac{.4871}{.75 \times .65} = 1$

五、量尺不確定性的三種處理方法

因為潛在變項的參數無法直接測量，其數值可為任何值，因此無法決定其平均數與變異量而會導致模式不可辨識（Unidentification）。為解決潛在變項之量尺特質的不確定性（Scale indeterminacy），在量尺原點的處理上，通常將潛在變項之平均數設定為0（$E(\xi) = 0$），至於其量尺的測量單位，通常將信度最佳的指標之因素負荷量設定為1（例如：$\lambda_{11} = 1$，作為參照指標，當無測量誤差時，該因素的變異量等於參照指標的變異量），或將相關之潛在變項的變異量設定為1（$var(\xi) = 1$），以估計所有因素負荷量（**在共變數的結構中**），參見公式5-8。事實上，如將信度最佳的指標之因素負荷量設定為非1的值，相關模式的適配度並不會改變，但會改變誤差變異量。因為因素負荷量是潛在因素變異量之函數，而潛在因素之變異量為因素負荷量之函數，所以我們無法同時估計這兩個參數值。茲以平均數結構（公式5-1的延伸，含有截距τ_1 & τ_2）的下列SEM模式為例：

$$X_1 = \tau_1 + \lambda_{11}\xi + \delta_1$$
$$X_2 = \tau_2 + \lambda_{21}\xi + \delta_2$$

摘要前述量尺不確定性的兩種常用解決方法，如公式5-8所示：

原點未確定性 $\rightarrow E(\xi) = 0$

量尺未確定性 $\rightarrow \lambda_{11} = 1$ 或 $Var(\xi) = 1$

公式5-8

事實上，在SEM的文獻中，量尺的確定方法共有三種（Little, Slegers, & Card, 2006）：

1. 指標變項法（Marker variable method）：將參照指標之因素負荷量設定為1，其截距設定為0（在平均數的結構中，此時潛在變項的平均數，即為參照觀察指標的平

均數）。

2. 潛在變項標準化法（Latent standardization method、fixed-factor method、reference-group method）：將因素平均數設定為0，變異量設定為1；在平均數的結構中，此時各觀察指標截距即等於其平均數。

3. 效果值編碼法（Effects-coding method）：係將因素負荷量的平均值設定為1，截距和設定為0。

效果值編碼法的介紹甚少，在此稍加敘述。例如：以三個指標為例，效果值編碼法的設定可為：$\lambda_1 = 3 - \lambda_2 - \lambda_3$（$\lambda_1$為其他因素負荷量$\lambda_2$、$\lambda_3$的函數），$\tau_1 = 0 - \tau_2 - \tau_3$（$\tau_1$為其他截距$\tau_2$、$\tau_3$的函數）（Little, Bovaird, & Card, 2006）。效果值編碼法可以估計潛在變項的平均數（等於構念下各觀察指標的加權平均值：即因素負荷量與觀察平均數乘積之平均值，參見公式5-16）與變異數（等於構念下各對觀察指標共變數除以各對指標的因素負荷量乘積之平均值，參見公式5-14）。四個指標的編碼設定方法，請參見本章文末附錄一之程式設計。可惜在Amos Graphic模式中，無法執行效果值編碼法的設定；不過MPLUS、LIRESL & Lavaan R則具有此設定功能。雖然所有的編碼方法大都是等同模式（但在進行跨因素參數之等同限制時，如出現constraint interaction現象的模式除外，參見Steiger, 2002），因此會獲得相同的適配度指標，也不會影響對於理論模式的解釋，但是這三種方法不能混用。茲將這三種方法的特色與選用時機，依序簡介如下：

指標變項法會面臨到底要選擇哪一指標當作參照指標，選用的標準可根據構念的代表性、共同性的大小與變異量的大小（Little, Bovaird, & Card, 2006）。不管您採用哪一指標變項，潛在變項的參數都在反映指標變項的平均數或變異量。此一方法有一缺點：潛在變項的平均數或變異量，會隨指標變項的選擇而變動（只有測量誤差與殘差不受影響）。由於潛在變項量尺設定的武斷性，會導致在進行跨群組或跨時間差異比較時，可能因選用不同指標而產生巨大的差異。指標變項法最大優點是參數的收斂快，因此常為SEM軟體的內定方法。

潛在變項標準化辨識法，本質上就是潛在變項標準化，會排除掉平均數層次的資訊；因此，不適合於潛在特質成長模式。不過，此一方法有一優點：在跨群組或跨時間點的研究設計上，平均數層次的差異可以反映第一參照群組與後續群組在相對指標間的平均數差異值。Little（2013, p.82）認為假如觀察指標的量尺本身並無絕對意義（Meaningless in its own right），他推介使用潛在變項標準化法；假如觀察指標的量尺本身具有意義，他推介使用效果值編碼法。

　　至於效果值編碼法，最大特色是潛在變項的參數估計，會考慮所有原始量尺的觀察指標，比起根據單一指標去估計，更能精確反映母群的參數；而且，本法可以提供平均數層次的資訊（仍維持觀察變項的原始量尺），易於解釋潛在變項分數的實質意義，且可以考驗潛在變項平均數間的差異，因而最適於縱貫式研究及多群組不變性考驗。本法有一缺點就是：指標偏多時，可能發生模式不可辨識與參數限制的操作將變得非常繁瑣。

　　因為前述指標變項法的缺陷，Little（2013）推薦使用潛在變項標準化法或效果值編碼法，除非欲獲得效果值編碼法之參數起始值（避免參數無法收斂），才採用指標變項法編碼法的分析。

六、因素負荷量在不同量尺法間之互換

　　以下將依共變數結構與平均數結構的次序，分別介紹因素負荷量在不同辨識法間的互換，以利讀者正確解釋研究結果，尤其是縱貫性的研究上，涉及潛在變項的平均數與變異量的詮釋，須使用效果值編碼法取得估計值。

（一）共變數結構

1. 將固定指標變項法的因素負荷量，轉換成潛在變項標準化法的因素負荷量，以圖5-5中第二個觀察指標w1enjoy為例（$.61 = 1.13 \times \sqrt{.29}$，參見圖5-6），其轉換方法如公式5-9：

$$\lambda_{21} = \lambda'_{21}\sqrt{\phi} \qquad\qquad 公式5-9$$

由上式可知，潛在變項標準化法的因素負荷量（λ_{21}），係固定指標變項的因素標準差（$\sqrt{\phi}$）與因素負荷量（λ'_{21}）之乘積。公式5-9亦可推知，因素變異量等於：

$$\phi = \left(\frac{\lambda_{21}}{\lambda'_{21}}\right)^2$$

2. 將潛在變項標準化法的因素負荷量，轉換成固定指標變項法的因素負荷量，以圖5-6中第二個觀察指標（wlenjoy）為例（$1.13 = \frac{.61}{.54}$，參見圖5-5&圖5-6），其轉換方法如公式5-10：

$$\lambda'_{21} = \frac{\lambda_{21}}{\lambda_{11}} \qquad\qquad 公式5-10$$

由公式5-10可知，任一非參照指標負荷量與參照指標負荷量（如λ_{11}）之相對比值，即為固定指標變項法的因素負荷量（λ'_{21}）。固定指標變項辨識法的因素負荷量，均可由其他辨識法的因素負荷量計算而得。同理，亦可由效果值編碼法之因素負荷量，計算出固定指標變項辨識法上的因素負荷量。

3. 將固定指標變項法的因素負荷量，轉換為效果值編碼法的因素負荷量，以第一個觀察指標（wlhappy）為例，其轉換方法如公式5-11：

$$\lambda_{11} = \frac{\lambda'_{11}}{\frac{\sum_{i=1}^{J} \lambda'_{i1}}{J}} \qquad \text{公式5-11}$$

公式5-11中，J係觀察指標個數。效果值編碼法上的因素負荷量，係固定指標變項辨識法上的任一變項負荷量（分子部分）與所有觀察指標之負荷量平均值（分母部分）之比值。

4. 任何辨識法的因素變異量，均可由雙變項的共變量與其相對應之因素負荷量計算而得（參見公式5-7），例如：以x1 & x2為例，

$$\varphi_{11} = \frac{Cov(x_1, x_2)}{\lambda_{11}\lambda_{21}} \qquad \text{公式5-12}$$

超過兩個以上的觀察變項時，因素變異量的估計，請參見公式5-14（公式5-12的延伸應用）。

5. 觀察變項的變異量，可以分解成兩大部分：解釋到的變異量與測量誤差的變異量，參見公式5-13：

$$var(x) = \lambda^2 var(\xi) + var(\delta) \qquad \text{公式5-13}$$

由此公式觀之，就固定指標變項辨識法而言，可知當測量無誤差時（$Var(\delta) = 0$），潛在變項的變異量等於參照指標的變異量。

接著，以表5-3之固定指標變項辨識法實例，利用以上之互換公式，解說因素負荷量在不同辨識法間，如何進行互換。

表5-3　各指標變項負荷量估計值：Amos報表

			Estimate	S.E.	C.R.	P	Label
w1please	←	W1posaff	.9650	.0728	13.2515	***	f
w1joyful	←	W1posaff	1.1746	.0871	13.4905	***	e
w1satis	←	W1posaff	1.0333	.0799	12.9247	***	d
w1happy	←	W1posaff	1.0000				
w1enjoy	←	W1posaff	1.1256	.0838	13.4361	***	c

註：本表內因素負荷量係透過固定指標變項辨識法取得。

實例解說：

1. 利用潛在變項標準化辨識法上之因素負荷量，計算固定指標變項辨識法上之因素負荷量：

互換法則：任一非參照指標負荷量與參照指標負荷量之相對比值，參見公式5-10。

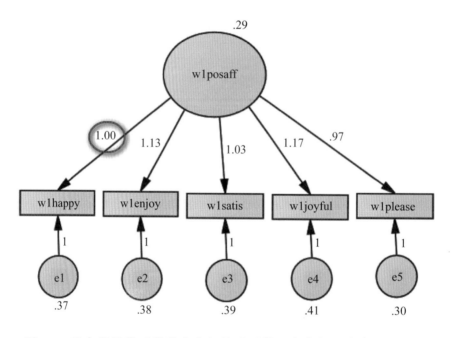

圖5-5　固定指標變項辨識法分析結果（第一觀察指標為參照指標）

利用圖5-6上潛在變項標準化辨識法之因素負荷量，透過公式5-10，可計算出圖5-5的固定指標變項辨識法之因素負荷量，例如：以圖5-5之第一或第二變項為例，

$$1 = \frac{.54}{.54} \text{ 或 } 1.13 = \frac{.61}{.54}$$

同樣地，亦可利用潛在變項標準化辨識法上之因素負荷量，計算固定指標變項辨識法上之因素變異量（可由公式5-9間接推知），例如：以圖5-5之第一或第二變項為例，

$$\left(\frac{.54}{1}\right)^2 = .29 \text{ 或 } \left(\frac{.61}{1.13}\right)^2 = .29$$

其次，也可利用公式5-12，$\varphi_{11} = \dfrac{Cov(x_1, x_2)}{\lambda_{11}\lambda_{21}} = \dfrac{.3326}{1 \times 1.13} = .29$

如欲計算各觀察指標測量誤差的變異量，可利用公式5-13間接推導之，例如：以表5-4中的w1enjoy為例，其誤差變異量為：

$$var(\delta) = .7471 - 1.13^2 \times .29 = .38$$

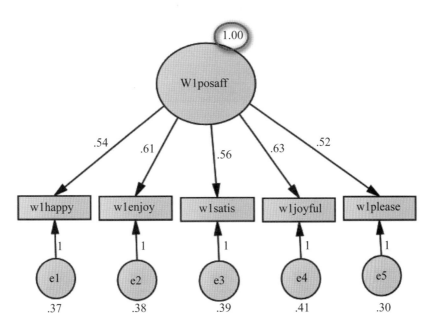

圖5-6　潛在變項標準化辨識法分析結果（因素變異數設定為1）

2. 利用固定指標變項辨識法上之因素負荷量，計算潛在變項標準化辨識法上之因素負荷量（參見公式5-9），例如：以圖5-6之第一或第二變項（w1happy、w1enjoy）為例，可由圖5-5中之因素負荷量與因素標準差之乘積求得：

$$.54 = \sqrt{.29} \times 1 \text{、} .61 = \sqrt{.29} \times 1.13$$

接著，利用公式5-12，計算出變異數：$\phi_{11} = \dfrac{Cov(x_1, x_2)}{\lambda_{11}\lambda_{21}} = \dfrac{.3326}{.54 \times .61} = 1$（共變數請參見表5-4）。

如欲計算各觀察指標測量誤差的變異量（$var(\delta)$），可利用公式5-13間接推導之，例如：以圖5-6之w1enjoy為例，其誤差變異量為：

$$var(\delta) = .7471 - .61^2 \times 1.0 = .38$$

上式中.7471為w1happy觀察變項的變異量，參見表5-4。

3. 利用固定指標變項辨識法上之因素負荷量，計算效果值編碼法上之因素負荷量與變異數：

Amos本身並無法執行效果值編碼法（LISREL & MPLUS則可以執行此編碼法，參見本章附錄一），但可間接求得相關之參數估計值。具體之Amos操作步驟，簡介如下：首先，根據表5-3中各指標變項負荷量估計值（透過固定指標變項辨識法取得），利用公式5-11的轉換公式，計算出第一指標（參照指標）的因素負荷量.9437，將之直接輸入徑路圖中之徑路（參見圖5-7），再執行Amos一遍，即可獲得其他指標（c、d、e、f）的因素負荷量。

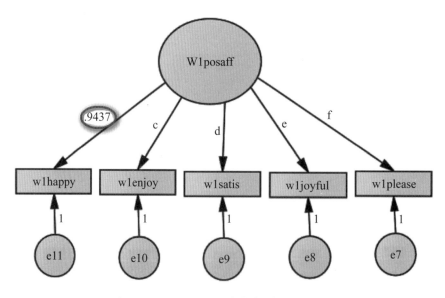

圖5-7　效果值編碼法分析的徑路設計

以上Amos效果值編碼法分析結果，如圖5-8所示。

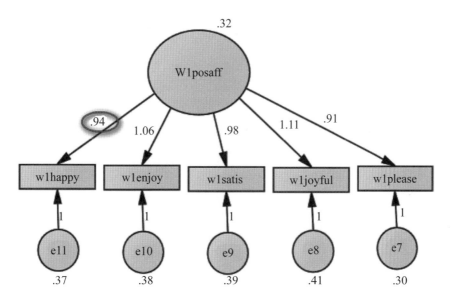

圖5-8　效果值編碼法分析結果

互換法則：任一變項負荷量與所有指標變項負荷量平均值之相對比值（參見圖5-5或表5-3中的固定指標變項辨識法估計值），以第二個觀察指標（w1enjoy）為例。根據表5-3固定指標變項辨識法之數據，利用公式5-11進行轉換，可計算出：

$$\frac{1.1256}{\dfrac{(1+1.1256+1.033+1.1746+.9650)}{5}}=\frac{1.1256}{1.05964}=1.062$$

手動計算出的數據，與圖5-8的Amos分析結果相同。

表5-4　各觀察指標的共變數矩陣

Sample Covariances (Group number 1)				
	w1happy	w1enjoy	w1satis	w1joyful	w1please
w1happy	.65763				
w1enjoy	.33263	.74713			
w1satis	.30803	.33156	.69946		
w1joyful	.32041	.42089	.31733	.80429	
w1please	.28280	.27765	.31591	.33685	.57068

利用效果值編碼法上之因素負荷量與表5-4的共變數矩陣資料，就可以分別計算以下各對變項的潛在變異數（參見公式5-12）：

$$\phi_{12} = \frac{Cov(x_1, x_2)}{\lambda_1\lambda_2} = \frac{.3326}{.9437 \times 1.063} = .33$$

$$\phi_{13} = \frac{Cov(x_1, x_3)}{\lambda_1\lambda_3} = \frac{.3080}{.9437 \times 0.975} = .33$$

$$\phi_{14} = \frac{Cov(x_1, x_4)}{\lambda_1\lambda_4} = \frac{.3204}{.9437 \times 1.108} = .306$$

$$\phi_{15} = \frac{Cov(x_1, x_5)}{\lambda_1\lambda_5} = \frac{.2828}{.9437 \times 0.911} = .33$$

$$\phi_{23} = \frac{Cov(x_2, x_3)}{\lambda_2\lambda_3} = \frac{.3316}{.975 \times 1.063} = .32$$

$$\phi_{24} = \frac{Cov(x_2, x_4)}{\lambda_2\lambda_4} = \frac{.4209}{1.108 \times 1.063} = .357$$

$$\phi_{25} = \frac{Cov(x_2, x_5)}{\lambda_2\lambda_5} = \frac{.2776}{.911 \times 1.063} = .287$$

$$\phi_{34} = \frac{Cov(x_3, x_4)}{\lambda_3\lambda_4} = \frac{.3173}{.975 \times 1.108} = .294$$

$$\phi_{35} = \frac{Cov(x_3, x_5)}{\lambda_3\lambda_5} = \frac{.3159}{.975 \times .911} = .356$$

$$\phi_{45} = \frac{Cov(x_4, x_5)}{\lambda_4\lambda_5} = \frac{.3369}{1.108 \times .911} = .33$$

接著，再利用公式5-14，求得潛在變項的變異數：

$$\phi = \frac{\sum_{i=1}^{J} \frac{Cov(x_i, x_{i'})}{\lambda_i\lambda_{i'}}}{c(J, 2)} = \frac{3.24}{10} = .324 \qquad \text{公式5-14}$$

結合公式5-12 & 公式5-14可知，潛在變項的變異數等於各對指標變異數的平均值。如欲計算各觀察指標測量誤差的變異量，可利用公式5-13間接推導之，例如：以w1enjoy為例，其誤差變異量為：

$$var(\delta) = .7471 - 1.062^2 \times .3243 = .38$$

（二）平均數結構

1. 固定指標變項辨識法

本法係將參照指標的因素負荷量設定為1、其截距設定為0。依據公式5-15，可推導出：潛在變項的平均數，等於參照指標的平均數，因為誤差項係隨機變項，故其誤差項的期望值為0。

$$E(X_i) = \tau_{x_i} + \Lambda_{x_i} E(\xi) \qquad\qquad 公式5\text{-}15$$

因此，移項改寫公式5-15，可得：$E(\xi) = \dfrac{E(X_i) - \tau_{x_i}}{\Lambda_{x_i}}$，以圖5-9之w1happy參照指標為例（截距 $\tau_{x_i} = 0$，負荷量 $\Lambda_{x_i} = 1$），$E(\xi) = \dfrac{E(X_i) - 0}{1} = E(X_i) = 3.0453$，證明了潛在變項的平均數等於參照指標的平均數，請查看圖5-13的ME平均數數據（LISREL程式第3行）。

再利用表5-4，計算出各對變項的潛在變異數：$\phi_{12} = \dfrac{cov(x_1, x_2)}{\lambda_1 \lambda_2} = \dfrac{.3326}{1 \times 1.13} = .294$，同理可算出：$\phi_{13} = .291$、$\phi_{14} = .274$、$\phi_{15} = .291$、$\phi_{23} = .285$、$\phi_{24} = .318$、$\phi_{25} = .253$、$\phi_{34} = .262$、$\phi_{35} = .316$、$\phi_{45} = \dfrac{cov(x_4, x_5)}{\lambda_4 \lambda_5} = \dfrac{.3369}{1.17 \times .97} = .297$。最後，利用公式5-14，求得潛在變項的變異數：$\phi = \dfrac{\sum_{i=1}^{J} \dfrac{Cov(x_i, x_{i'})}{\lambda_i \lambda_{i'}}}{c(J, 2)} = \dfrac{2.881}{10} = .288$。讀者亦可利用公式5-13，也可間接算出前述因素變異數：

$$var(x) = \lambda^2 var(\xi) + var(\delta) \rightarrow .65763 = 1 \times var(\xi) + .37 \rightarrow var(\xi) = .65763 - .37 = .288$$

其次，利用公式5-15，可間接求出各觀察變項之截距：以圖5-9之w1enjoy為例。

$$\tau_{x_i} = E(X_i) - \Lambda_{x_i} E(\xi) = 3.0923 - 1.126 \times 3.0453 = -.336 \cong -.34$$

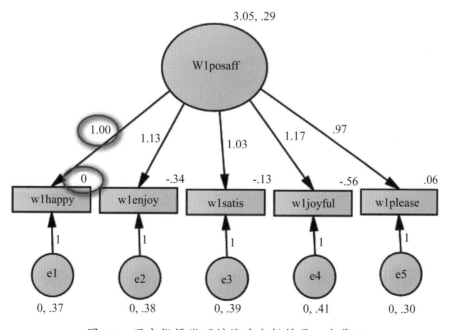

圖5-9　固定指標變項辨識法分析結果：含截距

2. 潛在變項標準化辨識法

本法係將潛在變項的平均數設定為0，其變異量設定為1，而其指標截距等於各觀察指標的平均數，請比對圖5-10中的截距 & 圖5-13的平均數ME的內容。

利用公式5-15：$E(X_i) = \tau_{x_i} + \Lambda_x E(\xi)$，導出截距等於各觀察指標的平均數；因為 $E(\xi) = 0$，所以 $\tau_{x_i} = E(X_i)$，證實了各觀察指標的截距等於各觀察指標的平均數。

再利用表5-4與公式5-12，可計算出各對變項的潛在變異數：$\phi_{12} = \dfrac{Cov(x_1, x_2)}{\lambda_1 \lambda_2} = \dfrac{.3326}{.54 \times .61} = 1.01$，同理可算出：$\phi_{13} = 1.02$、$\phi_{14} = .94$、$\phi_{15} = .1.01$、$\phi_{23} = .97$、$\phi_{24} = 1.10$、$\phi_{25} = .88$、$\phi_{34} = .90$、$\phi_{35} = 1.09$、$\phi_{45} = \dfrac{cov(x_4, x_5)}{\lambda_4 \lambda_5} = \dfrac{.3369}{.63 \times .52} = 1.03$。最後，利用公式5-14，求得潛在變項的變異數：$\phi = \dfrac{\sum_{i=1}^{J} \dfrac{Cov(x_i, x_{i'})}{\lambda_i \lambda_{i'}}}{c(J, 2)} = \dfrac{9.95}{10} \cong 1.0$

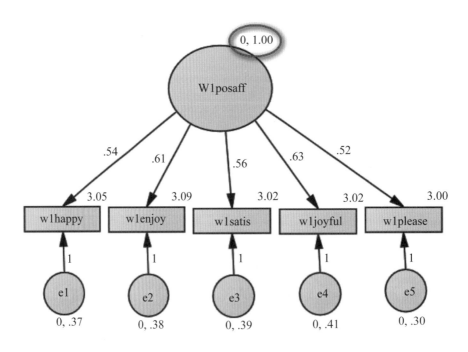

圖5-10　潛在變項標準化辨識法分析結果：含截距

3. 效果值編碼辨識法

Amos本身並無法執行效果值編碼法，但可間接求得相關之參數估計值；相當於固定指標法的應用。首先，可利用公式5-11計算第一指標的因素負荷量.9437（參見

圖5-7）與利用公式5-15計算其截距為0.18，將這兩個相關數值直接輸入徑路圖之徑路係數中，再執行Amos一遍，即可獲得其他指標的因素負荷量與截距（參見表5-5），請看以下實例之演算過程與結果。

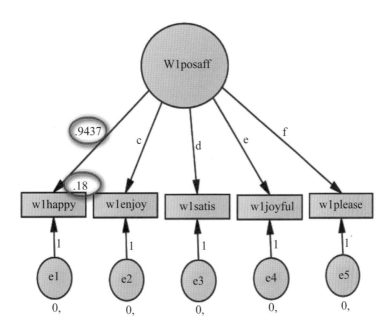

圖5-11　效果值編碼法徑路圖設計：含截距

利用圖5-12 & 圖5-13之相關資訊，依公式5-15，可間接求得：$\tau_{x_i} = E(X_i) - \Lambda_x E(\xi)$ = 3.0453 − .9437×3.036 = .18（以圖5-11之w1happy為例）；又如以圖5-11之w1enjoy為例：$\tau_{x_i} = E(X_i) - \Lambda_{x_i} E(\xi)$ = 3.0923 − 1.0626×3.036 = −.1337；以此類推，可以算出其他指標的截距（.06, −.35, .23），參見圖5-12。

參照公式5-16，可以算出圖5-12之潛在變項的平均數（3.036），等於參照指標平均數與因素負荷量交乘積和之平均值。

表5-5　各指標變項負荷量估計值：Amos報表

			Estimate	S.E.	C.R.	P	Label
w1please	←	W1posaff	.9110	.0687	13.2515	***	f
w1joyful	←	W1posaff	1.1088	.0822	13.4905	***	e
w1satis	←	W1posaff	.9754	.0755	12.9247	***	d
w1happy	←	W1posaff	.9440				
w1enjoy	←	W1posaff	1.0626	.0791	13.4361	***	c

*** （Amos的SE值與LISREL、MPLUS報表有出入，但參數估計值正確）

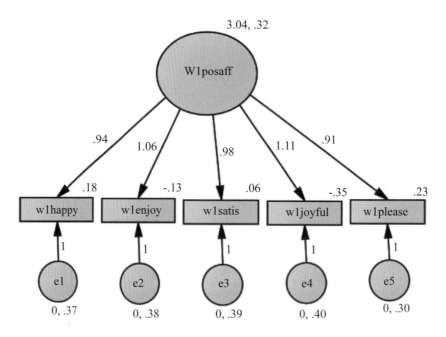

圖5-12　效果值編碼法分析結果：含截距

　　注意，使用不同的辨識法會導致不同的標準誤（Gonzalez & Griffin, 2001），當樣本較大（＞ 500）及DF ＞ 15時，此不一致現象會減弱。利用表5-5的各指標變項負荷量與圖5-13中各指標的平均數之乘積，計算出潛在變項的平均數：

$$E(\xi) = \frac{\sum_{i=1}^{J} \overline{X}_i \lambda_i}{J} = \frac{(3.0453 \times .9437 + 3.0923 \times 1.063 + 3.0192 \times .975 + 3.0157 \times 1.109 + 2.9983 \times .911)}{5}$$

$$= \frac{15.1805}{5} = 3.036$$
　　　　　　　　　　　　　　　　　　　　　　　　　　　　　　公式5-16

　　其次，利用效果值編碼法上之因素負荷量與各對指標的共變數，可計算出潛在變項的變異數（參見公式5-14）：

$$\phi = \frac{\sum_{i=1}^{J} \frac{Cov(x_i, x_{i'})}{\lambda_i \lambda_{i'}}}{c(J, 2)} = \frac{3.24}{10} = .324$$（詳細計算過程，已於上節說明）

　　由以上之分析結果可以發現：測量變項（e1～e5）的誤差變異數，並不會隨著不同的模式辨識法而產生變動。

　　MPLUS、LISREL & Lavaan等軟體均可執行效果值編碼法分析，LISREL係透過CO指令（參考圖5-13、本章附錄），而MPLUS係透過Model constraint，進行參數限制。為便利研究者之實際運用，特在此提供Lavaan & MPLUS效果值編碼法程式碼，參見圖5-16與圖5-18。

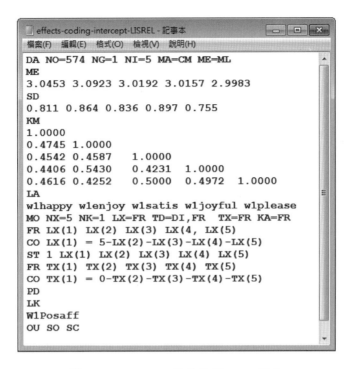

圖5-13　LISREL程式設計：CO指令

此LISREL程式的輸出結果，顯示於圖5-14與圖5-15。

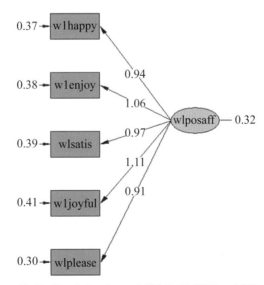

Chi-Square = 22.48, df = 5, P-value = 0.00042, RMSEA = 0.078

圖5-14　LISREL共變數結構統計分析報表

因係效果值編碼法，圖5-14中各因素負荷量的平均值將為1，圖5-15中各截距的和將為0，請讀者自行驗證之。

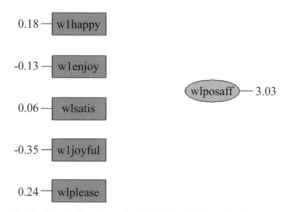

Chi-Square = 22.48, df = 5, P-value = 0.00042, RMSEA = 0.078

圖5-15　平均數結構統計分析報表：潛在變項之平均數 & 各指標之截距

圖5-16　Lavaan R程式設計

以上Lavaan R程式的輸出報表，請參見圖5-17。

```
R Console                                                    [ — ][ □ ][ X ]

    Information                                  Expected
    Standard Errors                              Standard

Latent Variables:
                    Estimate  Std.Err  Z-value  P(>|z|)  Std.lv  Std.all
    w1posaff =~
      w1happy  (lmb1)   0.944    0.046   20.366    0.000   0.537   0.663
      w1enjoy  (lmb2)   1.062    0.048   22.342    0.000   0.605   0.700
      w1satis  (lmb3)   0.975    0.047   20.573    0.000   0.555   0.665
      w1joyful (lmb4)   1.108    0.049   22.752    0.000   0.631   0.704
      w1pleas  (lmb5)   0.911    0.043   21.057    0.000   0.519   0.687

Intercepts:
                    Estimate  Std.Err  Z-value  P(>|z|)  Std.lv  Std.all
    w1happy   (i1)    0.182    0.142    1.278    0.201   0.182   0.225
    w1enjoy   (i2)   -0.130    0.146   -0.893    0.372  -0.130  -0.151
    w1satis   (i3)    0.061    0.146    0.416    0.677   0.061   0.073
    w1joyful  (i4)   -0.347    0.150   -2.321    0.020  -0.347  -0.388
    w1please  (i5)    0.235    0.133    1.770    0.077   0.235   0.312
    w1posaff          3.034    0.026  115.223    0.000   5.328   5.328

Variances:
                    Estimate  Std.Err  Z-value  P(>|z|)  Std.lv  Std.all
    w1happy           0.368    0.027   13.856    0.000   0.368   0.560
    w1enjoy           0.380    0.029   13.143    0.000   0.380   0.509
    w1satis           0.390    0.028   13.834    0.000   0.390   0.558
    w1joyful          0.404    0.031   13.055    0.000   0.404   0.504
    w1please          0.301    0.022   13.419    0.000   0.301   0.528
    w1posaff          0.324    0.024   13.745    0.000   1.000   1.000

R-Square:
                    Estimate
    w1happy           0.440
    w1enjoy           0.491
    w1satis           0.442
    w1joyful          0.496
    w1please          0.472
```

圖5-17　Lavaan R統計分析報表

　　因係效果值編碼法，圖5-17中各因素負荷量的平均值將為1，各截距的和將為0，Lavaan R分析結果與LISREL分析結果完全相同，參見圖5-14 & 圖5-15。

```
effects-coding-example                                           □  ▫  ✕

title:  Effects-Coding for Identification;
data: file=socex1.dat; format=free;
variable:
    names=
    w1vst1 w1vst2 w1vst3
    w2vst1 w2vst2 w2vst3
    w3vst1 w3vst2 w3vst3
    w1unw1 w1unw2 w1unw3
    w2unw1 w2unw2 w2unw3
    w3unw1 w3unw2 w3unw3
    w1dboth w1dsad w1dblues w1ddep
    w2dboth w2dsad w2dblues w2ddep
    w3dboth w3dsad w3dblues w3ddep
    w1marr2
    w1happy w1enjoy w1satis w1joyful w1please
    w2happy w2enjoy w2satis w2joyful w2please
    w3happy w3enjoy w3satis w3joyful w3please
    w1lea w2lea w3lea;
    usevariables=
        w1happy w1enjoy w1satis w1joyful w1please;

analysis: type=meanstructure;
    estimator=ml;

model:
!Fred Li, 2017;

    w1posaff by w1happy* (lambda1)
        w1enjoy (lambda2)
        w1satis (lambda3)
        w1joyful (lambda4)
        w1please  (lambda5);
    [w1happy] (i1);
    [w1enjoy] (i2);
    [w1satis] (i3);
    [w1joyful] (i4);
    [w1please] (i5);
    [w1posaff];
! complex constraints for effects coding identification;
Model constraint:
        lambda1 = 5 - lambda2 - lambda3 - lambda4 - lambda5;
        i1=0-i2-i3-i4-i5;
output:  sampstat stdyx ;
```

圖5-18　MPLUS程式設計：Model constraint

以上MPLUS程式的輸出報表，請參見表5-6。

表5-6　MPLUS統計分析報表

	Estimate	S.E.	Est./S.E.	Two-Tailed P-Value
w1posaff by				
w1happy	0.944	0.046	20.330	0.000
w1enjoy	1.062	0.048	22.188	0.000
w1satis	0.975	0.048	20.421	0.000
w1joyful	1.108	0.049	22.575	0.000
w1please	0.911	0.044	20.902	0.000
Means				
w1posaff	3.034	0.026	115.223	0.000
Intercepts				
w1happy	0.182	0.143	1.276	0.202
w1enjoy	-0.130	0.147	-0.887	0.375
w1satis	0.061	0.147	0.413	0.679
w1joyful	-0.347	0.151	-2.304	0.021
w1please	0.235	0.134	1.757	0.079
Variances				
w1posaff	0.324	0.024	13.745	0.000
Residual Variances				
w1happy	0.368	0.027	13.829	0.000
w1enjoy	0.380	0.029	12.998	0.000
w1satis	0.390	0.028	13.736	0.000
w1joyful	0.404	0.031	12.944	0.000
w1please	0.301	0.023	13.283	0.000

　　因係效果值編碼法，表5-6中各因素負荷量的平均值將為1，各截距的和將為0，MPLUS分析結果與前述Lavaan R、LISREL分析結果，亦完全相同。

七、組合信度與抽取變異比

　　除了需考量測量模式之合理性與實用性之外，測量模式的品質可利用Fornell & Larker（1981a）的兩個指標加以評鑑：組合信度（Composite reliability）與變異抽取百分比（Average variance extracted，簡稱AVE），前者也常稱為建構信度，用以評估測驗題目的內部一致性信度，後者常用以評估測驗題目的聚斂效度。建構信度指標，乃是測驗總分的信度係數（Reliability of composites），為傳統信度係數

$(=\dfrac{Var(X)-Var(E)}{Var(X)}=\dfrac{Var(T)}{Var(X)})$ 之延伸。假設有一個潛在因素T，其觀察變項為X_i，未標準化迴歸係數為b_i，則其觀察變項X_i的變異數為$Var(X_i) = b_i \times Var(T) \times b_i + var(\varepsilon_i)$，參見公式5-13。建構信度經由此關係，可搭起與傳統信度係數的橋樑。Anderson & Gerbing（1988）、Reuterberg & Gustafsson（1992）指出建構信度，可利用未標準化的徑路係數與潛在變異數、測量誤差變異數求得，詳如公式5-17：

$$r_{TX}=\dfrac{Var(T)(\sum_i^k b_i)^2}{Var(T)(\sum_i^k b_i)^2+\sum_i^k Var(\varepsilon_i)} \qquad\text{公式5-17}$$

經仔細觀察公式5-17的內涵，它與傳統信度係數 $(\dfrac{Var(T)}{Var(X)})$ 間，具有平行關係；他們均反映真分數變異量在總變異量中的比值。假如使用標準化的係數（$Var(T) = 1$），則研究者可利用公式5-18、公式5-19，分別計算建構信度（r_{TX}）與變異抽取百分比（AVE）：

$$r_{TX}=\dfrac{(\sum 標準化因素負荷量)^2}{(\sum 標準化因素負荷量)^2+\sum \varepsilon_j} \qquad\text{公式5-18}$$

式中，$\varepsilon_j = 1 -$ 指標信度 $= 1 -$（指標之標準化因素負荷量）^{2}，為誤差變異量。

$$變異抽取百分比（AVE）=\dfrac{\sum(標準化因素負荷量^2)}{\sum(標準化因素負荷量^2)+\sum \varepsilon_j} \qquad\text{公式5-19}$$

不管是建構信度或變異抽取百分比，各觀察指標的因素負荷量乃是聚斂效度的主要貢獻者，研究文獻中常以指標的因素負荷量之平方值，作為題目信度（Item reliability）。Reuterberg & Gustafsson（1992）亦指出，雖然傳統信度指標Cronbach α與建構信度指標同屬信度指標，但後者較能反映測量工具的品質。在因素分析特定因素之下，只要將所有題目（或測驗）之因素負荷量與所有誤差變異量均設定為相等（符合傳統平行測驗之基本假設），即可獲得Cronbach α係數（請參見下節實例說明）。此時，研究者如欲知傳統平行測驗之基本假設是否符合，亦可利用參數限制為相等之作法，進行平行測驗的模式適合度的考驗。Cronbach α係數是植基於平行測驗之基本假設，不太符合實際現象，有其應用上之限制。這亦說明了Cronbach α係數，是一種需符合嚴苛基本假設下的測驗總分信度。當建構信度與Cronbach α係數相差愈大時，反映出該建構違反單向度的假設愈嚴重。

　　建構信度代表測量指標是否能一致地測到潛在建構的程度，其值最好大於.70（Fornell & Larker, 1981a）。換言之，每一測量指標之信度（Indicator reliabilities）應約大於.50（亦即其標準化之徑路係數應大於.70）。至於抽取變異比，則係潛在建構可以解釋指標變異量的比率，常作為聚斂效度的指標，其值最好大於.50（表示構念所捕捉到的變異量大於測量誤差的變異量），代表測量指標是否能真正代表潛在建構的程度；如果其值小於.50，代表測量指標未能有效測到潛在建構。以上兩種指標可以使用筆者隨書所附之EXCEL增益集電腦軟體SEM-CAI，輕易計算而得。Amos所附的增益集（Plugins），研究者可以自行撰寫增訂，圖5-19的估計抽取變異比（Estimate Variance Extracted）與估計建構信度（Estimate Construct Reliability）的計算程式（參見本章習題八之程式設計或光碟中第五章VB程式集），係筆者針對特定資料與模式所撰寫的增益集。欲使用這兩個增益集在自己的研究上，研究者必須修改程式中部分內容（如變項名稱、變項個數等等），不能直接使用，請參見本章習題中的VB程式內容。

圖5-19　建構信度增益集

八、建構信度與Cronbach α間的關係

本節旨在說明Cronbach α為何會低估同質性測驗的信度及證明建構信度是最佳的替代指標。首先，利用圖5-20的資料（N = 8），示範如何利用SPSS跑出Cronbach α係數。

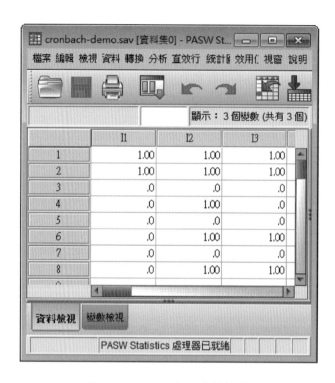

圖5-20　SPSS原始資料檔案

根據圖5-20的原始資料，利用SPSS之Reliability副程式，可以獲得表5-7的Cronbach α係數：.821與標準化的Cronbach α係數：.818，也可獲得表5-8的描述統計量：各題的平均數與標準差。

表5-7　SPSS統計分析報表（N = 3）

Cronbach's Alpha	standardized item alpha
.821	.818

表5-8　測驗題目（I1～I3）的描述統計分析報表

	Mean	Std. Deviation	N
I1	.2500	.46291	8
I2	.6250	.51755	8
I3	.5000	.53452	8

另外，如果透過題目的相關矩陣求得Cronbach α係數，此值即為標準化Cronbach α係數，如果透過題目的共變數矩陣求得Cronbach α係數，此值即為未標準化Cronbach α係數。標準化Cronbach α係數適用於題目具有變異同質性時，或測驗題目出現不同量尺時（如有些題目為3點量尺，有些題目為5點量尺，有些題目為7點量尺）。表5-9 & 表5-10之實例，旨在說明以上此兩種Cronbach α係數的計算過程與結果。

表5-9　測驗題目間（I1～I3）的相關矩陣報表

	I1	I2	I3
I1	1.000	.447	.577
I2	.447	1.000	.775
I3	.577	.775	1.000

將表5-9相關矩陣中非對角線之下三角或上三角矩陣的元素加總起來除以題數，就可獲得測驗題目間的相關係數之平均值.5997（＝1.799/3），將之帶入Spearman-Brown公式：$r_{S-B} = \dfrac{k \times \bar{r}}{1+(k-1) \times \bar{r}} = \dfrac{3 \times .5997}{1+2 \times .5997}$，就可以算出標準化Cronbach α係數.818。手算的結果與表5-7的SPSS報表內容，完全相同。

表5-10　測驗題目間（I1～I3）的共變數矩陣報表

	I1	I2	I3
I1	.214	.107	.143
I2	.107	.268	.214
I3	.143	.214	.286

將表5-10共變數矩陣中所有元素加總起來，可獲得個體總分的變異量1.696，而對角線元素加總起來為.768，屬於各題目的總變異量。利用這些資訊，可

以算出Cronbach α係數（Nunnally & Bernstein, 1994）：$\alpha = \dfrac{k}{k-1}\left(\dfrac{s_X^2 - \sum_{i=1}^{k}s_i^2}{s_X^2}\right)$

$= \dfrac{3}{2}\left(\dfrac{1.696 - 7.68}{1.696}\right) = .821$；此即非標準化的Cronbach α係數。手算的結果與表5-7的

SPSS報表內容，完全一致。

接著，要談談建構信度與Cronbach α間的關係。建構信度是SEM架構下的產物，兩者具有密切關係。仍以圖5-20的資料為例，驗證Cronbach α是立基於平行測驗假設之信度係數。因Cronbach α係立基於平行測驗假設，因素負荷量與誤差變異量均設定為相等（使用相同參數之標籤：w1 & d1），參見圖5-21的Amos徑路設計；分析結果，如圖5-22 & 圖5-23所示。

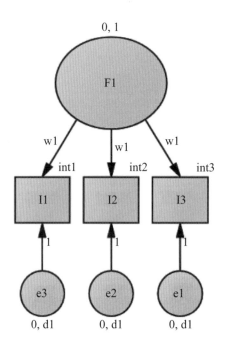

圖5-21　平行測驗之Amos徑路設計

將圖5-22中的非標準化係數，帶入公式5-17，可得.821，結果與前述非標準化的Cronbach α係數完全相同。

$$r_{TX} = \frac{Var(T)(\sum_i^k b_i)^2}{Var(T)(\sum_i^k b_i)^2 + \sum_i^k Var(\varepsilon_i)} = \frac{1 \times (.3934 \times 3)^2}{1 \times (.3934 \times 3)^2 + (0.1012 \times 3)} = \frac{1.393}{1.393 + .3036} = .821$$

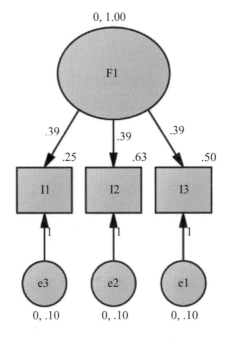

圖5-22　Amos報表：非標準化係數

　　將圖5-23中的標準化係數，帶入公式5-18，可得.821，結果與前述非標準化的Cronbach α係數亦完全相同。

$$r_{TX} = \frac{(\Sigma 標準化因素負荷量)^2}{(\Sigma 標準化因素負荷量)^2 + \Sigma \varepsilon_j} = \frac{(.7776 \times 3)^2}{(.7776 \times 3)^2 + 3 \times .395} = \frac{5.4428}{5.4428 + 1.185} = .821$$

式中，$\varepsilon_j = 1 -$ 指標信度 $= 1 - ($ 標準化因素負荷量$)^2 = 1 - .605 = .395$。

　　緣此，本實例驗證了Cronbach α，是立基於平行測驗基本假設之信度係數。不過在現實的研究情境下，這兩個基本假設（因素負荷量相等、誤差變異量相等）通常無法符合，而導致低估測驗信度。

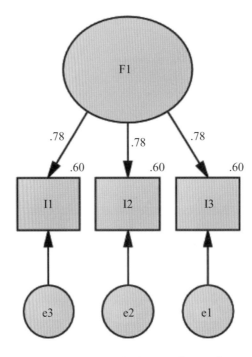

圖5-23　Amos報表：標準化係數

以下仍以原資料為例，說明為何Cronbach α，會低估同質性測驗的信度。

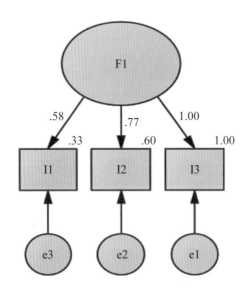

圖5-24　同質性測驗之標準化係數

圖5-24中所看到的徑路標準化係數，係植基於較寬鬆的同質性測驗之基本假設，計算而得。將圖5-24中的係數，帶入公式5-18，可得.838。

$$r_{TX} = \frac{(\Sigma \text{標準化因素負荷量})^2}{(\Sigma \text{標準化因素負荷量})^2 + \Sigma \varepsilon_j} = \frac{(.58 + .77 + 1.0)^2}{(.58 + .77 + 1.0)^2 + (.664 + .407 + 0)}$$

$$= \frac{5.5225}{5.4428 + 1.071} = .838$$

式中，$\varepsilon_j = 1 - \text{指標信度} = 1 - (\text{指標之標準化負荷量})^2$，以第一個指標為例：$1 - .58^2 = .664$。

經前述之分析與比對結果，讀者不難發現植基於同質性測驗基本假設，其所得的 α（＝.838）大於植基於平行測驗基本假設所得的α（＝.821）。

綜上所述，α是植基於平行測驗基本假設，所得的α乃是下限值（Bollen, 1989, p.216），會低估同質性測驗的信度。因此，CFA推導出來的建構信度，是評估測驗內部一致性（信度）的較佳選擇，而非Cronbach α。

九、CFA在量表編製上的用途

在教育與心理研究上，信、效度考驗是發展或建立量化工具的基本例行工作，這些工作可以透過驗證性因素分析（CFA），更有效達成。以下將以Amos為CFA分析工具，利用表5-11中之男性資料為例（引自表2，Kline, 2000），逐一扼要分析與回答下述四個具體問題：

1. 這四個交替測驗是否都在測一共同因素（Congeneric tests）：男女性氣質？
2. 這四個交替測驗是否為τ等值測驗（τ-equivalent tests）？
3. 這四個交替測驗是否為平行測驗（Parallel tests）？
4. 除了均為測一共同因素的平行測驗之外，這四個交替測驗的平均數是否相等？

以下本節在討論上述這些交替測驗品質的評估之後，接著，再繼續探究CFA在測驗信、效度考驗上之其他用途。表5-11係男女性氣質量表的資料，該量表含有四個交替測驗（Alternative forms，又稱為複本測驗），受試者為60對男女青年。

表5-11 四個男女性氣質交替測驗的相關係數與平均數、標準差（N＝60）

交替測驗	1	2	3	4
1	1.00	.50	.39	.45
2	.29	1.00	.46	.50
3	.39	.30	1.00	.50
4	.50	.42	.52	1.00
女性平均數	4.25	3.75	2.90	3.20
女性標準差	2.30	2.00	2.20	1.90
男性平均數	2.00	2.50	1.90	2.20
男性標準差	1.90	2.10	1.75	2.00

註：相關矩陣中上三角為女性資料，下三角為男性資料。

（一）四大交替測驗之考驗

1. 同質性測驗考驗

利用驗證性因素分析，可以有效回答這四個交替測驗是否為同質性測驗（A congeneric test），同質性測驗即為單向度測驗，評估此單向度測驗的指標為建構信度或組合信度。假如發現這四個交替測驗雖測量單位與信度不同，但均在測量一個共同因素（A common factor），那麼這四個交替測驗即可視為同質性測驗；亦即都有相同的真分數（$T_1 = T_2 = T_3 = T_4$），但因素負荷量（$w_1 \neq w_2 \neq w_3 \neq w_4$）與測量誤差的標準差均不相等（$V_{e1} \neq V_{e2} \neq V_{e3} \neq V_{e4}$，參見p.208，Bollen, 1989）。研究者根據此一假設，繪製男性樣本之徑路圖如圖5-25，其中Form1～Form4為觀察變項以方形表示之，而Personality為潛在變項以圓形表示之。在SEM的徑路圖設計中，潛在變項常視為因，觀察變項可視為果，因此箭頭均由因指向果。同時，點選Amos分析視窗（Analysis Properties，在View功能表單之下），按下「Estimation」之後，於打開的視窗中點選「Estimate Means and Intercept」，以便設定四個分測驗的截距（Intercept）：int1～int4。此徑路圖的基本假設為：

(1)已標出所有重要因果關係。

(2)測量誤差互為獨立。

(3)僅存在線性因果關係。

由圖5-25左側的徑路圖知，此四個分測驗雖然信度不同，但均在測同一特質，故其徑路係數均固定為f1，以表示$T_1 = T_2 = T_3 = T_4$。在Amos中，徑路係數給予相同名稱，即表示研究者希望針對這些係數進行等同設定。注意，圖5-25左側之徑路圖設

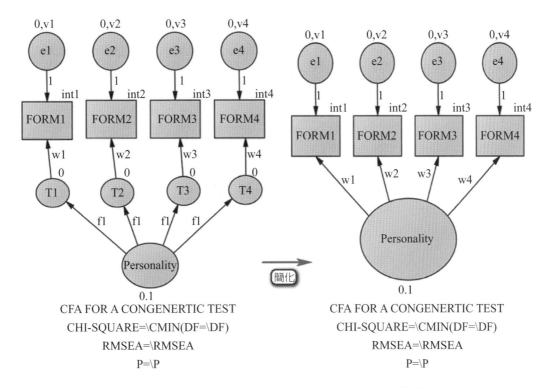

圖5-25　四個交替測驗與潛在變項間之徑路設計圖

計，可以簡化如右側之徑路圖設計。

　　圖5-25右側徑路圖中，四個「長方形」代表觀察變項或外顯變項（Manifest variables）或稱為測量指標（Indicators）：如本例之四個交替測驗；底部「圓形」代表潛在變項（Latent variables），係無法觀察得到之概念或構念：如男、女生之個性（Personality），僅能由測量指標估計之。徑路圖上方的四個「圓形」代表四個交替測驗的測量誤差，亦為無法觀察得到之概念，其徑路係數需設定為1，平均數設定為0，否則會造成不可辨識的模式（Under-identified models），因而無解。

　　Personality因素與Form1～Form4間之未標準化的徑路係數，亦稱為因素負荷量。為了估計所有W1～W4等四個因素負荷量，需將潛在變項的變異數設定為1，潛在變項的平均數設定為0。依此測量模式，本徑路圖含有12個參數（四個測量誤差、四個測量指標截距與四個因素負荷量）等待估計。本研究含有四個觀察變項，如為平均數結構，共有14（= p×(p + 3)/2）個觀察值，等於四個平均數、四個變異數與六個共變數；如僅為共變數結構時，則共有10（= p×(p + 1)/2）個觀察值。因此本模式的自由度為2（= 14 – 12）。當模式的自由度大於0時，該模式為過度辨識（Over-identified），即資料矩陣所擁有的資訊，比待估計的參數量爲多。此時研究者企圖在最大的自由度之下（最簡潔），以求滿意的適配性。假如模式中每一未知參數均有一最適值（Optimal value），則該模式爲可辨識。假如該模式爲可辨識，通常其最大可能性迭代解法爲可聚斂，即可得到一最佳解（Optimal solution），此參數估計值爲該資料的最適配值。

當原始資料與徑路圖互相連結之後，點選Amos功能表單「Analyze」下之「Calculate Estimates」或按下計算器的圖像 後，即可得到圖5-26中的分析結果。此項分析結果，如欲一併顯示於徑路圖中，請於徑路圖中加註如圖5-25下端三行之控制指令，以便輸出χ^2統計分析結果，否則就必須呼叫功能表單View中之Text Output，觀看輸出統計結果。由此結果（$\chi^2 = .062$, df = 2, P = .970, RMSEA = .000），可知所提出之模式與資料很適配，顯見四個交替測驗均在測量同一因素：它們可視爲同質性的交替測驗。

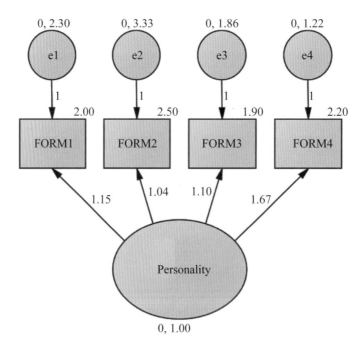

CFA FOR A CONGENERTIC TEST
CHI-SQUARE=.062(DF=2)
RMSEA=.000
P=.970

圖5-26　未標準化的徑路係數與考驗結果

2. τ等值測驗考驗

τ等值測驗（τ-equivalent tests）考驗的基本要求：單向度測驗與因素負荷量相等，但變異數不等。假如這四個交替測驗擁有相同的真分數與相同的因素負荷量，但其測量誤差的變異數不相等，則謂之τ等值測驗，比起同質性測驗，其測驗品質更佳。因此，需要將因素負荷量限制為相同（亦即使用相同量尺：W1 = W2 = W3 = W4，參見圖5-27左側的參數限制小視窗），其他之徑路係數設定與前例完全相同。

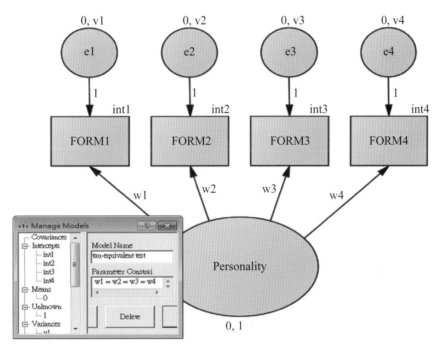

CFA FOR A TAU-EQUIVALENT TEST
CHI-SQUARE=\CMIN(DF=\DF)
RMSEA=\RMSEA
P=\P

圖5-27　四個τ等值測驗的考驗之徑路圖設計

執行Amos之功能表單「Analyze」下之「Calculate Estimates」或按下計算器的圖像 ▉▉▉▉ 後，即可獲得如圖5-28之統計分析結果。本模式比前例少估計3個因素負荷量，因此自由度df增為5。由此結果（χ^2 = 3.815, df = 5, P = .576, RMSEA = .000）得知，所提出之模式與資料也很適配，顯見四個替代測驗不僅在測量同一共同因素，而且為τ等值測驗。

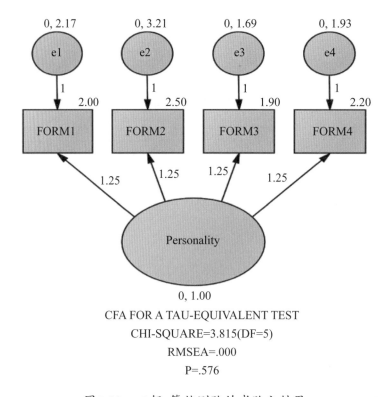

CFA FOR A TAU-EQUIVALENT TEST
CHI-SQUARE=3.815(DF=5)
RMSEA=.000
P=.576

圖5-28　四個τ等值測驗的考驗之結果

3. 平行測驗考驗

平行測驗（Parallel tests）考驗之基本要求為：同質性、相同因素負荷量及誤差變異數。當這四個交替測驗的真分數、因素負荷量與測量誤差的變異數均相等，謂之平行測驗（參見p.208，Bollen, 1989），此類測驗的建構信度將完全相同。因此，需要額外再將測量誤差的變異數限制為相同（v1 ＝ v2 ＝ v3 ＝ v4），其他之徑路係數設定與前例完全相同（參見圖5-29）。依此測量模式，本徑路圖含有6個參數（一個測量誤差、四個測量指標截距與一個因素負荷量）等待估計。本研究含有四個觀察變項，共有14個觀察值（＝ 4×7/2），等於四個平均數、四個變異數與六個共變數〔如僅為共變數結構時，則共有10（＝ 4×5/2）個觀察值〕。因此本模式的自由度為8（＝ 14 － 6），為可辨識之模式。

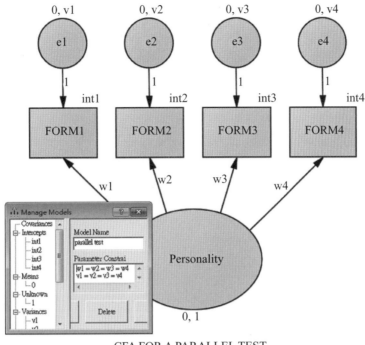

圖5-29　四個平行測驗考驗之徑路設計圖

　　本模式經Amos統計分析，結果為：χ^2 = 8.266, df = 8, P = .408, RMSEA = .024。由此結果知，所提出之模式與資料很適配，顯見四個交替測驗不僅在測量同一共同因素，而且為信度相同的平行測驗。為節省篇幅，相關之Amos徑路係數的輸出圖在此從略。

4. 嚴格平行測驗考驗

　　嚴格平行測驗（Strictly parallel tests）考驗除了需要平行測驗的基本假設（變異數相同）之外，尚需具有相同平均數的平行測驗。在SEM的共變數分析中，並未使用到平均數相等的考驗；因此，所有觀察與潛在變項的平均數均設定為0。如欲估計這些平均數，研究者可以增加一平均數結構到共變數結構中，即增加一截距參數項（$\mu_x = \tau_x + \Lambda_x \kappa$，$\tau_x$為截距，$\Lambda_x$為因素負荷量，$\kappa$為因素分數期望值）。因此，輸入的資料中需含有平均數與共變數的資訊。在SEM中進行平均數的分析，可建置一個

CONST常數項（設定為1）當作預測變項，進行觀察變項的迴歸分析，此常數項所得的未標準化係數即為觀察變項的平均數。在Amos中，不需建置一個CONST常數項，只需點選分析視窗（Analysis Properties，在View功能表單之下），按「Estimation」一下，在打開的視窗中點選「Estimate Means and Intercept」，Amos即自動將平均數結構，加入共變數結構分析中。圖5-30之徑路圖意謂著：常數項對於每一指標，均只有一個直接效果，且κ = 0（潛在變項的平均數），因此其截距（例如：int1）即為平均數。在本模式中，FORM1～FORM4的截距均設定為相同（INT1 = INT2 = INT3 = INT4，參見圖5-30之左下角參數限制視窗），即本模式需比前例更為嚴苛，除了前述的基本假設之外，需更進一步設定這四個平均數為相等，以便進行平均數相等之統計考驗。

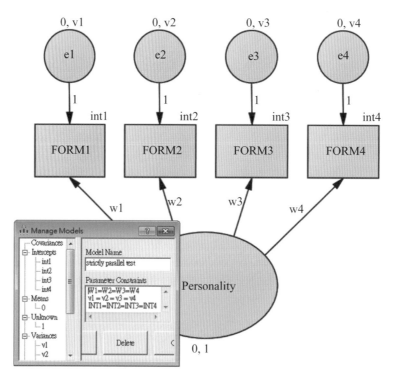

CFA FOR A PARALLEL TEST WITH EQUAL MEANS
CHI-SQUARE=\CMIN(DF=\DF)
RMSEA=\RMSEA
P=\P

圖5-30　四個平行測驗之平均數相等考驗之徑路設計圖

本模式經Amos統計分析，結果顯示：$\chi^2 = 13.656$, df = 11, P = .253, RMSEA = .064。由此結果得知，所提出之模式與資料尚適配，顯見四個平行測驗不僅在測量同一共同因素，而且這四個平行測驗的平均數（觀察值分別為2.0、2.5、1.9、2.2），在男性樣本上並無顯著不同。嚴格平行測驗可以安心交替使用之外，也可運用到不同群體或情境上。

經由前面幾個實例之分析可推知：(1) CFA模式的參數估計值，可以反映出測量工具的重要屬性，例如：因素負荷量可反映出測量單位或預測力大小，測量的誤差變異量，可反映出測量工具的信度或測量誤差；截距則可反映出測量工具的難度或長度。(2) 同質性的測驗是交替測驗的最低基本要求，平行測驗才是理想的交替測驗。(3) 測驗同質性的統計指標（如Cronbach α），並無法反映上述測驗工具的各種特質。因此，SEM分析測驗特質的建構信度指標，乃是較佳的替代指標。

（二）CFA在信、效度上的運用

1. 評估建構信度

考驗潛在變項的信度，可以利用CFA架構下之建構信度（Construct reliability，又稱為Composite reliability）表示該因素之信度，參見前述公式5-17或公式5-18。一般來說，因素建構信度最好大於.70，而平均變異抽取量最好大於.50，參見前述公式5-19。注意建構信度與平均變異抽取量通常具有密切相關，建構信度會大於平均變異抽取百分比。但有時，一個具有高信度的量表，亦可能產生很低的平均變異抽取百分比。例如：有時刪去一些不佳題目以提高信度，但卻降低平均變異抽取量（因為內容效度可能遭到破壞）。因此，測驗編製者通常需在此兩者之間，取得一平衡點。

2. 建構效度考驗

驗證性因素分析（CFA），亦常被用來驗證量表的因素結構，以確立量表之建構效度（Construct validity），通常透過因素結構分析與聚斂效度之檢驗。適用於待研究的建構具有理論或實徵研究之基礎，因而量表發展初期階段（Byrne, 2001）不適用。驗證性因素分析，除了可用來檢驗一個測驗的因素結構在理論上與實徵上的一致性，特別適合驗證一個測驗是否為單向度之測驗，以符合IRT之單向度的基本假設；如為多向度測驗，可以進一步分析是否為二階因素結構。

3. 評估重測信度

利用圖5-31之各變項資料，建立如圖5-32的徑路圖，以CFA評估重測信度。

	X1	X2	X3	X4	X5	X6	tot1	tot2	var
5	3	3	3	3	3	3	9.00	9.00	
6	3	3	2	4	3	2	8.00	9.00	
7	2	3	3	3	3	3	8.00	9.00	
8	5	4	4	4	5	4	13.00	13.00	
9	2	2	2	2	2	2	6.00	6.00	
10	5	4	4	4	3	4	13.00	11.00	
11									

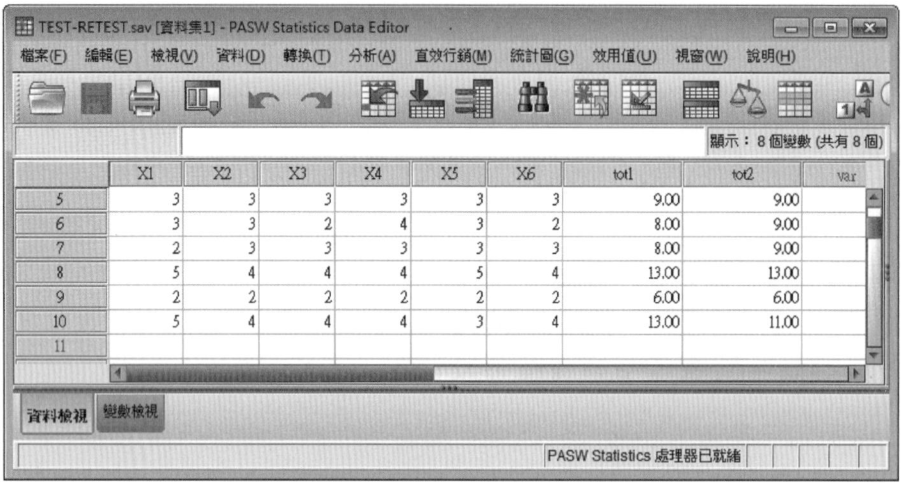

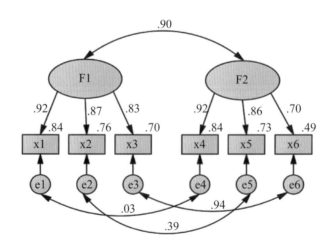

圖5-31　評估重測信度的資料檔案

圖5-32中F1 & F2係相同工具的潛在構念，在不同時間上的重測分數；因係重測分數，在徑路圖中，需針對各相對應指標的誤差分數變異量間，賦予相關性的連結（Correlated measurement errors）。重測分數間之相關係數即爲重測信度，因此F1 & F2間之相關係數即爲重測信度。利用CFA潛在構念的模式，分析測量工具的信度，最大優點是可將測量誤差及測量誤差間相關性（可能共同題目、共同方法、社會期許效

圖5-32　評估重測信度的徑路設計

應）的影響排除（Hoyle & Smith ,1994；邱皓政，1997）。利用圖5-31的資料檔案，可計算出前、後測總分的重測信度為.862（tot1 & tot2的相關係數）。如果透過CFA的途徑，可計算出真分數間的重測信度為.90（參見圖5-32中F1 & F2的相關係數）。

4. 評估效標關聯效度

圖5-33係評估效標關聯效度的Amos徑路圖設計及分析結果，旨在利用CFA評估潛在構念間的關聯效度。

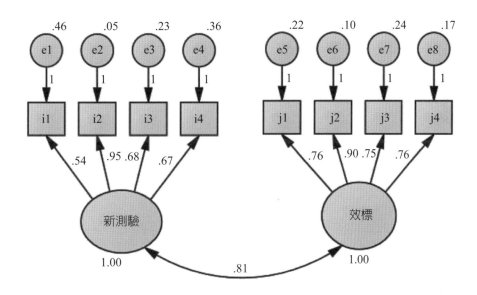

圖5-33　評估效標關聯效度的Amos徑路圖設計與分析結果

新量表的測驗分數與效標間之相關係數，即為效標關聯效度。效標如係未來之實際表現，即為預測效度；效標如係當前之實際表現，即為同時效度。透過CFA模式建立效標關聯效度，因考慮測量誤差，此種效標關聯效度可謂真分數的效標關聯效度（本例為.81，參見圖5-33的實例），而非觀察分數的效標關聯效度。

5. 區辨效度

以下將介紹三種區辨效度的考驗方法：

第一種為相關係數考驗法：利用相關係數大小作判斷，如果兩個建構間的相關低於.70，則可宣稱兩個建構間具有區辨效度；或者利用信賴區間（$\rho \pm 2SE$）進行H_0：ρ = 1的統計考驗，如果此信賴區間未包含1（例如：.559±2×.102，其信賴區間並未包含1），則可宣稱兩個建構間具有區辨效度（Anderson & Gerbing, 1988）。

第二種為AVE法：Fornell & Larcker（1981a）認為各構念內AVE（Average variance extracted）的平方根，是否大於各構念間的相關係數（取絕對值），可以用來檢驗區辨效度。換言之，假如AVE的平方根大於個別構念間之相關係數，構念間就具有區辨性。以表5-12的三個潛在變項為例，假如A因素的 $\sqrt{AVE}$ 值大於其他個別構念之相關係數（r_{AB}或r_{AC}），即顯示：A構念與構念B & C間具有區辨性。

表5-12　三個構念間的相關係數與平均抽取變異比

因素	A	B	C
A	$\sqrt{AVE}$		
B	r_{AB}	$\sqrt{AVE}$	
C	r_{AC}	r_{BC}	$\sqrt{AVE}$

由此觀之，AVE不只可作為聚斂效度的指標之外，亦可作為區辨效度的對照指標。

第三種為CFA法：設有兩個構念IQ與ACH，其相關之徑路設計如圖5-34右側。利用Amos來考驗這兩個構念間的區辨性，可在模式的管理視窗中建立一個開放模式（An unconstrained model），其變異數設定為1（V1 = V2 = 1），但共變數不進行限制，與建立一個限制模式（A constrained model），其構念間的相關設定為1（共變數與變異數均限制為1，亦即V1 = V2 = CO = 1），參見圖5-34左下參數限制小視窗。假如這兩個模式的卡方差異值未達顯著差異，即表示這兩個構念之區辨效度不佳；亦即無法拒絕H_0：$\rho = 1$的假設。

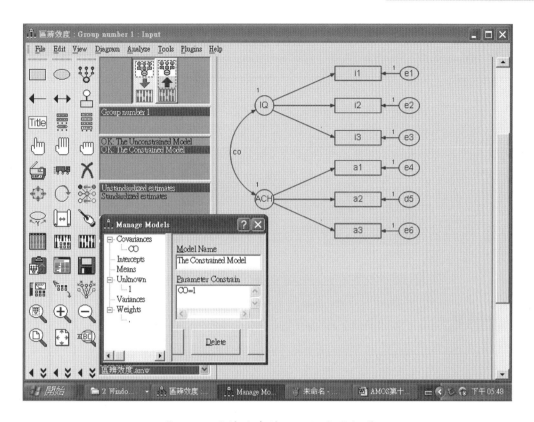

圖5-34　區辨效度的CFA徑路圖設計

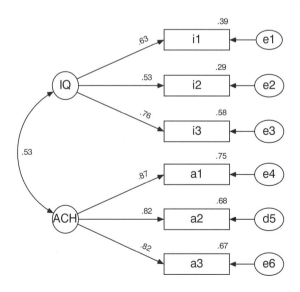

圖5-35　未受限模式之結果：標準化結果

　　茲將未受限模式與受限模式之分析結果，呈現於圖5-35 & 圖5-36。由圖5-35，可知IQ與ACH之標準化徑路係數（即相關係數）為.53，小於.70；利用相關係數考驗法，初步判斷這兩個構念具區辨性。

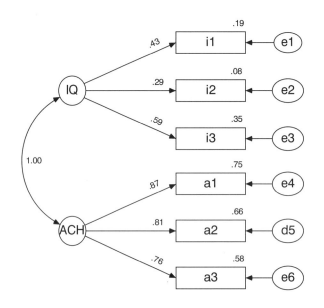

圖5-36　受限模式之結果：標準化結果

　　經由圖5-35 & 圖5-36的Amos非受限與受限模式之χ^2差異考驗結果發現：這兩個受限與未受限模式間的卡方差異值（57.8768 – 3.9181 = 53.9587），達統計上的.01顯著差異（df = 1, P<.001, TLI = .2621），表示這兩個構念間具有區辨性。此種區辨效度的CFA分析，研究者一次僅能進行一對構念的考驗。

　　前述量表的聚斂效度與區辨效度，係SEM分析者最常報告的測量信、效度的有效指標（Hair et al., 2006），值得推介使用。

十、結語

　　CFA分析，又稱驗證性因素分析，係SEM中的測量模式。在量表編製上，CFA常用來進行項目分析、交替測驗品質的評估與信、效度考驗。其中，最重要的為建構信度、聚斂效度（抽取變異比之評估）與區辨效度考驗，這些均為評鑑建構效度的證據。

　　CFA分析時，潛在變項的參數根本無法直接測量，因而其量尺的測量單位具有不

確定性。為解決潛在變項之量尺不確定性，常用的方法有三：指標變項法、潛在變項標準化法與效果值編碼法。三種解決潛在變項量尺不確定的方法，各有優缺點，研究者宜根據自己研究屬性，注意每一種方法的適用時機。

　　三種解法中，指標變項法的優點是參數收斂快，但缺點是潛在變項的平均數或變異量，會隨指標變項的選擇而變動，因此指標變項的選擇須很慎重；潛在變項標準化辨識法，會排除掉平均數層次的資訊。因此，不適合用於潛在特質成長模式，假如觀察指標的量尺本身並無絕對意義，推介使用本法；至於效果值編碼法，最大特色是潛在變項的參數估計，考慮到所有原始量尺的觀察指標，更能精確解釋潛在變項分數的實質意義，且可以考驗潛在變項平均數間的差異，因而最適於縱貫式研究及多群組不變性考驗。本法有一缺點就是：指標偏多時，可能發生模式不可辨識，且參數限制的操作將變得非常繁瑣。Amos本身並無法執行效果值編碼法，但可間接求得相關之參數估計值，相當於固定指標法的特殊應用。

習　題

一、請根據圖5-37之資料，利用SPSS之Reliability副程式，取得Cronbach α係數。

圖5-37　計算Cronbach α之SPSS原始資料檔案

二、仍以前述該筆資料為例，驗證Cronbach α是立基於平行測驗假設（因素負荷量與誤差變異量均設定為相等）之信度係數。

提示：Amos參數的等同限制方法，請參考本書的相關章節。

三、就測驗之信度而言，試論為何建構信度優於Cronbach α信度。

四、請根據圖5-38之測驗資料（v1～v5係前測資料，v6～v10係後測資料），利用SPSS之相關副程式，計算測驗總分的重測信度。接著，再利用SEM模式，估計此測驗真分數的重測信度。相關徑路圖之設計，請參考圖5-32。

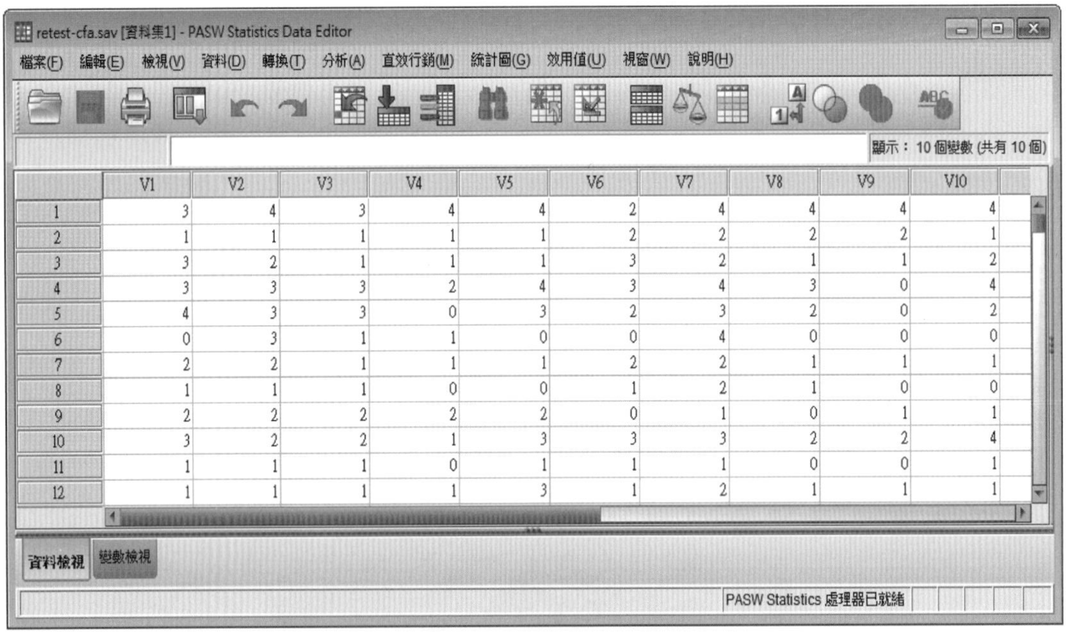

	V1	V2	V3	V4	V5	V6	V7	V8	V9	V10
1	3	4	3	4	4	2	4	4	4	4
2	1	1	1	1	1	2	2	2	2	1
3	3	2	1	1	1	3	2	1	1	2
4	3	3	3	2	4	3	4	3	0	4
5	4	3	3	0	3	2	3	2	0	2
6	0	3	1	1	0	0	4	0	0	0
7	2	2	1	1	1	2	2	1	1	1
8	1	1	1	0	0	1	2	1	0	0
9	2	2	2	2	2	0	1	0	1	1
10	3	2	2	1	3	3	3	2	2	4
11	1	1	1	0	1	1	1	0	0	1
12	1	1	1	1	3	1	2	1	1	1

圖5-38　計算重測信度之SPSS原始資料檔案

五、SEM的研究中，通常每一構念需要三個以上的外在指標，測量模式才能辨識（Anderson & Gerbin, 1984），相關的測量誤差才能估計。但由於量表題目過長可能會降低回收率、作答費時與產生多向度的問題，Petrescu（2013）經過相關文獻的整理與分析，認為單一指標的SEM分析，仍有可運用空間。請詳閱Petrescu（2013）的文章，了解一下什麼時機可以使用單一指標的量尺及如何在SEM中使用單一指標。

六、請利用圖5-39之資料及圖5-40之CFA分析徑路圖，進行Amos統計分析，以獲得極小化的分析結果。接著，檢驗此分析結果，是否跟筆者極小化程式（SEM-MLE）的分析結果相一致？

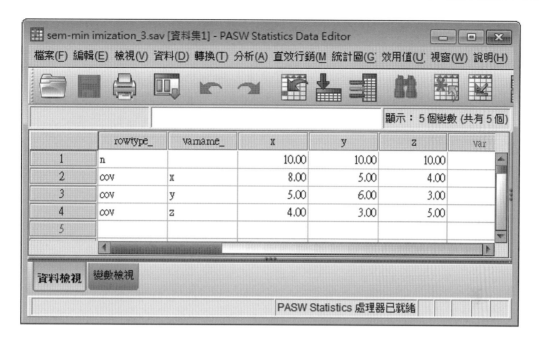

圖5-39　CFA分析之SPSS原始資料檔案

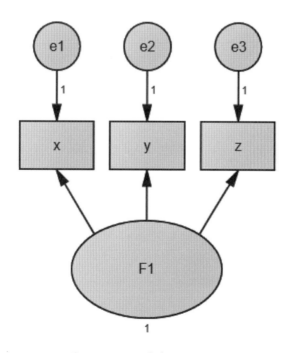

圖5-40　CFA分析之徑路圖

提示：使用SEM-MLE的CFA Example副程式。

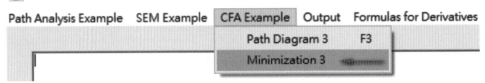

七、請利用本章附錄之程式碼，進行效果值編碼法統計分析，並利用圖5-41、圖5-42 與表5-13的相關數據，驗算各潛在的平均數與變異數。

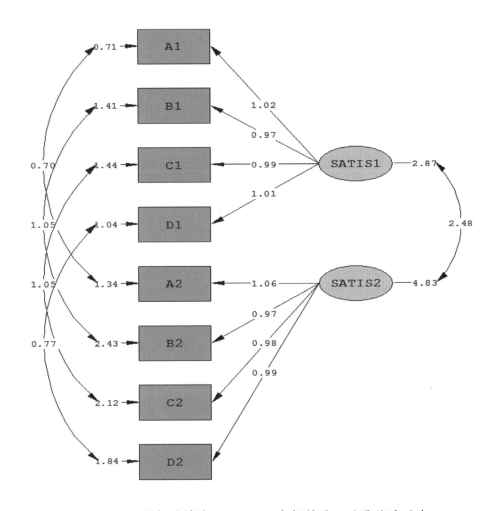

圖5-41　共變數結構的二因子CFA分析結果：效果值編碼法

提示：

1. 潛在平均數的計算：以SATIS1為例作示範

   (1.5×1.02 + 1.32×.97 + 1.45×.99 + 1.41×1.01)/4 = 1.4175

   各潛在平均數，等於各觀察指標平均數與其因素負荷量的加權平均數。

2. 潛在變異數的計算：以SATIS1為例作示範

$$\frac{\dfrac{2.8502}{1.02\times.97} + \dfrac{2.9069}{1.02\times.99} + \dfrac{2.9670}{1.02\times1.01} + \dfrac{2.7645}{.97\times.99} + \dfrac{2.8217}{.97\times1.01} + \dfrac{2.8778}{.99\times1.01}}{6}$$

$$=\frac{17.2765}{6}=2.87$$

提示：各潛在變項的變異數，等於各構念下，各對觀察指標共變數除以各對指標
　　　的因素負荷量之和，再除以共變數之對數，所得之平均值，即為變異數。

表5-13　各變項間的觀察共變數矩陣

	A1	B1	C1	D1	A2	B2	C2	D2
A1	3.7073							
B1	2.8502	4.1250						
C1	2.9069	2.7645	4.2598					
D1	2.9670	2.8217	2.8778	3.9800				
A2	3.3945	2.5587	2.6096	2.6636	6.7714			
B2	2.4643	3.3909	2.3902	2.4396	4.9790	6.9883		
C2	2.4796	2.3581	3.4509	2.4548	5.0099	4.5887	6.7391	
D2	2.5127	2.3897	2.4372	3.2610	5.0768	4.6501	4.6789	6.5851

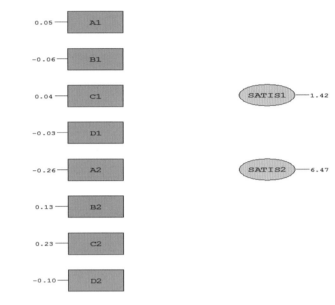

Chi-Square=2.06, df=15, P-value=0.99996, RMSEA=0.000

圖5-42　平均數結構的二因子CFA分析結果：效果值編碼法

八、平均抽取變異比AVE的VB程式設計內容（含有底色的區塊內容可能需要修正），請使用者自行根據自己CFA模式（參見圖5-43），利用圖5-44中的Create & Edit按鈕，編輯增益集後，安裝於Amos的Plugins中；參見Plugins中的程式表單：

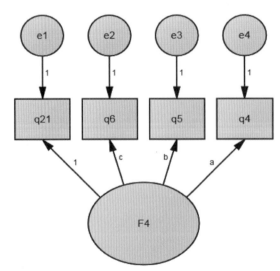

檔案名稱: NS94.SAV

圖5-43　徑路設計

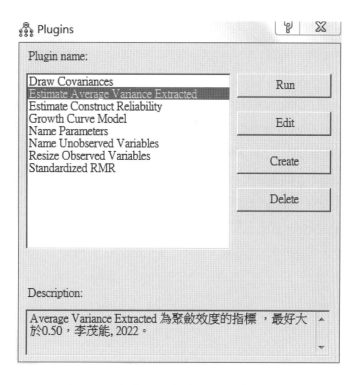

圖5-44　平均抽取變異比AVE的VB程式

建構信度的VB程式，亦可依此進行程式設計，結果如圖5-45。

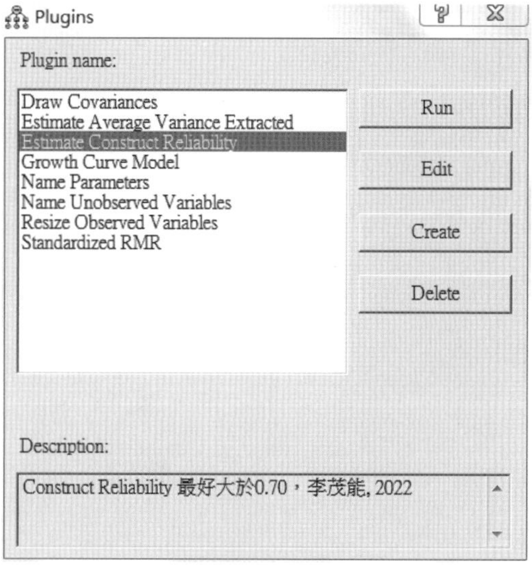

圖5-45　建構信度的VB程式

（一）計算平均抽取變異比之VB語法程式範例

```
Public Function Mainsub() As Integer Implements AmosGraphics.IPlugin.Mainsub
Dim Sem As New AmosEngine
Dim CNames() As String, RNames() As String
Dim prt As New amosdebug.amosdebug '列印子串用
Sem.NeedEstimates(AllImpliedCovariances) '呼叫參數估計值用
Sem.NeedEstimates(SampleCovariances)
'Sem.InputUnbiasedMoments()
Sem.FitUnbiasedMoments()
    Try '除錯開始
    Sem.TextOutput
    Sem.Standardized
    Sem.samplemoments
    sem.ResidualMoments
    Sem.Smc
    sem.Corest
    Sem.NeedEstimates (15)
    Sem.NeedEstimates (15)
    Sem.BeginGroup ("D:\NS94.SAV")
    Sem.AStructure("q4 = (a)F4+(1)e1")
    Sem.AStructure("q5 = (b)F4+(1)e2")
    Sem.AStructure("q6 = (c)F4+(1)e3")
    Sem.AStructure("q21 = (1)F4+(1)e4")
Dim N As Integer
Dim i As Integer
Dim j As Integer
Dim VarF(10) As Double
Dim VarE(10) As Double
Dim AllImplied(,) As Double
Dim MESSAGE As String
Dim loadtot As Double
```

```vb
Dim vartot As Double
Dim   Ave As Double
Dim reg(10) As Double
Dim SReg As Double
Dim Sample(,) As Double
reg(0) = 1
reg(1) = sem.ParameterValue("c")
reg(2) = sem.ParameterValue("b")
reg(3) = sem.ParameterValue("a")
'必須與報表中的輸出位置相呼應
System.Diagnostics.Debug.WriteLine(sem.ParameterValue("a") & "a: q4") '輸出過程
資料
System.Diagnostics.Debug.WriteLine(sem.ParameterValue("b") & "b: q5")
System.Diagnostics.Debug.WriteLine(sem.ParameterValue("c") & "c: q6")
For i = 0 To 3
prt.printx(FormatNumber(reg(i),4),"徑路係數" & i)
Next
Sem.GetEstimates(AllImpliedCovariances, AllImplied)'取得估計值
Sem.GetEstimates(SampleCovariances, Sample)
N = UBound(AllImplied)
   'Get regression weights needed for AVE with the 1st factor
For i  =  0 To 0
   For j  =  0 To 0
  If  i = j    Then
   VarF(i)  = AllImplied(i,j)
'Get implied variance for latent trait
End If
   Next
Next
System.Diagnostics.Debug.WriteLine( varf(0) & "Factor 4 Implied Var")
Dim Evar As Double
```

```
Dim Sreg1 As Double
Dim SvarE(10) As Double
Dim path As Double
'累進標準化迴歸係數之計算
Sreg = 0:Evar = 0
    For i = 0 To 3
    For j = 0 To 3
    If   i = j Then
        VarE(i) = AllImplied(i+1, j+1)-(reg(i) ^2 )*VarF(0) 'Get  measurement errors
        prt.printx(FormatNumber(AllImplied(i+1, j+1),4),  "指標變異數" & i)  '列印
        參數估計值
        prt.printx(FormatNumber(VarE(i),4), "測量誤差變異量" & i)
        path = Sqrt(1-VarE(i)/((reg(i) ^2 )*VarF(0) + VarE(i )))
        prt.printx(FormatNumber(path,4),"標準化迴歸係數^2" & i)
        SReg  = SReg+(1-VarE(i)/((reg(i) ^2 )*VarF(0) + VarE(i )))
        SVarE(i) = 1-path ^ 2  'Get standardized variance for residuals
        Evar = Evar + SVarE(i)
        prt.printx(FormatNumber(sreg,4), "累進標準化迴歸係數" & i)
    End If
    Next
    Next
        'System.Diagnostics.Debug.WriteLine( FormatNumber(Evar,4) & "  累進測量
        誤差和")
    prt.printx(FormatNumber(Evar,4), "  累進測量誤差和")
    Ave = Sreg /(Sreg + Evar)
'計算AVE估計值
    message = FormatNumber(Ave, 4)
    'System.Diagnostics.Debug.WriteLine( ConRel & "  Ave" )
    prt.printx("平均抽取變異比 = " & vbCrLf & FormatNumber(Ave, 4))
    MsgBox ("平均抽取變異比 = " & Message  ,, "  Fred Li, 2018 嘉義大學") '要求
    顯示訊息視窗
```

Finally

SEM.Dispose()

End Try

End Function

輸出結果：

（二）計算建構信度之VB程式設計

為節省篇幅，建構信度之相關程式之設計從略，請參見第五章光碟程式集。

附錄、LISREL效果值編碼法的程式設計實例：四個指標

```
effects-coding

TITLE LISREL PROGRAM FOR TIME1-TIME2 MSMT MODEL OF JOB SATISFACTION:
EFFECTS CODING APPROACH
DA NI=8 NO=250 MA=CM
LA
A1 B1 C1 D1 A2 B2 C2 D2
KM
1.000
0.736 1.000
0.731 0.648 1.000
0.771 0.694 0.700 1.000
0.685 0.512 0.496 0.508 1.000
0.481 0.638 0.431 0.449 0.726 1.000
0.485 0.442 0.635 0.456 0.743 0.672 1.000
0.508 0.469 0.453 0.627 0.759 0.689 0.695 1.000
ME
1.50 1.32 1.45 1.41 6.60 6.42 6.56 6.31
SD
1.94 2.03 2.05 1.99 2.61 2.66 2.59 2.55
MO NX=8 NK=2 PH=SY,FR LX=FU,FR TD=SY,FR TX=FR KA=FR
LK
SATIS1 SATIS2
PA LX
1 0
1 0
1 0
1 0
0 1
0 1
0 1
0 1
CO LX(1,1) = 4 - LX(2,1) - LX(3,1) - LX(4,1)
CO TX(1) = 0 - TX(2) - TX(3) - TX(4)
CO LX(5,2) = 4 - LX(6,2) - LX(7,2) - LX(8,2)
CO TX(5) = 0 - TX(6) - TX(7) - TX(8)
PA TD
1
0 1
0 0 1
0 0 0 1
1 0 0 0 1 ! OFF-DIAGONAL 1s ARE CORRELATED ERRORS
0 1 0 0 0 1
0 0 1 0 0 0 1
0 0 0 1 0 0 0 1
PA PH
1
1 1
ST 0.97 LX(1,1) LX(2,1) LX(3,1) LX(4,1)
ST 0.92 LX(5,2) LX(6,2) LX(7,2) LX(8,2)
ST 2.30 PH(1,1)
ST 5.44 PH(2,2)
PD
OU ME=ML RS MI SC AD=OFF IT=100 ND=4
```

Effects Coding

第6章

SEM應用上潛藏的困惑

一、結構係數的估計會受到樣本大小的影響嗎？

二、測量信度過低或過高，對於SEM的結構參數或模式之適配度，有何負作用？

三、為何結構參數的變異量，會影響SEM理論模式的適配度？

四、利用χ^2進行SEM分析，為何獨特變異量會影響SEM理論模式的適配度？

SEM雖功能強大且深具彈性，可以處理較複雜的統計模式，可以慮及潛在變項與測量誤差，但仍有一些應用上的潛在限制與困惑，有待進一步釐清。譬如：爲何SEM的適配度易受到樣本大小的影響，但其結構係數的估計卻不會受到樣本大小的干擾？爲何結構一致性（Structural consistency）決定了SEM理論模式之適配度？爲何構念的測量品質不只會影響SEM的適配度考驗，而且會影響結構係數的估計？爲何SEM適配度指標，有時遇到獨特變異量較小時（通常意謂著殘差相關不大），卻會出現不佳的適配度？這些疑問，以下將逐一舉例深究之。

一、卡方考驗結果易受樣本大小的影響，但結構係數的估計卻不受影響

SEM模式考驗係採卡方考驗，除非完全適配，否則極易受到樣本大小的影響（Joreskog, 1969），而導致錯誤的結論。主因在於卡方統計量的計算，係樣本大小（N）的函數，參見公式6-1。假如樣本太小，χ^2可能不會服從卡方分配且其統計考驗力將變弱；假如樣本太大，犯第一類型錯誤會增加。以下將以圖6-2的簡單SEM二因子徑路設計，示範說明爲何卡方考驗結果容易受到樣本大小（N）的影響。

$$\chi^2 = (N - 1) \times Fmin \qquad \text{公式6-1}$$

	rowtype_	varname_	x1	x2	y1	y2	var
1	corr	x1	1.00	.	.	.	
2	corr	x2	.70	1.00	.	.	
3	corr	y1	.60	.50	1.00	.	
4	corr	y2	.50	.60	.70	1.00	
5	n		30.00	30.00	30.00	30.00	
6	stddev		1.00	1.00	1.00	1.00	
7	mean		.0	.0	.0	.0	
8							

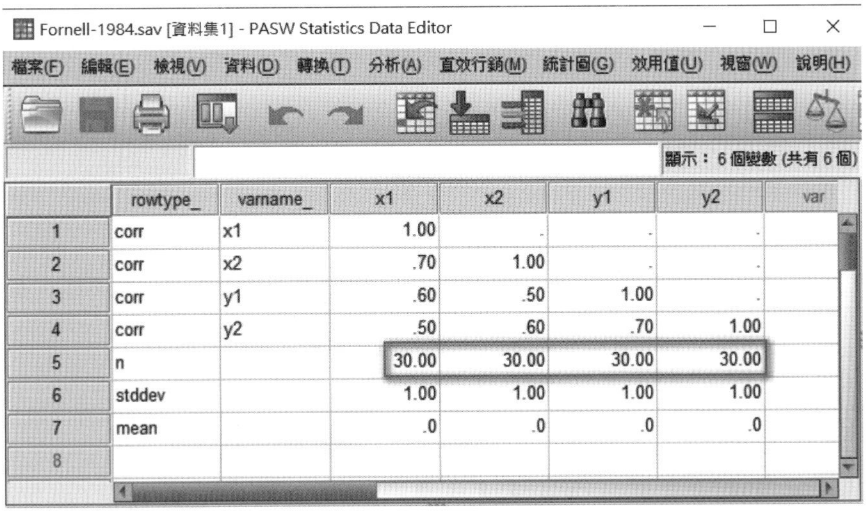

圖6-1　原始資料相關矩陣（修訂自Fornell and Larcker, 1981a）

註：檔名fornell-1984.sav。

　　根據圖6-1的相關矩陣資料，進行二因素SEM分析，分析結果如圖6-2所示。圖6-2的結構徑路係數與測量徑路係數均與圖6-9中的分析結果完全相同，但兩者因樣本不同（分別為30 & 200），α設定在.05的話，前者未達.05的顯著水準（χ^2 = 3.4157，p = .0646），但後者的卡方考驗結果，具有顯著差異（χ^2 = 23.439，p = .000），參見表6-1 & 表6-4。因此，說明了卡方考驗結果會受樣本大小的影響。

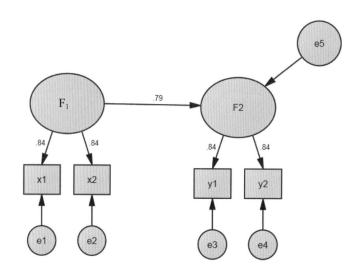

圖6-2　二因素徑路設計（取自Fornell and Larcker, 1981a）

　　另一方面，由圖6-2與圖6-9之結構徑路係數，可知結構徑路係數（.79）不受到N之影響（N分別為30 & 200），顯示此結構係數的計算與樣本大小無關，參見公式6-7。

表6-1　Amos報表：卡方考驗

Model	NPAR	CMIN	DF	P
Default model	9	3.4157	1	.0646
Saturated model	10	.0000	0	
Independence model	4	58.2011	6	.0000

Model	FMIN	F0	LO 90	HI 90
Default model	.1178	.0833	.0000	.4207
Saturated model	.0000	.0000	.0000	.0000
Independence model	2.0069	1.8000	1.0822	2.7752

根據公式6-1，$\chi^2 = (30 - 1)\times.1178 = 3.416$，此即表6-1中Default model的CMIN值。因為N愈大，卡方就會愈大，跟表6-4比較，可推知：樣本愈小，愈容易獲得模式適配；樣本愈大，愈無法獲得模式適配。為了彌補此一缺陷，研究者須搭配其他的適配度指標，如RMSEA、CFI、GFI、NFI、TLI、AIC、ECVI，進行綜合性的評估，SEM適配度的考驗方能避免誤判。

二、結構一致性決定理論模式之適配度

Fornell and Larcker（1981a）指出SEM結構的一致性（Structural consistency）與否，決定了理論模式的適配度；而且，當實得因果相關係數較小時，SEM結構的一致性愈容易達到，這似乎易成評估SEM模式適配度的盲點。此論述的理論基礎，以圖6-3之二因素徑路設計為例（取自Fornell and Larcker, 1981a），推演如下。

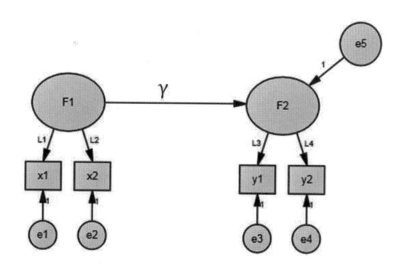

圖6-3　二因素徑路設計

圖6-3為二因素徑路設計，其模式隱含共變數矩陣（Model-implied covariance matrix，或稱為母群隱含共變數矩陣），當其各變項均經過標準化時，即為該模式之隱含相關矩陣，如公式6-2所述。

$$\Sigma = \begin{bmatrix} 1.0 & & & \\ L3L4 & 1.0 & & \\ L1\gamma L3 & L1\gamma L4 & 1.0 & \\ L2\gamma L3 & L2\gamma L4 & L1L2 & 1.0 \end{bmatrix} \qquad 公式6-2$$

公式6-2中，L3～L4係測量參數，γ 為結構參數，Σ為SEM的模式隱含相關矩陣，而公式6-3的S為SEM的樣本觀察相關矩陣。

$$\mathbf{S} = \begin{matrix} & y1 & y2 & x1 & x2 \\ & \begin{bmatrix} 1.0 & \square & \square & \square \\ \gamma_{y1y2} & 1.0 & \square & \square \\ \gamma_{x1y1} & \gamma_{x1y2} & 1.0 & \square \\ \gamma_{x2y1} & \gamma_{x2y2} & \gamma_{x1x2} & 1.0 \end{bmatrix} & \begin{matrix} y1 \\ y2 \\ x1 \\ x2 \end{matrix} \end{matrix} \qquad \text{公式6-3}$$

S矩陣內γ_{y1y2}為$\mathbf{R_y}$矩陣，γ_{x1x2}為$\mathbf{R_x}$矩陣，其餘則為$\mathbf{R_{xy}}$矩陣（結構參數成分）。根據$\mathbf{S}\text{-}\Sigma(\hat{\theta})$的殘差矩陣，計算適配函數值（F），$F\times(N\text{-}1)$即為卡方分配，參見公式6-1。

假設SEM理論模式為真，$\Sigma = \mathbf{S}$（相關矩陣）。因此，測量參數成分之乘積：$L1L2 = \gamma_{x1x2}$，$L3L4 = \gamma_{y1y2}$，而結構參數成分之對角線交乘積：$(L1\gamma L3)(L2\gamma L4) = (L1\gamma L4)(L2\gamma L3)$，此為結構一致性等式。

由公式6-2與公式6-3相關矩陣中的對等元素，可知：$L1\gamma L3$為γ_{x1y1}，$L2\gamma L4$為γ_{x2y2}，$L1\gamma L4$為γ_{x1y2}，$L2\gamma L3$為γ_{x2y1}。因此，完美結構一致性的條件（Fornell & Larcker, 1981b）為公式6-4：

$$\gamma_{x1y1} \times \gamma_{x2y2} = \gamma_{x1y2} \times \gamma_{x2y1} \qquad \text{公式6-4}$$

符合此一完美條件，卡方值等於0，即為完全適配，亦即這四個相關係數等值（完全無變異量），假如他們之間的結構參數變異愈大，卡方值就會愈大，反映出理論建構的不適配。

前述之結構一致性等式$(L1\gamma L3)(L2\gamma L4) = (L1\gamma L4)(L2\gamma L3)$，透過公式6-3經移項可求得公式6-5：

$$(L1L2)(L3L4)(\gamma^2) = \gamma_{x1y2} \times \gamma_{x2y1} \qquad \text{公式6-5}$$

再經由公式6-4，可求得公式6-6。

$$(L1L2)(L3L4)(\gamma^2) = \gamma_{x1y1} \times \gamma_{x2y2} \qquad \text{公式6-6}$$

根據公式6-5與公式6-6，可導出結構係數γ（Fornell & Larcker, 1981b）的計算式，參見公式6-7，注意此結構係數的計算與樣本大小無關。

$$\gamma = \pm \sqrt{\frac{\gamma_{x1y1} \times \gamma_{x2y2}}{(\gamma_{x1x2})(\gamma_{y1y2})}} = \pm \sqrt{\frac{\gamma_{x1y2} \times \gamma_{x2y1}}{(\gamma_{x1x2})(\gamma_{y1y2})}} \qquad \text{公式6-7}$$

公式6-7式中，根號內之分母部分為測量參數，反映了構念測量上的組合信度，分子部分為結構參數，反映了構念間的因果關係強度。公式6-7的結構係數定義，類似心理計量學上的測量誤差校正公式（Disattenuation for reliability），利用信度之校正以估計母群參數。另外，由公式6-7可推知，當分子的數據愈小（分母保持恆定）或分母的數據愈大（分子保持恆定），結構係數γ就會變小。換言之，如果分子部分的結構參數變小，構念間的結構係數（γ）下降，合情合理；但如果構念測量上的組合信度愈高，構念間的結構係數（γ）下降，為不合理的現象，有待後續釐清。

三、測量品質會影響SEM適配度與其結構係數

Fornell & Larcker（1981a）以卡方統計量當作效標，測量參數矩陣（$\mathbf{R}_x$及$\mathbf{R}_y$）的變異量與結構參數矩陣（$\mathbf{R}_{xy}$）的變異量之交乘積為預測變項，進行迴歸分析（不含截距項），R^2接近於1。他們發現卡方統計量，係測量參數矩陣（$\mathbf{R}_x$及$\mathbf{R}_y$）的變異量與結構參數矩陣（$\mathbf{R}_{xy}$）的變異量之交乘積的函數（Fornell & Larcker, 1981a），參見公式6-8。由此函數關係，可推知：假如$\mathbf{R}_{x+y}$的變異愈大，反映出相關構念的組合信度愈差；假如結構參數$\mathbf{R}_{xy}$的變異愈大，反映出理論建構不適當。由此觀之，單單利用卡方值進行SEM理論考驗（Theory testing）可能是不恰當的（Fornell & Larcker, 1981a），因為由公式6-8可推知：不佳的理論關係，可由測量屬性加以彌補（如降低測量參數間的變異量）。

$$\chi^2 = b \times var(\mathbf{R}_{XY}) \times var(\mathbf{R}_{X+Y}) \qquad \text{公式6-8}$$

公式6-8中，b為兩種變異量交乘積的迴歸係數（正值），$\mathbf{R}_{X+Y}$表兩個測量參數矩陣（$\mathbf{R}_X$、$\mathbf{R}_Y$）加以合併的相關矩陣。由公式6-8顯示：卡方統計的估計值，係測量參數間變異量 & 結構參數間變異量的函數。假如結構參數$\mathbf{R}_{XY}$的元素均相等時，不管測量的信度大小，卡方統計量均會等於0，即完美適配；假如結構參數$\mathbf{R}_{XY}$的元素不相等時，卡方統計量就會受到測量參數與結構參數之變異量的影響。通常測量參數之變異較小，因此卡方統計量受結構參數變異量的影響較大。

過去許多SEM應用者，均遵循測量模式的檢驗先於結構模式的檢驗，因為測量模式內每一構念內指標需具有聚斂效度，此為測量該構念的邏輯必要性（Logical necessity），如不具備此條件，進行SEM結構關係的考驗，就會失去立論的基礎。不過，Fornell and Larcker（1981a）曾指出，SEM理論模式與觀察資料間的適配度，會隨著測量品質及構念間關係強度的下降而增加，其實構念間關係強度的下降，也可能係因測量品質的改善所致（參見公式6-7）。因此，假如觀察變項間的相關很微弱的話，幾乎每一個理論模式（不管正確或不正確）都能獲得既定的適配水準。研究者遇此一現象，評估SEM適配度時，宜特別注意。由此觀之，測量品質的過度弱化，會扭曲結構係數與理論模式的適配度。此結構係數的扭曲，可能係結構參數的信度校正（Disattenuation for reliability）過度所致。

四、實例解說

根據前面各節SEM應用上的困惑及其相關理論之說明，以下將以過去學者之模擬實例，針對測量模式、結構模式與SEM適配度間之複雜關係，加以澄清與說明，以利研究者可以更正確運用SEM。

（一）結構參數具一致性與完全適配的關係

Fornell & Larcker（1981a）曾以圖6-3的簡單二因素理論模式，透過該模式中的測量參數 & 結構參數的改變（如圖6-1、圖6-4 & 圖6-6的資料），評析與論述這些參數改變與SEM適配度的交互關係。

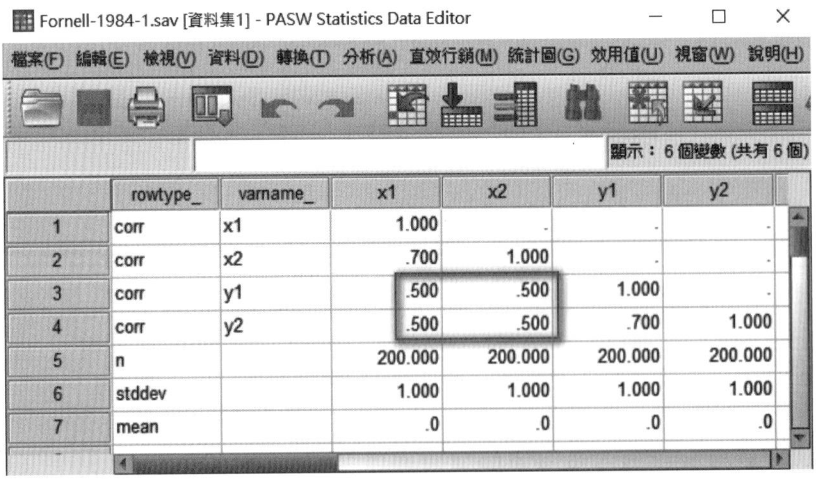

	rowtype_	varname_	x1	x2	y1	y2
1	corr	x1	1.000	.	.	.
2	corr	x2	.700	1.000	.	.
3	corr	y1	.500	.500	1.000	.
4	corr	y2	.500	.500	.700	1.000
5	n		200.000	200.000	200.000	200.000
6	stddev		1.000	1.000	1.000	1.000
7	mean		.0	.0	.0	.0

圖6-4　原始資料相關矩陣：結構參數具一致性

註：檔名fornell-1984-1.sav。

圖6-4相關資料矩陣中之結構參數均相同（.50），其結構參數具一致性，而測量參數均為.70，亦具一致性。根據公式6-7，$\gamma = \sqrt{\dfrac{.5 \times .5}{.7 \times .7}} = \sqrt{\dfrac{.25}{.49}} = .71$（參見圖6-5中之結構參數），因為分子部分的乘積值小於分母部分的乘積值，所以γ落在± 1合理範圍之內。

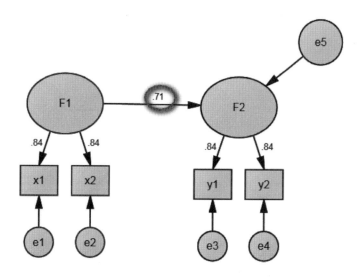

圖6-5　二因素理論模式分析結果

因為圖6-4資料矩陣中之結構參數均相同，符合完美結構一致性的條件（$.5 \times .5 = = .5 \times .5$），根據公式6-4，其等式成立為完全適配，其卡方值等於0（p = 1.0），如表6-2所示。

表6-2　Amos報表：完全適配

Model	NPAR	CMIN	DF	P	CMIN/DF
Default model	9	.000	1	1.000	.000
Saturated model	10	.000	0		
Independence model	4	352.502	6	.000	58.750

為檢驗測量參數下修對於結構徑路係數的影響，將測量參數由.70降低為.55，結構係數則維持一樣（均為.50），參見圖6-6之相關矩陣。

rowtype_	varname_	x1	x2	y1	y2
corr	x1	1.00	.	.	.
corr	x2	.55	1.00	.	.
corr	y1	.50	.50	1.00	.
corr	y2	.50	.50	.55	1.00
n		200.00	200.00	200.00	200.00
stddev		1.00	1.00	1.00	1.00
mean		.0	.0	.0	.0

圖6-6　原始資料相關矩陣：測量參數下修

註：檔名fornell-1984-2.sav。

　　比對圖6-5與圖6-7的結構係數，顯示測量品質的變差（.70→.55），會提升構念間關係的強度（.71→.91），而較佳的測量品質，卻會降低構念間的關係強度。主因在於SEM測量誤差校正上的小瑕疵，因此對於測量品質的要求，研究者須格外留意。

　　根據公式6-7，$\gamma = \sqrt{\dfrac{.5 \times .5}{.55 \times .55}} = \sqrt{\dfrac{.25}{.3025}} = .91$（參見圖6-7）

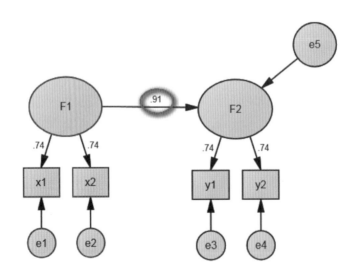

圖6-7　二因素理論模式分析結果

　　由圖6-6的原始資料相關矩陣可知，結構係數矩陣的相關係數均為.5，符合完美結構一致性的條件（.5×.5 = .5×.5），參見公式6-4，為完全適配，其卡方值等於0（p = 1.0），參見表6-3。

表6-3　Amos報表：卡方考驗

Model	NPAR	CMIN	DF	P	CMIN/DF
Default model	9	.000	1	1.000	.000
Saturated model	10	.000	0		
Independence model	4	250.493	6	.000	41.749

　　從以上兩個相關矩陣的卡方值均為0，可以推知：只要相關矩陣具完美結構一致性，測量參數的大小並不會影響卡方考驗的結果。由此觀之，結構一致性是影響適配度的主要因素。

（二）結構參數未具完全一致性，卡方值會大於0

rowtype_	varname_	x1	x2	y1	y2
corr	x1	1.000	.	.	.
corr	x2	.700	1.000	.	.
corr	y1	.600	.500	1.000	.
corr	y2	.500	.600	.700	1.000
n		200.000	200.000	200.000	200.000
stddev		1.000	1.000	1.000	1.000
mean		.0	.0	.0	.0

圖6-8　修正資料矩陣：結構參數未具一致性

註：檔名fornell-1984-3.sav。

　　由圖6-8中矩形內之結構參數矩陣，可知$\gamma_{x1y1} \times \gamma_{x2y2} \neq \gamma_{x1y2} \times \gamma_{x2y1}$（.6×.6 ≠ .5×.5），不符合公式6-4之完美結構一致性之定義，因此χ^2將大於0。

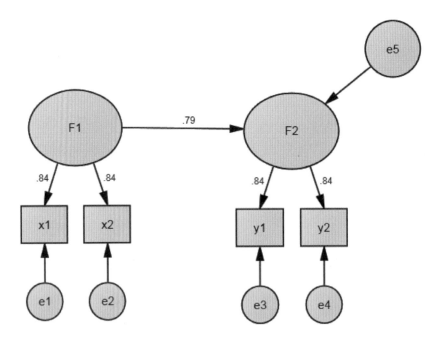

圖6-9　二因素理論模式分析結果：標準化結果

由於結構參數未具一致性（SD = .05, SD^2 = .0025），卡方值不等於0（χ^2 = 23.439, p = .000），請比較表6-2 & 表6-4的卡方值，兩者考驗結果，天差地別。

表6-4　Amos報表：卡方考驗

Model	NPAR	CMIN	DF	P	CMIN/DF
Default model	9	23.439	1	.000	23.439
Saturated model	10	.000	0		
Independence model	4	399.380	6	.000	66.563

根據公式6-1，可求得χ^2 = 23.44（ = (200 − 1)×.1178）。另外，根據公式6-7，由於結構係數（γ）為相關係數，其值不能大於±1。因此，分子部分的乘積值應小於分母部分的乘積值。換言之，組合信度相關的測量參數之乘積值，需大於結構係數相關的理論參數之乘積值，否則會產生非正定矩陣（Non-positive definite matrix）現象。

（三）獨特變異量大小會干擾SEM理論模式之適配度

Browne, MacCallum, Kim, Andersen & Glaser（2002）在研究資料分析諮詢

時，發現帶有潛在變項的SEM理論模式中，低的測量信度會導致接納錯誤的理論模式，而測量的高精確度可能導致拒絕正確的理論模式。因爲當獨特變異量（Unique variances）較小時，卡方導向的適配度指標對於不適配（Misfit）較敏感。通常殘差相關很小時，即顯示適配度良好，但SEM適配度指標遇到獨特變異量不大時，卻會出現不佳的適配度。獨特變異量包含誤差變異量（Error variance）與特殊變異量（Specific variance），小的獨特變異量意謂著觀察變項之誤差變異量與特殊變異量均很小，因而可以較精確測量潛在變項及獲得較大的共同變異量（Common variance）。

但令人困惑的是，好的理論模式卻會因好的測量品質而遭到拒絕。因而，Browne et al.（2002）建議，當一個理論模式出現適配度不佳時，研究者不應馬上認定該理論模式不佳。此時，研究者應立即檢查殘差相關矩陣，假如有些或許多殘差相關較大，該理論模式應屬不佳，殘差相關較大者即爲不適配的根源；反之，假如許多殘差相關均很小，卻出現不適配的理論模式，該理論模式應可接納之。筆者推測其不適配原因，爲該SEM理論模式出現多元共線性，而非理論模式的不適配。Browne et al.（2002）的研究結論：單靠卡方適配度進行SEM理論考驗（Theory testing），似乎仍有不周之處。圖6-10的的實徵資料：心理治療對於免疫系統反應的數據，係他們用來說明測量參數、結構參數與SEM理論模式適配度間的關聯性。

以下將以五種不同測量與結構參數模擬情境爲例，說明測量模式中的參數、結構模式的結構參數與SEM理論模式適配度間的微妙關聯性。

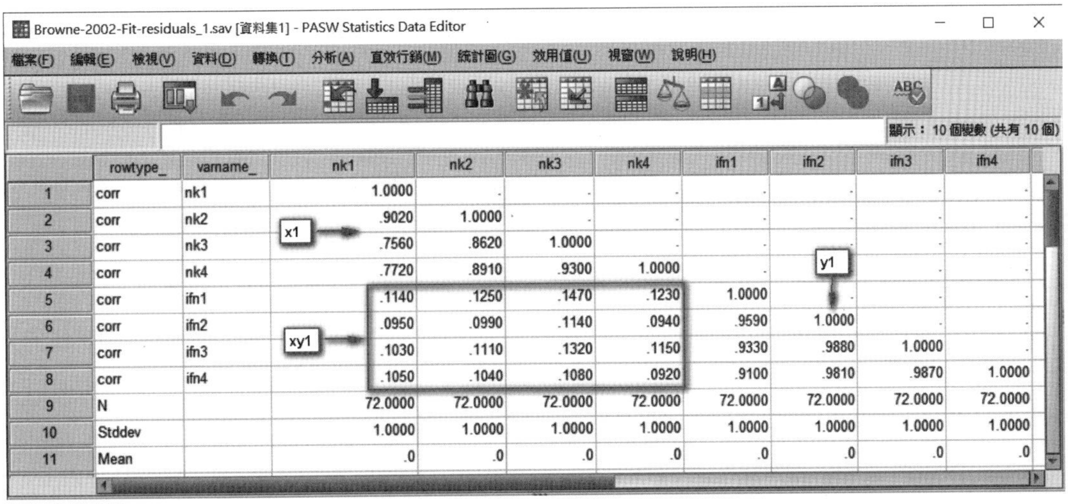

	rowtype_	varname_	nk1	nk2	nk3	nk4	ifn1	ifn2	ifn3	ifn4
1	corr	nk1	1.0000	.	.	.	.	.	.	.
2	corr	nk2	.9020	1.0000	.	.	.	.	.	.
3	corr	nk3	.7560	.8620	1.0000	.	.	.	.	.
4	corr	nk4	.7720	.8910	.9300	1.0000	.	.	.	.
5	corr	ifn1	.1140	.1250	.1470	.1230	1.0000	.	.	.
6	corr	ifn2	.0950	.0990	.1140	.0940	.9590	1.0000	.	.
7	corr	ifn3	.1030	.1110	.1320	.1150	.9330	.9880	1.0000	.
8	corr	ifn4	.1050	.1040	.1080	.0920	.9100	.9810	.9870	1.0000
9	N		72.0000	72.0000	72.0000	72.0000	72.0000	72.0000	72.0000	72.0000
10	Stddev		1.0000	1.0000	1.0000	1.0000	1.0000	1.0000	1.0000	1.0000
11	Mean		.0	.0	.0	.0	.0	.0	.0	.0

圖6-10　臨床心理治療效能之相關矩陣資料：情境一

　　圖6-10中，nk1～nk4、ifn1～ifn4係重複測量資料，為殺手細胞（NK）對於干擾素（IFN）之反映。圖中方框內數據為結構參數矩陣（xy1），測量參數矩陣則包含方框上方（x1）與右方（y1）之非對角線的所有元素（註記為：x1 & y1）。由圖6-10的臨床心理治療效能的測量參數矩陣可知，測量參數間均具有高相關（.772～.988），顯示NK & IFN構念下的各測量指標，具有非常高的聚斂效度與組合信度（也稱為建構信度），這是造成多元共線性的主因。圖6-11係殺手細胞與干擾素反映的徑路圖與其標準化徑路係數。

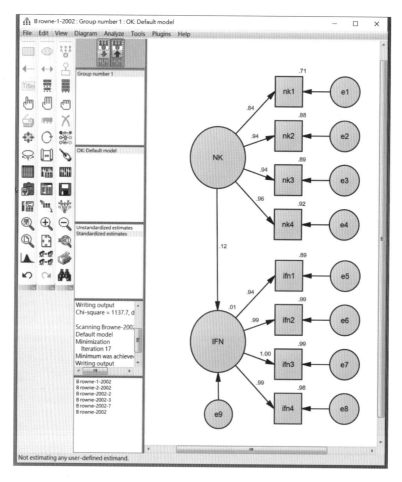

圖6-11　殺手細胞與干擾素反映的徑路圖與標準化徑路係數

　　圖6-10中之測量參數矩陣的平均數為.906，其變異量為.077²，而結構參數矩陣的平均數為.111，其標準差為.0148。因此，結構參數矩陣未具結構一致性，其卡方值大於0甚多（$\chi^2 = 105.694$, $p = .000$），顯示本理論模式非常不適配。

表6-5　Amos報表：卡方考驗

Model	NPAR	CMIN	DF	P	CMIN/DF
Default model	17	105.694	19	.000	5.563
Saturated model	36	.000	0		
Independence model	8	1121.938	28	.000	40.069

不過，查看表6-6中的殘差矩陣，各變項間的殘差共變量均不大（最大者為.108），意謂著本理論模式的適配度似乎可以接納，但有待持續深究。

表6-6　Amos報表：殘差矩陣

Residual Covariances (Group number 1 - Default model)

	ifn4	ifn3	ifn2	ifn1	nk4	nk3	nk2	nk1
ifn4	.000							
ifn3	.003	.000						
ifn2	-.002	-.001	.000					
ifn1	-.023	-.007	.020	.000				
nk4	-.019	.003	-.017	.017	.000			
nk3	-.001	.022	.004	.042	.023	.000		
nk2	-.004	.002	-.010	.021	-.010	-.022	.000	
nk1	.007	.005	-.003	.021	-.039	-.040	.108	.000

由圖6-12底部之特徵值可知：特徵值太小，導致卡方值的膨脹（最後一個特徵值為.007，逼近於0）。假如觀察變項的獨特變異量都很小，卡方值將會顯著膨脹；假如有些變項的獨特變異量都很小，卡方值可能會顯著膨脹；假如所有變項的獨特變異量都不小，卡方值就不會顯著膨脹（Browne et al., 2002）。特徵值會變得很小的主要原因，簡述如下：

相關係數矩陣內任意兩列（或行）的向量，如果有倍數關係（如某一列是另一列的幾倍），就會出現線性相依的現象，線性相依會導致矩陣沒有反矩陣，也就是其行列式值（為特徵值的交乘積）會等於零，特徵值中必有0或趨近於0，參見圖6-12底部之特徵值與行列式值。這些特徵值與行列式值，Amos報表可以輸出，請點選圖6-12左側之「Sample Moments」選目，即可獲得。

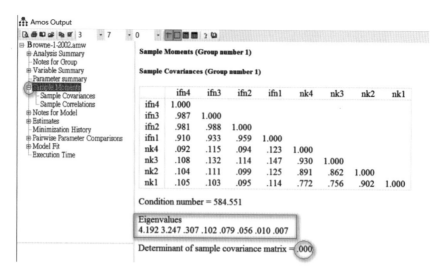

圖6-12　Amos報表：特徵值與行列式值

　　雖然每一構念內的反映性指標（Reflective indicators）間須具有高相關（內部一致性才會好），但不能過高而導致多元共線性。因為刪除部分反映性指標，並不會改變構念的意義，乃將nk4 & ifn3變項刪除，重新分析卡方考驗的結果，如表6-7 & 圖6-13所示。

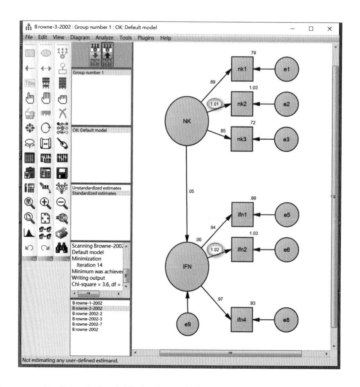

圖6-13　殺手細胞與干擾素反映的修正徑路圖與標準化徑路係數

表6-7　Amos報表：卡方考驗

Model	NPAR	CMIN	DF	P	CMIN/DF
Default model	13	3.561	8	.894	.445
Saturated model	21	.000	0		
Independence model	6	658.779	15	.000	43.919

　　由表6-7 Amos卡方考驗顯示：卡方考驗的結果已顯著接近正常結果，但仍存在多元共線性現象（行列式值仍為0），參見表6-8，可以看出if2 & if4指標間相關，似乎仍很高。

表6-8　Amos報表：相關矩陣、特徵值與行列式值

Sample Covariances (Group number 1)

	ifn4	ifn2	ifn1	nk3	nk2	nk1
ifn4	1.000					
ifn2	.981	1.000				
ifn1	.910	.959	1.000			
nk3	.108	.114	.147	1.000		
nk2	.104	.099	.125	.862	1.000	
nk1	.105	.095	.114	.756	.902	1.000

Condition number = 412.809

Eigenvalues
3.145 2.438 .248 .090 .072 .008

Determinant of sample covariance matrix = .000

（四）結構參數變異量會影響SEM理論模式之適配度

　　前例情境一是一個極端案例，一般社會科學的研究發生的機率可能較小，以下情境二、情境三的案例則較易發生，此例子係仿照臨床心理治療效能的虛擬資料，參見圖6-14 & 圖6-15。兩筆資料唯一差異之處，在於結構參數矩陣。

Browne-2002-Fit-residuals.sav [資料集2] - PASW Statistics Data Editor

	rowtype_	varname_	nk1	nk2	nk3	nk4	ifn1	ifn2	ifn3	ifn4
1	corr	nk1	1.0000	.	.	.	.	.	.	.
2	corr	nk2	.1780	1.0000	.	.	.	.	.	.
3	corr	nk3	.0380	.1420	1.0000	.	.	.	.	.
4	corr	nk4	.0460	.1840	.2330	1.0000	.	.	.	.
5	corr	ifn1	.0310	.0490	.1090	.0030	1.0000	.	.	.
6	corr	ifn2	.0620	.0800	.1810	-.0190	.4430	1.0000	.	.
7	corr	ifn3	.0580	.0830	.1950	-.0080	.4300	.8450	1.0000	.
8	corr	ifn4	.0690	.0840	.1680	-.0150	.3720	.7620	.7940	1.0000
9	N		72.0000	72.0000	72.0000	72.0000	72.0000	72.0000	72.0000	72.0000
10	Stddev		1.0000	1.0000	1.0000	1.0000	1.0000	1.0000	1.0000	1.0000
11	Mean		.0	.0	.0	.0	.0	.0	.0	.0

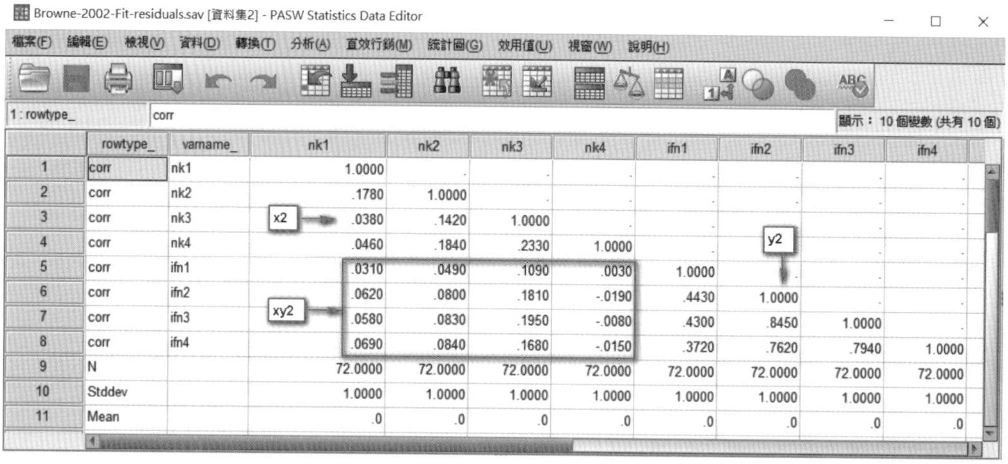

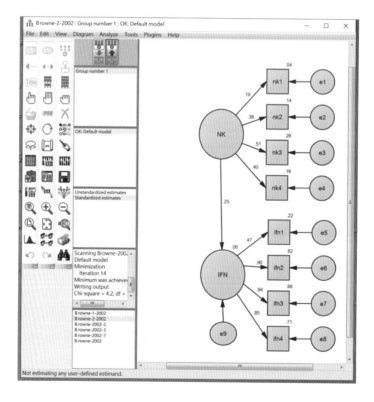

圖6-14　臨床心理治療效能的虛擬資料：情境二

圖6-14中的相關矩陣，其矩形方框內的結構參數矩陣（xy2）之平均數爲.071，而其標準差爲.067；矩形方框外的測量參數矩陣（包含x2 & y2之非對角線元素，註記爲：x2 & y2）之平均數爲.372，而其標準差爲.29。

圖6-15 二因素理論模式分析結果：標準化係數

表6-9　Amos報表：卡方考驗

Model	NPAR	CMIN	DF	P	CMIN/DF
Default model	17	4.198	19	1.000	.221
Saturated model	36	.000	0		
Independence model	8	195.125	28	.000	6.969

由表6-9之卡方考驗結果知，二因素理論模式幾乎完全適配（χ^2 = 4.198, p = 1.000），但標準化結構係數似乎偏低（.25），在實際運用上須審愼，這也顯示適配度高，因果強度並不一定高。

爲了說明結構參數變異量是決定χ^2大小之主因，乃修正結構參數矩陣，如圖6-16所示。

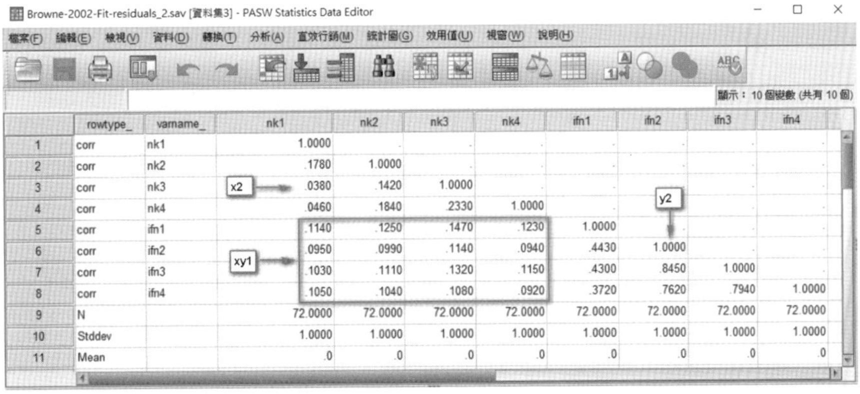

	rowtype_	varname_	nk1	nk2	nk3	nk4	ifn1	ifn2	ifn3	ifn4
1	corr	nk1	1.0000	.	.	.	.	.	.	.
2	corr	nk2	.1780	1.0000	.	.	.	.	.	.
3	corr	nk3	.0380	.1420	1.0000	.	.	.	.	.
4	corr	nk4	.0460	.1840	.2330	1.0000	.	.	.	.
5	corr	ifn1	.1140	.1250	.1470	.1230	1.0000	.	.	.
6	corr	ifn2	.0950	.0990	.1140	.0940	.4430	1.0000	.	.
7	corr	ifn3	.1030	.1110	.1320	.1150	.4300	.8450	1.0000	.
8	corr	ifn4	.1050	.1040	.1080	.0920	.3720	.7620	.7940	1.0000
9	N		72.0000	72.0000	72.0000	72.0000	72.0000	72.0000	72.0000	72.0000
10	Stddev		1.0000	1.0000	1.0000	1.0000	1.0000	1.0000	1.0000	1.0000
11	Mean		.0	.0	.0	.0	.0	.0	.0	.0

圖6-16　臨床心理治療效能的虛擬資料：情境三

圖6-16中的情境三相關矩陣，其矩形方框內的結構參數矩陣（xy1）之平均數爲.111，而其標準差爲.0148；矩形方框外的測量參數矩陣（x2 & y2，同情境二，維持不變）之平均數爲.372，而標準差爲.29。就結構參數矩陣之平均數來看，情境三之平均數比情境二之平均數稍大（.071→.111）。因此，NK→IFN之標準化徑路係數亦稍微變大（.25→.31），參見圖6-17之結構係數。

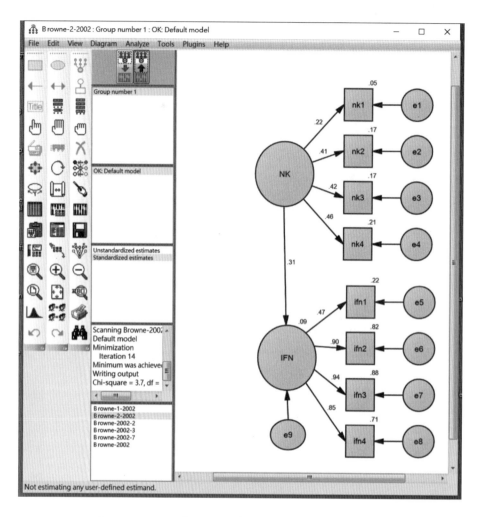

圖6-17　二因素理論模式分析結果：標準化係數

　　由表6-10之卡方考驗結果知，二因素理論模式幾乎完全適配（$\chi^2 = 3.736$, p = 1.000）。

表6-10　Amos報表：卡方考驗

Model	NPAR	CMIN	DF	P	CMIN/DF
Default model	17	3.736	19	1.000	.197
Saturated model	36	.000	0		
Independence model	8	195.828	28	.000	6.994

由以上數據觀之，測量品質保持恆定時，其結構參數變異量如變小（sd = .067→sd = .0148），卡方也會變小（4.198 > 3.736），符合公式6-8之定義，反映出卡方統計量的大小，主要係受到結構參數間變異量的牽動。

表6-11　Amos報表：殘差矩陣

Residual Covariances (Group number 1 - Default model)

	ifn4	ifn3	ifn2	ifn1	nk4	nk3	nk2	nk1
ifn4	.000							
ifn3	.003	.000						
ifn2	-.001	-.001	.000					
ifn1	-.023	-.008	.021	.000				
nk4	-.025	-.015	-.031	.057	.000			
nk3	.000	.012	-.001	.086	.042	.000		
nk2	-.002	-.007	-.015	.065	-.004	-.030	.000	
nk1	.048	.040	.034	.082	-.053	-.053	.086	.000

（五）測量品質會影響SEM理論模式之結構係數

茲以圖6-18與圖6-20的資料結構為例，在結構參數矩陣保持恆定之下，利用測量參數矩陣的變化，以檢驗測量品質對於SEM結構係數的影響。

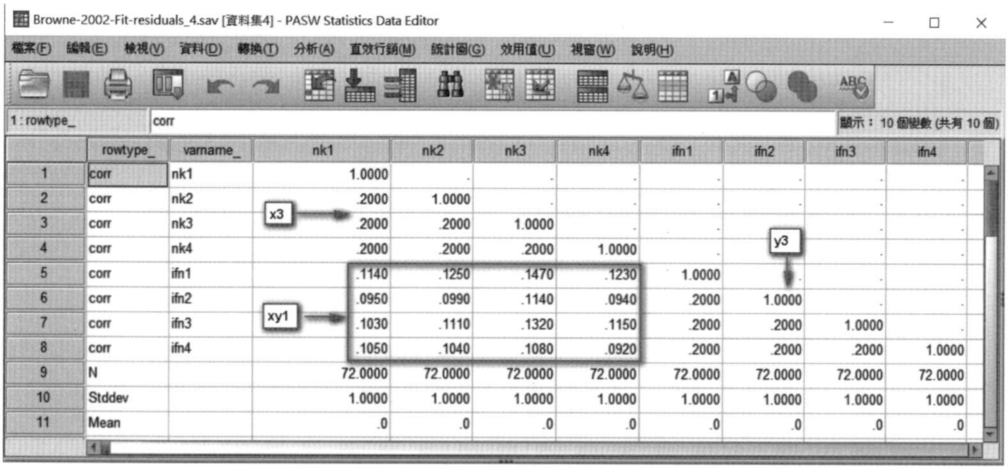

	rowtype_	varname_	nk1	nk2	nk3	nk4	ifn1	ifn2	ifn3	ifn4
1	corr	nk1	1.0000	.	.	.	.	.	.	.
2	corr	nk2	.2000	1.0000	.	.	.	.	.	.
3	corr	nk3	.2000	.2000	1.0000	.	.	.	.	.
4	corr	nk4	.2000	.2000	.2000	1.0000	.	.	.	.
5	corr	ifn1	.1140	.1250	.1470	.1230	1.0000	.	.	.
6	corr	ifn2	.0950	.0990	.1140	.0940	.2000	1.0000	.	.
7	corr	ifn3	.1030	.1110	.1320	.1150	.2000	.2000	1.0000	.
8	corr	ifn4	.1050	.1040	.1080	.0920	.2000	.2000	.2000	1.0000
9	N		72.0000	72.0000	72.0000	72.0000	72.0000	72.0000	72.0000	72.0000
10	Stddev		1.0000	1.0000	1.0000	1.0000	1.0000	1.0000	1.0000	1.0000
11	Mean		.0	.0	.0	.0	.0	.0	.0	.0

圖6-18　測量品質不佳的相關資料矩陣：情境四

　　圖6-18中的情境四相關矩陣，其矩形方框內的結構參數矩陣（xy1）之平均數為.111，而其標準差為.0148；矩形方框外的測量參數矩陣（x3 & y3）之平均數為.20，而標準差為0，顯示測量品質不佳。

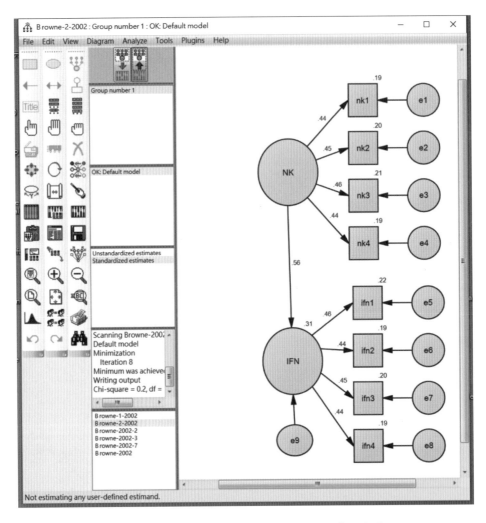

圖6-19　二因素理論模式分析結果：標準化係數

　　由圖6-18的結構參數間之相關係數，可推知其因果關係之強度不高（均小於.15），但其NK→IFN之標準化結構係數為.56（參見圖6-19），似乎高估了。

表6-12　Amos報表：卡方考驗

Model	NPAR	CMIN	DF	P	CMIN/DF
Default model	17	.181	19	1.000	.010
Saturated model	36	.000	0		
Independence model	8	34.259	28	.192	1.224

由表6-12之卡方考驗結果知，二因素理論模式幾乎完全適配（χ^2 = .181, P = 1.000），此乃結構參數矩陣內之元素的變異量不大所致，符合公式6-8之定義。

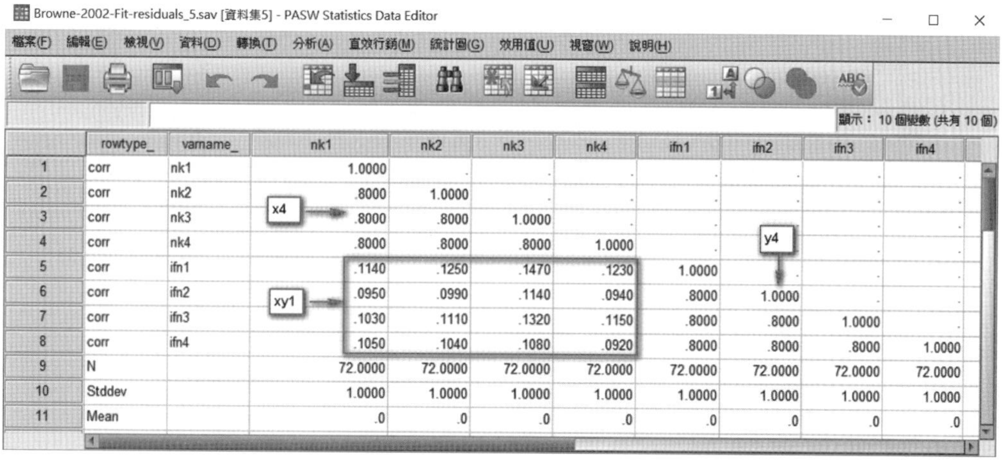
Browne-2002-Fit-residuals_5.sav [資料集5] - PASW Statistics Data Editor

	rowtype_	varname_	nk1	nk2	nk3	nk4	ifn1	ifn2	ifn3	ifn4
1	corr	nk1	1.0000	.	.	.	.	.	.	.
2	corr	nk2	.8000	1.0000	.	.	.	.	.	.
3	corr	nk3	.8000	.8000	1.0000	.	.	.	.	.
4	corr	nk4	.8000	.8000	.8000	1.0000	.	.	.	.
5	corr	ifn1	.1140	.1250	.1470	.1230	1.0000	.	.	.
6	corr	ifn2	.0950	.0990	.1140	.0940	.8000	1.0000	.	.
7	corr	ifn3	.1030	.1110	.1320	.1150	.8000	.8000	1.0000	.
8	corr	ifn4	.1050	.1040	.1080	.0920	.8000	.8000	.8000	1.0000
9	N		72.0000	72.0000	72.0000	72.0000	72.0000	72.0000	72.0000	72.0000
10	Stddev		1.0000	1.0000	1.0000	1.0000	1.0000	1.0000	1.0000	1.0000
11	Mean		.0	.0	.0	.0	.0	.0	.0	.0

圖6-20　測量品質較佳的相關資料矩陣：情境五

圖6-20中情境五的相關矩陣，其矩形方框內的結構參數矩陣（xy1）之平均數爲.111，而其標準差爲.0148；矩形外的測量參數矩陣（x4 & y4）之平均數爲.80，而標準差爲0。情境五的測量品質，由情境四的.20提升爲.80，測量品質有顯著改善，參見圖6-20。

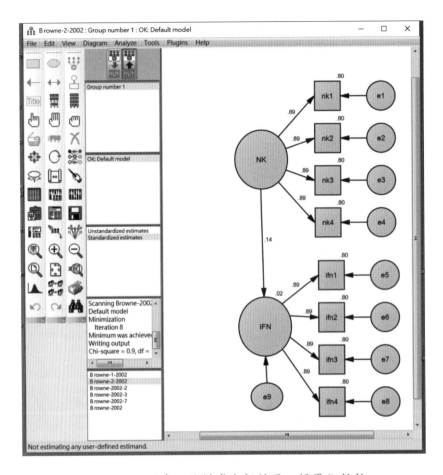

圖6-21　二因素理論模式分析結果：標準化係數

　　根據圖6-19 & 圖6-21的標準化係數可推知：結構參數保持恆定，如果提升測量品質（.20→.80），就會下修結構係數γ（.56→.14），符合公式6-7內分母之定義。反之，如果測量品質不佳（如組合信度<.7或AVE <.5以下），結構係數會出現不合理的高估，其主要原因來自於SEM結構係數之信度校正所致。

表6-13　Amos報表：卡方考驗

Model	NPAR	CMIN	DF	P	CMIN/DF
Default model	17	.933	19	1.000	.049
Saturated model	36	.000	0		
Independence model	8	514.006	28	.000	18.357

由表6-13之卡方考驗結果知，二因素理論模式幾乎完全適配（χ^2 = .933, P = 1.000），此乃結構參數矩陣內之元素的變異量不大所致，符合公式6-8之定義。

（六）相關係數矩陣之平均數及變異量的描述統計量

茲將前述圖6-10、圖6-14、圖6-16、圖6-18與圖6-20之測量參數矩陣及結構參數矩陣的平均數與標準差，摘要如表6-14所示。

表6-14　相關係數矩陣描述統計摘要表

	個數	平均數	標準差	變異數
xy2	16	.070625	.0670422	.004
xy1	16	.111313	.0148715	.000
x1&y1	12	.905917	.0772675	.006
x2&y2	12	.372250	.2900392	.084
x3&y3	12	.2000	.00000	.000
x4&y4	12	.8000	.00000	.000

表6-14中，xy1為圖6-10、圖6-16、圖6-18與圖6-20之結構參數，xy2為圖6-14之結構參數；x1 & y1為圖6-10之測量參數，x2 & y2為圖6-14、圖6-16之測量參數，x3 & y3為圖6-18之測量參數，x4 & y4為圖6-20之測量參數。

結合表6-14之描述統計摘要表，將前述相關係數矩陣的平均數及變異量，與卡方考驗關係的分析結果，統整於表6-15，以利讀者分析與比較。

表6-15　相關係數矩陣之描述統計與卡方考驗摘要表（N = 72）

情境	測量參數 （R_{X+Y}） 變異量	測量參數 平均數	結構參數 （R_{XY}） 變異量	結構參數 平均數	χ^2	P值	γ
一	$.077^2$	.906	$.015^2$	.111	105.694 （異常）	.000	.12
二	$.29^2$	.372	$.067^2$	.071	4.198	1.00	.25
三	$.29^2$	.372	$.015^2$	.111	3.736	1.00	.31
四	0	.20	$.015^2$	.111	.181	1.00	.56 （異常）
五	0	.80	$.015^2$	.111	.933	1.00	.14

表6-15 相關係數矩陣之描述統計與卡方考驗摘要表（N = 72）（續）

情境	測量參數 (R_{X+Y}) 變異量	測量參數 平均數	結構參數 (R_{XY}) 變異量	結構參數 平均數	χ^2	P值	γ
一 vs 三	變大	變差	結構一致性相同	相同	適配度顯著變好	變大	結構係數變大
二 vs 三	相同	相同	結構一致性變小	變差	適配度稍微變好	不變	結構係數稍微變大
四 vs 五	相同	變好	結構一致性相同	相同	適配度稍微變差	不變	結構係數顯著變小

註：相關矩陣R_{X+Y}為測量參數變異量，相關矩陣R_{XY}為結構參數變異量。

由表6-15中情境一可發現，當發生多元共線性時，SEM的χ^2會出現異常值；綜合情境二～情境五可知，在SEM理論模式適配度極佳的情境下（p = 1.00），其結構參數的平均觀察變項的相關強度並不高（.071 & .111，反映SEM理論模式之界定可能不適當），可見SEM適配度的強度並不等於其因果關係之強度；由情境一與情境三的比較可發現，測量品質變壞，結構係數會變大；由情境四與五的比較不難發現，測量品質變好，結構係數反而會顯著變小，有違常理，常令SEM研究者困惑不已。

五、結語

根據以上之實例分析，可以發現：當測量信度變差時，其測量參數變異量常會變大；當結構一致性變差時，其結構參數變異量會變大；當結構參數變異量變大，SEM的適配度將變差。測量信度過低會造成結構係數的虛胖，而假如觀察變項的獨特變異量，因多元共線性而變得很小，卡方值將會顯著膨脹，這兩種情況均將扭曲研究真象。SEM會因測量信度之校正，不佳的測量（如構念的組合信度低）會導致結構係數變強的假象，而高度精準的測量（常見於物理或生理測量上）卻會導致模式不適配的現象，參見公式6-8。綜上所述，可獲得以下SEM運用上之啟示：

1. 除了樣本大小之外，結構一致性與獨特變異量是影響SEM理論模式適配度的主因。
2. 測量須具有好品質（如組合信度 > .7或AVE > .5以上），否則會因信度校正而導致結構係數的過度虛胖。
3. SEM理論模式不適配時，應仔細檢查測量指標間的相關是否過高所致，亦即有無多元共線性現象。
4. SEM適配度的強度不等於因果關係之強度。

第7章

一致性與非一致性
差異試題功能分析：
CFA與MIMIC取向

Amos

一、緣起

不論證照考試、升學考試、標準化成就測驗，其試題的公平性及客觀性，一向是考生關切的焦點，學者注目之議題。早期研究試題公平、公正性的問題，稱為試題偏誤（Item bias）的分析，其後才改稱較具中性意義的差異試題功能（Differential item functioning，以下簡稱DIF），並且藉著DIF的引介，將試題偏誤與試題效能（Item impact）區分開來（Ackerman, 1992），參見示意圖 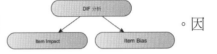 。因此，目前研究者大都認為差異試題功能的來源可能是「試題效能」，也有可能是「試題偏誤」。如何將效能 & 偏誤區分開來，乃是DIF統計分析後，質化分析之艱鉅任務：包含內容審核、找出DIF原因以及要如何處置。

「試題效能」指的是待測能力在組間的真正差異量，這是有效題目所引起的組間差異，而「試題偏誤」是指根據測驗測得之構念分數，將兩組受試群體加以配對（Matched）或等化（Equated）後，相同待測能力的目標組（或稱為焦點組，通常為弱勢團體）和參照組考生，在某試題上的正確率出現顯著差異，並且其差異性不是由於待測能力的差異所引起，而是與待測能力無關的其他因素所致（Beer, 2004；Zumbo, 2007）；亦即對於待測能力，該題目在組間產生了高估或低估的偏誤。一般經由統計分析而發現具有DIF的題目，均需經過學科專家之內容分析或測驗專家的項目分析，審慎評估該題目有無測到其他無關構念而導致測量偏差，才能確認該題目是否具有試題偏誤。換言之，DIF分析是試題偏誤的必要條件但非充分條件，通常透過統計方法檢測之後，尚須透過質化方法去檢視此種組間差異是否與測驗目的無關，才能認定為「試題偏誤」（Hambleton, Merenda, & Spielberger, 2006）。

這些與測驗所測能力無關的因素，可能來自於題目內容、語意內涵、題目結構、題目型態、測驗情境、文化差異、語言轉譯、作答態度、教育背景、教學異質性、性別差異、考試策略、測驗主題之熟悉度、時間限制、課程內容差異與外力干預或協助等。這些與測驗所測能力無關的因素（例如：GRE推理能力不佳，係因英文能力不佳所致），會使得測量題目的意義在不同群體上具有不同的詮釋，或測到不同特質、額外特質，而造成測驗結果對於某一組較有效，另一組較無效的偏差。此時，處理試題偏誤的方法，不外乎刪除具有偏誤的試題，或探求發生試題偏誤的原因。由此觀之，DIF的偵測不僅有助於測驗的公平性，亦有利於測驗效度的提升。因此，近年來一些大型之測驗或考試，例如：國中基本學力測驗、大學入學測驗、

GRE、TOEFL、PISA等測驗，均有不少研究者在進行DIF分析（盧雪梅，1999；曾建銘，2005；余民寧、謝進昌，2006；何宗岳，2011；Gomez, 2010；Gu, Drake, & Wolfe, 2006；Jones, 2006；Liu, Schedl, Malloy, & Kong, 2009；Yildirim, & Berberôglu, 2009），以確保測驗之品質與測驗分數應用時的公平性。

以下舉一個類比實例，解說發生DIF的可能原因（取自ETS，2003）：

STRAWBERRY : RED

(A) peach: ripe (B) leather: brown (C) grass: green

(D) orange: round (E) lemon: yellow

因為草莓「strawberry」是一種水果，通常它是紅色「red」，因此，檸檬亦是一種水果，通常它是黃色，所以(E)乃是正確的答案。不過，有無某一族群之成員在這一道問題上出現不公情形，不是因為他們懂得比較少，而是他們有不同的文化經驗。他們所體驗的檸檬雖是一種水果，但通常它是綠色。因此他們可能會選(C) grass: green，而導致該題對他們而言偏難。

DIF偵測的重要性，也因以下考試不公之事件凸顯出來。在1976年，Golden Rule保險公司控告Illinois州保險局與ETS的保險經紀人證照考試，具有種族歧視（Racial bias）。當時，保險經紀人證照考試的通過率僅約有31%，很明顯的黑人常與此工作無緣。因此，當時的Circuit法院認為身為測驗編製者的ETS必須修正該測驗。一直到1984年，ETS與Golden Rule公司在法庭上達成以下之協議（Roever, 2005）：

1. 當美國的白人與黑人考生，在某一考題上的答對率相差15%以上時，該題即視為偏差題目（A biased item）。

2. 當非裔美國考生在一個題目上的答對率低於.40時，該題即視為太難。

3. 施測題目均應進行前測（Pre-tested），未來的測驗題目盡可能沒有偏誤與太難（Unbiased and non-difficult items）。

此乃有名的Golden Rule歷史訴訟案件，使得測驗編製者負有考試公平、公正的義務與責任，也導致研究者開始尋求檢定測驗偏差（Test bias）的方法。此項歷史事件使得DIF的偵測，成為標準化測驗編製的必要工作。

此外，心理特質如認知能力、人格特質、認知型態等等常被用來進行組間（如性別、種族、職業）之比較，此種不同族群間心理特質分數的比較，只有組間具有測量構念恆等性（Measurement equivalence）才有意義或有效（Chan, 2000），否則該測驗在不同族群上可能測到不同特質或能力，因而導致該測驗分數在參照組與焦點組反

映出不同的意涵。因此，DIF之檢測是各種測量工具發展歷程中之首要工作，尤其在跨文化或跨種族的DIF研究上（例如：Broer, Lee, Rizavi, Powers, 2005；Oishi, 2006；Gomez & Vance, 2008），更是關切焦點。

Zumbo（2007, 2008）認為第一、二代的DIF分析，旨在探究焦點團體與參照團體在成就測驗、性向測驗或證照考試上測驗偏差（Test bias）的公平性問題，研究者把分析的重點放在測驗的結構性與內容上；而第三代的DIF分析，研究者把分析的重點轉移到測驗題目特徵與測驗情境上，以分析DIF發生的原因。因此，DIF分析的目的已擴充到檢驗測量工具的內在效度、分析翻譯（或修訂）的測量工具建構之可比較性、探究不同群體受試者作答反應的心理歷程之差異及測量不變性的相關問題。由此觀之，當代DIF的研究不僅在分析測量的公正性或公平性問題，而且與測驗的效度檢驗密切地結合在一起，更重要的是不只是要找出DIF的題目，還要進一步能找出造成DIF的根源。

二、差異試題功能的類型

在談DIF類型之前，先看看沒有DIF題目的定義。以IRT理論來看，完全沒有DIF的題目，在參照組或焦點組上的兩條ICC會合而為一，如圖7-1所示。由圖7-1之ICC可知，此題不管是參照組或焦點組，其難度均為−1.5，鑑別度亦完全相同，反映出在任何能力水平上，兩組的答對率均完全相同，亦即反映出組間具測量構念恆等性。換言之，該題目在組間具有公平性，而無試題偏誤現象。

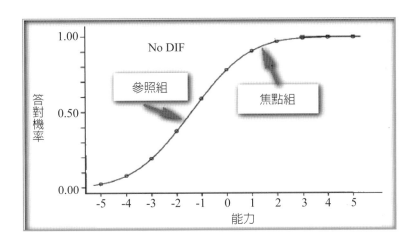

圖7-1　完全沒有DIF的題目

DIF試題類型大致可分為一致性（Uniform）、非一致性（Non-uniform）和混合型（Mixed）三種。茲將一致性、非一致性與混合型之DIF，簡介如下：

（一）一致性試題差異功能

以IRT理論來看，一致性DIF表示在所有的能力水準上，兩組受試者的項目特徵曲線（ICC）平行，其特徵曲線具單向性，如圖7-2所示。一致性試題差異功能（Uniform DIF），屬單向性的DIF。以認知能力為例，假如同一能力水準的兩組受試者（參照團體與焦點團體）答對某一試題的比率具有顯著的差異，而且在所有能力水準上均呈現一致性的差異方向（亦即能力與組別不具交互作用），那麼該試題即會產生「一致性試題差異功能」。以IRT理論來看，題目的「難度」即是反映出一致性試題差異功能的主要指標，至於題目的「鑑別度」則假設為相等（因ICC平行，斜率相同）。因而這些題目仍然在測同一特質或能力，並不會因組別不同而有所差異，參見圖7-2。此種題目不管是參照組或焦點組，其鑑別度完全相同，但難度不同，參照組為0而焦點組為.5，反映出在大部分能力水平上，兩組的答對率在組間之差異性具有一致性。

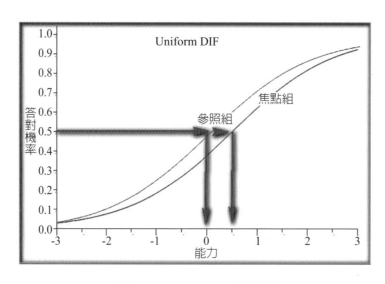

圖7-2　Uniform DIF的題目

（二）非一致性試題差異功能

非一致性DIF（Non-uniform DIF）表示兩組的ICC不相同且在某些能力水準上相

交（非次序性DIF），參見圖7-3。非一致性DIF，屬非單向性的DIF。以IRT理論來看，非一致性試題差異功能，出現於能力與組別具有交互作用時，主要反映在題目鑑別度上（兩組鑑別度不同，因此斜率不同而導致ICC相交）；亦即在某一能力水準上，某一題目對某一組較為有利，在其他能力水準上，該一題目則對另外一組較為有利；該題目是否對於某一組較為有利，端視其斜率為正或負而定。因而這些題目對於不同組別而言，可能在測不同特質或能力，參見圖7-3。此種題目不管是參照組或焦點組，其難度除了在交會點之外，在其他能力水平上，兩組的答對率均完全不同。題目難度在組間的差異大小與方向，需視能力的強弱而定；換言之，難度在組間之差異性不具有一致性。例如：一題中等能力男考生可以答對的數學題目，卻需要高能力的女考生才能答對，該題即出現非一致性的試題差異功能。由此觀之，當難度在組間之差異性出現一致性時，非一致性的試題差異功能就變成了一致性的試題差異功能。因此，一致性試題差異功能乃是非一致性試題差異功能的特例。據此，筆者建議非一致性的DIF分析應先於一致性的DIF分析。

　　前述一致性試題差異功能與非一致性試題差異功能之檢驗，在SEM分析下，一致性試題差異功能之檢驗，乃是截距不變性（Intercept scalar invariance）之考驗；而非一致性試題差異功能之檢驗，乃是指標層次量尺不變性（Partial metric invariance）之考驗（p. 308，李茂能，2006），亦即斜率不變性之考驗。

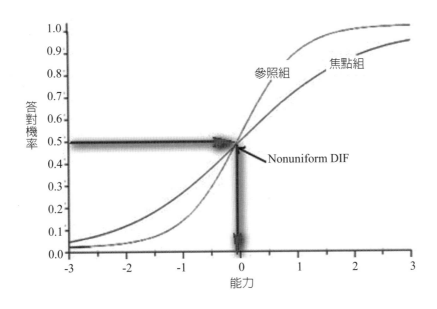

圖7-3　Non-uniform DIF 的題目

註：當能力與難度相等時，其答對機率為.50，此機率所對應的能力值，即為該題的難度值。

（三）混合型試題差異功能

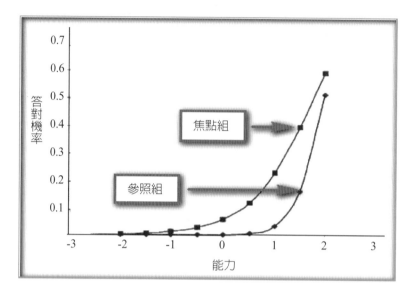

圖7-4　Mixed DIF的題目

　　混合型試題差異功能（Mixed DIF）是指不管是參照組或焦點組，題目的難度與鑑別度均不同。由圖7-4中反映出在大部分能力水平上，兩組的答對率與區辨力均不一樣，此類試題差異功能較為複雜，解釋不易。嚴格來說，當存在非一致性試題差異功能時，難度差異的解釋在組間將失去一致性，解釋時需視受試者的能力水平而定。因此，Mixed DIF的題目僅需進行非一致性DIF分析即可，沒有必要進行一致性DIF的解釋。事實上，Mixed DIF的題目可能出現次序性的非一致性DIF（兩組的ICC不相同，但不相交），或出現交叉性的非一致性DIF（兩組的ICC會相交）。

　　就圖7-4雙曲線觀之，不僅在整個群體的答對率不同之外，在不同能力水準上，兩組的區辨力亦有顯著差異。其實，兩組的ICC亦可能相交，Lopez（2012）稱之為交叉式混合型DIF（Crossing mixed DIF）。在IRT架構下，混合型試題差異功能分析，需同時考驗弱因素不變性與強因素不變性，亦即同時檢驗因素負荷量與截距在焦點組與參照組間之等同性。

　　由上述可知，DIF的題目係指該題目的難度與組別身分、能力間產生了交互作用現象。三種DIF類型與題目難度與鑑別度的關係，摘要於表7-1。

表7-1　三種DIF類型與題目難度與鑑別度關係之摘要表

	Uniform DIF	Non-uniform DIF	Mixed DIF
難度	x	√（只有交叉點）	x
鑑別度	√	x	x

x係指難度或鑑別度在參照組與焦點組上不相等。

√係指難度或鑑別度在參照組與焦點組上相等。

三、DIF分析的質化分析方法

　　DIF的分析最好能防患於未然，Zieky（2003）提供的六大題目客觀性審查（Fairness review）準則，可作為題目編擬者質化分析的參考，以事先避開會產生DIF的題材或用語。

1. 勿用涉及種族優越感、貶損、侮辱性或不敬之用語。

2. 少用艱澀專業術語或圖表，以降低測到與構念無關的知識或技能。

3. 避免使用爭論性、煽動性與令人不安的文字。

4. 謹慎使用標籤用語，減少族群（如瞎子）或性別歧視，盡量使用中性詞彙（如盲人）。

5. 勿用族群之刻板印象詞彙（如女人的工作）。

6. 採用多元性題目，涵蓋不同性別、種族或文化背景，以平衡各種文化經驗與觀點。

　　DIF分析的方法通常隨著測驗編製的過程而定，在初期會採質化方法，進行題目內容、題目用語、題目清晰度之審查，在中期會採量化方法，進行題目特質分析（單一特質、難度與鑑別度），末期通常會再採質化方法，進行DIF原因的探究與解釋，參見表7-2之摘要內容。

表7-2　DIF分析取向與分析重點

	初期	中期	末期
DIF分析取向	質化	量化	質化
DIF分析重點	題目內容審查	題目特質分析	DIF原因探究

　　Yildirim & Berberôglu（2009）認為DIF分析必須質、量並重。首先，需檢驗測量

工具之題目在組間是否在測同一特質（DIF之基本假設）。其次，進行統計分析以決定各題目是否測到不相干之特質。最後，出現DIF的題目尚需透過質化的評估，以確定此多向度特質是否屬於該測驗內涵的合法部分，如屬不合法部分，該題目會被認定為「Biased」題目。例如：Yildirim & Berberôglu（2009）曾針對PISA2003數學題目，邀請專家根據下列面向，進行各題目內涵之質性審查：熟悉度、題目難度、意涵之等同性、文化之相關性、待測能力的差異性、不熟悉度與課程在跨文化間之差異性。

測驗後，DIF的質化分析會將受試群分割為參照組與焦點組，焦點組為研究者所感興趣的弱勢團體。質化分析的重點，在於發覺一些導致焦點組的測驗表現不當的偏低，並測到與待測能力不相干的因素。如何進行質化分析，Teresi & Fleishman（2007）建議採用以下步驟：

1. 先利用焦點團體，審視不同群體成員對於待研究構念意義的看法。
2. 再利用深度訪談補足相關資訊。
3. 延請專家評估封閉式問題。
4. 進行封閉式問題的個別晤談，接著再進行開放式問題晤談。

四、DIF分析的量化分析方法

DIF題目的偵測方法相當多，最常見的有Mantel-Haenszel χ^2法、Logistic迴歸分析法、IRT分析法、MIMIC（Multiple indicators and multiple causes）分析法與MACS（Mean and covariance structure，含平均數結構的CFA，以便考驗截距之組間等同性）分析法等。配合本書內容的範疇，將只針對SEM導向的DIF分析法：MIMIC取向與CFA取向的DIF分析作介紹，並透過Amos逐一進行示範解說。

SEM導向的DIF分析法，也可依分析策略分為兩種：限制基線（Constrained-baseline）策略與自由基線（Free-baseline）策略。表7-4 & 表7-5摘要了這兩種分析策略，運用在MIMIC取向 & CFA取向DIF分析時的統計方法。限制基線策略，假設所有題目均無DIF，乃將組間之所有參數均進行等同限制，其後再釋放題目參數之估計，以進行受限模式與未受限模式間卡方差異或MI修正指標（Modification index）等之考驗；自由基線策略，假設所有題目均存在DIF，乃先將組間之所有參數均進行開放估計，其後再進行題目參數等同限制之估計，以進行未受限模式與受限模式間卡方差異等之考驗。以上這兩種分析的策略之順序完全相反，限制基線策略先作等同限制，再

釋放估計：自由基線策略先釋放估計，再作等同限制。

　　根據Finch（2005）、Stark, Chcrnyshcnko, Drasgow（2006）& Lee（2009）的研究，發現自由基線策略的DIF分析，其統計考驗力較高，而犯第一類型錯誤之機率（α）較低，且較不易受到校準題為DIF題目的干擾（因為僅使用單一題目作為校準題，基線模式較不易受到混淆）。因此，一般都推薦使用自由基線策略的DIF分析，並利用Bonferroni法校正α，以控制第一類型錯誤：$\alpha/(\# \text{ of MI})$，亦即將$\alpha$除以MI考驗的次數；如為提高統計考驗力，可採$\alpha/(\# \text{ of MI} > 3.84)$，以避免DIF漏網之魚，$\#$ of MI > 3.84表示MI大於3.84才計數。

　　以下本節將先針對CFA & MIMIC取向分析的理論基礎作簡介，再摘要限制基線與自由基線在DIF分析上的步驟與流程。

（一）CFA取向的DIF分析的理論

　　就CFA觀點而言，IRT中DIF的偵測與測量不變性（Measurement invariance）具有密切關係；本章中所謂的CFA取向，係含平均數結構（即為MACS），才能探究截距的等同性。依統計指標類別，研究者可以使用MI指標、χ^2差異值，進行DIF題目的分析與偵測，以下逐一說明之。

1. MI指標法

　　在SEM分析中，MI修正指標（Modification index）又稱MI值，係表示當一個受限之參數加以釋放去估計時，模式卡方值所下降的量。利用MI指標偵測具有DIF的題目，就限制基線策略而言，首先要建立一個完全等同的模式，將所有組間的因素負荷量與截距，均進行等同之限制（Oort, 1998；Chan, 2000）。其次，需進行非一致性DIF的偵測，找出MI值最大的**因素負荷量**，考驗其統計顯著性。假如該顯著性的考驗達到既定顯著水準，即顯示該題目在組間具有非一致性DIF。接著，將該DIF題目的參數開放估計，而其他題目的因素負荷量仍然進行組間等同之限制。如同前述，再進行下一個題目非一致性DIF的偵測。逐一找出MI值最大的因素負荷量，進行統計顯著性的考驗。此一步驟，將循環到無任何因素負荷量的最大MI值達既定顯著水準為止。

　　在非一致性DIF的偵測之後，接著再進行偵測一致性的DIF，亦即要將焦點放在未具有非一致性DIF題目的截距上面，因為未具非一致性DIF的題目，係一致性DIF分析的先決條件。同樣地，亦要找出MI值最大的截距，進行統計顯著性的考驗。假如

該顯著性的考驗達到既定顯著水準，即顯示該題目在組間具有一致性的DIF（難度的差異在組間出現一致性）。如同前述，再進行下一個一致性DIF題目的偵測，找出MI值最大的截距，進行統計顯著性的考驗。此一步驟，將循環到無任何截距的最大MI值達既定顯著水準為止。

因為此種循環檢定的統計考驗，常需進行很多次的統計考驗，研究者可利用Bonferroni校正方法，將第一類型錯誤加以控制：α/(# of MI)，亦即將α除以MI考驗的次數；如為提高統計考驗力，可採α/(# of MI > 3.84)，以避免遺漏DIF的試題。

2. 雙群組χ^2差異法

一般在進行DIF分析時，通常只論及以下三大測量模式之不變性：因素型態不變性（Configural invariance）、因素負荷量的不變性（Metric invariance）與截距不變性（Intercept scalar invariance）。其實，SEM不變性的問題相當於IRT理論上的測量恆等性（Measurement equivalence）問題。利用CFA雙群組平均數、共變數結構分析（常簡稱MACS，參見圖7-5），研究者可以同時分析一致性的DIF與非一致性的DIF（Raju et al., 2002；Jones, 2006；Hernández & González-Romá, 2003），手續上較為省時。

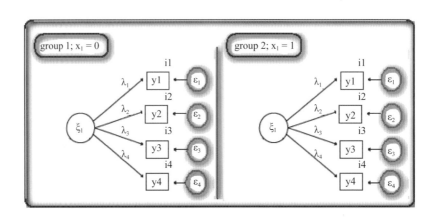

圖7-5　雙群組CFA分析徑路設計：MACS設計（修訂自Jones, 2006）

圖7-5之徑路模式，可以公式7-1表示之。

$$y_{ij}^{(g)} = \mu_j^{(g)} + \lambda_j^{(g)} \xi_i^{(g)} + \varepsilon_{ij}^{(g)}$$

公式7-1

公式7-1中y_{ij}代表個體i在j題目上之觀察值，μ_j代表當潛在變項ξ等於0時，題目j的

平均值（題目難度值），λ_j代表題目j的因素負荷量（題目鑑別度），g代表群組，ε_{ij}為誤差項。假如組間在μ_j上具有顯著差異，代表該題目可能具有一致性DIF，假如組間在λ_j上具有顯著差異，代表該題目可能具有非一致性DIF（Chan, 2000；Raju et al., 2002）。測量恆等性指的是題目參數在組間的恆等性，它可由ICC曲線上的斜率與截距的顯著差異加以評估，參數之計算參見公式7-6 & 公式7-7。由於IRT參數與CFA參數間具有密切的對等關係，研究者亦可透過CFA雙群組分析的途徑，來偵測題目難度與題目鑑別度的DIF；其DIF偵測步驟（修訂自Lee, 2008；Steenkamp & Baumgartner, 1998），依模式一～模式五（參見圖7-6～圖7-10）之順序說明如下：

(1)建立基線模式：模式一

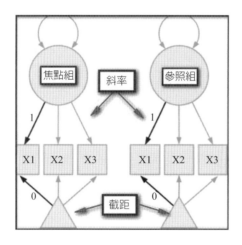

圖7-6　模式一：未受限基線模式

　　DIF之自由基線檢測策略，通常先檢測非一致性DIF，除了X1參照題（負荷量設定為1，截距設定為0）之外，各組基線模式一中之所有參數均開放估計，參見圖7-6；亦即假設所有題目均具有DIF，於是考驗時乃先將組間之所有參數均進行開放估計，其後再進行題目參數等同限制之估計。

(2)偵測非一致性DIF：模式二

　　非一致性DIF，須進行題目徑路係數的等同限制（鑑別度）：旨在考驗組間題目鑑別度（Discrimination）相等的虛無假設：$\lambda_1 = \lambda_2 = ... = \lambda_G$。

　　研究者可逐一選擇一可疑題目（如X2），將其題目負荷量參數（$\lambda_2^1 = \lambda_2^2$）進行組間等同之限制，其餘題目則開放估計；參見圖7-7之徑路設計。假如推翻了組間題

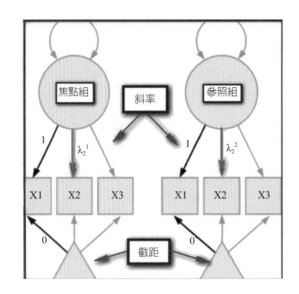

圖7-7　模式二：X2因素負荷量等同限制模式

目鑑別度相等的虛無假設，即顯示組間在鑑別度上存在著非一致性DIF，不管題目難度在組間是否具有顯著差異（Lee, Little, & Preacher, 2011）。

(3)利用公式7-2，比較上述模式一與模式二間之卡方差異

$$\Delta\chi^2 = \chi^2_{模式二} - \chi^2_{模式一} \; ; \; \Delta_{df} = 1 \qquad\qquad 公式7\text{-}2$$

假如圖7-6之未受限模式與圖7-7之受限模式間之卡方值未有顯著增加，則該題目可判定為非DIF題目；假如未受限模式與受限模式間之卡方值出現顯著增加，則該題目可判定為DIF題目。

(4)逐一尋找具有DIF的題目鑑別度：模式三

具有DIF的題目（如模式三，圖7-8中X3），其組間之題目鑑別度參數將開放估計，參見圖7-8中之徑路設計。接著，重複前述1～3之動作，檢驗各題目是否具有DIF，惟一次僅能進行一個題目之DIF檢驗。其次，再檢測一致性DIF。

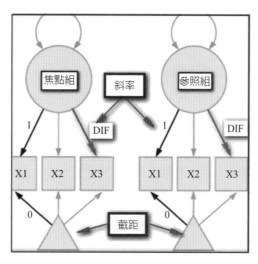

圖7-8　模式三：DIF題目開放估計模式

(5)偵測一致性DIF：模式四

　　因為未具鑑別度DIF（因素負荷量相等）的題目，是一致性DIF題目的先決條件。因而只針對未具鑑別度DIF的題目（X2），等同限制其題目截距（Intercept），旨在偵測一致性DIF。換言之，旨在考驗組間題目截距相等的虛無假設：$\tau_2^1 = \tau_2^2 = ...$ $= \tau_2^G$。相關參數之限制，請參見圖7-9模式四中X2截距之徑路設計。假如推翻了組間題目截距相等的虛無假設，即顯示該題目在組間可能具有一致性的DIF。

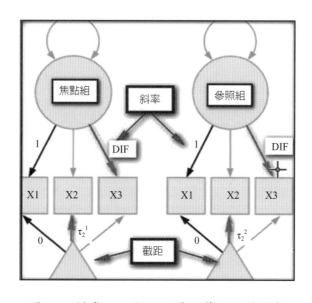

圖7-9　模式四：題目X2截距等同限制模式

值得注意的是，因為截距τ值的計算涉及題目平均數、潛在平均數與徑路係數（$\tau_j = \mu_{x_j} - \lambda_j \mu_\xi$，詳細公式內容，參見p. 520，Raju et al., 2002），τ值在組間的差異值，有可能僅在反映組間母群平均數差異量（Impact），即使徑路係數相等，也無法區分impact效果與DIF效果（Dorans, & Holland, 1993；Raju et al., 2002）。因此，使用τ值的差異量作為DIF的指標是存疑的。為解決此困境，筆者建議在解決理論模式之辨識性問題時，將潛在變項之平均數在組間均設定為0，並將參照指標之徑路係數均設定為1（需非DIF題目），而其相關之截距則開放估計。當潛在變項之平均數在組間均設定為0時，τ值在組間的差異之計算將僅與題目平均數有關（參見公式18 & 19, p. 520；Raju et al., 2002）。

(6)利用公式7-3，比較上述模式三與模式四間之卡方差異

$$\Delta\chi^2 = \chi^2_{模式四} - \chi^2_{模式三} \qquad 公式7-3$$

假如$\Delta\chi^2$達到統計上的既定顯著水準，即顯示該題目在組間具有一致性的DIF。

(7)同時偵測一致性DIF與非一致性DIF（混合型DIF）：模式五

研究者亦可選擇一可疑題目（如X2），將其題目負荷量（反映鑑別度）與截距參數（反映難度）進行組間等同之限制（$\lambda_2^1 = \lambda_2^2$，$\tau_2^1 = \tau_2^2$），其餘題目則開放估計，參見圖7-10模式五之徑路設計。公式7-4可用以比較模式一與模式五間之卡方差異：

$$\Delta\chi^2 = \chi^2_{模式五} - \chi^2_{模式一} \qquad 公式7-4$$

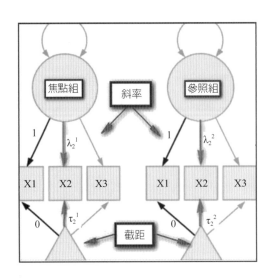

圖7-10　模式五：題目X2斜率與截距等同限制模式

　　這是綜合型的雙參數之統計考驗（An omnibus test），達顯著水準時並無法確知該題目具有何種DIF，須待後續之單參數考驗。如果一個題目之前已確知為非一致性DIF題目，且又出現一致性DIF的現象，該題即為混合型DIF的題目。其實，一個題目假如出現非一致性DIF，其組間難度差異性的解釋須視受試者能力水平而定，根本就不會出現一致性的DIF，此即為何未具非一致性DIF的題目，是一致性DIF分析的先決條件。

（二）MIMIC取向的DIF分析的理論

　　MIMIC取向的DIF分析方法，結合了因素分析與迴歸分析的結構方程模式，係由Muthen（1989）率先提倡、推廣與應用。MIMIC取向的DIF分析法，具有以下幾個特性（Woods, 2009；Chun, 2004）：

1. 一次就能進行多群組分析，因而較適用於較小樣本。因為MIMIC取向的DIF分析模式可同時包含數個預測變數於模式中，可謂經濟實用（因估計的參數較少，所需之樣本數也較少），這是雙群組CFA分析做不到的。

2. 利用潛在變項進行組間受試者配對（Matching），比起使用原始總分進行組間受試者配對，更加精確。

3. MIMIC取向的DIF分析法，易於加入調節變項，而利於探索DIF之來源。

4. 偵測力之正確性，並不會受到量尺設定方法（指標變項、固定因素法或效果值編碼法）之影響（Lee, Little, & Preacher, 2011）；但CFA取向的DIF分析法，則會受到影響。

　　由此觀之，相對於雙群組CFA的分析模式，利用MIMIC取向進行非一致性DIF分析，具有較多的優勢。MIMIC模式與雙群組CFA分析模式最大的不同是，在MIMIC分析中，雙樣本將合併為一個資料集，而以增加一「組別變項」（如性別）當作外衍變項。其次，CFA分析模式採取參數的限制或釋放策略，而MIMIC模式的分析策略則採用徑路的增或刪。茲以圖7-11為例作說明，模式徑路中類別變項X與各題目y之關係，包含直接效果與間接效果，其中徑路係數K係直接效果，如果此直接效果達到顯著差異或直接效果顯著大於間接效果，即反映出相關題目難度（或同意度、嚴重度）具有DIF（Uniform DIF），而γ與λ間的徑路為間接效果，γ反映出組間母群平均數之異質性（Impact），代表組間的真正能力差異；這亦顯示MIMIC分析可同時分離評估Impact & Item bias，這是MIMIC模式比雙群組CFA分析優越之處。模式中直接效果K的大小，反映出該問題測到與測驗特質無關的量，此即試題偏誤（Item bias）

的徵候，值得後續進行質化分析。爲了理論模式之可辨識性，可將潛在變項的殘差項（ζ_1）之標準差設定爲1，平均數設定爲0，參見圖7-15。

　　不過，此直接效果達到顯著差異，並不能保證在因素負荷量上亦具有顯著差異。研究者如欲檢驗組間在因素負荷量上是否具有顯著差異，若透過單群組MIMIC取向的DIF分析時，須增加另一交互作用項（X & η之交乘積），方能檢驗非一致性的DIF（Woods & Grimm, 2011），參見圖7-74，或利用多群組MIMIC取向的DIF分析，參見圖7-12。

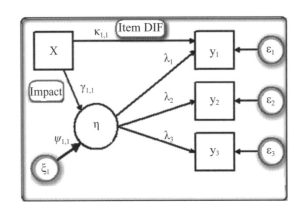

圖7-11　單群組MIMIC之DIF模式（修訂自Jones, 2006）

　　圖7-11模式的結構關係中，X→y的直接效果（$\kappa_{1,1}$）可用以分析一致性DIF，X→η的間接效果（$\gamma_{1,1}$）可用以反映組間在潛在變項平均數的眞正差異（Impact），圖7-11的結構關係，可以公式7-5表示之：

$$y_i = \lambda_i \eta + K_i X_g + \varepsilon_i \qquad\qquad 公式7\text{-}5$$

　　公式7-5中，X_g表組別變項（如$X_g = 0$爲女性，$X_g = 1$爲男性），λ_i爲因素負荷量，K_i爲item DIF指標。由公式7-5可知，組間在y指標上的差異，係排除了潛在變項後的效果，亦即反映對於相同能力者而言，題目難度在組間的差異。MIMIC模式之DIF分析可以將impact分離出來，因而能更精確評估item DIF。

　　圖7-12係雙群組的MIMIC DIF分析模式，爲單群組MIMIC之延伸，不僅可以利用X1分析一致性DIF與非一致性DIF，也可以利用X2分析發生DIF的原因。

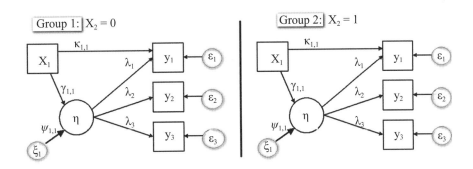

圖7-12　雙群組MIMIC之DIF模式

　　以圖7-12之例子為例，就X1變項而言，研究者可以透過因素負荷量與截距參數的限制與釋放，分析一致性DIF與非一致性DIF。就X2而言，它是調節變項，研究者只能透過直接效果的估計，分析一致性DIF。為了模式之可辨識性，研究者可將兩組之潛在特質的變異數設定為1，參照組的潛在特質平均數設定為0，焦點組的潛在特質平均數則開放估計。對運用實例有興趣的讀者，請參看Jones（2006）的論文。

　　由圖7-11知，此MIMIC模式包含三個主要成分：(1)測量模式：分析潛在變項與測量指標之間的關係；由此測量模式觀之，所涉及的題目應只在測單一特質，(2)間接效果迴歸模式：估計組別在潛在變項的差異，以處理Impact，與(3)直接效果迴歸模式：估計組別在指標變項上的差異，以處理Item DIF。值得注意的是，此單群組模式僅適用於一致性DIF檢測。假如Item DIF存在時，會偏估組間在潛在因素平均數的真正差異。根據圖7-11及圖7-12之MIMIC取向的DIF分析流程，可歸納如圖7-13所示：首先，透過量化的方法將Item impact（反映組間在待測能力或特質上之真正差異）與Item DIF（測到與待測能力或特質無關之反應差異）分離開來，這是MACS取向DIF分析所辦不到的。假如發現具有Item DIF的題目，則需利用質化方法，確認該題是否具有Item bias（代表分數的差異乃是由於不相干特質或能力所致），通常需舉證到底是什麼因素導致bias後，才能確認。換言之，DIF分析是Item bias的必要但非充分之條件，尚有賴課程專家或測驗學者的質化審定。

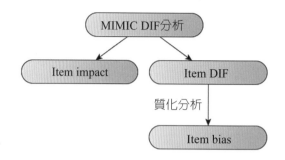

圖7-13　MIMIC DIF分析之流程

　　IRT與MIMIC參數間之關係非常密切，可謂測統不分家。就二分類別變項而言，經由MIMIC估計出來的模式參數，將與雙參數IRT模式所估計出來的難度(b)與鑑別度(a)參數完全相同（Takane & de Leeuw, 1987；Muthen et al., 1991；Finch, 2005）。另外，MacIntosh & Hashim（2003）、Finch（2005）的研究指出，經由MIMIC模式估計出來的參數與利用MultiLog所估計出來的難度與鑑別度參數相當接近。他們模式間的參數可以互換。MIMIC & IRT之間的鑑別度(a)與難度(b)參數之互換，定義如公式7-6 & 公式7-7。

$$a_i = \frac{\lambda_i}{\sqrt{(1 - \lambda_i^2)}\sqrt{\sigma_{\eta\eta}}}$$

公式7-6

公式7-6中$\sigma_{\eta\eta}$為潛在變項變異量。

$$b_i = \left(\frac{(\tau_i - \beta_i X_k)}{\lambda_i} - \mu_\eta\right)\frac{1}{\sqrt{\sigma_{\eta\eta}}}$$

公式7-7

　　公式7-7中，X_k為組別指標變項，其值為1時，代表焦點團體，其值為0時，代表參照團體。τ代表題目之閾值（截距與題目難度具有密切關係），β_i為題目DIF的指標（組別與題目反應關係之指標，亦即圖7-11中的K係數，顯著的β_i值，顯示DIF存在），μ_η為潛在變項的平均數。因為只有一個預測變項X，其實這不是真正的MIMIC模式，只能稱之為半MIMIC模式（A pseudo-MIMIC model）；圖7-14的模式才是真正的MIMIC模式，此建構同時擁有兩個以上之原因與效果指標。

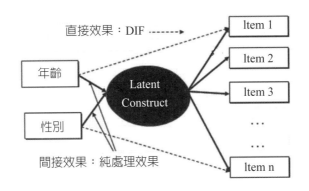

圖7-14　真正MIMIC模式範例（取自Riley & Dennis, 2009）

如果將潛在變項加以標準化（$\mu_\eta = 0$，$\sigma_{\eta\eta} = 1$），公式7-6 & 公式7-7之鑑別度與難度指標，可分別簡化為公式7-8 & 公式7-9。

$$a_i = \frac{\lambda_i}{\sqrt{(1 - \lambda_i^2)}}$$　　　　　　公式7-8

式中鑑別度指標(a)，反映CFA模式中的因素負荷量，參見表7-3說明。

$$b_i = \frac{(\tau_i - \beta_i X_k)}{\lambda_i}$$　　　　　　公式7-9

式中難度指標(b)，反映CFA模式中的截距，參見表7-3說明。當X_k為0時，公式7-9可以更進一步簡化。

表7-3　IRT & SEM參數與DIF類型之關係

DIF類型	IRT參數	SEM參數
一致性 （未具截距不變性）	同意度／難度	截距
非一致性 （未具量尺不變性）	鑑別度	因素負荷量

另外，何宗岳（2011）在探討試題反應理論（IRT）與驗證性因素分析（CFA）之試題差異功能（DIF）檢測法效能時，發現IRT取向檢測法較適用於二元資料，而CFA取向檢測法較適用於多元資料，且檢測法之統計考驗力與第一類型錯誤均隨樣本數增加而提高，再次驗證了過去Stark, Chcrnyshcnko, Drasgow（2006）的研究發現。

此項發現，可以作為研究者對於樣本規劃與分析方法選用的參考。

文獻中MIMIC取向的DIF分析方法，可以分為三類：傳統MIMIC模式一致性DIF分析、MIMIC模式非一致性DIF分析與Oishi（2006）誤差項相關分析法。

1. 傳統MIMIC模式一致性DIF分析法

前述圖7-11單群組MIMIC模式中，含有迴歸分析與驗證性因素分析CFA，圖中X係類別變數，它在一個題目（y）上的直接效果，如果達到統計上之.05顯著水準，就意謂著在排除相關之潛在變數效果（意即間接效果）之後，受試者在該題目指標之反應差異，係預測變項（組別差異）所致，亦即出現DIF現象；而X對於潛在變數（η）之效果，代表著組別在潛在變數上的真正差異（impact）。本模式亦假定，所有觀察變項的因素負荷量在組間均設定為相等，因此本法只能檢驗題目截距之DIF（Uniform-DIF）。假如直接效果k值顯著大於0，則表示該題目之難度，會隨著組別之不同而改變。MIMIC取向DIF效果的考驗方法有二：直接利用t-test考驗直接效果，或針對兩個模式的卡方差異值，進行考驗（一個模式含有直接效果，另一個模式則無直接效果）。逐題DIF偵測，常導致犯第一類型錯誤之機率增大，因而研究者可以事先根據MI指標的大小，決定要研究哪一個變項的直接效果（κ）。

因為傳統MIMIC模式分析法，係假定所有觀察變項的因素負荷量，在組間均為相等，研究者為慎重起見，有必要檢驗此假設是否成立，才能進行後續的一致性DIF分析。因為因素負荷量在組間需相等的設定，導致MIMIC模式分析法無法用來進行非一致性DIF分析。另外，MIMIC取向DIF的分析步驟，各家看法不一。過去最常見的是Brown（2006）的逐步向前分析法，本法需先建立一個基線模式（A baseline model），假設此模式中無任何DIF題目，亦即無任何直接效果存在。執行統計分析後，檢查有無題目之直接效果的MI值過大（如超過3.84），需要進一步檢驗。檢驗時，將出現最大MI值之直接效果徑路連接起來，作為未受限模式以進行參數估計，並與基線模式進行卡方差異值之統計考驗。其次，再針對次大的MI值，進一步作DIF檢驗，一直到MI值小於3.84（沒有DIF題目）為止。當所有具有DIF題目均包含在模式中時，組別對於潛在變項的顯著迴歸係數，才能反映出組別在潛在變項上的真正差異。

因為該基線模式需為適配之模式，否則卡方差異值之統計量不會形成卡方分配，而且假設此模式中無任何DIF題目，常導致較高DIF的誤判。因此，Woods, Oltmanns, & Turkheimer（2009）與Studerus, Gamma, & Vollenweider（2010）建議使

用自由基線指派定錨題目法（Free-baseline designated-anchor approach）的步驟，進行MIMIC取向之DIF偵測，以降低犯第一類型錯誤。本法涉及兩個步驟：先找出未具DIF之校準題目（Anchor item，未具直接效果者），亦即先指派定錨題目；再利用這些未具DIF題目建立基線模式（其餘之題目均設定為DIF題目），並與受限模式（再額外多限制一題待DIF研究之題目）進行卡方差異性考驗。欲找出未具DIF之定錨題目，研究者可以一次開放一條直接效果，進行顯著性考驗，該參數未達顯著水準者，即無DIF現象。本法較為繁瑣，因一般的正式測驗中具有DIF的題目並不多，使用Brown氏的逐步向前分析法或使用Amos的「直接效果」參數估計法，均適合大部分DIF分析之要求，具體操作實務請參見後續實例解說。

　　過去MIMIC取向DIF分析模式只能偵測一致性DIF，欲偵測非一致性DIF只能靠雙群組CFA分析。不過，Woods & Grimm（2011）與Chun, Stark, Chernyshenko, Kim（2016）的MIMIC取向DIF新方法，已能分析非一致性DIF了，請參見下節說明。

2. 非一致性DIF分析策略

　　不管是使用限制基線（Constrained-baseline）策略或自由基線（Free-baseline）策略，非一致性DIF分析需先於一致性DIF分析。因此，在MACS取向DIF下，鑑別度（因素負荷量）的不變性考驗，須先於難度（截距）的不變性考驗。以下MIMIC取向與MACS取向DIF的分析策略，將各舉一個徑路與參數限制設定實例說明之，以利實際研究上之應用。

(1) MIMIC限制基線策略

　　限制基線策略，首先係假定各題均無DIF，其模式辨識方法，可以將無DIF的題目設定為校準題目（Anchor item），將其徑路係數與截距分別設定為1 & 0；或者將構念的殘差平均數與變異量，分別設定為1 & 0，並將構念的截距設定為0。其次，開放估計性別對題目的直接效果，一次僅檢驗一題。隔宿模式的適配度通常會變好，如果會變差，即可能出現DIF。過去大部分MIMIC的DIF研究，都使用限制基線策略，因為如果使用自由基線策略，較難設定出模式之可辨識性。如以圖7-15中的V11為DIF檢驗對象，其相關徑路係數名稱，分別設定為B11 & Int11，分別代表V11題難度與鑑別度的DIF指標。圖7-15徑路模式中的Int3-Sex係交互作用項，為Sex與因素分數的交乘積項（參見圖7-70中建立交互作用的先後過程）。

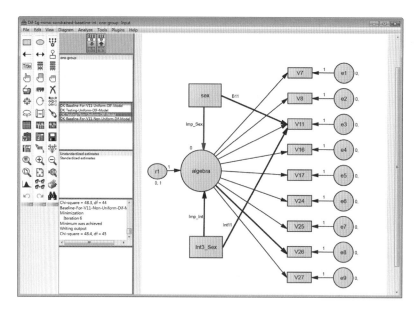

圖7-15　限制基線策略的徑路設計

　　研究者可以直接針對B11 & Int11的參數（參見圖7-15中的徑路參數），進行DIF考驗，亦可利用圖7-16 & 圖7-17中兩個模式間（有無含有交互作用項Int11）之卡方差異考驗（H0:Int11 = 0），此考驗旨在進行非一致性DIF考驗。

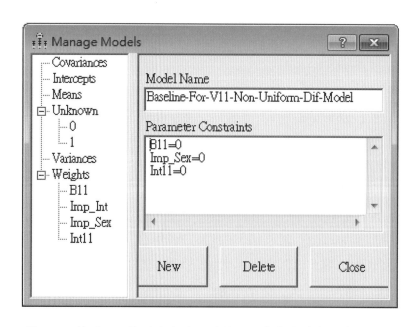

圖7-16　檢驗V11是否具有非一致性DIF的基線模式之參數設定

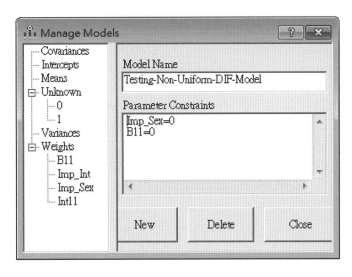

圖7-17　檢驗V11是否具有非一致性DIF的模式之參數設定

(2) MACS自由基線策略

　　MACS模式為CFA模式包含平均數結構，以考驗截距參數之等同性，其自由基線策略係假定各題均具有DIF；其模式辨識方法，可以將無DIF的題目設定為校準題目（Anchor item），將其徑路係數與截距分別設定為1 & 0；或者將構念的平均數與變異量，分別設定為0 & 1。另外，圖7-18的未受限模式，並未進行任何參數之限制，

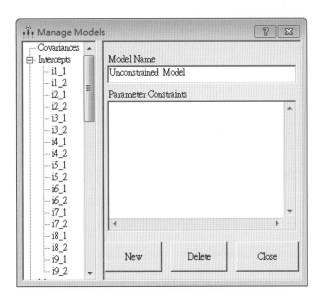

圖7-18　完全自由基線策略的未受限模式

因此本基線模式保持恆定。其次，進行題目因素負荷量的組間等同限制（例如：a8_1 = a8_2），一次僅檢驗一題（參見圖7-19 & 圖7-20左下角之視窗）。因為參數等同限制模式係隔宿於基線模式之下，研究者可以利用兩模式間的卡方差異，進行DIF統計考驗。假如拒絕了組間等同限制的假設（如：H0:a8_1 = a8_2），即表示參數等同限制的假設無法成立，反映出DIF可能存在。部分學者（Stark, Chcrnyshcnko, Drasgow, 2006；Lee, 2009）推薦使用自由基線策略，因為均使用相同的基準線模式，且統計考驗力與偵測效能較佳。

以圖7-19 & 圖7-20中的V26為DIF檢驗對象，其相關徑路係數名稱在男、女生上，分別設定為a8_1 & a8_2、i8_1 & i8_2。檢驗該題是否具有非一致性DIF時，需進行組別間之等同限制（a8_1 = a8_2），參見圖7-19 & 圖7-20之左下角。

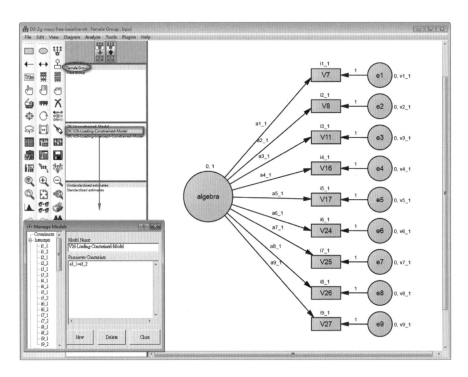

圖7-19　完全自由基線策略的徑路設計與V26參數等同設定：女考生

本法所有參數均開放自由估計，除非為了模式辨識上的需要之限制。進行V26題的MACS一致性 & 非一致性DIF考驗方法，細節請研究者參考表7-5底部最後兩欄之卡方差異考驗法。

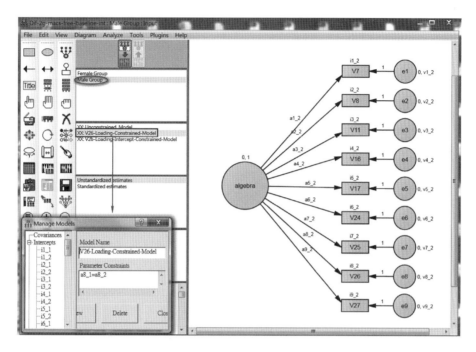

圖7-20　完全自由基線策略的徑路設計與V26參數等同設定：男考生

3. Oishi（2006）的誤差項相關分析法

　　本模式亦假定所有觀察變項的因素負荷量在組間均相等，但不再利用組別變數對於各題目直接效果的特殊設計，而是透過組別變數與各題目測量誤差的共變關係之連結設計（參見圖7-22之實例）。為了本模式可以辨識，須將鑑別度較佳的指標，其徑路係數設定為1；或者將殘差項（r1）的平均數與變異數，分別設定為0 & 1。由於刪除組別對於各題目的直接效果，導致原來的直接效果全部跑到測量誤差中。因此，本法亦僅能檢驗題目是否具有一致性DIF（Uniform DIF）現象。

　　圖7-21為基線模式，組別變項（Group，以0/1加以編碼）與各題目之誤差項均假定無關聯性。此MIMIC分析相當於雙群組SEM分析中，所有之因素負荷量在組間均作等同之限制。因此，如果分組變項與題目之誤差變項間具有顯著相關，即反映出該題目在組間缺乏測量不變性。執行統計分析後，研究者可以先利用MI指標，決定要研究哪一個變項的誤差項與組別變項需具有關聯性，以降低犯第一類型錯誤α的機率。

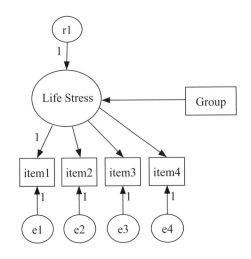

圖7-21　單組MIMIC基線模式：組別變項與誤差項無關

註：取自Oishi（2006）。

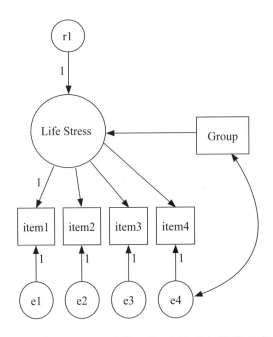

圖7-22　單組MIMIC模式：組別變項與誤差項有關

　　接著，進行可疑題目（如item4）的DIF分析，將該題目之誤差項與組別變項連接，如圖7-22所示。其次，進行本模式之適配度與基線模式適配度間的χ^2差異考驗，但一次僅能分析一題。如欲一次即完成所有題目之一致性DIF檢測，可運用Amos「Specification Search」功能，實際操作方法請參考下節具體實例之說明。假如發現

χ^2差異考驗達統計上之顯著水準，即表示組間缺乏測量恆等性。此種DIF分析的方法著重在題目難度，誤差項與組別變項的關係強度，反映出題目難度之DIF；而組別變項對潛在變項的效果，反映出組間母群平均數之異質性（Impact）。另外，爲愼重起見，研究者於MIMIC取向一致性DIF分析前，最好先考驗待分析測驗是否爲τ等值測驗：不僅在測一共同因素，而且兩組因素負荷量在各題上均相同。這兩個特質可透過Amos的結構模式與測量模式恆等性考驗，輕易考驗完成。

（三）多群組CFA、MIMIC導向的DIF分析策略總覽

綜上所述，多群組CFA（MACS）、MIMIC導向的DIF分析策略，主要分爲限制基線策略（Constrained-baseline strategy，全部參數限制爲相等）與自由基線策略（Free-baseline strategy，全部參數釋放估計），前者假定各題目均無DIF現象，後者假定各題目均爲DIF題目。限制基線策略，一開始就針對感興趣的題目參數進行組間等同限制；而自由基線策略，一開始就針對感興趣的題目參數進行組間自由估計。不管是使用何種策略，均爲未受限模式與受限模式間之卡方差異比較。限制基線策略是由緊到鬆的一連串模式間之比較，自由基線策略是由鬆到緊的一連串模式間之比較，每一題目均須進行隔宿模式（Nested models）間之卡方差異或MI統計考驗。因此，研究者最好利用Bonferroni校正方法，以降低第一類型錯誤：α/(# of MI)，亦即將α除以MI考驗的次數（Lee, Little, & Preacher, 2011）；如爲提高統計考驗力，可採α/(# of MI > 3.84)，以避免DIF漏網之魚。簡言之，MACS、MIMIC導向的DIF分析的共同流程爲：

參照團體＆焦點團體的設定 ⇨ 基線模式的設定 ⇨ 受限模式的設定 ⇨ 卡方差異考驗

爲了模式具可辨識性（Model identification），MIMIC取向DIF分析會涉及校準題目（Anchor item）的選擇，須爲無偏差的題目，其鑑別度也要高。此校準題目的正確選擇，建議使用逐次開放基線法（Sequential-free baseline method）去挑選；Meade & Wright（2012）及Chun, Stark, Chernyshenko & Kim（2016）的模擬研究發現，逐次開放基線法效能最好。此挑選採雙步驟方法，首先利用限制基線策略，找出無DIF的題目；接著，從中挑出最具鑑別度的非DIF題目，作爲後續其他題目自由基線考驗的校準題目。欲知MIMIC取向非一致性DIF分析方法的更多細節，請參閱Woods（2009）、Woods & Grimm（2011）與Chun, Stark, Chernyshenko & Kim（2016）的論文。

　　至於利用MACS進行一致性DIF分析，其先決條件為因素負荷量在組間須具有不變性（Lee, 2009）；換言之，題目之因素負荷量在組間之不變性，乃是其截距不變性的先決條件。依此，因素負荷量不變性的考驗，必須先於截距不變性的考驗。由此觀之，如欲考驗因素負荷量與截距不變性，必須使用含平均數結構的SEM模式（MACS），才能考驗截距參數之等同性；而MIMIC取向的DIF分析，則使用SEM的共變數結構即可。另外，MIMIC導向的DIF分析策略允許在模式中包含一個以上的背景變項，便於探索為何DIF會發生，這是MACS導向的DIF分析不易達成的任務。

　　總括前述，MACS導向、MIMIC導向的DIF分析策略與相關統計方法，依限制基線策略與自由基線策略，摘要如表7-4 & 表7-5所示。

1. 限制基線策略

表7-4　DIF分析的基線模式、受限模式與分析統計量：限制基線策略

SEM & DIF類別	基線模式	受限模式	分析統計量
MIMIC一致性DIF	不界定類別變項對於各題目之直接效果（假定各題目均無DIF）χ_A^2	針對類別變項對於各題目之直接效果，逐題進行估計 χ_B^2	$\chi_A^2 - \chi_B^2$ 直接針對直接效果參數進行顯著性考驗、簡潔法
MIMIC非一致性DIF（需額外建立類別變項與潛在變項之交互作用項）	不界定類別變項與交互作用項對於各題目之直接效果 χ_C^2	針對類別變項與交互作用項對於各題目之直接效果，逐題進行估計 χ_D^2	$\chi_C^2 - \chi_D^2$（非一致性DIF與一致性DIF同時考驗）[1]、直接針對交互作用效果參數進行顯著性考驗、簡潔法
MACS[2]一致性DIF	通常只針對未具有非一致性DIF的題目之因素負荷量，進行等同限制（通常在MACS非一致性DIF考驗之後進行）χ_C^2	逐次開放未具有非一致性DIF題目之組間截距，進行自由估計 χ_D^2	$\chi_C^2 - \chi_D^2$、MI、CR指標法
MACS非一致性DIF	各題目之截距與因素負荷量，進行組間等同限制 χ_A^2	開放各題目之組間因素負荷量，逐題進行自由估計 χ_B^2	$\chi_A^2 - \chi_B^2$、MI、CR指標法

註1：這是綜合考驗（An omnibus test），達顯著差異時顯示該題目具有DIF現象，需靠組間參數的事後考驗（CR值，z/t）或直接效果參數估計法，決定該題目具有何種DIF。

註2：CFA需含平均數結構（即為MACS），才能考驗截距之組間等同性。

　　在表7-4限制基線策略下，如受限模式的卡方統計量比基線模式的卡方統計量來得小（適配度變好），且達顯著差異的既定水準，該題即為可疑的DIF題目。Finch（2005）、Stark, Chernyshenko, Drasgow（2006）、Lee（2009）的研究，發現限制基線策略的DIF分析，其統計考驗力較低，而犯第一類型錯誤之機率（α）較高，且較易受到校準題為DIF題目的干擾。

　　緣此，Feldman & Weber（2007）提出「循環基線的DIF」檢測法。此策略亦假設所有題目均無DIF作為基線模式，其後再釋放題目參數之估計，以進行受限模式與未受限模式間卡方差異之考驗，以找出卡方差異值具有顯著差異的題目。接著，將卡方差異值最大且具有顯著差異的題目進行開放估計，其餘題目則進行等同限制，以作為新的基線模式。依此，每次統計考驗，其基線模式可能不同，如此循環進行DIF的檢測，一直到所有題目的卡方差異值未達顯著差異為止。隨著檢測的展開，基線模式內的題目愈少具有DIF的干擾，相關的統計考驗力也愈增加。本法較適用於當實際的DIF題目不多時，因其基本假設：題目均無DIF，較能符合要求。為利於讀者容易掌握限制基線策略的具體運用步驟，其基本操作順序與統計分析，參見圖7-23之分析流程示意圖。

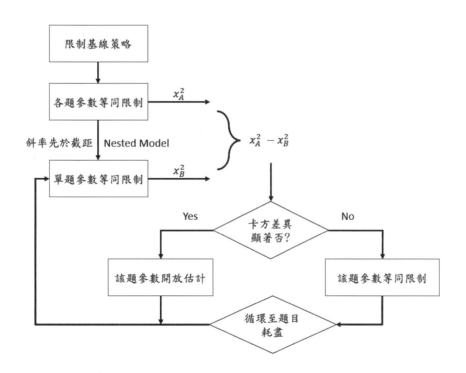

圖7-23　限制基線策略的具體操作步驟與統計分析流程

2. 自由基線策略

表7-5　DIF分析的基線模式、受限模式與分析統計量：自由基線策略

SEM & DIF類別	基線模式	受限模式	分析統計量
MIMIC一致性DIF	界定所有直接效果（除了校準題目，假定各題目均具DIF） χ^2_A	逐次刪除各題目之直接效果 χ^2_B	$\chi^2_B - \chi^2_A$ 直接針對直接效果參數進行顯著性考驗
MIMIC非一致性DIF（需額外建立類別變項與潛在變項之交互作用項）	界定類別變項與交互作用項對於各題目之直接效果 χ^2_C	刪除類別變項與交互作用項對於題目之直接效果，逐題進行分析 χ^2_D	$\chi^2_D - \chi^2_C$ （非一致性DIF與一致性DIF同時考驗）[1]、直接針對交互作用效果參數進行顯著性考驗
MACS[2]一致性DIF	只針對未具有非一致性DIF的題目之因素負荷量，進行自由估計（通常在MACS非一致性DIF考驗之後進行） χ^2_C	針對未具有非一致性DIF題目之組間截距，逐題進行等同限制 χ^2_D	$\chi^2_D - \chi^2_C$ MI、CR指標
MACS非一致性DIF	各題目之組間截距與因素負荷，均開放自由估計 χ^2_A	同時針對各題目之組間因素負荷量，逐題進行等同限制 χ^2_B	$\chi^2_B - \chi^2_A$ MI、CR指標

註1：這是綜合考驗（An omnibus test），達顯著差異時顯示該題目具有DIF現象，但無法斷知是何種DIF，需靠組間參數的事後考驗（CR值，z/t）或直接效果參數估計法，決定該題目具有何種DIF。

註2：CFA如含平均數結構，即為MACS。

　　在表7-5自由基線策略下，受限模式的卡方統計量比基線模式的卡方統計量來得大（適配度變差），且達顯著差異的既定水準，該題即為可疑的DIF題目。Finch（2005）、Stark, Chernyshenko, Drasgow（2006）、Lee（2009）的研究，發現自由基線策略的DIF分析，其統計考驗力較高，而犯第一類型錯誤之機率（α）較低，且較不易受到校準題為DIF題目的干擾，因為自由基線模式較不易受到DIF題目的影響。

　　為利於讀者容易掌握自由基線策略的具體運用步驟，其基本操作順序與統計分析，參見圖7-24之分析流程示意圖。

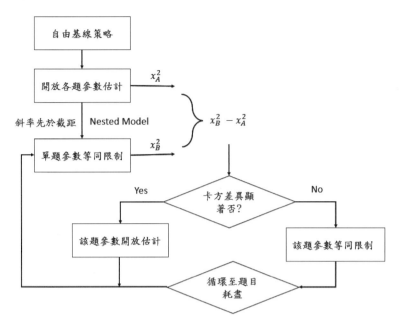

圖7-24　自由基線策略的具體操作步驟與統計分析流程

　　表7-4 & 表7-5中所提及的四種分析統計量，均可在Amos的報表中找到，參見圖7-25左側的視窗說明文字。例如：其右側之卡方差異統計分析結果，係點開「Model Comparison」的Amos輸出報表。注意，在MACS設計中，直接效果參數估計法將失去分析DIF功能，不適用。

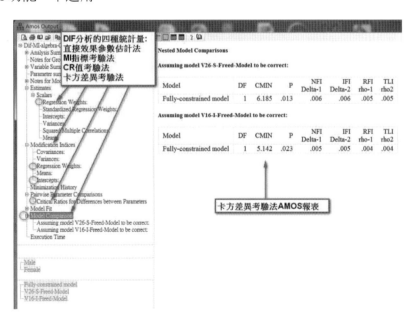

圖7-25　Amos的報表：DIF的四種統計分析方法

以下各節將針對多群體CFA取向與MIMIC取向之DIF分析，呼應表7-4與表7-5的分析策略與統計方法，使用Amos進行不同類別DIF分析的實例示範說明。

五、CFA取向DIF分析的實例解說

本節性別DIF分析，係根據國中基測（2008）的數學科代數題組的原始資料〔隨機摘取自何宗岳（2011）的論文資料檔〕，其中國中基測數學科的代數題共九題。圖7-26內容，係477筆隨機抽取的SPSS原始資料檔，其中男生238人，女生239人。

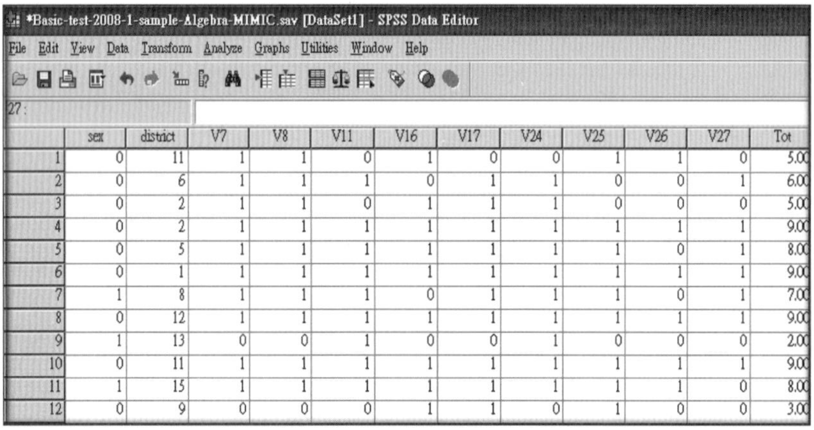
*Basic-test-2008-1-sample-Algebra-MIMIC.sav [DataSet1] - SPSS Data Editor

File Edit View Data Transform Analyze Graphs Utilities Window Help

27 :

	sex	district	V7	V8	V11	V16	V17	V24	V25	V26	V27	Tot
1	0	11	1	1	0	1	0	0	1	1	0	5.00
2	0	6	1	1	1	0	1	1	0	0	1	6.00
3	0	2	1	1	0	1	1	1	0	0	0	5.00
4	0	2	1	1	1	1	1	1	1	1	1	9.00
5	0	5	1	1	1	1	1	1	1	0	1	8.00
6	0	1	1	1	1	1	1	1	1	1	1	9.00
7	1	8	1	1	1	0	1	1	1	0	1	7.00
8	0	12	1	1	1	1	1	1	1	1	1	9.00
9	1	13	0	0	1	0	0	1	0	0	0	2.00
10	0	11	1	1	1	1	1	1	1	1	1	9.00
11	1	15	1	1	1	1	1	1	1	1	0	8.00
12	0	9	0	0	0	1	1	0	1	0	0	3.00

圖7-26　國中基測（2008）數學科代數題的SPSS資料檔案

男女學生在國中基測的9題代數題之答對百分比，如表7-6所示；其中以V16題男女生的難度（答對%）有較顯著之差異（.59 vs .69）。表7-7係男女學生在國中基測的9題代數題之主成分因素分析結果，其中以V8的因素負荷量最大，將作爲兩組的參照題，或稱爲校準題。

表7-6　男女學生在國中基測9題代數題之答對百分比

		N	答對%
V7	male	238	.75
	female	239	.77
	Total	477	.76
V8	male	238	.70
	female	239	.75
	Total	477	.73
V11	male	238	.71
	female	239	.69
	Total	477	.70
V16	male	238	.59
	female	239	.69
	Total	477	.64
V17	male	238	.61
	female	239	.62
	Total	477	.61
V24	male	238	.68
	female	239	.68
	Total	477	.68
V25	male	238	.58
	female	239	.63
	Total	477	.60
V26	male	238	.53
	female	239	.52
	Total	477	.53
V27	male	238	.56
	female	239	.60
	Total	477	.58
Tot	male	238	5.7269
	female	239	5.9498
	Total	477	5.8386

表7-7　國中基測的9題代數題之因素負荷量

V7	.712
V8	.733
V11	.658
V16	.601
V17	.730
V24	.683
V25	.511
V26	.458
V27	.618

　　為便利讀者迅速掌握以下MACS取向DIF分析的學習脈絡，特提供圖7-27的分析流程與統計方法之摘要圖，概說MACS取向分析的兩大流程，其中限制基線策略文中主要在介紹MI指標考驗法，自由基線策略文中主要在介紹雙群組卡方差異考驗法，筆者將利用Amos進行各種DIF分析法的實例解說，茲依這兩大流程分別說明如下。

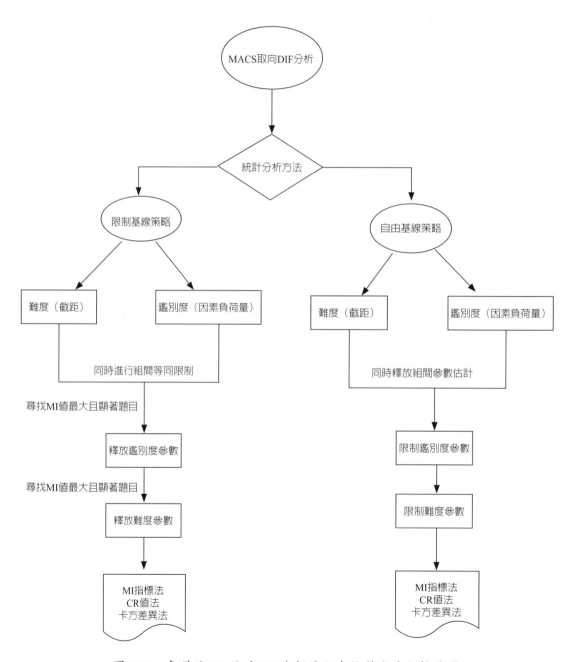

圖7-27　多群體CFA取向DIF分析流程與統計方法之摘要圖

（一）限制基線策略：MI指標考驗法

在多群組MGCFA模式下，為了建立潛在特質在組間的共同量尺，需要選擇一個因素負荷量最大的指標當作參照指標（例如：V8，圖7-28），將其因素負荷量在組間均設定為1；但參照指標的截距，則進行組間等同限制。其次，為了模式之辨識性，再將參照群之潛在變項之平均數設定為0，焦點組之潛在變項之平均數，則開放估計〔可以進行組間item impact之比較，Chan（2000）〕。

接著，根據Oort（1998）& Chan（2000）的DIF循環考驗法，要先建立一個完全等同的模式，將所有組間的因素負荷量與截距，均進行組間等同之限制。其次，先進行非一致性DIF的偵測（題目鑑別度），找出題目MI值（釋放某一參數後，卡方的下降量）最大的**因素負荷量**，考驗其統計顯著性（可利用z考驗、查表法與卡方差異法）。假如該顯著性的考驗達到既定顯著水準，即顯示該題目在組間具有非一致性DIF。接著，將該DIF題目的參數開放估計，而其他題目的因素負荷量仍然進行組間等同之限制。如同前述，再進行下一個題目非一致性DIF的偵測。逐一找出MI值最大的因素負荷量，進行統計顯著性的考驗。此一步驟，將循環到無任何因素負荷量的最大MI值達既定顯著水準為止。

因為未具非一致性DIF的題目，係一致性DIF分析的先決條件，在非一致性DIF的偵測之後，如要偵測一致性的DIF，要將焦點放在未具非一致性DIF題目的截距上面，找出題目MI值最大的**截距**，進行統計顯著性的考驗。假如該顯著性的考驗達到既定顯著水準，即顯示該題目在組間具有一致性的DIF（出自題目難度或同意度）。如同前述，再進行下一個一致性DIF題目的偵測，找出MI值最大的截距，進行統計顯著性的考驗。此一步驟，將循環到無任何截距的最大MI值達既定顯著水準為止。

因為上述此種循環檢定的統計考驗，常需進行很多次，研究者可利用Bonferroni校正方法，將第一類型錯誤加以控制：$\alpha/(\# \text{ of MI})$，亦即將$\alpha$除以MI考驗的次數；為了提高統計考驗力，$\alpha/(\# \text{ of MI})$可修正為$\alpha/(\# \text{ of MI} > 3.84)$，MI > 3.84才列入計次。

以上Oort（1998）& Chan（2000）的DIF循環考驗法，相關統計分析之步驟與流程，讀者可參閱圖7-23限制基線策略（假定各題均無DIF）的圖解說明，以下係實例示範，利用Amos說明進行DIF分析的操作步驟。

1. 多群組分析的徑路圖設計與繪製

首先，利用Amos表單中之「Analyze」下之「Manage Groups」，建立兩個群組（Male & Female）。接著，利用繪圖工具 👥 繪製9個外顯指標的CFA模式徑路

圖，參見圖7-28 & 圖7-29的男、女生徑路圖設計。外顯指標之命名，可利用Amos「View」下之「Variables in Dataset」之功能，直接利用滑鼠將變項名稱從視窗內移到徑路圖之方框內，至於潛在變項與測量誤差項之名稱，則可以使用「Plugins」下之「Name Unobserved Variables」之功能，讓Amos逕行設定之。

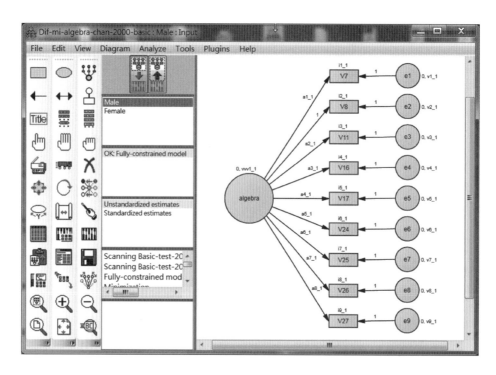

圖7-28　CFA取向之雙群組分析的徑路設計：男生

註：將V8視為校準題（an anchor item），其男、女生之徑路係數均設定為1。

　　另外，研究者如欲進一步探討組間潛在特質之真正差異（impact），請將焦點組（如本例的女生）潛在變項平均數開放估計，參見圖7-29，而參照組（如本例的男生）的潛在變項平均數設定為0，參見圖7-28，以獲得組間impact之差異量。

2. 檔案之連結

　　其次，最好先行連結兩組之資料檔案，才能進行外顯指標之自動命名與統計分析。連結兩組資料檔案之步驟，如圖7-30內的檔案連結順序1-3所示。因為男、女生的資料均在同一檔案中，需要利用圖7-31分組變項（Grouping variable）之視窗，選擇分組變項、分組值（Group Value）之視窗選擇1（代表男生）或0（代表女生），如圖7-32所示。

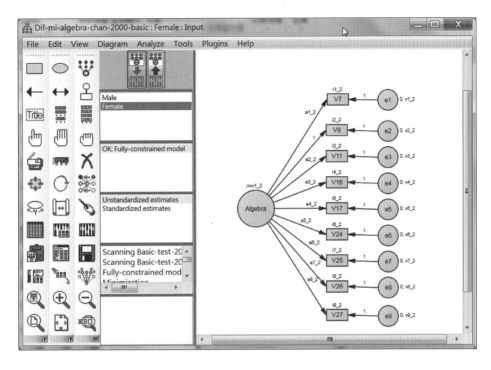

圖7-29　CFA取向之雙群組分析的徑路設計：女生

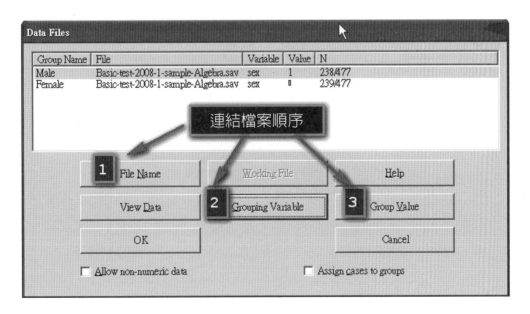

圖7-30　兩組資料檔案之連結步驟

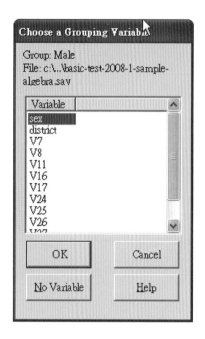

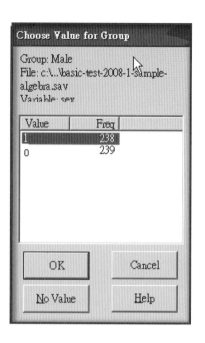

圖7-31　分組變項的選擇　　　　　　　圖7-32　分組值的選定

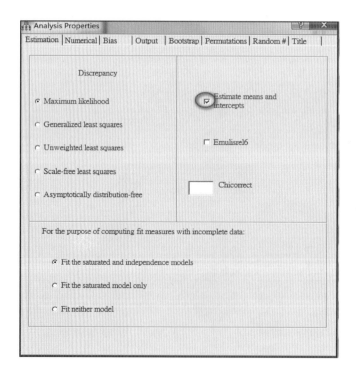

圖7-33　Amos進行平均數結構SEM分析之設定

3. 統計分析之設定

　　DIF分析需使用到截距，因此請在圖7-33之右上角務必勾選「Estimate Means and Intercepts」，在Amos分析屬性視窗選單「Estimation」下，此項設定乃要求Amos進行平均數結構之SEM分析（MACS）。

　　注意，執行本分析法，也需在分析屬性視窗（Analysis Properties）的「Output」選單下，勾選「Modification indices」，並記得將MI之閾值設定為0，參見圖7-34，Amos報表才會輸出所有MI統計量。

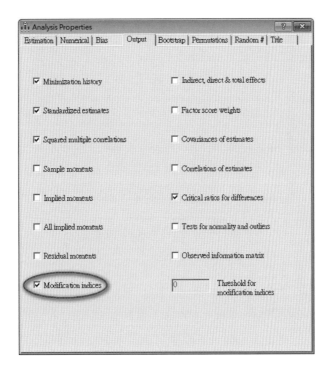

圖7-34　MI的設定視窗

4. 多群組分析之等同限制

　　為了讓理論模式能夠辨識，兩組潛在變項（Algebra）之平均數與變異數的設定，詳如圖7-28 & 圖7-29所示；並將V8之徑路係數均設定為1，當作參照指標（需為非DIF題目），而其相關之截距則進行等同限制（i2_1 = i2_2）。為了利用MI指標檢驗DIF，研究者需要建立一個完全受限之理論模式，本例採限制基線策略；除了參照題的徑路係數開放估計之外，其餘各題的徑路係數與截距均進行組間等同限制，如圖7-35內容。

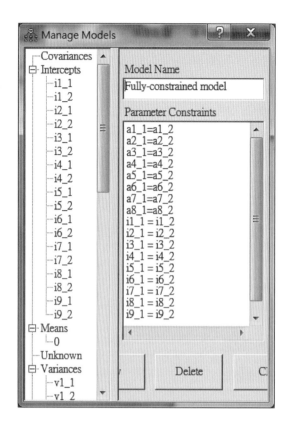

圖7-35　完全受限之理論模式

5. 參數釋放估計的設定

　　研究者如欲獲得組間參數比較的CR值，須將待比較的等同限制參數加以釋放。以V26的斜率、V16的截距為例，將兩者的組間參數進行釋放估計，這兩個新模式（V26-S-Freed-Model & V16-I-Freed-Model）的參數設定，分別如圖7-36 & 圖7-37的左下角小視窗所示：已刪除了a7_1 = a7_2、i4_1 = i4_2的等同限制。

6. 執行Amos統計分析

　　最後，在Amos功能表單「Analyze」後，按下「Calculate Estimates」執行Amos，就可以在Amos功能表單「View」下，按下「Text Output」之後，查閱Amos詳細統計分析報表，參見圖7-38。分析DIF，在此Amos報表中，提供了以下三種統計量：CR值、MI指標 & 卡方統計量。

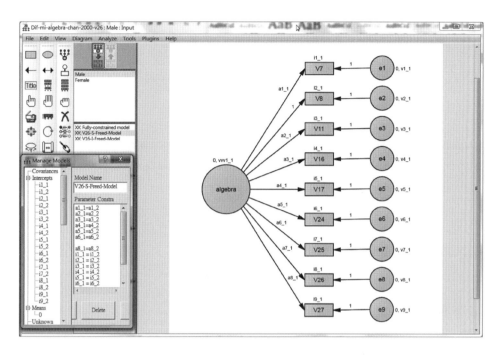

圖7-36　V26斜率參數釋放估計之理論模式（男生）

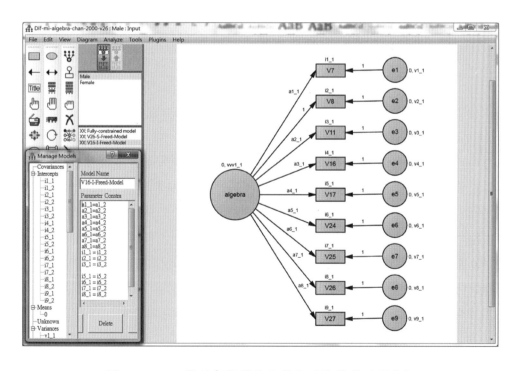

圖7-37　V16截距參數釋放估計之理論模式（男生）

(1) CR值

請點選圖7-38之Amos報表的左側待選統計量及模式選單，相關之統計報表就會出現右側之視窗中，目前右側視窗的統計量為V26-S-Freed-model中參數間之配對比較的CR值。

Critical Ratios for Differences between Parameters (V26-S-Freed-Model)

	a1_1	a2_1	a3_1	a4_1	a5_1	a6_1	a7_1	a8_1
a1_1	.00000							
a2_1	-.61983	.00000						
a3_1	-1.08290	-.47065	.00000					
a4_1	1.84080	2.31922	2.67475	.00000				
a5_1	.11502	.69531	1.13316	-1.63409	.00000			
a6_1	-2.57737	-1.93637	-1.43334	-3.99925	-2.56143	.00000		
a7_1	-1.12218	-.65226	-.27383	-2.38499	-1.17309	.89622	.00000	
a8_1	-.42578	.15074	.59250	-2.05040	-.50846	1.98899	.74874	.00000
vvv1_1	-10.00932	-9.06204	-8.30848	-10.54169	-9.53496	-6.71075	-6.15362	-8.68133
v1_1	-10.77762	-9.84178	-8.91603	-11.49961	-10.37294	-7.11064	-6.43742	-9.34198
v2_1	-11.27189	-10.05996	-9.09237	-11.76120	-10.60525	-7.23455	-6.51913	-9.52723
v3_1	-10.68674	-9.36156	-8.64330	-11.22858	-10.08907	-6.84556	-6.23828	-9.07554
v4_1	-9.97948	-8.89271	-7.86753	-10.60844	-9.44082	-6.24557	-5.79233	-8.46910
v5_1	-10.74971	-9.61474	-8.70226	-11.02338	-10.14999	-6.90649	-6.28999	-9.13456
v6_1	-10.70020	-9.56595	-8.65610	-11.24158	-9.89064	-6.85894	-6.24982	-9.08838
v7_1	-9.79590	-8.72004	-7.85876	-10.44582	-9.27114	-5.98166	-5.67176	-8.30960
v8_1	-9.79995	-8.72401	-7.86444	-10.44910	-9.27477	-6.09382	-5.55341	-8.31382
v9_1	-10.27553	-9.16903	-8.28208	-10.86851	-9.71240	-6.49712	-5.97970	-8.54232
i1_1	-2.21499	-1.51178	-.94824	-3.71266	-2.20578	.72574	-.43090	-1.57571
i2_1	-2.62229	-1.88470	-1.30677	-4.06492	-2.57197	.36960	-.70561	-1.92553
i3_1	-2.91510	-2.15061	-1.58043	-4.32041	-2.84682	.09647	-.91631	-2.19039
i4_1	-3.64752	-2.87134	-2.23786	-4.97179	-3.53451	-.58071	-1.43904	-2.85051
i5_1	-4.06113	-3.27730	-2.65750	-5.29847	-3.92635	-.99105	-1.75373	-3.23345
i6_1	-3.19304	-2.43693	-1.84204	-4.56523	-3.08533	-.16844	-1.11936	-2.44338
i7_1	-4.19310	-3.39095	-2.75770	-5.46061	-4.04502	-1.05925	-1.81847	-3.33693
i8_1	-5.11383	-4.27142	-3.60388	-6.28258	-4.90784	-1.90662	-2.46623	-4.16164
i9_1	-4.49969	-3.69129	-3.05168	-5.72998	-4.33542	-1.37181	-2.05069	-3.59132
a7_2	-3.88253	-3.42744	-3.06061	-4.85214	-3.85995	-1.99690	-2.48339	-3.44541

圖7-38　Amos的報表：斜率參數間之配對比較的CR值

如果待估計參數較多時，Amos的CR值報表，在閱讀上似乎有點困難，請耐心尋找，或直接將它列印出來。將滑鼠移至a7_1與a7_2之V26參數交會處，該值-2.48339即為CR值（參見圖7-38的右下方圈取值），此值的絕對值>1.9645，即表示此參數估計值在組間具有顯著差異（α = .05），相關之男、女生未標準化徑路係數估計值，如圖7-40 & 圖7-41所示（.41 vs .79），差異不小。換言之，該題目V26在組間具有非一致性DIF。Amos使用者只要將滑鼠移到-2.48339，並按下滑鼠之左鍵，即會出現圖7-39之CR值統計量說明視窗，告訴我們此參數估計值的意義。Amos的線上統計教練隨時等待您的呼叫，這是Amos體貼之處。

假如欲控制犯第一類型之錯誤，可利用此公式：$\alpha/(\text{\# of MI} > 3.84)$，進行調整。因為只有V26大於3.84（參見表7-8），犯第一類型之錯誤α，不須調整，亦即CR值之

絕對值需大於1.96。依此標準，V26題目之徑路係數估計值在男女生間之差異達顯著水準；亦即V26在性別間具有非一致性DIF之現象，該題到底對誰較有利，端視受試者的能力而定，參見圖7-77，足見Amos的DIF分析結果與WINSTEPS的DIF分析結果相同。

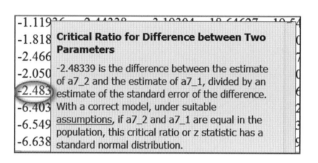

圖7-39　參數間配對比較的CR值之意義：a7_1 vs a7_2

(2) MI指標

其次，如前所述，進行非一致性DIF的偵測時，須找出MI值最大的因素負荷量，進行統計顯著性的考驗。假如該題MI值大於3.84（此值開根號後，亦可進行z考驗），即達到既定顯著水準（α = .05，df = 1），顯示相關的題目在組間具有非一致性DIF。接著，將該DIF題目的因素負荷量參數開放估計，而其他題目的因素負荷量仍然進行組間等同之限制。如同前述步驟，再進行下一個非一致性DIF題目的偵測，找出MI值最大的因素負荷量，進行統計顯著性的考驗。此一步驟，將循環到無任何因素負荷量的最大MI值，達既定顯著水準（如α = .05）為止。

MI指標的取得須點開右側Amos報表之選目：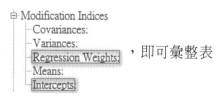，即可彙整表

7-8之MI統計量。表7-8顯示V26的MI值（5.963 = 2.397+3.566）為最大且大於3.84，比較圖7-40 & 圖7-41在V26上的徑路係數（.41 vs .79），兩者差異的CR值為−2.483（大於1.96臨界值，Amos提供此CR值，可供統計顯著性的考驗），在後續的循環非一致性DIF檢驗中，該題的因素負荷量須開放估計。其後的非一致性DIF檢驗中，因素負荷量上亦未發現有MI達顯著水準的題目。這些未具非一致性DIF的題目，研究者就可以繼續進行一致性DIF的分析。

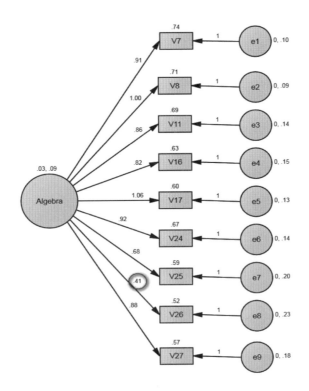

圖7-40　V26未標準化徑路係數：女生

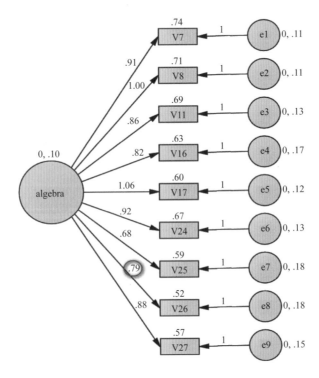

圖7-41　V26未標準化徑路係數：男生（參照組）

　　至於MI值的統計考驗，研究者可利用SPSS的內建函數：CDF.CHISQ(Q,DF)，算出累進機率 & p值。以V26的MI值（5.963）為例，帶入下式：

P = 1 − CDF.CHISQ(Q,DF)，可得MI統計量的p值：

p = 1 − CDF.CHISQ(5.963,1) = 1 − .985 = .015。

　　由此觀之，V26的斜率在性別間具有DIF現象（p = .015 < α = .05），該題到底對誰較有利，端視受試者的能力而定。如果透過IRT分析，就能利用視覺判斷兩組的ICC在能力水準的何處相交，參見如圖7-77的ICC曲線圖，就能判斷對誰較有利，對誰較不利。

表7-8　Amos之MI值輸出報表：迴歸係數

題目		單元	男生MI	女生MI
V27	←	algebra	.610	.875
V26	←	algebra	2.397	3.566
V25	←	algebra	.704	.939
V24	←	algebra	.040	.053
V17	←	algebra	.192	.242
V16	←	algebra	.011	.012
V11	←	algebra	.020	.027
V8	←	algebra	.078	.086
V7	←	algebra	.669	.729

註：請點開圖7-38中之「Modification Indices→Regression Weights」&「Fully–constrained model」，即可獲得表7-8中的MI數據。

　　在後續的一致性DIF檢驗中，V26的因素負荷量將開放估計，參見圖7-42左下角小視窗內之參數設定：a7_1 = a7_2的等同限制已刪除。

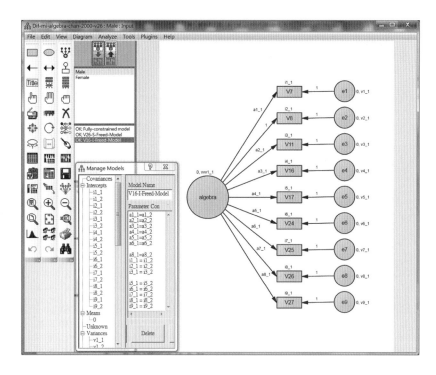

圖7-42　V16-I-Freed-Model的參數設定

　　同樣地，一致性DIF的偵測時，可從表7-9中找出了MI值最大的截距爲V16（5.034 = 2.659 + 2.375），其MI值大於3.84，比較圖7-43 & 圖7-44在V16上的男女生截距（.68 vs .59），兩者差異的CR值爲2.25808（大於1.96臨界值），參閱圖7-45；在後續的循環一致性DIF檢驗中，該題的截距須開放估計。其後的一致性DIF檢驗中，截距上也未發現有MI達顯著水準的題目。因爲因素負荷量與截距均只進行了一次MI值的統計顯著性考驗，不須再利用Bonferroni方法，校正第一類型錯誤α。

　　有關MI值的統計考驗，研究者可利用SPSS的內建函數：CDF.CHISQ(Q,DF)，算出累進機率 & p值。以V16的MI值（5.034）爲例，帶入下式：

P = 1 − CDF.CHISQ(Q,DF)，可得MI統計量的p值：
p = 1 − CDF.CHISQ(5.034,1) = 1 − .975 = .025。

　　由此觀之，V16的截距在性別間具有DIF現象（p = .025 < α = .05），不利於男生。

表7-9　Amos之MI值輸出報表：截距

題目	男生MI	女生MI
V27	.052	.061
V26	.195	.237
V25	.270	.294
V24	.470	.504
V17	.376	.390
V16	2.659	2.375
V11	.671	.736
V8	.465	.420
V7	.028	.025

註：請點開圖7-38中之「Modification Indices→Intercepts」&「Fully –constrained model」，即可獲得表
7-9中的MI數據。

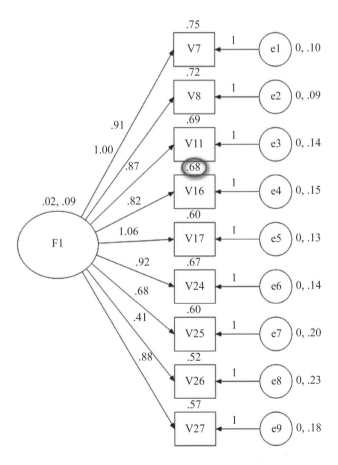

圖7-43　V16未標準化截距：女生

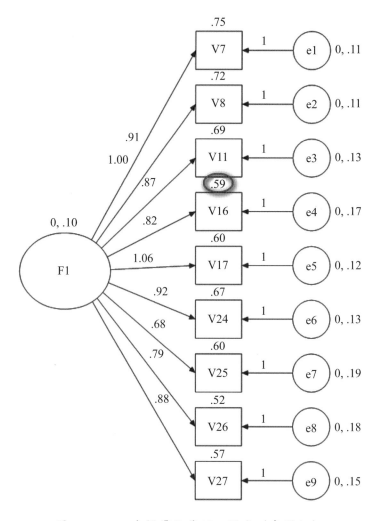

圖7-44　V16未標準化截距：男生（參照組）

如同前述，將滑鼠移至圖7-45中，i4_1與i4_2之參數交會處，該處2.25808即為CR值，此值>1.9645，即表示V16截距之參數估計值在組間具有顯著差異（α = .05）。換言之，該題目V16在性別間亦顯示具有一致性DIF，不利於男生。另外，由圖7-43 & 圖7-44的潛在特質差異（.02）知，男、女生在代數題上之潛在特質平均數差異不大，女生稍稍優於男生（男生是參照組，已設定為0）。換言之，國中基測這9題代數題的分數，在男女間並未有顯著差異，但在V16的答對率（.68 vs .59）上，性別間具有顯著差異。

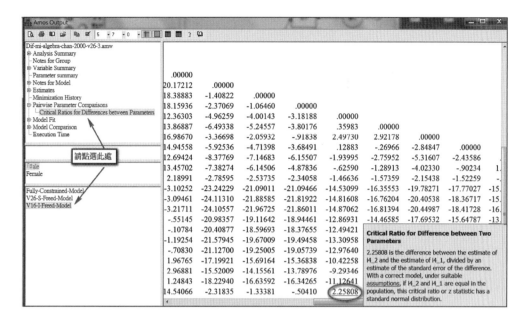

圖7-45　Amos的報表：截距參數間之配對比較的CR值

(3) 卡方統計量

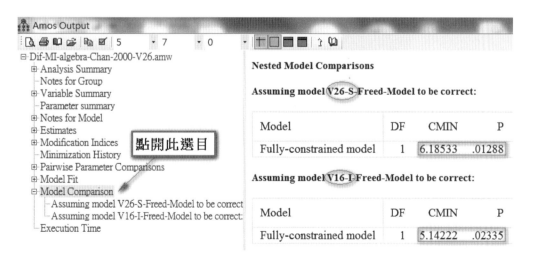

圖7-46　Amos卡方統計量報表

　　由圖7-46的卡方統計結果知，V16的截距與V26的斜率在組間，均達顯著差異（p <
.05），以V16為例，請參見圖7-60 & 圖7-64 MIMIC取向的相同分析結果（p = .023）。

經由前述三種統計量：CR值、MI指標 & 卡方統計量，均獲得相同的結論：V26的斜率在性別間具有非一致性DIF現象，該題到底對誰較有利，端視受試者的能力而定，而題目V16在性別間亦顯示具有一致性DIF，此題不利於男生。

（二）自由基線策略：雙群組卡方差異考驗法

雙群組卡方差異考驗法，亦可分為自由基線DIF考驗法與限制基線DIF考驗法。因為前節的示範實例採限制基線策略，本節之實例解說，將僅採「自由基線」分析策略（先假定各題均具DIF），相關統計分析步驟與流程，讀者亦可參閱圖7-24自由基線策略的圖解說明，以下係實例示範。

1. 徑路設計

自由基線考驗策略，因為其基線模式是固定的，因此又稱為固定基線策略。自由基線模式之基本假設，假定所有題目均具有DIF，於是考驗時需先進行組間所有參數的估計，其後再進行各題目參數之等同限制估計，以進行未受限模式與受限模式間卡方差異之統計考驗。圖7-47係雙群組基線模式的徑路設計與雙群組的參數命名，可由Amos「Analysis」功能表單下之「Multiple-Group-Analysis」自動命名。以下性別DIF分析，乃採2008年國中基測數學科的9題代數題當作實例，參見圖7-26之SPSS原始資料檔，隨機抽取之樣本數為477，其中男生238人，女生239人。

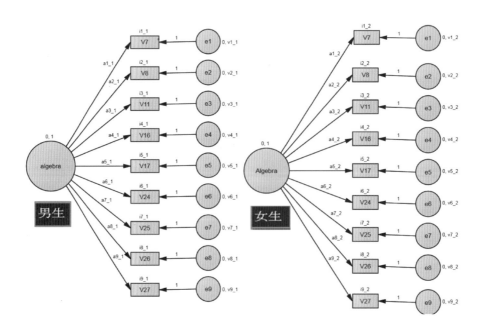

圖7-47　CFA取向之雙群組卡方差異法的徑路設計

2. 理論模式之建立

雙群組卡方差異法，首先需建立基線模式：將潛在變數之平均數及變異數，分別設定為0與1，以建立共同量尺（以便檢驗所有題目是否具有DIF）。圖7-48係建立自由基線模式（Base-Line-Model）的設定視窗，兩組的所有參數均開放估計（假定各題均具DIF）。因此，在圖7-48的參數限制視窗內為空白，無任何參數之等同限制。

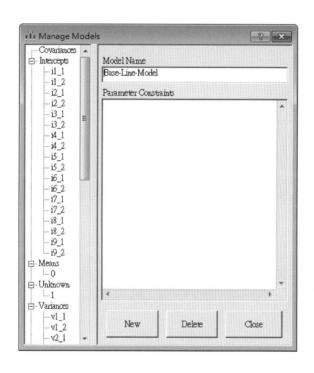

圖7-48　自由基線策略的基線模式設定

接著，需先檢測非一致性DIF（Non-uniform DIF）的題目，選擇可疑題目V26（a8參數），將其題目負荷量參數（a8_1 = a8_2）進行組間等同之限制，此提議模式的名稱為「NonUni-DIF-V26-Freed-Model」，參見圖7-49之徑路參數等同限制，其餘題目參數則開放估計。

在非一致性DIF題目之考驗後，再針對未具有非一致性DIF的題目，進行該題目截距的組間等同考驗，此即一致性DIF（Uniform DIF）的考驗。首先選擇可疑題目V16（i4參數），將其題目截距的參數（i4_1 = i4_2）進行組間等同限制，其餘題目的截距則開放估計，參見圖7-50之徑路參數等同限制。此提議模式的名稱為「Uni-DIF-V16-Freed-Model」。

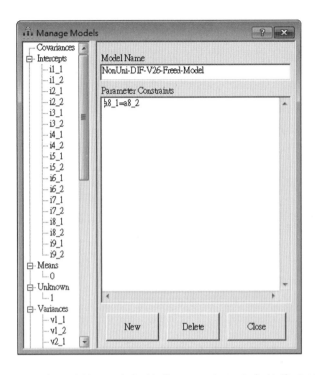

圖7-49　非一致性DIF分析模式：V26之徑路參數等同限制

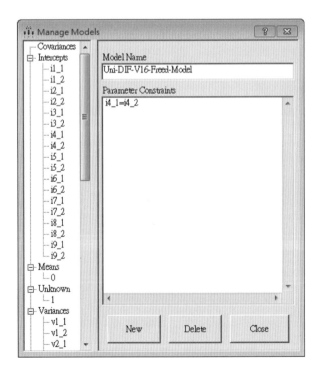

圖7-50　一致性DIF分析模式：V16之截距參數等同限制

接著，需在圖7-51中的Amos的分析屬性「Analysis Properties」視窗中，進行MACS分析之統計量輸出設定：請務必勾選「Estimate means and intercepts」。

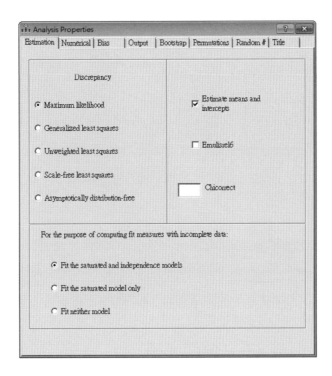

圖7-51　Amos進行MACS分析之設定

其他各題之理論模式（相關參數限制）之建立方法，均依以上檢測非一致性DIF與一致性DIF的實例進行，完成之後的理論模式，會出現於圖7-52之右側方框中。以上這些提議模式（受限模式），均將與同一個自由基線模式做比較（因而得名固定基線策略），以進行卡方差異考驗。只要這些所建立的理論模式均能正常估計（模式名稱之前出現OK者），一次即能完成這9道題目的兩個型態（一致性與非一致性）DIF分析，其全部理論模式之設定內容，請參見圖7-52之中間視窗內的內容。

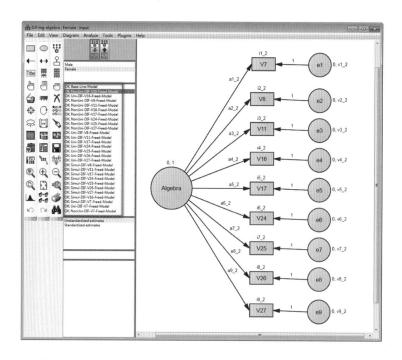

圖7-52　DIF分析的提議模式：兩種DIF分析模式的設定

3. 一致性與非一致性DIF之統計分析

　　經前述徑路圖之設計與各題理論模式（參見圖7-52）建立好之後，就可進行各題目之DIF分析了。請在Amos功能表單「Analyze」下，按下「Calculate Estimates」執行Amos之後，在Amos功能表單「View」下，按下「Text Output」，如果模式均可以辨識，就會出現圖7-53之Amos的完整且詳細的統計報表。對於犯第一類型錯誤機率的控制，筆者建議以DIF類型為單位，將.05除以P值達.05顯著水準的個數。經查閱圖7-53右側各類DIF的P值，均只有一個題目達.05顯著水準，因此.05的顯著水準將不調整。

　　研究者的DIF分析如欲採雙群組卡方差異考驗法，需點開Amos報表左側的「Model Comparision」，就可查看隔宿模式間之比較，參見圖7-53右側之統計分析報表。由該圖右側視窗的第一個考驗結果知，V26題目之徑路係數，在組間達.05之顯著水準（$\chi^2 = 7.284$, df = 1, p = .007），此代數題出現性別非一致性DIF，因而該題已不適合繼續進行一致性DIF分析。當一個題目出現非一致性DIF後，該題目之一致性DIF分析是不恰當的，因為組間難度差異需視受試者之能力而定，不具一致性，請參見圖7-77之ICC曲線圖。

接著，重複前述之動作，檢視其餘各題目是否具有非一致性DIF。其他各題之分析結果，發現各題目之徑路係數在組間皆未達.05之顯著水準。

同樣地，針對未具有非一致性DIF的V16題目（p = .647），欲分析其是否為一致性DIF，可由圖7-53之右側視窗的第二個考驗（Uni-DIF-V16-Freed-Model）結果查知，V16題目之截距參數在組間達.05之顯著水準（χ^2 = 5.429, df = 1, p = .020），此代數題出現性別一致性DIF（不利於男生，參見圖7-44）。接著，重複前述之動作，檢視其餘各題目是否具有DIF。經檢視右側視窗內知各題理論模式之結果，發現其他各題之分析結果，都未發現各題目之徑路係數在組間達.05之顯著水準。

至此，讀者不難發現，利用圖7-53左側對各題的一致性DIF & 非一致性DIF之理論模式設定，一次即能分析完所有題目的DIF分析，堪稱便捷。

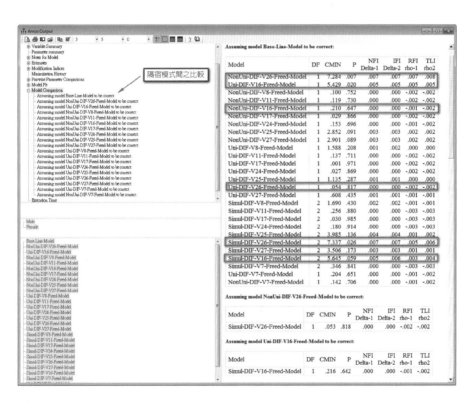

圖7-53 Amos DIF分析模式比較總表：雙群組卡方差異考驗法

筆者在此必須提醒讀者：MACS取向的DIF分析，並無法將Impact（真正差異）& Item DIF（虛假差異）分離開來，僅適合作為Item bias的初步篩檢工具，第六節的MIMIC取向的DIF分析，將是較佳的分析方法。

4. Benjamini-Hochberg α校正法

　　前述使用簡單Bonferroni方法來控制α，較適用於比對數目不多時，如果比對較多時（如大於6），常導致統計考驗力過低。因此，不少研究者如Woods, Oltmanns, & Turkheimer（2009）與Studerus, Gamma, & Vollenweider（2010）就建議改用Benjamini-Hochberg校正法，以提高考驗力。以下將示範如何使用SAS計算Benjamini-Hochberg氏的調整p值。以圖7-54中9題代數為例，進行Non-uniform DIF檢測，其B-H調整p值之SAS計算程式撰寫如下：

```
Data pvalues;
    input raw_p @@;
    cards;
    .706 .752 .730 .647 .866 .696 .091 .007 .089
    ;
    proc multtest pdata = pvalues fdr;
    run;
```

　　式中@@，代表連續輸入，不必換行，控制指令Fdr（False discovery rate，發現顯著結果的錯誤率）即表示欲輸出Benjamini-Hochberg氏的調整p值。利用SAS Multtest副程式跑出的結果如圖7-54。由SAS報表可知，並無任何題目調整後的p值小於.05。依此α校正法，得到結論：無任何題目具有非一致性DIF。實務上，為提高統計考驗力，以避免DIF題目有漏網之魚，可將α = .05提高為α = .10。以此顯著水準，V26的P值為.0630，達.10的顯著水準，該題為具有非一致性DIF的題目。

	原始P值	B-H調整值
Test	Raw	False Discovery Rate
1	0.7060	0.8460
2	0.7520	0.8460
3	0.7300	0.8460
4	0.6470	0.8460
5	0.8660	0.8660
6	0.6960	0.8460
7	0.0910	0.2730
8	0.0070	0.0630
9	0.0890	0.2730

圖7-54　SAS Multtest副程式報表：Benjamini-Hochberg氏p值

計算Benjamini-Hochberg氏的調整p值（$\check{p}$），需先將原始P值由小而大排序（i = 1⋯k），最大的原始P值不需調整（$\check{p}_k = p_k$），本例為.8660（k = 9），其次的調整P值，依公式7-10，取極小值估計之。

$$\check{p}_i = \min\left(\check{p}_{i+1}, \frac{k}{i} p_i\right)$$ 公式7-10

以 i = 8 為例，

$$\check{p}_8 = \min\left(\check{p}_{8+1}, \frac{9}{8} p_8\right) = \min\left(.8660, \frac{9}{8}*.7520\right) = \min(.8660, .8460) = .8460$$

Benjamini-Hochberg的α校正法仍屬嚴苛，實際運用時可以提高顯著水準為.10。但過程稍嫌繁瑣，不如採用前述改良型Bonferroni方法來控制α：α / # of MI（只計達3.84以上的MI個數），簡單易行且可避免DIF題目的漏判。

六、MIMIC取向DIF分析的實例解説

MIMIC取向的DIF分析，本質上係迴歸分析與單因子因素分析的結合；其最大優點，是可以將Impact（真正差異）& Item DIF（虛假差異）分離開來，更有利於分析Item bias。另一優勢，乃是很容易加入調節變項，而利於探究發生DIF的原因。不過，在實際執行MIMIC取向的DIF分析前，需注意分析資料是否符合單向度基本假設，雖然MIMIC取向的研究設計，理論上是允許多向度因素的DIF分析，因超出本書範疇，暫不納入介紹。

圖7-55係MIMIC取向DIF分析流程與統計方法的撰寫綱要，以利讀者掌握以下各節之學習脈絡。

本節Amos實例解説，將依圖7-55之MIMIC取向DIF分析之流程，以調節變項的有無，逐一說明之。自由基線分析策略本書將不採用，因為當分析題目與調節變項較多時，在Amos徑路圖的繪製上較為繁瑣，且分析徑路易糾纏不清，因此筆者推介使用限制基線策略進行MIMIC取向之DIF分析。

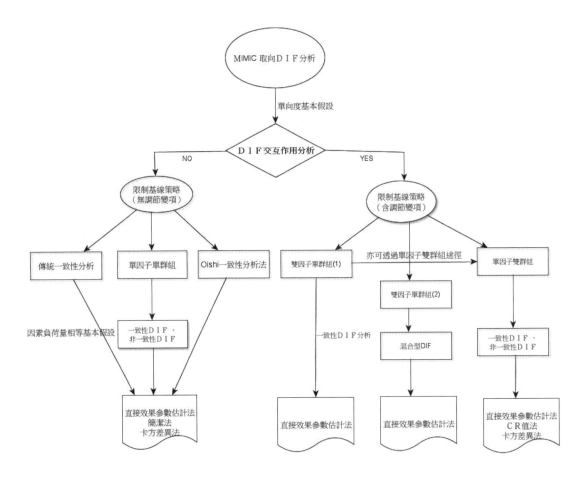

圖7-55　MIMIC取向DIF分析之流程與統計方法

（一）限制基線策略：無調節變項

　　以下MIMIC取向DIF分析實例，其示範資料爲2008年「國中基測數學科」的9題代數題，係隨機取自「國民中學學生基本測驗推動工作委員會所提供之民國97年第1次測驗資料」（何宗岳，2011）。爲簡化分析，只隨機抽取477人的樣本資料（含北、中、南考生），其中男生爲238人，女生爲239人，參見圖7-26之SPSS原始資料檔。由表7-10的平均數來看，北、中、南男女考生在代數9題上之整體表現，似乎難分軒輊。

表7-10　男女在代數題上之描述統計摘要表（包含北中南考生）

	N	Mean	SD
Female	239	5.95	2.543
Male	238	5.73	2.831
Total	477	5.84	2.690

就無調節變項而言，常見的MIMIC取向DIF分析方法有三：傳統MIMIC一致性DIF分析、單因子單群組DIF分析與Oishi（2006）一致性DIF分析，逐一說明如下。其中，單因子單群組DIF分析可以分析一致性與非一致性DIF。

1. 傳統MIMIC一致性DIF分析

利用MIMIC模式進行一致性DIF分析，所蒐集待偵測的資料，需符合單向度的要求，與所有觀察變項的因素負荷量在組間均需相等的假設；亦即待分析之測驗需為τ等值（Essentially τ-equivalent）測驗，因而非一致性DIF分析無法進行。單向度的要求，研究者可以透過因素分析或CFA進行驗證之。欲檢驗2008年國中基測數學科代數題是否為單維向度，研究者可進行主成分分析，分析結果第一特徵值為3.691（解釋量41%），第二特徵值為.867（解釋量9.6%），兩者的比值約為4.26:1，此項結果顯示，此測驗僅含有一個主因素。接者，再進行單因子CFA分析，獲得結果：χ^2 = 35.827、p = .119、df = 27、NFI = .965、CFI = .991、RMSEA = .026。此項結果顯示，此單因子CFA模式與資料相當適配。根據此兩項統計結果知，國中基測數學科的9題代數題僅在測量單一能力的基本假設，合乎Reckase（1979）單向度測驗的要求。

至於因素負荷量在組間均需相等的假設，考驗時需把兩組因素負荷量限制為相同，且將潛在能力之變異數設定為1，以便估計所有題目之因素負荷量。在Amos中t等值測驗之考驗，只要將兩組因素負荷量的參數命名相同即可，假如統計考驗之後發現模式與資料之適配度佳，即可知該測驗不僅在測同一共同因素，而且為t等值測驗。因此，將男女考生兩組因素負荷量的參數命名為相同，經統計考驗結果為：χ^2 = 87.045、df = 63、P = .024、AGFI = .945、CFI = .976、NFI = .919、RMSEA = .028。此分析結果顯示：整體上此測驗在男女間為τ等值測驗的假設，並未被推翻。因此，本CFA模式中的徑路參數（斜率或鑑別度）在組間相等的基本假設是成立的（無非一致性DIF）；研究者即可開始進行MIMIC取向的一致性DIF分析。

　　首先，研究者利用SPSS建立原始檔案之後，在Amos功能表單「File」之「Data File」的視窗中，利用「File Name」連結該資料檔案；接著，利用Amos的繪圖工具（如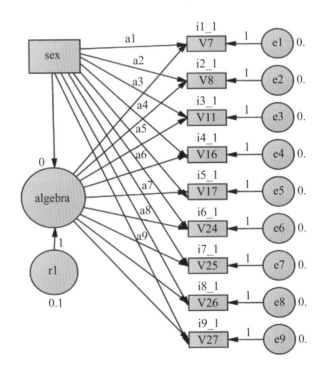

(圖示按鈕) ），研究者就可在Amos的徑路圖繪製區內，繪製出如圖7-56之MIMIC一致性DIF分析的徑路設計；其次，為了跨題目之適用性，需為各變項與徑路加以命名：性別間的截距參數（i1〜i9）與迴歸係數（直接效果，a1〜a9），以便利後續之參數限制。模式中SEX係組別變項（0表女性，係參照組；1表男性，為焦點組）。為了模式的可辨識性，及讓每一題目均可進行DIF分析，乃將潛在變項（algebra）的截距設定為0，其殘差的平均數亦設定為0，且其變異數設定為1。

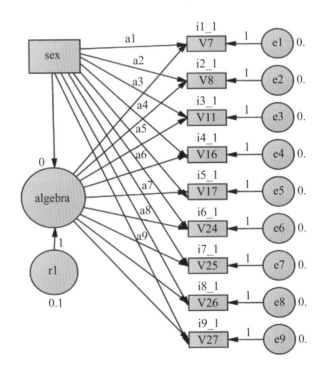

圖7-56　單組MIMIC一致性DIF分析的徑路設計

　　一致性的DIF，係指在各能力或特質水準下，題目答對率在組間出現一致性的差異：反映組間主要效果（a1〜a9）之差異性。在Amos中進行單因子一致性DIF的分析，具有三種途徑：直接效果參數考驗法、隔宿模式的卡方差異考驗法（即Brown氏法，2006）與簡潔法；其中以簡潔法最便捷，茲依序說明此三種DIF分析途徑如下。

(1) 直接效果參數考驗法

　　欲進行一致性DIF分析，研究者可考驗性別之直接效果（a1～a9）是否達到既定水準的顯著差異，參見圖7-56的徑路設計。直接效果的考驗，首先，研究者需利用Amos的模式管理視窗，進行組間參數估計的限制與釋放設定。例如：爲了確認第一個題目V7是否爲DIF題目，乃將其相關之迴歸係數a1開放估計，其餘題目之迴歸係數參數（a2～a9）則限制爲0，表示本次分析，這些參數暫不進行估計，模式之命名與參數之限制方法，請參見圖7-57視窗內容。由此觀之，此分析法假設各題均無DIF，而分析策略採限制基線策略，其完全受限模式之基線模式參數設定（假定各題均無DIF），請參見圖7-62。

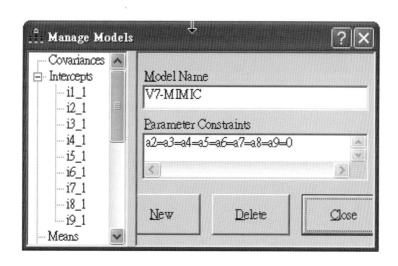

圖7-57　V7-MIMIC模式之參數限制

　　以此類推，利用模式管理視窗，逐題建立個別理論模式，以確認該題是否具有DIF現象。全部9個題目的理論模式（V7-MIMIC～V27-MIMIC）設定成功之後，就會出現在Amos的模式管理視窗內（參見圖7-58中間視窗內圈起來的九大理論模式）。經由此設計，一次即能跑完各題目之DIF分析，不必逐題跑DIF分析，省時省力。

　　接著，在圖7-59中之Amos分析屬性視窗內，需勾選「Estimate means & intercepts」，以進行平均數共變數結構之分析。

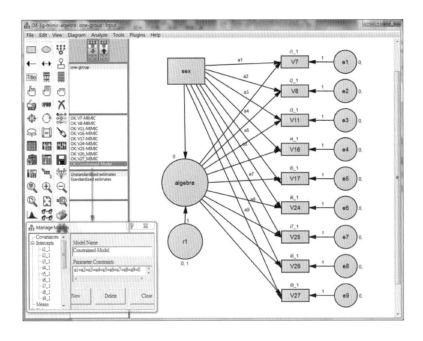

圖7-58　9個題目理論模式的設定

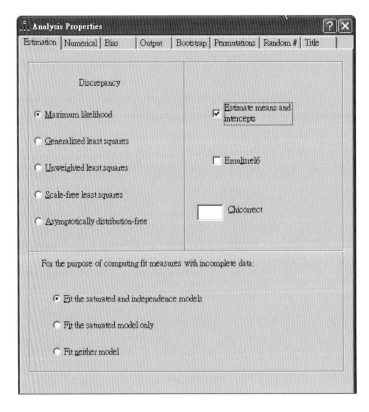

圖7-59　Amos分析屬性視窗的設定

最後，在Amos功能表單「Analyze」下，按下「Calculate Estimates」執行Amos之後，就可以在Amos功能表單「View」下，按下「Text Output」，就會出現圖7-60之Amos報表。欲觀看這9個題目的直接效果，研究者需要在圖7-60之左側視窗中，點開「Estimates」&「Scalars」之後，點選「Regression Weights」。為了節省空間與一目了然，該圖右側視窗內之統計量，係經數次剪貼整理後的統整報表，而圖7-61報表中的徑路係數，則係點選「V11-MIMIC模式」後，顯示了V16題的直接效果。

			Estimate	S.E.	C.R.	P	Label
V7	<---	sex	.007	.032	.227	.820	a1
V8	<---	sex	-.031	.032	-.968	.333	a2
V11	<---	sex	.043	.036	1.212	.226	a3
V16	<---	sex	-.088	.038	-2.279	.023	a4
V17	<---	sex	.032	.036	.898	.369	a5
V24	<---	sex	.036	.036	1.004	.315	a6
V25	<---	sex	-.031	.041	-.761	.446	a7
V26	<---	sex	.028	.043	.645	.519	a8
V27	<---	sex	-.014	.040	-.347	.729	a9

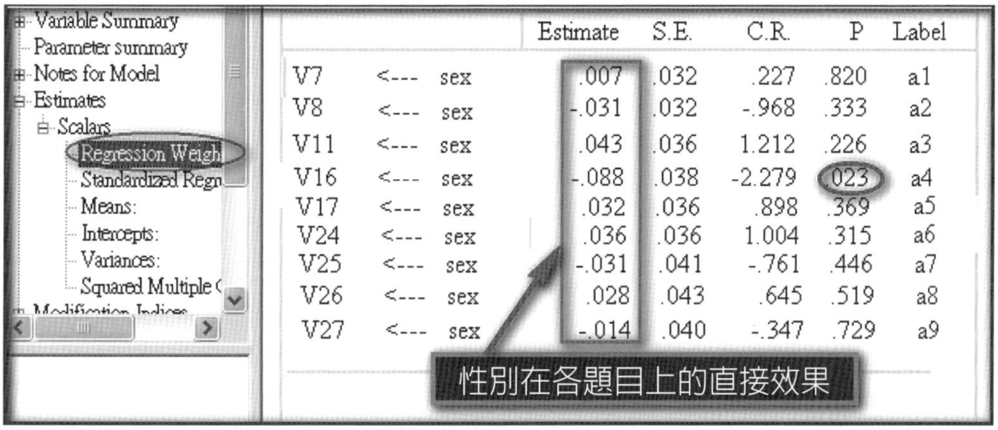

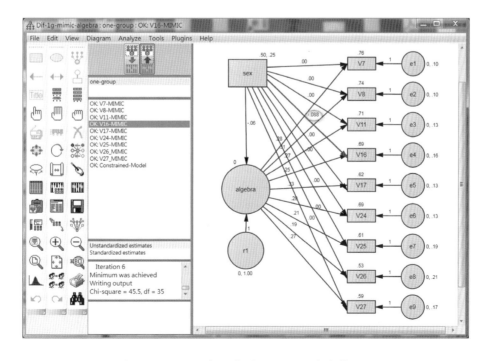

圖7-60　Amos的報表：9個題目的直接效果（經整理剪貼後的摘要表）

圖7-61　Amos的徑路圖：V16題的直接效果

　　根據圖7-60右側視窗內之Amos分析結果知，似乎只有V16可能係DIF題目，在該題目上男生的能力較弱（直接效果為-.088，女生為參照組），其相關p值為.023，亦即反映該題可能具有一致性DIF現象，不利於男生。由表7-11的描述統計知，在V16題上女生的答對率勝過男生（.69 > .59）。

表7-11　男女生在代數V16題上之描述統計摘要表（包含北、中、南考生）

	N	Mean	SD
Female	239	.69	.462
Male	238	.59	.492
Total	477	.64	.479

(2) 隔宿模式的卡方差異考驗法

　　隔宿模式的卡方差異法，最常用的為Brown（2006）的逐步向前分析法。該法需先建立一個基線模式（A baseline model），假設此模式中無任何DIF題目（亦即無任何直接效果存在）。執行統計分析後，檢查有無題目之直接效果的MI值過大（如超過3.84），需要進一步檢驗。檢驗時，將發現最大MI值之直接效果徑路連接起來，作為未受限模式（其參數開放估計），並與基線模式進行卡方差異值之統計考驗。其次，再針對次大MI值，進一步作DIF檢驗，一直到MI值小於3.84（沒有DIF題目）為止；其檢測過程涉及三大步驟為：

① 建立一個基線模式

　　基線模式的建置，如圖7-62所示，在Constrained-Model中，所有9個題目之徑路參數均被限制為0，不進行參數估計，此為完全受限模式。

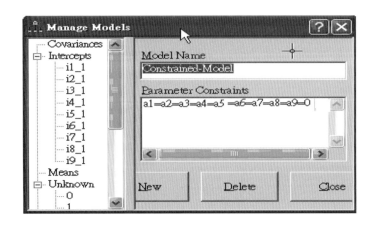

圖7-62　完全受限模式：基線模式

② 利用MI值，初步辨認DIF題目

在基線模式（Constrained-Model）下，查閱Amos報表中的Modification Indices（Regressional Weights），參見圖7-64，發現SEX對於各變項的MI指標值都小於1，只有V16的MI值最大，為2.5326。雖然MI值仍小於3.84，為教學示範之目的，初步認定此題可能為DIF題目，於是將相關的徑路a4參數開放估計，如圖7-63所示，a4參數已從限制清單中被移除。

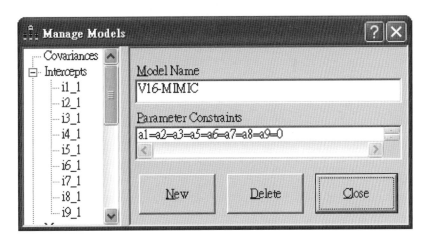

圖7-63　V16直接效果（a4）開放估計：V16未受限模式

由圖7-63的參數限制模式可知，在V16-MIMIC模式中，只有與其相關的徑路參數a4被釋放，進行參數估計，其餘均設定為0。

③ 進行基線模式與未受限模式間之比較

V16題經Amos統計分析後，隔宿模式間卡方差異之統計考驗結果，如圖7-64所示：

由圖7-60 & 圖7-64之p值比較知，V16題之卡方差異法與參數直接估計法的考驗結果完全相同（p值均為.023）。

接著，繼續確認其他題目是否為DIF題目，乃將其直接效果之參數進行開放估計，各模式參數之設定與V16相類似，設計成功之後會在圖7-65中的管理視窗內出現所設定之OK模式。

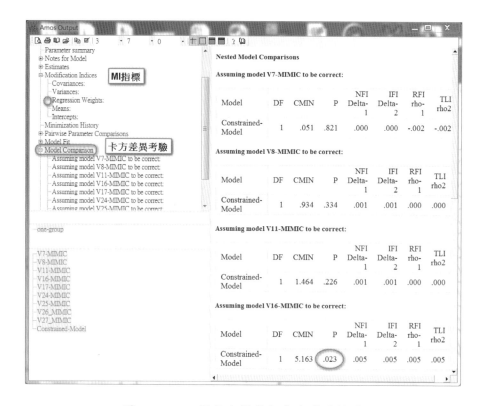

圖7-64　V16題隔宿模式之卡方考驗結果

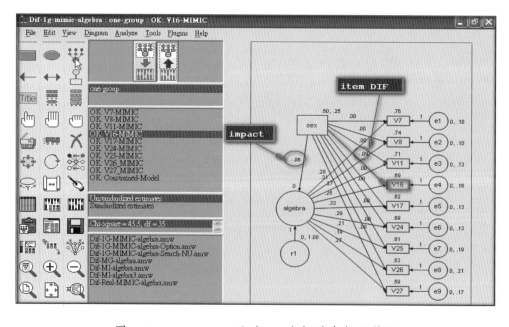

圖7-65　V16-MIMIC取向DIF分析的參數估計值

　　圖7-65右側MIMIC模式之徑路結構，係假設V16為DIF題目，其餘皆為無DIF題目之參數估計值。將具有DIF之題目含入MIMIC理論模式中，以排除組間假性差異後，才能真正反映出男女生（SEX）在代數能力上之真正差異（impact）。由圖7-65中impact參數為負（－.06）看來，男生的代數能力比女生差（女生為參照組）。

(3) 簡潔法

　　Amos的模式界定搜尋（Specification Search），在DIF分析上，具有初步篩選之效能（參見圖7-66中間的選單），研究應用上最為便捷，筆者因之稱為簡潔法。

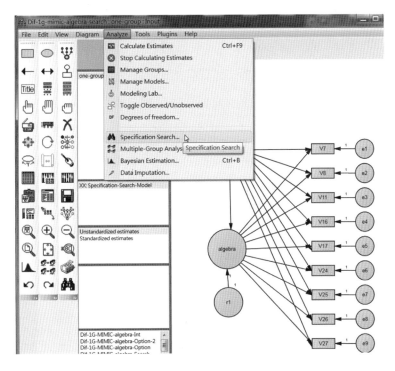

圖7-66　　Amos的模式界定搜尋執行表單

　　研究者欲運用Amos的模式界定搜尋功能，須在「Analyze」功能表單下，點選 Specification Search...，出現如圖7-67的Amos的模式界定搜尋設定視窗之後，就可進行模式界定搜尋的徑路設定工作。

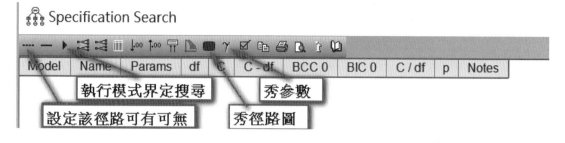

圖7-67　Amos的模式界定搜尋設定視窗

　　注意，圖7-66模式管理視窗之內的理論模式，僅需要一個完全未設限模式 ![XX: Specification-Search-Model] 。研究者於進行「可有、可無」徑路之設定時，必須將圖7-58中，SEX對於各題目之徑路參數名稱加以刪除，刪除後之徑路圖如圖7-68所示。接著，在Amos表單「Analyze」下，利用圖7-67中之模式界定搜尋設定工具 ┉┉ ，利用滑鼠點選 ┉┉ 之後，在圖7-68中，SEX對於9個題目的每一徑路上，使用滑鼠左鍵予以設定為可有、可無之徑路（注意徑路參數不可設定名稱）。設定成功時，相關之路徑會改變顏色，以便區分哪些徑路是必含徑路，哪些是可有、可無徑路，至於分析屬性之設定仍如前節所述。

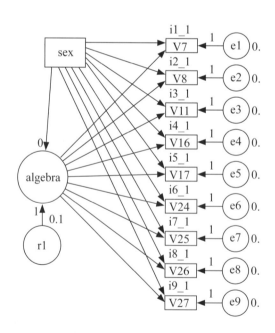

圖7-68　模式界定搜尋可有、可無徑路之設定

其次，按下圖7-67上緣的模式界定搜尋執行鍵 ▶ 之後，就會出現圖7-69視窗內的分析結果。因為分析的焦點在單一徑路釋放的9個理論模式上（df = 34），研究者須把這些模式逐一辨識出來。辨識時，先將滑鼠點選待辨識的模式，待其出現反黑或反藍之後，再連按滑鼠左鍵兩次，就可在Amos徑路圖設計視窗內，顯示從SEX到題目的徑路，而獲知該模式到底是在估計哪一題目的直接效果。例如：模式2即為V16-MIMIC模式的分析結果，在徑路圖設計視窗內只會出現V16的直接效果。

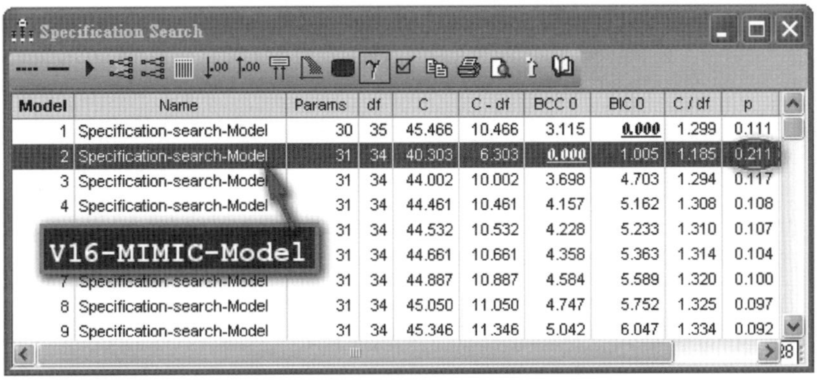

圖7-69　模式界定搜尋結果視窗：單群組MIMIC法

根據Amos的更新手冊（p. 20, SmallWaters, 2003；P.325, Arbuckle, 2013）中Burnham & Anderson（1998）的建議：BCC 0的值等於0時，表示該模式為最佳適配模式（Amos會重新調整BCC 0，使得最小的BCC 0值等於0），當BCC 0的值小於2時，表示該模式為較佳適配模式。圖7-69內，只有模式2（為V16-MIMIC-Model）的BCC 0值小於2，其餘8個題目之BCC 0值均大於2。細言之，V16-MIMIC-Model係將V16與SEX之相關徑路參數釋放估計，致使模式之適配度改善，這意謂著該題目之直接效果可能具有DIF顯著效果。利用此種特性，研究者可以利用Amos之「模式界定搜尋」迅速找到可能具有DIF的題目。研究者只要將BCC 0值小於2的題目納入後續之一致性DIF檢驗即可，這不失為快速而有效之DIF初篩捷徑。因為只有V16題目出現顯著的直接效果，研究者如欲利用前述之直接效果參數考驗法或隔宿模式的卡方差異考驗法，進行該題的DIF複驗，亦堪稱便捷。

2. 單因子單群組MIMIC（無調節變項）

本節旨在示範一致性及非一致性的DIF分析，如何透過單因子單群組MIMIC模式

進行統計上顯著性之考驗。爲了能夠進行非一致性DIF的分析，根據Woods & Grimm（2011）之設計，研究者須先計算每個人在這9題代數的因素分數（可利用SPSS建立與儲存因素分數，參見圖7-70內部的操作過程），以代表考生的潛在能力；接著，建立性別與因素分數之交互作用項（本例命名爲Int3_Sex），參見圖7-71的相關變項。爲何須建立一個性別與因素分數之交互作用項，乃因非一致性的DIF，係指在不同能力或特質水準下，題目答對率在組間出現不一致性的差異，亦即反映組間與能力之交互作用效果，該題的答對率對於哪一性別有利，端視考生的能力而定。此即爲何須先進行非一致性的DIF分析，因爲一致性的DIF分析只是其特例而已。以下性別DIF分析，仍以前述2008年國中基測數學科的9題代數題爲例（何宗岳，2011），隨機抽取之樣本數爲南部考生共115人、中部考生124人，其中男生122人，女生117人，共239人。

表7-12 男女在代數9題上之描述統計摘要表（僅包含中、南部考生）

	N	Mean	SD
女生	117	5.91	2.47
男生	122	5.02	2.83

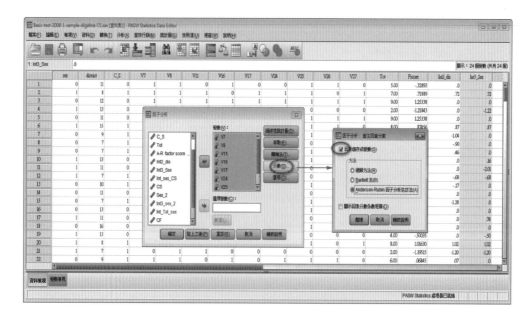

圖7-70 中南部考生SPSS資料檔：性別與因素分數交互作用項的建立過程

註：SPSS資料檔案中SEX變項，數據0代表女生，1代表男生，Int3_Sex係性別與因素分數之交互作用項。

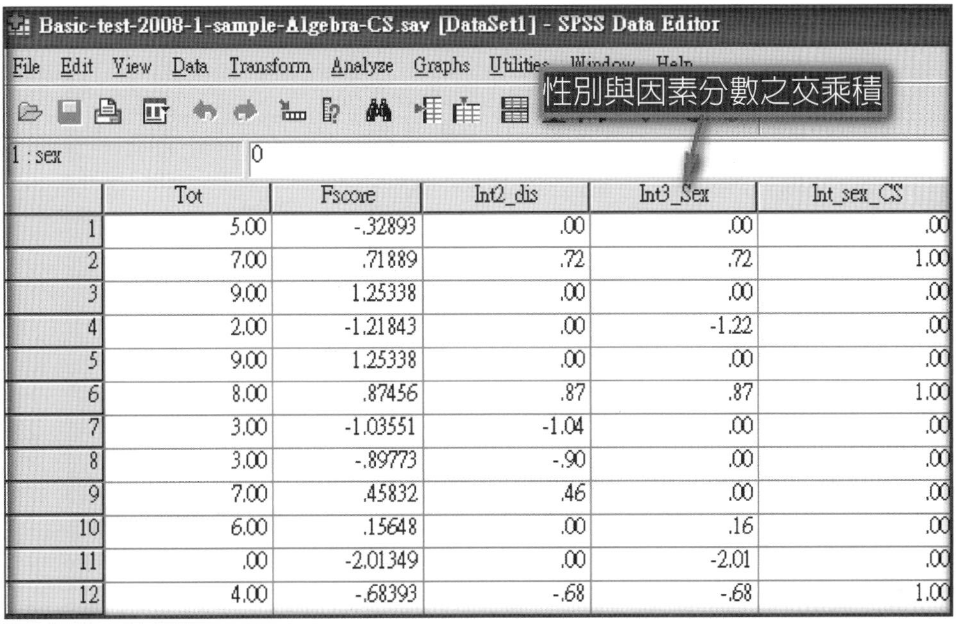

	Tot	Fscore	Int2_dis	Int3_Sex	Int_sex_CS
1	5.00	-.32893	.00	.00	.00
2	7.00	.71889	.72	.72	1.00
3	9.00	1.25338	.00	.00	.00
4	2.00	-1.21843	.00	-1.22	.00
5	9.00	1.25338	.00	.00	.00
6	8.00	.87456	.87	.87	1.00
7	3.00	-1.03551	-1.04	.00	.00
8	3.00	-.89773	-.90	.00	.00
9	7.00	.45832	.46	.00	.00
10	6.00	.15648	.00	.16	.00
11	.00	-2.01349	.00	-2.01	.00
12	4.00	-.68393	-.68	-.68	1.00

圖7-71　性別與因素分數之交互作用項之建立

因限於篇幅，以下將僅就「直接效果參數」估計法，進行一致性 & 非一致性DIF分析。本實例將不再進行「卡方差異值」之考驗。針對V26作爲分析一致性DIF的對象，圖7-72中的Amos單群組MIMIC模式的結構關係，可以公式7-11表示之。

$$Y_{26} = i8\text{（截距）} + b8 \times imp_{sex\text{（間接效果）}} + a8 \times SEX\text{（直接效果）} \qquad \text{公式7-11}$$

式中，imp_{sex}代表Impact，$a8$爲評估Item DIF的指標，由此公式也可看出MIMIC的DIF分析模式，可以將Impact 與Item DIF分離開來，更精確反映出Item bias的大小。

圖7-72的徑路分析結果，如圖7-73所示。

依據公式7-11，$Y_{26} = .51 + (-.351) \times .172 \times Sex + .015 \times Sex$，式中.51（截距）爲參照組女生在V26題上的答對比率，.003代表男女生在難度上之差異量。當sex爲男生時（Sex = 1），$Y_{26} = .51 + (-.351) \times .172 \times 1 + .015 \times 1 = .47$，此即男生在V26題上的答對比率，參見表7-13。

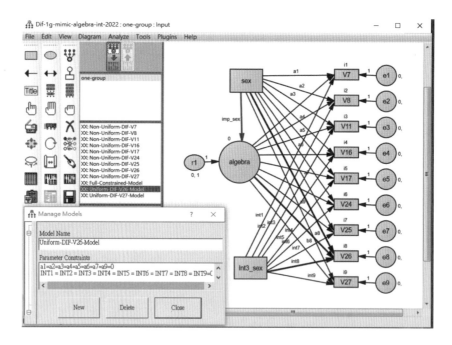

圖7-72　Amos 單群組MIMIC模式一致性DIF分析的徑路設計：V26

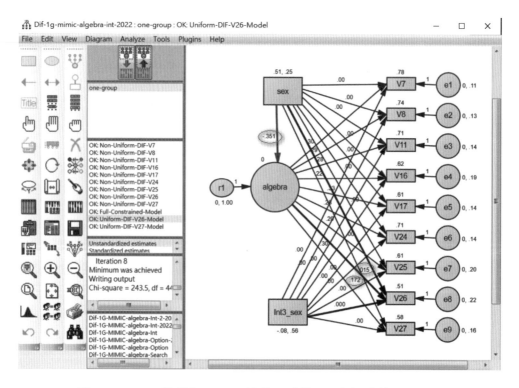

圖7-73　Amos單群組MIMIC模式一致性DIF分析的結果：V26

表7-13　男女生在代數V26題上之描述統計摘要表（僅包含中、南部考生）

	N	Mean	SD
Female	117	.51	.502
中部	65	.51	.504
南部	52	.52	.505
Male	122	.47	.501
中部	59	.54	.502
南部	63	.40	.493
Total	239	.49	.501

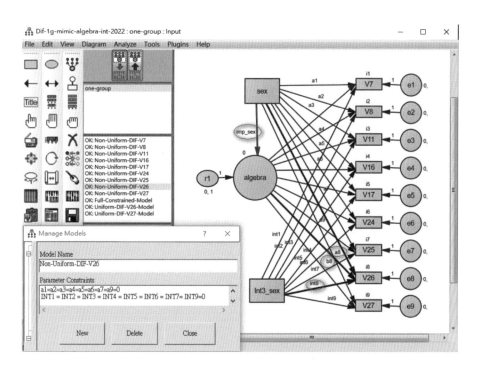

圖7-74　Amos單群組MIMIC模式非一致性DIF分析的徑路設計：V26

　　圖7-74中非一致性DIF分析模式，跟圖7-72中一致性DIF分析模式的最大不同，在於新增了一個Int3_sex預測變項（取消了int8 = 0的限制，參見圖7-75左下側小視窗的內容），用來評估難度在性別間之差異量或方向，是否須視受試者的能力而定。

　　另外，難度DIF指標a8也釋放進行估計，因為假如V26出現非一致性DIF，假定該題的難度在組間具一致性，是站不住腳的。由此觀之，圖7-74的非一致性DIF分析的徑路設計，本質上是Mixed DIF分析的徑路設計（Zimbra, 2018）。

本例採限制基線策略，其直接效果（a1～a9）與斜率（INT1～INT9）均假定無DIF現象，此模式可進行混合型DIF分析（an omnibus hypothesis test for DIF），一次即能完成三種類型DIF分析，參見圖7-74。注意，當存在非一致性試題差異功能時，難度的解釋在組間將失去一致性。換言之，難度在組間的差異大小與方向，需視能力的強弱而定。因此，Mixed DIF的題目應歸屬非一致性DIF，當一個題目出現非一致性DIF現象時，一致性的DIF事實上是不存在的，其慣常的解釋是無效的（Woods & Grimm, 2011）。

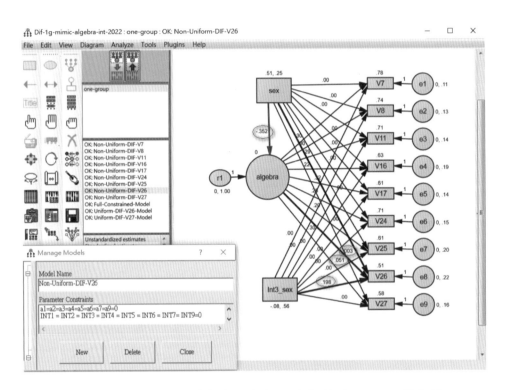

圖7-75　單組MIMIC模式非一致性DIF分析結果：以V26題為例

就所有中南部考生（N = 239）而言，交互作用項（Int3_sex）的斜率為正值.198（反映組間在題目鑑別度上之差異量，參見圖7-75），顯示V26題對於男考生的鑑別度似乎較高，請參見圖7-76之統計考驗結果（係點選「Non-Uniform_DIF-V26」模式而來）。Amos報表也提供Impact的統計指標（−.352），顯示男生的algebra能力較弱（女生為參照組，設定為0），而男生在V26題之鑑別度上則較強，顯示V26題之難度，在組間不能作一致性的解釋。這亦顯示MIMIC分析可同時分離評估Impact & Item DIF，這是MIMIC模式比雙群組CFA分析優越之處。另外，讀者如欲察看V26一致性DIF分析結果，請點選圖7-76左下之「Uniform_DIF-V26-Model」。

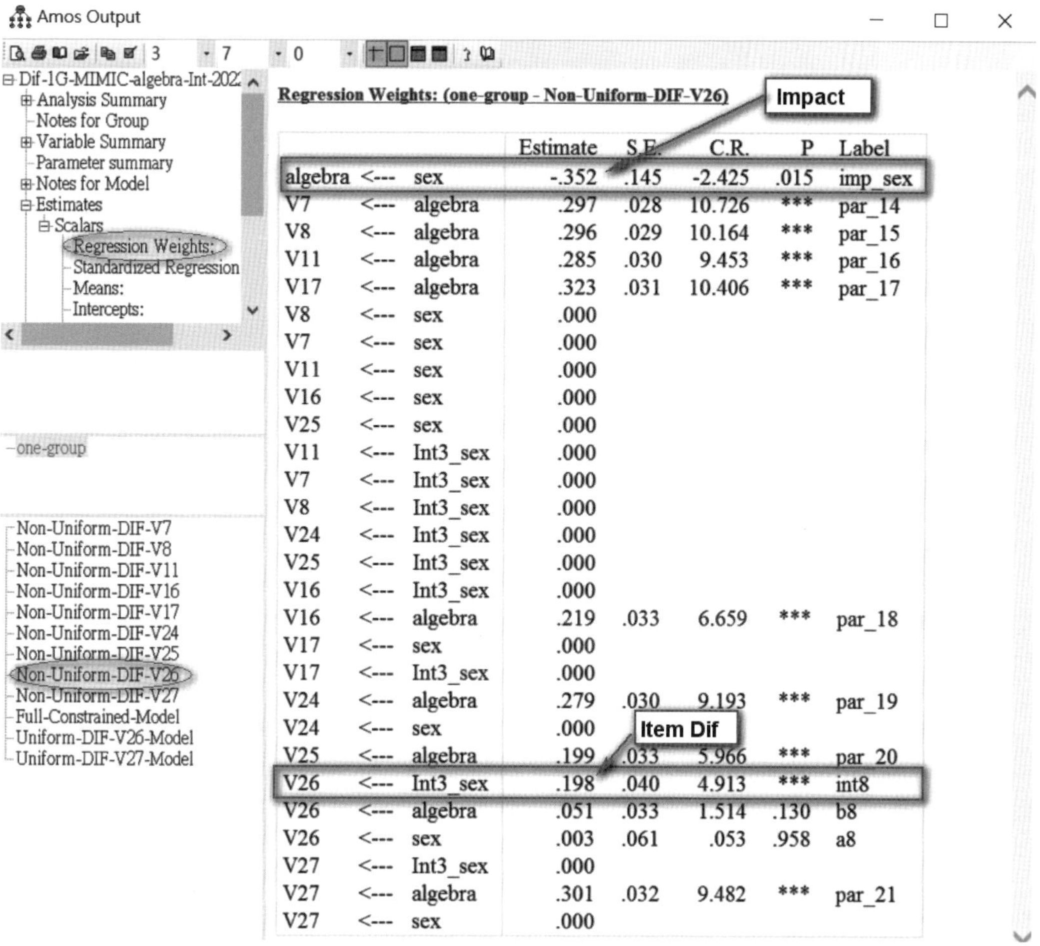

Regression Weights: (one-group - Non-Uniform-DIF-V26)

			Estimate	S.E.	C.R.	P	Label
algebra	<---	sex	-.352	.145	-2.425	.015	imp_sex
V7	<---	algebra	.297	.028	10.726	***	par_14
V8	<---	algebra	.296	.029	10.164	***	par_15
V11	<---	algebra	.285	.030	9.453	***	par_16
V17	<---	algebra	.323	.031	10.406	***	par_17
V8	<---	sex	.000				
V7	<---	sex	.000				
V11	<---	sex	.000				
V16	<---	sex	.000				
V25	<---	sex	.000				
V11	<---	Int3_sex	.000				
V7	<---	Int3_sex	.000				
V8	<---	Int3_sex	.000				
V24	<---	Int3_sex	.000				
V25	<---	Int3_sex	.000				
V16	<---	Int3_sex	.000				
V16	<---	algebra	.219	.033	6.659	***	par_18
V17	<---	sex	.000				
V17	<---	Int3_sex	.000				
V24	<---	algebra	.279	.030	9.193	***	par_19
V24	<---	sex	.000				
V25	<---	algebra	.199	.033	5.966	***	par_20
V26	<---	Int3_sex	.198	.040	4.913	***	int8
V26	<---	algebra	.051	.033	1.514	.130	b8
V26	<---	sex	.003	.061	.053	.958	a8
V27	<---	Int3_sex	.000				
V27	<---	algebra	.301	.032	9.482	***	par_21
V27	<---	sex	.000				

圖7-76　V26題DIF分析檢驗：一致性與非一致性

因為V26題在性別DIF的鑑別度參數（.198），反映組間在題目鑑別度上之差異量，達統計上的.05顯著水準（p = .000），顯示了難度的解釋在組間不具一致性，因而圖7-76中Amos報表，一致性DIF的考驗結果（λ = .003、p = .958）不具應用價值。換言之，V26題目之難度在組間的差異大小與方向，需視能力的強弱而定。根據圖7-77之WINSTEPS DIF分析的ICC曲線來看，對於考生能力較差者而言，似乎女生在V26題的答對率高於男生，但對於考生能力較優者而言，男生在V26題的答對率高於女生。其餘題目的DIF分析，以此類推，不再贅述。

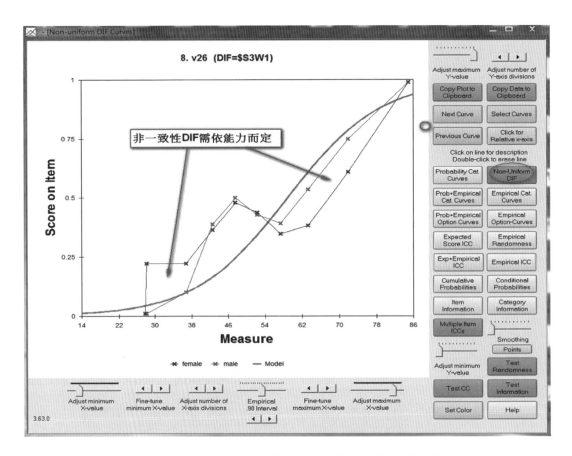

圖7-77　V26非一致性DIF分析ICC曲線的設定與輸出視窗

註：X軸為能力量尺，其平均數設定為50，標準差為10（相當於t分數），Y軸為答對率。

3. Oishi（2006）MIMIC一致性DIF分析

　　以下性別DIF分析，仍以前述2008年國中基測數學科的9題代數題為例，進行示範說明。Oishi（2006）提出MIMIC一致性DIF分析的替代方法，其徑路設計如圖7-78所示，模式中SEX係組別變項（0表女性係參照組，1表男性為焦點組），直接將它與各題目的測量誤差產生共變連結。為了模式的可辨識性，乃將潛在變項（algebra）的平均數設定為0，其殘差（r1）的變異數設定為1（採共變數結構）。另外，為了方便性別與各指標的測量誤差間的共變數（相關效果，a1～a9）之限制與釋放估計，這類參數均逐題予以命名：a1～a9。本法除了徑路設計不同之外，其餘的Amos資料檔案連結與相關統計考驗步驟，均與前述MIMIC取向DIF分析法相同。

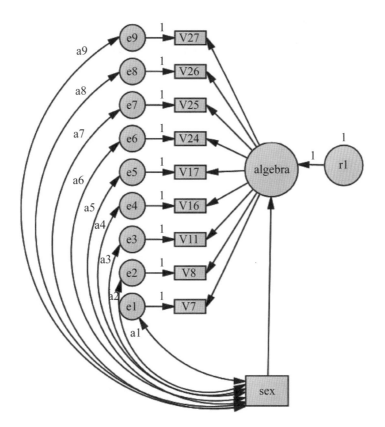

圖7-78　Oishi（2006）的MIMIC DIF分析法

　　另外，研究者需利用Amos的模式管理視窗，進行組間參數估計的限制與釋放設定。首先，為了確認第一個題目V7是否為定錨題目（DIF-free題目），乃將其相關徑路a1參數開放估計，其餘題目之共變數參數（a2～a9）則均限制為0。因此，在V7-Freed-Model中，這個題目之相關係數（a1）已開放估計（請參見圖7-79內Parameter Constraints參數限制的設定：a1已被刪除）。

　　完全受限模式之命名與參數之限制方法，請參見圖7-80，完全受限模式與各題之未受限模式的卡方差異值，也可用來進行各題目的DIF分析。但研究者如欲使用直接效果參數估計法，則不需建立此完全受限模式。

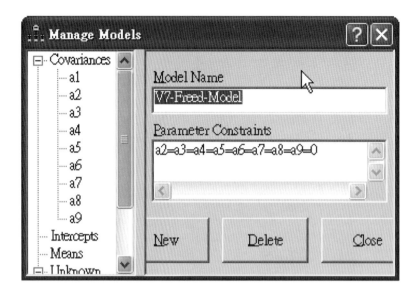

圖7-79　V7相關效果a1開放估計

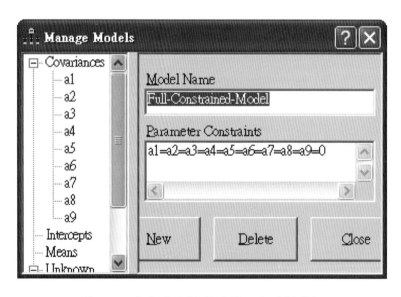

圖7-80　完全受限模式（獨立無關模式）

　　接著，繼續確認其他題目是否為定錨題目（DIF-free題目），乃將其相關係數進行開放估計，參數之設定與V7相類似，設計成功之後會在圖7-81中間的管理視窗內出現所有已設定之模式（參見圈起來的方框）。

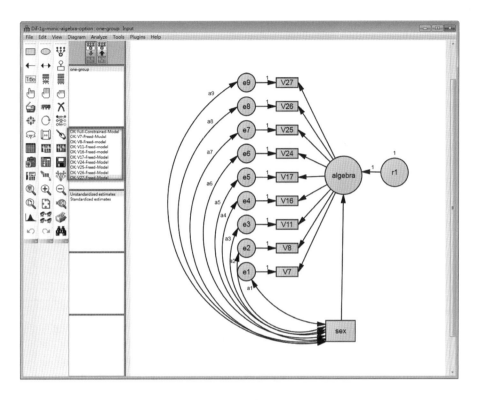

圖7-81　Amos管理視窗內

因Oishi MIMIC一致性DIF分析，採用更簡便的共變數結構分析，研究者不需在Amos分析屬性視窗內進行任何設定，以內定狀態即可。因限於篇幅，以下將僅就直接效果參數估計法與簡潔法，進行示範說明。

(1) 直接效果參數估計值估計法

在Amos功能表單「Analyze」下，按下「Calculate Estimates」執行Amos之後，就可以在Amos功能表單「View」下，按下「Text Output」，就會出現圖7-82之Amos報表。欲觀看這9個題目的共變效果，研究者需要在圖7-82之左側視窗中，點開「Estimates」&「Scalars」之後，點選「Covariances」。為了節省空間與一目了然，圖7-82右側視窗內之統計量，係來自於9個理論模式的分析結果，經數次剪貼後的彙整報表，以加速讀者之同時比較與分析。

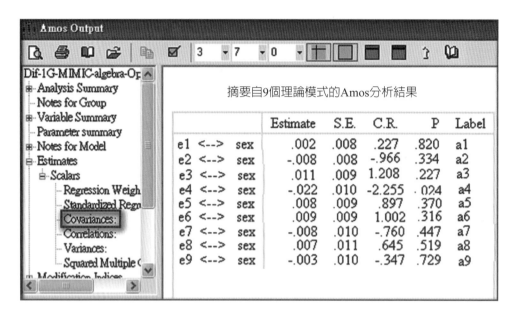

圖7-82　Amos的報表：9個題目的共變效果（經整理剪貼後的摘要）

　　根據圖7-82右側視窗內之Amos分析結果知，只有V16（Label a4）可能係一致性DIF題目（－.022, p = .024）。因此，不再進行後續的DIF顯著性之統計考驗。經與圖7-60之Amos的報表相對照，發現各題目的p值在前後表中之結果，均完全相同或都非常接近（差異小於.001）。

(2) 簡潔法
　　因為Amos的模式界定搜尋「Specification Search」，在DIF分析上具有初步篩選之效能，此簡潔法亦可善加應用。模式界定搜尋操作之步驟與注意事項已如前述，不在此贅述。研究者於點選「Specification Search」之後，會出現Amos的模式界定搜尋設定視窗。接著，利用模式界定搜尋設定工具　　，界定可有、可無之關聯徑路（不可含有徑路參數名稱）。設定成功時，相關之路徑會改變顏色（本例為藍色），以便區分哪些徑路是必含徑路，哪些是可有、可無徑路，參見圖7-83。

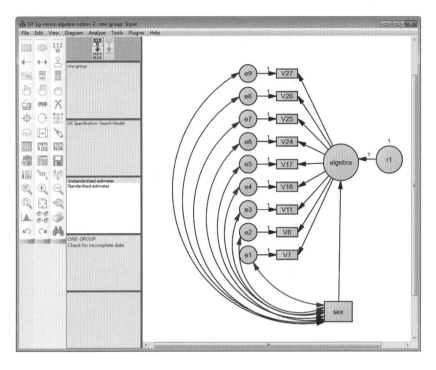

圖7-83　模式界定搜尋可有、可無關聯徑路之設定

　　最後，按下模式界定搜尋執行鍵 ▶（參見圖7-67）之後，就會出現圖7-84的結果視窗。因為分析的焦點在單一徑路釋放的9個理論模式上（df = 34），研究者須把這些模式找出來。將圖7-69 & 圖7-84中的p值加以比較，發現這9個理論模式在兩種不同徑路設計上，各模式之適配度幾乎完全相同，反映出前後這兩種不同徑路設計，可謂殊途同歸：V16的直接效果具有DIF顯著效果（BCC = 0），該徑路參數釋放後，適配度已獲得顯著改善。

Model	Name	Params	df	C	C - df	BCC 0	BIC 0	C / df	p
1	Specification- Search-Model	20	35	45.466	10.466	3.115	*0.000*	1.299	0.111
2	Specification- Search-Model	21	34	40.303	6.303	*0.000*	1.005	1.185	0.211
3	Specification- Search-Model	21	34	44.002	10.002	3.698	4.703	1.294	0.117
4	Specification- Search-Model	21	34	44.461	10.461	4.157	5.162	1.308	0.108
5	Specification- Search-Model	21	34	44.532	10.532	4.228	5.233	1.310	0.107
6	Specification- Search-Model	21	34	44.661	10.661	4.358	5.363	1.314	0.104
7	Specification- Search-Model	21	34	44.887	10.887	4.584	5.589	1.320	0.100
8	Specification- Search-Model	21	34	45.050	11.050	4.747	5.752	1.325	0.097
9	Specification- Search-Model	21	34	45.346	11.346	5.042	6.047	1.334	0.092
10	Specification- Search-Model	21	34	45.415	11.415	5.111	6.116	1.336	0.091

圖7-84　模式界定搜尋結果視窗：Oishi（2006）的一致性分析結果

（二）限制基線策略：含調節變項

本節限制基線策略之MIMIC取向DIF分析，均包含調節變項，以便進行交互作用分析，筆者利用雙因子單群組一致性、非一致性與單因子雙群組等三種不同徑路設計，逐一說明如下。

1. 雙因子單群組一致性DIF交互作用分析

過去國內、外學者研究試題DIF時，偏向使用單因子DIF分析，鮮少進行調節變項分析，因此易導致真相被矇蔽。截至目前之文獻搜尋，筆者只發現少數幾篇DIF文章，論及DIF交互作用分析（Wang, 2000；Fleishman, Spector, & Altman, 2002；溫福星，2010）。推其原因，可能係因過去介紹DIF交互作用分析的專文過少，或因過程較為繁複導致應用上的困難。使用單因子DIF分析或雙因子未含交互作用DIF分析，常只能發現部分真相或只發現假象而已；如能進一步探究雙因子DIF交互作用分析，當更能深入探究發生DIF的情境或原因。此項工作交由MIMIC取向DIF分析，將簡單易行。

利用圖解Amos的友善操作介面，來進行一致性DIF交互作用分析，將是輕而易舉之事。首先，研究者須先決定何組為參照組，以作為焦點組之比較對象。原始資料的設定，也必須以此要求進行建置虛擬變項。例如：假如研究者希望進行性別（男、女）與區域別（中、南）之DIF交互作用分析，研究者就需建置3個交互作用的虛擬變項，參見圖7-85中之CF、CM、SM等變項。此外，該原始資料檔中，SEX變項數

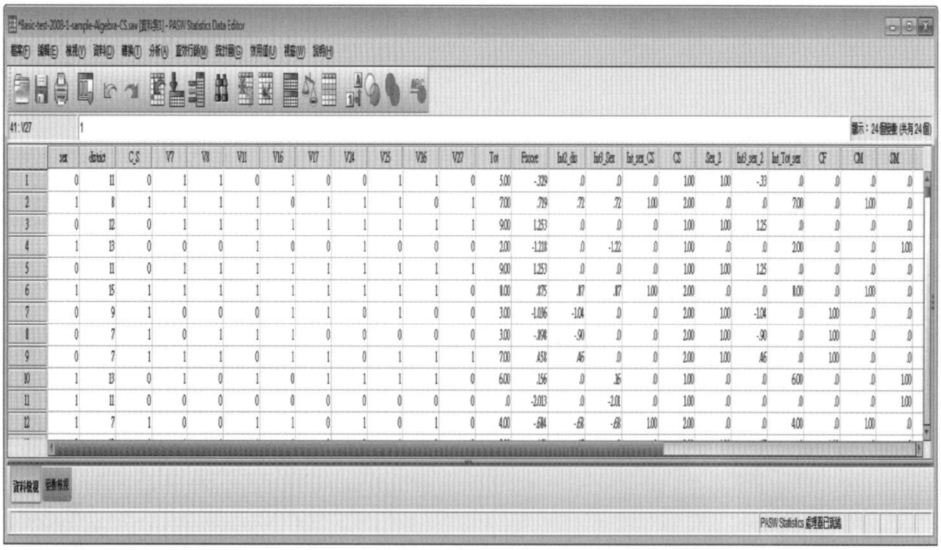

圖7-85　國中基測（2008）中南部考生的數學科代數題SPSS資料檔案

值，0代表女性，1代表男性；C_S變項數值，0代表南部，1代表中部。虛擬變項CF代表中區女考生（中區女考生數值為1，其餘為0），虛擬變項CM代表中區男考生（中區男考生數值為1，其餘為0），虛擬變項SM代表南區男考生（南區男考生數值為1，其餘為0），南區女考生因被設定為參照組，其全部數值均為0。

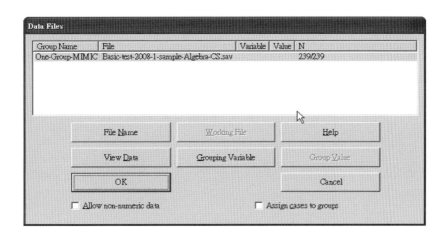

圖7-86　Amos資料檔案的連結

　　執行DIF分析之前，研究者須先按下圖7-86中「File Name」，以便進行Amos資料檔案的連結。接著，利用Amos的繪圖工具，如 ，繪製雙因子DIF交互作用分析之徑路圖。因涉及雙因子DIF分析，圖中需繪製三個虛擬變項CF，CM與SM，這些類別變項係性別與區域別的交乘積項，以便分析其在各題目上之直接效果，並將其徑路參數分別命名為Bias_CF、Bias_CM、Bias_SM，參見圖7-87之右側徑路圖設計視窗。其次，為了模式之可辨識性，須將潛在變項之殘差項的平均數與變異數，分別設定為0 & 1。因限於篇幅，以下將僅就「直接效果參數」估計法，示範DIF分析。

　　圖7-87的徑路設計係針對V11進行DIF雙因子交互作用分析，研究者如欲分析其他題目是否具有DIF，只需利用Amos的製圖工具 ，將Bias_CF、Bias_CM、Bias_SM的直接效果徑路，拖移到所欲分析的題目（如V17）上即可，參見圖7-88所示。

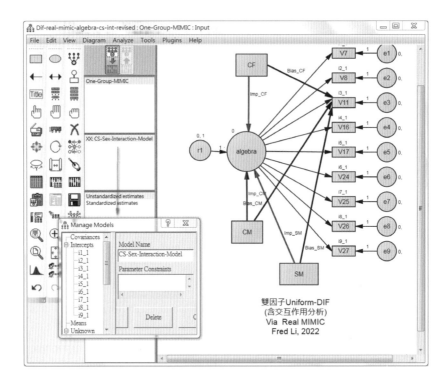

圖7-87　圖解Amos的操作介面與徑路圖：V11 DIF雙因子分析

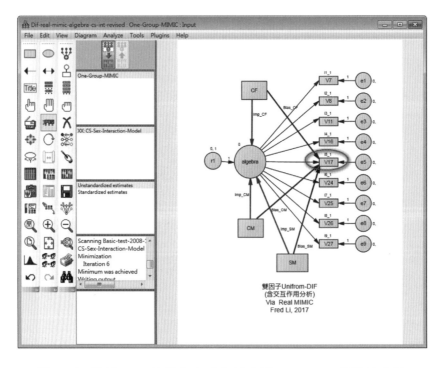

圖7-88　圖解Amos的操作介面與徑路圖：V17 DIF雙因子分析

接著，按下圖7-88左側之計算工具 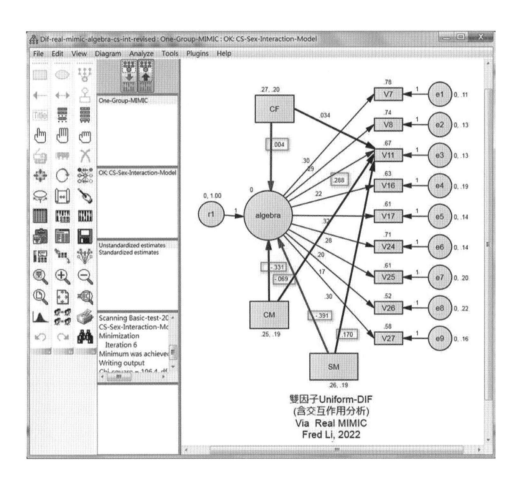，或點開「Analyze」，按下Amos的「Calculate Estimates」，Amos便可立即執行統計分析，待右側出現紅色按鈕 時，表示分析正常結束，即可按下紅色按鈕，觀看Amos徑路圖之分析結果，如圖7-89所示。研究者如欲查看更詳細的統計分析結果，可在Amos的功能表單中點開「View」，按下「Text Output」，即可查看如圖7-91所示的Amos統計分析的詳細報表。

圖7-89　Amos MIMIC模式一致性DIF分析結果（未標準化）

　　圖7-89之V11題之截距為.67，即為參照組南區女考生（SF）的平均答對率。利用圖中相關徑路係數，亦可計算出各焦點組之平均答對率；例如：南區男考生（SM）的平均答對率.73 = .67+.17（直接效果）+ (−.391)×.29（間接效果）；中區男考生

（CM）的平均答對率.51 = .67+（−.069) + (−.331)×.29；中區女考生（CF）的平均答對率.71 = .67+(.034) + (.004)×.29，參見表7-14中相對應的答對率。

表7-14　中南部男女考生在數學科代數V11題上的答對比率

C_S	sex	Mean	SD	N
south	female	.67	.474	52
	male	.73	.447	63
	Total	.70	.458	115
central	female	.71	.458	65
	male	.51	.504	59
	Total	.61	.489	124
Total	female	.69	.464	117
	male	.62	.487	122
	Total	.66	.476	239

　　由表7-14之V11題之描述統計可知，中南部考生共抽取239人，而來自中部考生有124人，其中男生有59人，女生有65人；來自南部考生有115人，其中男生有63人，女生有52人。就整體平均答對率來看，南區考生比中區考生爲佳（.70 > .61）；女考生比男考生爲佳（.69 > .62）。

　　值得注意的是，當研究者將SM對於V11題的DIF效果排除之後，由圖7-91報表顯示：南區男考生（SM）比南區女考生（SF）的眞正平均答對率低（impact效果值爲−.391，p = .019），顯示出南區男考生比南區女考生的代數能力差，但在V11題上該題的平均答對率卻顯示出：南區男考生比南區女考生好（SM優於SF），請參閱圖7-90 & 圖7-91之圖表。就此9個代數題係一個單向度測驗而言，V11題是一個反常的題目，值得進一步探究。例如：以中區男考生來看，它與南區女考生相比，其impact值亦爲負值（−.331，p = .051，反映出男生成績似乎較差，但未達.05之顯著水準），這與這兩區考生在V11題上之表現相吻合，SF優於CM。其他考區之學生（CM & CF），因爲無DIF的現象，則無此反常現象。

　　假如不進行雙因子MIMIC DIF交互作用分析，只進行性別之單因子DIF分析，由前述圖7-60之Amos報表內容知，並無法發現V11題具有性別DIF現象（p = .226）。很顯然的這是眞相被矇蔽的實例，由此可見雙因子MIMIC DIF交互作用分析的重要性。

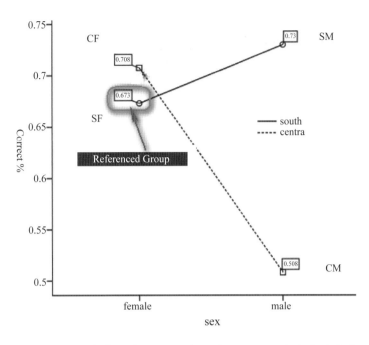

圖7-90　中部與南部考區男女考生在V11題上的平均答對率

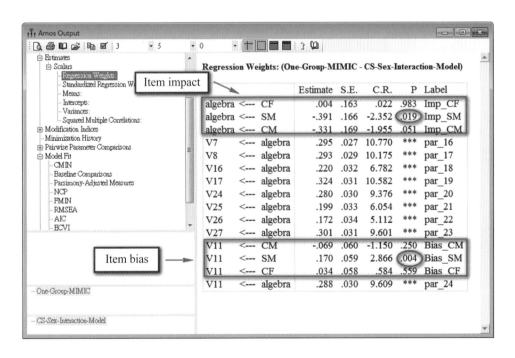

圖7-91　Amos MIMIC模式之一致性DIF分析報表（迴歸係數）

根據圖7-91右側方框內之數據知，SM對V11的直接效果爲.170，p值爲.004，顯示與參照組南區女考生相較之下，南區男考生之能力有高估現象；而對於中區男生雖稍有低估，但未達.05顯著水準（p = .25），中區女考生則無此DIF現象（p = .559）。換言之，依照前述之統計分析結果知，以南區女考生爲對照組之下，V11題對於中區男、女考生均無DIF現象，但該題對於南區男考生則具有DIF現象，因而具有Item bias的嫌疑，有待後續的質化檢驗。其他各題的DIF交互作用分析以此類推，不再贅述。

2. 雙因子單群組一致性、非一致性DIF交互作用分析

前節之徑路設計，僅限於分析一致性DIF之交互作用。過去進行非一致性DIF交互作用分析，一般都認爲必須採用MACS模式，MIMIC模式是辦不到的，因爲組間的因素負荷量須設定爲相等，因此它只能進行一致性DIF分析。本節將提出能進行一致性、非一致性DIF交互作用分析的徑路設計，如圖7-93的徑路圖。

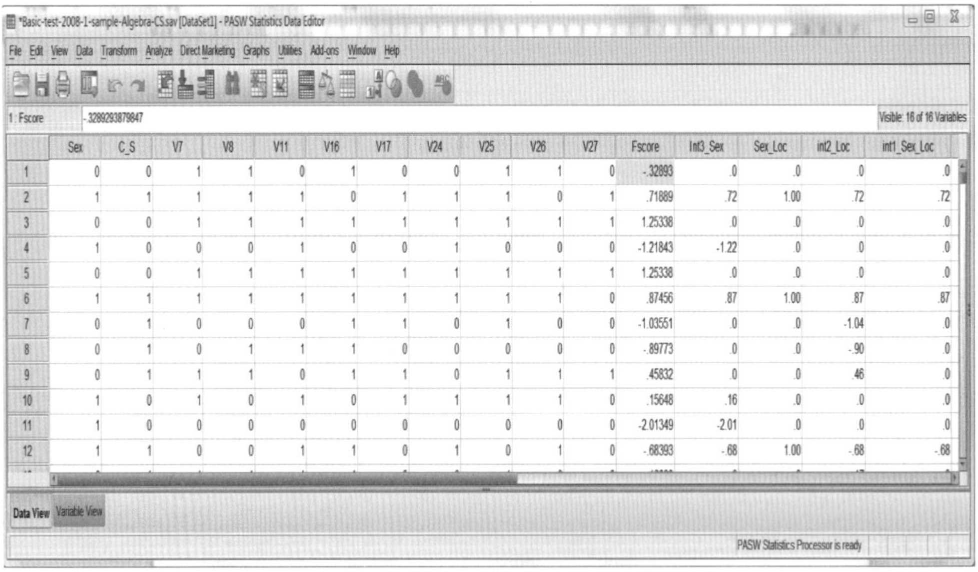

	Sex	C_S	V7	V8	V11	V16	V17	V24	V25	V26	V27	Fscore	Int3_Sex	Sex_Loc	int2_Loc	int1_Sex_Loc
1	0	0	1	1	0	1	0	0	1	1	0	-.32893	.0	.0	.0	.0
2	1	1	1	1	1	0	1	1	1	0	1	.71889	.72	1.00	.72	.72
3	0	0	1	1	1	1	1	1	1	1	1	1.25338	.0	.0	.0	.0
4	1	0	0	0	1	0	0	1	0	0	0	-1.21843	-1.22	.0	.0	.0
5	0	0	1	1	1	1	1	1	1	1	1	1.25338	.0	.0	.0	.0
6	1	1	1	1	1	1	1	1	1	1	0	.87456	.87	1.00	.87	.87
7	0	1	0	0	0	1	1	0	1	0	0	-1.03551	.0	.0	-1.04	.0
8	0	1	0	1	1	1	0	0	0	0	0	-.89773	.0	.0	-.90	.0
9	0	1	1	1	0	1	1	0	1	1	1	.45832	.0	.0	.46	.0
10	1	0	1	0	1	0	1	1	1	1	0	.15648	.16	.0	.0	.0
11	1	0	0	0	0	0	0	0	0	0	0	-2.01349	-2.01	.0	.0	.0
12	1	1	0	0	1	1	0	1	0	1	0	-.68393	-.68	1.00	-.68	-.68

圖7-92　國中基測（2008）中南部考生的數學科代數題SPSS資料檔案

圖7-92的原始資料檔中，SEX變項數值，0代表女性，1代表男性；C_S(Loc)，0代表南部，1代表中部。利用圖解Amos的友善操作介面，進行一致性、非一致性DIF交互作用分析，也是輕而易舉之事。首先，研究者須先決定何組爲參照組，以作爲焦

點組之比較對象。原始資料的設定，也必須以此要求建置虛擬變項。例如：假設研究者希望進行性別（男、女）與區域別（中、南）之DIF交互作用分析，研究者就需建置1個交互作用的虛擬變項（Sex_Loc）及三個因素分數（Fscore）交乘積項（int1_Sex_Loc、int2_Loc、int3_Sex）。細言之，為了進行一致性DIF的交互作用分析，研究者須建立性別（Sex）與地區（Loc）之難度DIF交互作用項（Sex_Loc）；進行非一致性DIF的交互作用分析，研究者須建立因素分數與性別、地區之鑑別度DIF交互作用項（int1_Sex_Loc、int2_Loc、int3_Sex），參見圖7-93。有關圖7-93中的混合型DIF徑路設計，主要係參考Chun, Stark, Kim, & Chernyshenko（2016）論文中限制基線策略的徑路圖。

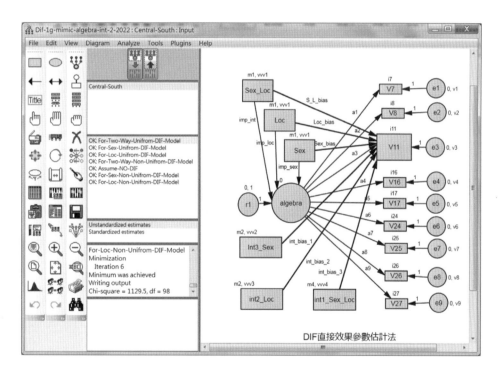

圖7-93　Amos的操作介面、徑路命名與設計：V11 DIF交互作用分析

　　為因應研究者在研究設計之選擇，特提供圖7-94 & 圖7-95內六個理論模式之參數設定，分別在進行單因子（含sex & location）、雙因子一致性DIF分析及單因子（含sex & location）、雙因子非一致性DIF分析。

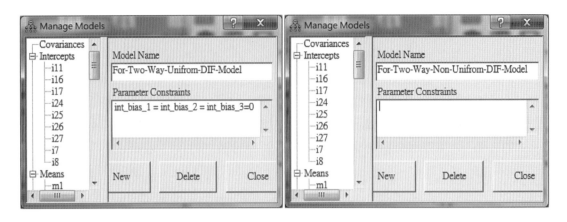

圖7-94　一致性DIF & 非一致性DIF理論模式：雙因子徑路參數設計

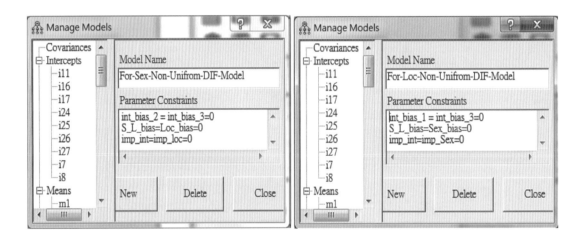

圖7-95　一致性DIF & 非一致性DIF理論模式：單因子徑路參數設計

　　以下僅就雙因子一致性與非一致性DIF分析等兩個理論模式，進行實例說明，其餘的理論模式，請讀者自行演練。

(1) **雙因子一致性DIF分析**

　　依據公式7-11，經由圖7-96或圖7-97報表內之相關徑路係數，讀者可以推導出考生在各區的答對率。

　　例如：截距.67為南部女生（Sex = 0, Loc = 0）在11題上的答對比率，而男生（Sex = 1, Loc = 0）的答對比率為：

.67 + .170 − .390×.29 = .73，

至於中部女生（Sex = 0, Loc = 1）在11題上的答對比率為：

.67 + .034 + .004×.29 = .71，

而中部男生（Sex = 1, Loc − 1）的答對比率為：

.67 + .170 − .390×.29 − .273 + .034 + .004×.29 + .056×.29 = .51。

以上之數據，可由表7-14獲得證實。

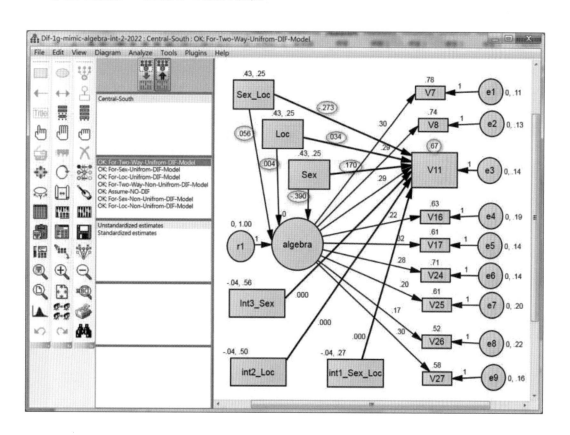

圖7-96　雙因子一致性DIF分析結果：V11

　　因為圖7-97的一致性DIF分析結果，係雙因子統計分析，解釋時須先分析DIF交互作用效果，無交互作用時再分析單因子DIF主要效果，才能看到真相的全貌。就第11題數學題目來看，DIF交互作用效果為−.273（p = .000），顯示了中部男生（Sex =

1, Loc = 1）作答異常，其答對率相對女生偏低。但再觀之男女生在代數整體上的實際表現，女生優於男生（Impact = −.390, p = .008），而在第11題上的表現，卻男生優於女生（Item DIF = .170, p = .001）。經由性別與區域別之交互作用分析，可間接推知：南部男考生在11題的答對率一定偏高，否則不會男生的答對率顯著高於女生。換言之，男生在第11題代數題上的答對率兩樣情：不利於中部男考生（.51），卻有利於南部男考生（.71），參見圖7-90、圖7-130。爲何會如此，須進一步進行質化分析。

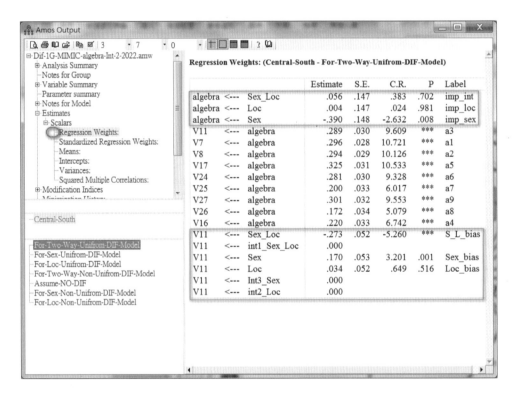

圖7-97　Amos MIMIC模式之一致性DIF分析報表：直接效果參數估計法

(2) 雙因子混合型DIF分析

　　由前節一致性DIF分析，發現第11題代數題不利於中部男考生，卻有利於南部男考生，此種偏差的大小與方向，會不會也需視受試者的能力而定，這是非一致性DIF分析的目的。讀者不難發現，圖7-98的徑路設計新增了三個交互作用項（int1_Sex_Loc、int2_Loc、int3_Sex），其中int1_Sex_Loc交互作用，乃是非一致性DIF分析首先須探究的對象，分析結果請看圖7-99。

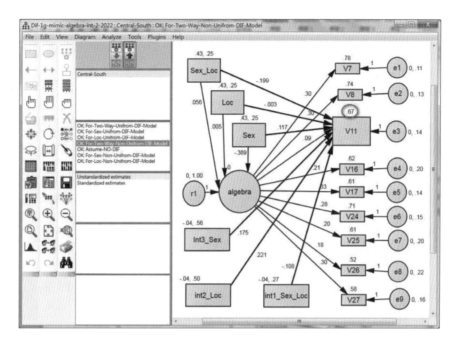

圖7-98　雙因子混合型DIF交互作用分析結果：V11

圖7-98中的徑路係數之統計考驗結果（直接效果參數估計法），其細節請參見圖7-99右側的Amos報表。

Regression Weights: (Central-South - For-Two-Way-Non-Unifrom-DIF-Model)

			Estimate	S.E.	C.R.	P	Label
algebra	<---	Sex_Loc	.056	.147	.381	.704	imp_int
algebra	<---	Loc	.005	.147	.034	.973	imp_loc
algebra	<---	Sex	-.389	.148	-2.624	.009	imp_sex
V11	<---	algebra	.090	.028	3.279	.001	a3
V7	<---	algebra	.296	.028	10.573	***	a1
V8	<---	algebra	.295	.029	10.051	***	a2
V17	<---	algebra	.325	.031	10.386	***	a5
V24	<---	algebra	.279	.031	9.104	***	a6
V25	<---	algebra	.198	.034	5.906	***	a7
V27	<---	algebra	.303	.032	9.495	***	a9
V26	<---	algebra	.177	.034	5.151	***	a8
V16	<---	algebra	.214	.033	6.440	***	a4
V11	<---	Sex_Loc	-.199	.049	-4.041	***	S_L_bias
V11	<---	int1_Sex_Loc	-.108	.047	-2.301	.021	int_bias_3
V11	<---	Sex	.117	.050	2.325	.020	Sex_bias
V11	<---	Loc	-.003	.049	-.067	.946	Loc_bias
V11	<---	Int3_Sex	.175	.032	5.404	***	int_bias_1
V11	<---	int2_Loc	.221	.034	6.434	***	int_bias_2

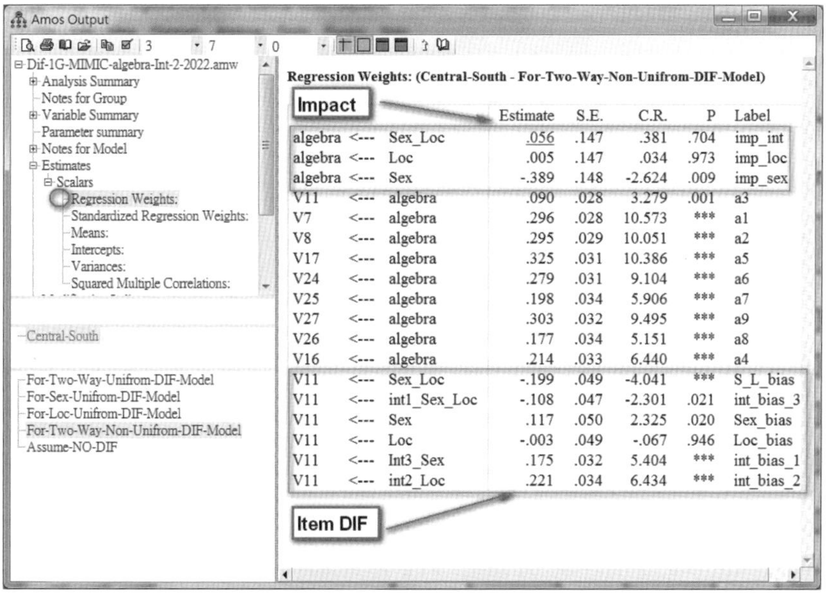

圖7-99　Amos MIMIC模式之混合型DIF交互作用分析報表

根據圖7-99中的非一致性DIF分析結果知，第11題之雙因子DIF交互作用效果為−.108（Sex = 1 and Loc = 1, p = .021），顯示對中區男考生相當不利，但此種不利的大小也需視受試者能力而定，尤其對於低能力考生最不利，參見圖7-90或圖7-133的WINSTEPS ICC曲線圖。

至於，單因子主要效果（Int3 & Int4）則因Int1_Sex_Loc出現顯著的交互作用效果，而無解釋的必要性。另外，因爲當存在非一致性試題差異功能時，難度差異的解釋在組間將失去一致性，解釋時需視受試者的能力水平而定。因此，Mixed DIF的題目僅需進行非一致性DIF分析即可，沒有必要進行一致性DIF（如Sex、Loc、Sex_loc）的分析。

3. 單因子雙群組交互作用分析

前節雙因子單群組之DIF交互作用分析，亦可改用單因子雙群組之研究設計，效能相同，但徑路圖之設計相對簡單（參見圖7-98 & 圖7-101）。

(1) 理論模式之建立與參數設定

本節旨在利用各種DIF型態的交互作用分析，示範如何透過雙群組MIMIC模式，進行統計上顯著性之考驗。例如：研究者可分析題目上的性別偏誤（難度或鑑別度），是否會因調節變項（如地區別）而有所不同，亦即DIF是否會因調節變項而出現交互作用現象。

以下性別DIF分析，仍以2008年國中基測數學科的9題代數題爲例，參見圖7-26之SPSS原始資料檔，隨機抽取之樣本數爲南部考生115人、中部考生124人，其中男生122人，女生117人。爲了進行非一致性DIF的分析，研究者須先計算每個人在這9題代數的因素分數（可利用SPSS建立）；接著，建立性別與因素分數之交互作用項（Int3_Sex），具體步驟參見圖7-100。

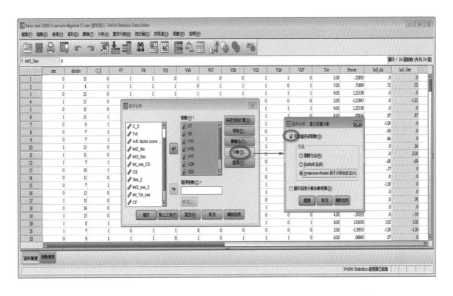

圖7-100　SPSS資料檔：性別與因素分數交互作用項之建立過程

　　其次，在Amos之設定視窗中，建立兩個群組：Central-District & South-District。以V11為例，其徑路圖與參數命名如圖7-101 & 圖7-102。

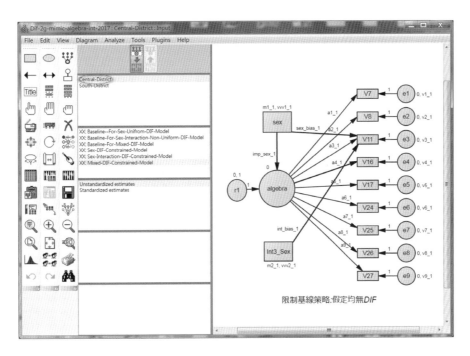

圖7-101　中部地區考生的徑路圖設計：V11的DIF分析

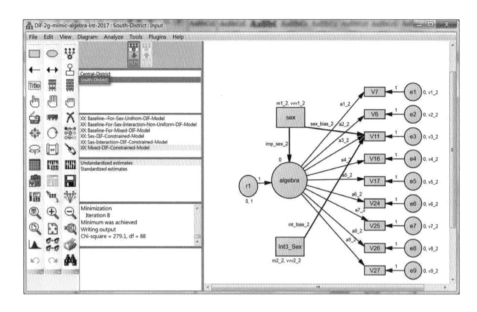

圖7-102　　南部地區考生的徑路圖設計：V11的DIF分析

　　再以V16為例，請利用Amos繪圖工具 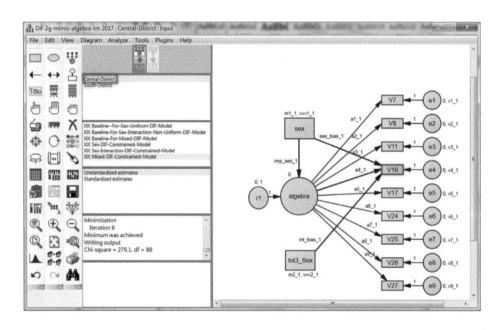，移動SEX & Int_Sex徑路至V16變項上，其徑路圖之設計如圖7-103所示，其餘題目之DIF分析的路徑連結，依此類推。

圖7-103　中部地區徑路圖設計：V16的DIF分析

　　本節兩類DIF之基線模式，係未受限模式（採自由基線策略），研究者感興趣的
參數均開放估計，否則設定為0，參見圖7-104 & 圖7-105。

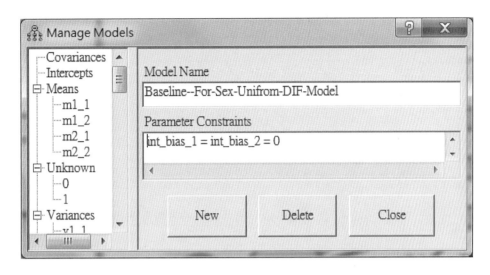

圖7-104　一致性DIF分析基線模式之設定與參數限制

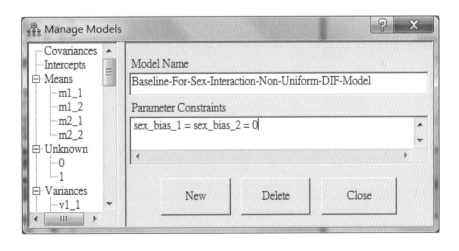

圖7-105　非一致性DIF分析基線模式之設定與參數限制

　　圖7-106 & 圖7-107係兩類DIF之參數受限模式的設定內容，須將研究者感興趣的
參數均進行等同限制，否則設定為0。

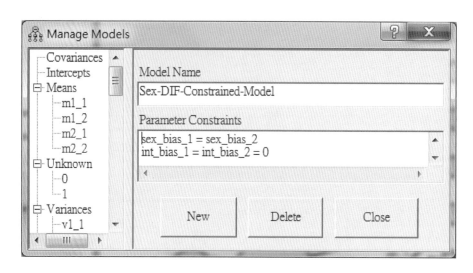

圖7-106　一致性DIF分析受限模式的參數等同限制

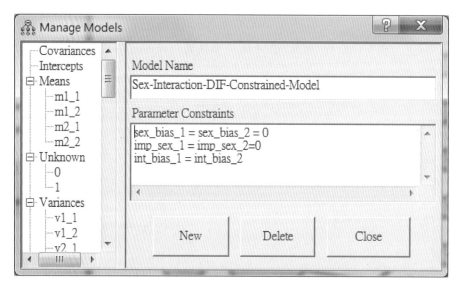

圖7-107　非一致性DIF分析受限模式的參數等同限制

　　以上已將各種理論模式的參數設定描述清楚，以下將依不同的分析途徑：直接參數估計、CR值估計法與卡方差異法，逐一進行一致性 & 非一致性型態的DIF檢測，並分析其統計結果。這三種不同的分析途徑，均可在Amos中一次分析完成，所得結論亦將趨於一致。

(2) 直接參數估計法

　　Amos徑路圖與相關理論模式之建立如前所述，本法直接利用性別之直接效果（a1-a9）是否達到既定水準的顯著差異性，進行中、南部考生之一致性 & 非一致性DIF分析，甚為便捷。在執行Amos的統計分析之後，就可獲得圖7-108～圖7-116的分析結果。圖7-109的中部考生一致性DIF分析結果，係點選「Central District」群組與「Baseline-For-Sex-Uniform-DIF-Model」理論模式的未標準化估計值。

　　根據圖7-108發現，V11題似乎對於中部地區男考生較不利（估計值為負值，-.095），而且實際上，男考生algebra的成績亦比女考生差（Impact估計值為負值，-.338）。雖然V11題對於中部地區男考生較不利，但無一致性性別偏誤的現象（p = .192，未達.05之顯著水準），參見圖7-109之報表下側。

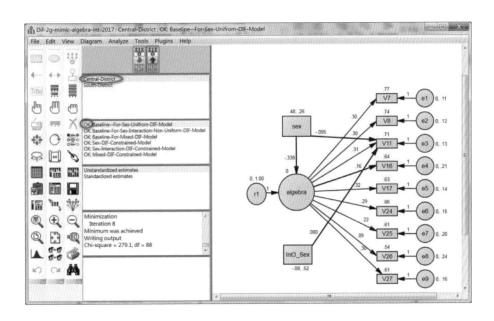

圖7-108　中部地區一致性DIF徑路模式與其分析結果：V11難度

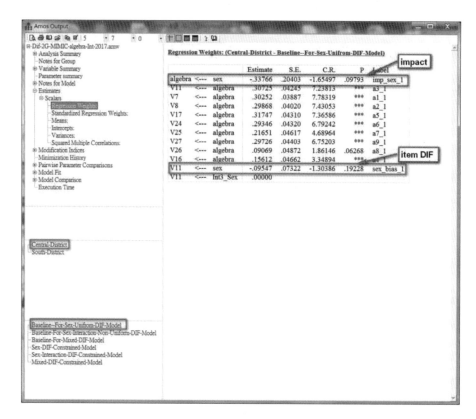

圖7-109　中部地區一致性DIF模式分析報表：V11難度

　　圖7-111的南部考生一致性DIF分析結果，係點選「South District」群組與「Baseline-For-Sex-Uniform-DIF-Model」理論模式的未標準化估計值。

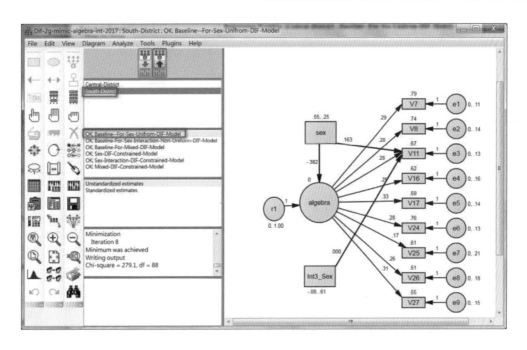

圖7-110　南部地區一致性DIF徑路模式與其分析結果：V11題

　　根據圖7-110的迴歸係數結果發現，V11題似乎對於南部地區男考生較為有利（估計值為正值，.163），但事實上，男考生真正的代數能力似乎比女考生差（impact估計值為負值，−.382），參見圖7-111。V11題對於南部地區男考生較為有利（估計值為正值，.163），出現一致性性別偏誤的現象（p = .0278，達.05之顯著水準），參見圖7-111迴歸係數的報表下側。

　　綜上所述，V11題是否具有一致性（難度）性別偏誤，需視哪一地區而定：對中部地區的男生似乎較不利（但未達顯著），但對南部地區的男生似乎較有利（達顯著）。此一分析結果，可由表7-14的描述統計或圖7-90的交叉分析看出來，可謂殊途同歸。換言之，V11題一致性（難度）的性別偏誤，跟地區別出現了交互作用現象，下節CR值分析法與卡方差異法的分析結果亦驗證了此現象。

　　圖7-113的中部考生非一致性DIF分析結果，係點選左側欄位中之「Central District」群組與「Baseline-For-Sex-Interaction-Non-Uniform-DIF-Model」理論模式的未標準化估計值。

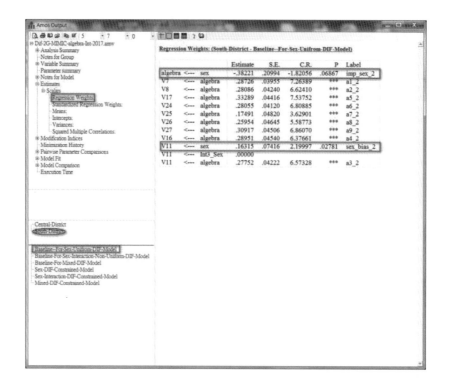

圖7-111　南部地區一致性DIF模式分析結果：V11難度

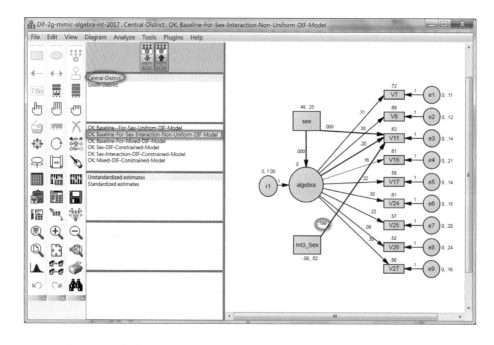

圖7-112　中部地區非一致性DIF徑路模式與其分析結果：V11題

　　至於非一致性DIF的分析結果，根據圖7-112發現，就中部地區考生而言，交互作用項（Int3_Sex）的斜率為.199，顯示出男考生在V11題上的鑑別度較高（p = .000），亦請參見圖7-113之報表右下最後一排統計量。

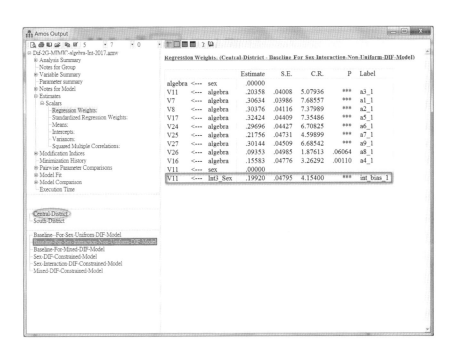

圖7-113　中部地區非一致性DIF模式分析結果：V11鑑別度

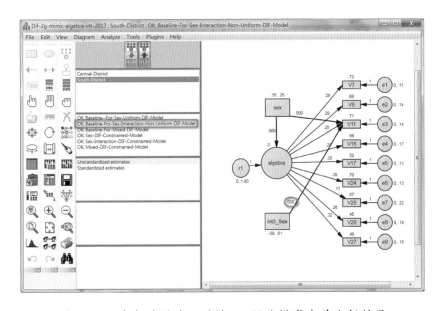

圖7-114　南部地區非一致性DIF徑路模式與其分析結果

　　根據圖7-114之未標準化估計值報表可以發現，就南部地區考生而言，交互作用項（Int3_Sex）的斜率為.030，顯示出男女考生在V11題上的鑑別度差異不大，並無顯著的非一致性性別偏誤的現象（p = .5148，未達統計上的.05顯著水準），參見圖7-115之報表右側，此報表係點選左下側欄位中之「South District」群組與「Baseline-For-Sex-Interaction-Non-Uniform-DIF-Model」理論模式而來。

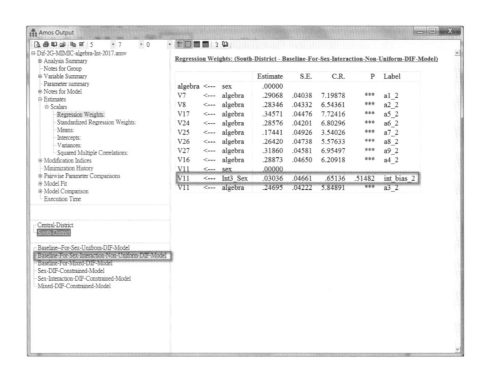

圖7-115　南部地區非一致性DIF模式分析結果：V11鑑別度

　　綜合以上中部與南部地區的一致性與非一致性DIF分析結果，就鑑別度而言，中部地區的考生在V11題上出現性別偏誤，在南部地區的考生則未出現性別偏誤；但就該題難度而言，也需視哪一地區而定：對中部地區的考生並未出現性別偏誤，但對南部地區的男生似乎較有利。下節CR值分析法與卡方差異法的分析結果，亦驗證了V11題之鑑別度會因地區別，而產生DIF交互作用現象，參見圖7-90 & 圖7-133。

(3) CR值分析法

　　Amos徑路圖與相關理論模式之建立如前所述，以下僅提供圖7-116 & 圖7-117之Amos分析報表。利用CR值分析法需透過Amos的多群組分析，才能進行DIF的交互作

用分析。讀者如欲查閱性別一致性DIF分析，在中南部地區估計參數差異之CR值，需在Amos分析屬性下的「Output」視窗，勾選「Critical ratios for Differences」，參見圖7-116左上角。之後，再點選「Baseline-For-Sex-Uniform-DIF-Model」之理論模式，參見圖7-116左下角。根據該圖的右下角數值可知，V11題具有一致性（難度）性別偏誤，需視哪一地區（中部或南部）而定（CR = 2.482 > 1.96），顯示考生地區別是性別DIF的重要調節變項，此結果驗證了前節直接參數估計的個別分析結果。

Pairwise Parameter Comparisons (Baseline--For-Sex-Unifrom-DIF-Model)

Critical Ratios for Differences between Parameters (Baseline--For-Sex-Unifrom-DIF-Model)

	a3_1	a1_1	a2_1	a5_1	a6_1	a7_1	a9_1	imp_sex_1	a8_1	a4_1	sex_bias_1
a3_1	.00000										
a1_1	-.09224	.00000									
a2_1	-.16379	-.07769	.00000								
a5_1	.18863	.29088	.35824	.00000							
a6_1	-.25202	-.17439	-.09850	-.43773	.00000						
a7_1	-1.54955	-1.53597	-1.44250	-1.71767	-1.30038	.00000					
a9_1	-.18063	-.10004	-.02645	-.36464	.06798	1.35214	.00000				
imp_sex_1	-3.12251	-3.13157	-3.10806	-3.19376	-3.07230	-2.67836	-3.08879	.00000			
a8_1	-3.44027	-3.49647	-3.38419	-3.58315	-3.19384	-1.90794	-3.22628	2.05128	.00000		
a4_1	-2.51552	-2.54207	-2.43602	-2.67303	-2.26397	-.95059	-2.30580	2.37793	.98259	.00000	
sex_bias_1	-5.12115	-4.73828	-4.65980	-4.79799	-4.52168	-3.57541	-4.54333	1.05766	-2.10989	-2.88194	.00000
v1_1	-4.34712	-4.16475	-4.35603	-4.51011	-3.97351	-2.16859	-3.98958	2.18552	.37606	-.92851	2.73951
v2_1	-4.02058	-4.21929	-3.66835	-4.18673	-3.65869	-1.89519	-3.68036	2.24483	.61058	-.67115	2.89119
v3_1	-3.37268	-3.86394	-3.67136	-3.86623	-3.34660	-1.62573	-3.37366	2.30535	.83639	-.42003	2.99141
v4_1	-1.83398	-1.84831	-1.72858	-2.01347	-1.54280	-.04452	-1.59529	2.67898	2.19675	1.02496	3.95047
v5_1	-3.51059	-3.65839	-3.47462	-3.35704	-3.16653	-1.47299	-3.19657	2.33568	.96116	-.27958	3.11689
v6_1	-3.30056	-3.43022	-3.25529	-3.47226	-2.73026	-1.29287	-2.99683	2.37819	1.12178	-.10730	3.22447
v7_1	-2.17489	-2.21315	-2.08197	-2.35293	-1.87395	-.31976	-1.92239	2.60510	1.94128	.78955	3.77477
v8_1	-1.22012	-1.19477	-1.09476	-1.40013	-.94726	.47500	-1.00602	2.81306	2.57265	1.54846	4.25239
vvv1_1	-1.04898	-1.01365	-.91864	-1.22904	-.78090	.62137	-.84124	2.85234	2.75623	1.68479	4.33983
vvv2_1	2.72930	2.85641	2.88088	2.58854	2.88879	3.77851	2.82495	4.00970	5.23421	4.50881	6.24435
m1_1	2.71771	2.90609	2.92758	2.53465	2.91563	4.01226	2.82902	3.89257	5.79386	4.92243	6.63806
m2_1	-4.99743	-5.05979	-4.96421	-5.10533	-4.79469	-3.73123	-4.81519	1.19524	-2.11685	-2.96575	.14106
a1_2	-.34458	-.27524	-.20256	-.51647	-.10587	1.16374	-.16905	3.00694	3.13270	2.14527	4.59903
a2_2	-.43981	-.37654	-.30498	-.60547	-.20810	1.03483	-.26832	2.96813	2.94458	1.97963	4.47549
a5_2	.41857	.51619	.57284	.24989	.63820	1.82146	.57130	3.21216	3.68332	2.75283	5.00942
a6_2	-.45129	-.38784	-.31494	-.61913	-.21621	1.03483	-.27714	2.97007	2.97565	2.00005	4.47539
a7_2	-2.06062	-2.06106	-1.97221	-2.20490	-1.83160	-.62342	-1.87439	2.44494	1.22895	.28024	3.08434
a8_2	-.75825	-.70969	-.63723	-.91425	-.53474	.65695	-.58947	2.85401	2.50850	1.57161	4.09411
a9_2	.03113	.11184	.17381	-.13298	.25175	1.43625	.18910	3.09571	3.29225	2.36067	4.70633
imp_sex_2	-3.21892	-3.20703	-3.18538	-3.26465	-3.15232	-2.78531	-3.16759	-.15218	-2.19422	-2.50321	-1.28961
a4_2	-.28537	-.21765	-.15120	-.44658	-.06299	1.12733	-.12256	3.00055	2.98562	2.04995	4.46840
sex_bias_2	-1.68627	-1.66445	-1.60660	-1.79901	-1.51818	-.61081	-1.55495	2.30696	.81670	.08036	2.48156

圖7-116　性別一致性DIF分析在中南部地區的估計參數差異之CR值：V11題

如欲查看性別非一致性DIF分析，在中南部地區的估計參數差異之CR值，請點選「Baseline-For-Sex-Interaction-Non-Uniform-DIF-Model」之理論模式。根據圖7-117的右下角數值可知，中南部考生在V11題上具有非一致性（鑑別度）性別偏誤（CR = -2.52473 > 1.96），亦即V11題之鑑別度會因地區別而產生交互作用，此結果反映了前節直接參數估計的個別分析結果，也與CR值分析結果完全相同。

Pairwise Parameter Comparisons (Baseline-For-Sex-Interaction-Non-Uniform-DIF-Model)

Critical Ratios for Differences between Parameters (Baseline-For-Sex-Interaction-Non-Uniform-DIF-Model)

	a3_1	a1_1	a2_1	a5_1	a6_1	a7_1	a9_1	a8_1	a4_1	int_bias_1
a3_1	.00000									
a1_1	1.96539	.00000								
a2_1	1.87988	-.05044	.00000							
a5_1	2.18205	.33706	.37867	.00000						
a6_1	1.67427	-.17445	-.12418	-.48238	.00000					
a7_1	.23607	-1.53808	-1.47010	-1.76489	-1.30369	.00000				
a9_1	1.73611	-.09017	-.04192	-.39934	.07759	1.36512	.00000			
a8_1	-1.75196	-3.42540	-3.33834	-3.55975	-3.12637	-1.83531	-3.16904	.00000		
a4_1	-.79098	-2.53925	-2.45881	-2.71607	-2.26292	-.94592	-2.31457	.91323	.00000	
int_bias_1	-.07011	-1.71819	-1.65453	-1.91964	-1.49802	-.27256	-1.55330	1.52751	.64075	.00000
v1_1	-2.14193	-4.10170	-4.37596	-4.56085	-3.95479	-2.13341	-3.98505	.31924	-.89533	-1.73700
v2_1	-1.85053	-4.23353	-3.66913	-4.26185	-3.66580	-1.88349	-3.70090	.53431	-.66028	-1.49621
v3_1	-1.36107	-3.79226	-3.63469	-3.86003	-3.27633	-1.53324	-3.31735	.86016	-.31887	-1.15725
v4_1	.23125	-1.87741	-1.78492	-2.09379	-1.56631	-.04836	-1.63014	2.12006	1.02124	.28230
v5_1	-1.39484	-3.70823	-3.55406	-3.41056	-3.20543	-1.48992	-3.24793	.86157	-.29598	-1.11675
v6_1	-1.15103	-3.43583	-3.29206	-3.53642	-2.70807	-1.27680	-3.01042	1.05272	-.09196	-.91064
v7_1	-.08692	-2.23240	-2.12945	-2.42518	-1.88826	-.31467	-1.94838	1.86878	.79508	.00349
v8_1	.77012	-1.25788	-1.18271	-1.51043	-1.00231	.44359	-1.07167	2.47285	1.52259	.76013
v9_1	-1.01097	-3.27361	-3.13588	-3.38791	-2.82107	-1.15405	-2.61978	1.15472	.02147	-.79226
vvv1_1	.93245	-1.07307	-1.00263	-1.33539	-.83276	.59290	-.90363	2.66387	1.66202	.90564
vvv2_1	4.10512	2.78877	2.79766	2.48637	2.82395	3.73559	2.75234	5.15755	4.47599	3.94196
m1_1	4.50513	2.81139	2.81367	2.39995	2.82615	3.94620	2.73052	5.67943	4.86499	4.19662
m2_1	-3.72588	-5.07587	-4.99722	-5.15586	-4.80309	-3.71352	-4.83145	-2.13387	-2.93769	-3.46920
a1_2	1.53099	-.27588	-.22672	-.56130	-.10479	1.17574	-.17769	3.07297	2.15620	1.45934
a2_2	1.35358	-.38857	-.33961	-.65975	-.21796	1.02747	-.28749	2.87572	1.97944	1.30396
a5_2	2.36563	.65688	.68989	.34168	.77430	1.96779	.69677	3.76390	2.90092	2.23353
a6_2	1.41550	-.35530	-.30596	-.63188	-.18352	1.07811	-.25438	2.94866	2.04283	1.35789
a7_2	-.45935	-2.08192	-2.01492	-2.26644	-1.85041	-.63179	-1.90216	1.15386	.27071	-.36060
a8_2	.97683	-.68057	-.63028	-.92774	-.50528	.69665	-.56937	2.48144	1.61086	.96426
a9_2	1.88962	.20187	.24095	-.08879	.33958	1.53436	.26691	3.32417	2.45953	1.80041
a4_2	1.38699	-.28755	-.24204	-.55425	-.12829	1.07290	-.19628	2.86313	1.99370	1.34032
int_bias_2	-2.81780	-4.49992	-4.39664	-4.58067	-4.14735	-2.81878	-4.18006	-.92563	-1.88018	-2.52473

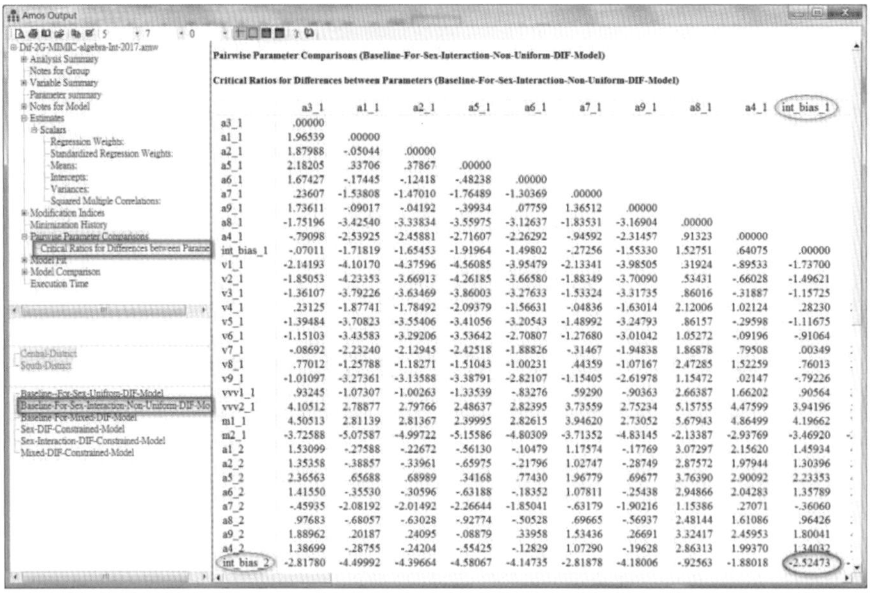

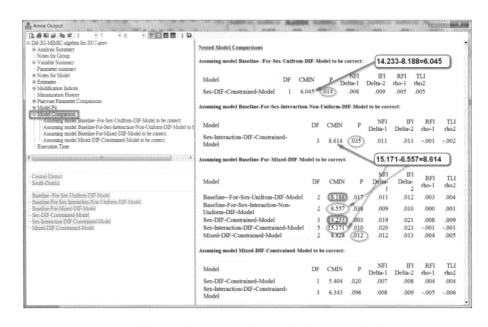

圖7-117　性別非一致性DIF分析在中南部地區的估計參數差異之CR值：V11題

(4) 卡方差異法

Amos徑路圖與相關理論模式之建立如前所述，本法亦可進行DIF交互作用分析，但須透過理論模式間之卡方差異值，進行統計考驗。根據圖7-118的中、南部地

Nested Model Comparisons

Assuming model Baseline--For-Sex-Unifrom-DIF-Model to be correct:

Model	DF	CMIN	P	NFI Delta-1	IFI Delta-2	RFI rho-1	TLI rho2
Sex-DIF-Constrained-Model	1	6.045	.014	.008	.009	.005	.005

Assuming model Baseline-For-Sex-Interaction-Non-Uniform-DIF-Model to be correct:

Model	DF	CMIN	P	NFI Delta-1	IFI Delta-2	RFI rho-1	TLI rho2
Sex-Interaction-DIF-Constrained-Model	3	8.614	.035	.011	.013	-.001	-.002

Assuming model Baseline-For-Mixed-DIF-Model to be correct:

Model	DF	CMIN	P	NFI Delta-1	IFI Delta-2	RFI rho-1	TLI rho2
Baseline--For-Sex-Unifrom-DIF-Model	2	8.188	.017	.011	.012	.003	.004
Baseline-For-Sex-Interaction-Non-Uniform-DIF-Model	2	6.557	.038	.009	.010	.000	.001
Sex-DIF-Constrained-Model	3	14.233	.003	.019	.021	.008	.009
Sex-Interaction-DIF-Constrained-Model	5	15.171	.010	.020	.023	-.001	-.001
Mixed-DIF-Constrained-Model	2	8.828	.012	.012	.013	.004	.005

Assuming model Mixed-DIF-Constrained-Model to be correct:

Model	DF	CMIN	P	NFI Delta-1	IFI Delta-2	RFI rho-1	TLI rho2
Sex-DIF-Constrained-Model	1	5.404	.020	.007	.008	.004	.004
Sex-Interaction-DIF-Constrained-Model	3	6.343	.096	.008	.009	-.005	-.006

圖7-118　中、南部地區各種DIF分析隔宿模式間之比較結果：V11題

區各種DIF隔宿模式間之比較，發現利用卡方差異考驗法，所得結果與前面其他兩種分析結果完全一致：性別在V11題難度 & 鑑別度上，均出現DIF現象，需視地區別而定（$\chi^2 = 6.045$、$p = .014$、$\chi^2 = 8.614$、$p = .035$）。卡方差異考驗法之結果，亦驗證了前節直接參數估計法的個別分析結果。

(5) DIF對比效果值的判定標準與統計考驗

　　WINSTEPS可以針對DIF Contrast的大小（組間差異效果值），進行統計顯著性考驗。依據ETS的DIF判定標準：DIF Contrast的絕對值最少為.43（logit）以上，而且虛無假設考驗的p值[H_0:p(|DIF| = 0)]須等於或小於.05（雙尾），參見Zwick, Thayer, & Lewis（1999）。欲獲得DIF Contrast的大小估計值與相關的顯著性統計考驗，WINSTEPS操作步驟為執行WINSTEPS分析後，點開「Output Tables」，接著，點選「30.Item Dif」，就可在圖7-119視窗中，進行DIF圖表輸出與標籤之勾選 & 設定（參見圖7-132）。經過這些事前之勾選與標籤設定，就可獲得表7-15～表7-16與圖7-120 & 圖7-121的分析結果。

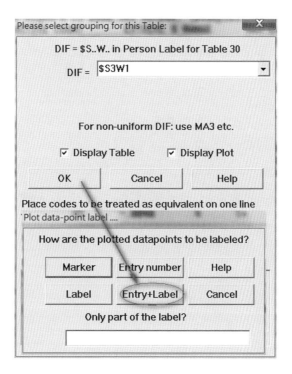

圖7-119　圖表輸出之勾選與標籤之設定

表7-15　中、南部地區男、女DIF對比分析摘要表

```
TABLE 30.1 DIF-Basic-Test-Algebra-CS-2008
+--------------------------------------------------------------------------------------------+
| Person  DIF    DIF   Person  DIF    DIF     DIF     JOINT              MantelHanzl Item     |
| CLASS   MEASURE S.E.  CLASS   MEASURE S.E.   CONTRAST S.E.  t  d.f. Prob. Prob. Size Number Name |
|--------------------------------------------------------------------------------------------|
| F       40.44  2.66   M       42.53  2.42    -2.09   3.59  -.58 237 .5613 .7651 -1.14  1  v7 |
| M       42.53  2.42   F       40.44  2.66     2.09   3.59   .58 237 .5613 .7651  1.14  1  v7 |
| F       43.14  2.55   M       45.41  2.38    -2.26   3.49  -.65 237 .5171 .5500 -3.81  2  v8 |
| M       45.41  2.38   F       43.14  2.55     2.26   3.49   .65 237 .5171 .5500  3.81  2  v8 |
| F       47.44  2.42   M       45.41  2.38     2.04   3.39   .60 237 .5486 .4636  2.93  3  v11|
| M       45.41  2.38   F       47.44  2.42    -2.04   3.39  -.60 237 .5486 .4636 -2.93  3  v11|
| F       48.60  2.39   M       53.70  2.34    -5.10   3.35 -1.52 237 .1288 .1518 -4.75  4  v16|
| M       53.70  2.34   F       48.60  2.39     5.10   3.35  1.52 237 .1288 .1518  4.75  4  v16|
| F       54.65  2.31   M       52.06  2.34     2.58   3.29   .79 237 .4326 .3506  3.57  5  v17|
| M       52.06  2.34   F       54.65  2.31    -2.58   3.29  -.79 237 .4326 .3506 -3.57  5  v17|
| F       48.03  2.41   M       44.84  2.39     3.19   3.39   .94 237 .3476 .2943  3.37  6  v24|
| M       44.84  2.39   F       48.03  2.41    -3.19   3.39  -.94 237 .3476 .2943 -3.37  6  v24|
| F       50.85  2.35   M       53.16  2.34    -2.30   3.32  -.69 237 .4882 .4010 -2.55  7  v25|
| M       53.16  2.34   F       50.85  2.35     2.30   3.32   .69 237 .4882 .4010  2.55  7  v25|
| F       58.87  2.29   M       55.90  2.35     2.96   3.28   .90 237 .3668 .4092  3.44  8  v26|
| M       55.90  2.35   F       58.87  2.29    -2.96   3.28  -.90 237 .3668 .4092 -3.44  8  v26|
| F       54.65  2.31   M       55.35  2.34     -.70   3.29  -.21 237 .8306 .8973  -.46  9  v27|
| M       55.35  2.34   F       54.65  2.31      .70   3.29   .21 237 .8306 .8973   .46  9  v27|
+--------------------------------------------------------------------------------------------+
Size of Mantel-Haenszel slice = .100 logits, 1.000 user units
```

　　就表7-15之中、南部地區男女考生而言，男考生似乎優於女考生：V16（P = .1288），但未達.05顯著水準。各題男女考生DIF對比分析圖，如圖7-120所示。依據ETS的DIF判定標準，雖然第16題的DIF Contrast的絕對值大於.43（5.10/10 = .51 logit），但是其虛無假設考驗的p值[$H_0:p(|DIF| = 0)$]並未小於.05，顯示所有的題目都未出現性別DIF現象。

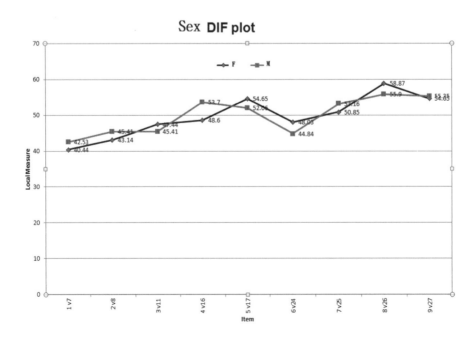

圖7-120　Excel性別DIF對比圖：WINSTEPS報表

　　就表7-16之中、南部地區而言，中部考生顯著優於南部考生：V11 & V24（P = .0383）。各題男女考生DIF對比分析圖，如圖7-121所示，此圖亦顯示V11 & V24的地區DIF對比差異（均為49.66 – 42.47 = 7.19）為最大。這兩題的DIF對比分析的絕對值大於.43（7.19/10 = .719 logit），達到ETS的DIF判定標準，且虛無假設考驗的p值[H₀:p(|DIF| = 0)]亦小於.05，顯示第11題與第24題，對於南部考生較不利。

表7-16　中、南部地區DIF對比分析摘要表

```
TABLE 30.1 DIF-Basic-Test-Algebra-CS-2008
+------------------------------------------------------------------------------------------+
| Location  DIF    DIF   Location  DIF    DIF    DIF   JOINT              MantelHanzl Item   |
| CLASS   MEASURE S.E.   CLASS   MEASURE S.E. CONTRAST S.E.   t  d.f. Prob. Prob. Size Number Name |
|                                                                                          |
| S        40.42  2.64   C        42.55  2.41   -2.12  3.58  -.59 237 .5531 .3729 -4.13   1 v7   |
| C        42.55  2.41   S        40.42  2.64    2.12  3.58   .59 237 .5531 .3729  4.13   1 v7   |
| S        44.43  2.53   C        44.26  2.37     .17  3.47   .05 237 .9604 .8834  -.62   2 v8   |
| C        44.26  2.37   S        44.43  2.53    -.17  3.47  -.05 237 .9604 .8834   .62   2 v8   |
| S        42.47  2.58   C        49.66  2.29   -7.19  3.45 -2.08 237 .0383 .0412 -6.24   3 v11  |
| C        49.66  2.29   S        42.47  2.58    7.19  3.45  2.08 237 .0383 .0412  6.24   3 v11  |
| S        52.89  2.41   C        49.66  2.29    3.23  3.32   .97 237 .3310 .3444   .38   4 v16  |
| C        49.66  2.29   S        52.89  2.41   -3.23  3.32  -.97 237 .3310 .3444  -.38   4 v16  |
| S        55.20  2.39   C        51.74  2.27    3.46  3.30  1.05 237 .2953 .4130  -.09   5 v17  |
| C        51.74  2.27   S        55.20  2.39   -3.46  3.30 -1.05 237 .2953 .4130   .09   5 v17  |
| S        42.47  2.58   C        49.66  2.29   -7.19  3.45 -2.08 237 .0383 .0551 -7.38   6 v24  |
| C        49.66  2.29   S        42.47  2.58    7.19  3.45  2.08 237 .0383 .0551  7.38   6 v24  |
| S        51.73  2.42   C        52.25  2.27    -.52  3.31  -.16 237 .8754 .9109  -.35   7 v25  |
| C        52.25  2.27   S        51.73  2.42     .52  3.31   .16 237 .8754 .9109   .35   7 v25  |
| S        59.77  2.39   C        55.32  2.26    4.45  3.29  1.35 237 .1776 .1975  2.84   8 v26  |
| C        55.32  2.26   S        59.77  2.39   -4.45  3.29 -1.35 237 .1776 .1975 -2.84   8 v26  |
| S        57.48  2.39   C        52.76  2.27    4.72  3.29  1.43 237 .1531 .1306  3.83   9 v27  |
| C        52.76  2.27   S        57.48  2.39   -4.72  3.29 -1.43 237 .1531 .1306 -3.83   9 v27  |
+------------------------------------------------------------------------------------------+
Size of Mantel-Haenszel slice = .100 logits, 1.000 user units
```

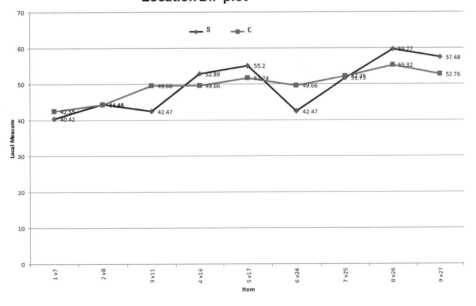

圖7-121　Excel中、南部地區DIF對比圖：WINSTEPS報表

七、結語

差異試題功能（DIF）分析，是試題客觀性與公平性的量化分析方法。一個試題只應測到待測的能力或特質，如果測到不該測的其他能力或特質，就是一個具有DIF的題目。DIF的出現可能發生在題目的難度上（一致性DIF），差異的方向與大小均一致，也可能發生在題目的鑑別度上（非一致性DIF），差異的方向及（或）大小不一致。廣義言之，所有DIF題目均為非一致性DIF，當鑑別度（相當於IRT中的斜率）在組間相同時，即為一致性DIF的試題。為提升測驗工具的公正性與品質，測驗的DIF分析刻不容緩，其相關的統計方法值得推介使用。

本章介紹了兩種SEM潛在模式取向的DIF分析策略：多群組CFA（或MACS）取向與MIMIC分析取向。MIMIC取向之DIF分析，最大優點乃是可以利用SEM統計方法，將「試題效能」與「差異試題功能」分離出來，再利用質化方法判定DIF題目是否具有「試題偏誤」現象。其次，相對於MACS取向之DIF分析，一次僅能探究一個類別變項，MIMIC取向之DIF分析，因較容易加入調節變項，適合於探索DIF的多元來源。MIMIC取向之DIF分析的另一優點，乃允許檢驗調節變項間的交互作用。

DIF分析的策略主要有兩種：限制基線策略與自由基線策略。過去研究文獻顯示，自由基線策略的DIF分析，其統計考驗力較高、犯第一類型錯誤之機率（α）較低，且較不易受到校準題為DIF題目的干擾。因此，自由基線策略的DIF分析，值得推薦使用。不過當校準題目（an anchor item）存在一致性DIF時，限制基線策略表現較優；而當校準題目存在非一致性DIF時，自由基線策略表現較優。

DIF分析的步驟，不管採取何種基線策略，通常需先進行因素負荷量之DIF檢驗，再進行截距之DIF檢驗；亦即非一致性DIF的檢測，需先於一致性DIF的檢測，因為一致性DIF乃是非一致性DIF的特例。此二階分析策略，類似於因素負荷量之不變性考驗，需先於題目截距之不變性考驗。只要發現有題目具有DIF現象，不管它是一致性或非一致性，都須了解DIF背後原因，再針對內容加以修正或刪除。筆者發現當分析題目與調節變項較多時，自由基線策略在Amos徑路圖的繪製上，似乎較為繁瑣，此時推介使用限制基線策略。

透過圖解式Amos軟體，不必寫程式即可執行MIMIC取向之DIF分析或MACS取向之DIF分析。文中以國中基測數學科代數題實例，進行具體操作說明：如遇單因子DIF分析時，除了運用直接效果法與誤差項相關法之外，尚可利用Amos之模式界定搜尋「Specification Search」功能一次搞定；如需進行雙因子DIF交互作用分析時，亦可利用Amos之「直接效果參數」、CR值或卡方差異估計法輕鬆完成。根據本章的實

例操作與DIF分析的過程與結果，發現「直接效果參數估計法」在Amos的操作上最為便捷，在運用上較容易、結果解釋上較明確；至於分析功能最強的當推「單因子雙群組的研究設計」，不只可以進行交互作用效果的DIF分析，亦可進行後續的單純主要效果的DIF分析。

　　章節之末，簡介如何利用Winsteps，除了可以檢驗Amos的分析結果之外，尚可進行「DIF Contrast」大小（組間差異效果值）的估計，並進行統計顯著性考驗。也推薦ETS的DIF判定標準：DIF Contrast的絕對值最少為.43 logit以上，而且虛無假設考驗的p值[H_0:$p(|DIF| = 0)$]須等於或小於.05。

習　題

一、何謂「試題偏誤」（Item bias）、「差異試題功能」（Differential item functioning, DIF）與「試題效能」（Item impact），它們三者間之關係為何？

二、為何非一致性DIF的分析，需先於一致性DIF的分析？

三、請使用中南部考生之國中基測（2008）的數學科代數9題題組為例，針對V11題，利用MIMIC自由基線（free-baseline）策略，進行一致性DIF分析與非一致性DIF分析。

　　提示一：本分析途徑，請利用卡方差異法進行DIF分析。

　　提示二：基線模式與斜率參數之設定提示，參見圖7-122 & 圖7-123。

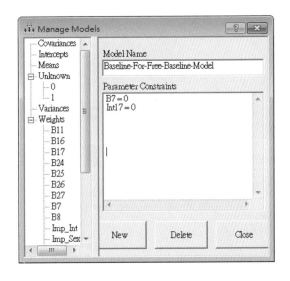

圖7-122　自由基線參數的設定

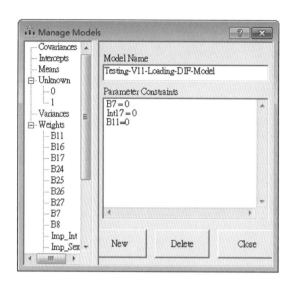

圖7-123　斜率參數之設定

提示三：MIMIC自由基線策略的徑路圖與參數設定，參見圖7-124。

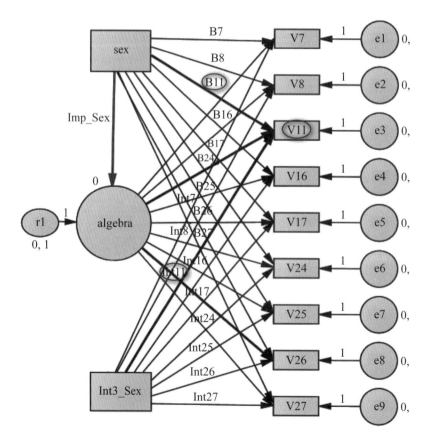

圖7-124　MIMIC自由基線策略的徑路圖與參數設定

四、文中提及代數V11題的難度，在中南部考生間之性別DIF，具有顯著差異，可能原因為何？

代數V11題目：若大華買了數支10元及15元的原子筆，共花費90元，則這兩種原子筆的數量可能相差幾支？(A)2　(B)3　(C)4　(D)5。

根據圖7-108 & 圖7-110的徑路係數，已知V11題的事實：

(1) V11題在中部地區，似乎對於男考生較不利（估計值為負值，−.095）。

(2)V11題在南部地區，似乎對於男考生較為有利（估計值為正值，.163）。

提示：有無哪一考區學生使用之教材內容與本題目之內容相同或雷同？

五、WINSTEPS DIF分析的操作步驟簡介

WINSTEPS測驗分析軟體，因內建有DIF分析的功能，並提供ICC曲線，對於非一致性DIF分析的解釋，具有莫大助益，本書在此特予以推薦與簡介。

（一）原始資料檔欄位設定

1. WINSTEPS表單建立

圖7-125　WINSTEPS程式的功能表單

研究者如欲開啓如圖7-126的WINSTEPS表單，請點選圖7-125的「Data Setup」功能表單，以便在其上半部進行檔名、資料欄位、題數、樣本數、量尺、標籤等之設定。接著，就可在其左下角之欄位中，輸入原始資料。

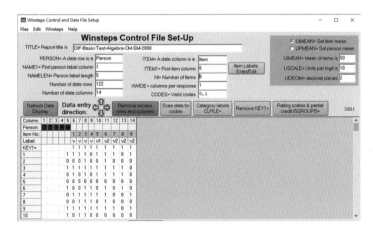

圖7-126　WINSTEPS原始資料檔欄位設定視窗

2. 資料編輯器建立（如WordPad）：程式控制與資料檔

圖7-127係WINSTEPS的語法程式與資料建檔的實例，前半段為語法程式，後半段為資料輸入區，須依前面語法檔的設定，在既定的欄位輸入資料，此為WINSTEPS的另一建檔方法。

```
Dif-for-Basic-Test-Algebra-CM-SM-2008 - 記事本                    —    □    ×

檔案(F)  編輯(E)  格式(O)  檢視(V)  說明

&INST
  TITLE = DIF-Basic-Test-Algebra-CM-SM-2008
 PERSON = Person ; persons are ...
   ITEM = Item ; items are ...
  ITEM1 = 6 ; column of response to first item in data record
     NI = 9 ; number of items
  NAME1 = 1 ; column of first character of person identifying label
NAMELEN = 5 ; length of person label
  XWIDE = 1 ; number of columns per item response
  CODES = 0,1 ; valid codes in data file
 UIMEAN = 50 ; item mean for local origin
 USCALE = 10 ; user scaling for logits
 UDECIM = 2 ; reported decimal places for user scaling
KEY1 = 111111111 ; key for MCQ scoring

&END
v7
v8
v11
v16
v17
v24
v25
v26
v27
END LABELS
    1111011101
    0001001000
    1111111110
    0101011110
    0000000000
    1001101010
    0111111001
    0011101000
    1111111101
    1011000000
    0111011011
    1100100010
    1111101011
```

圖7-127　WINSTEPS的語法程式與資料建檔

（二）存檔並執行WINSTEPS分析

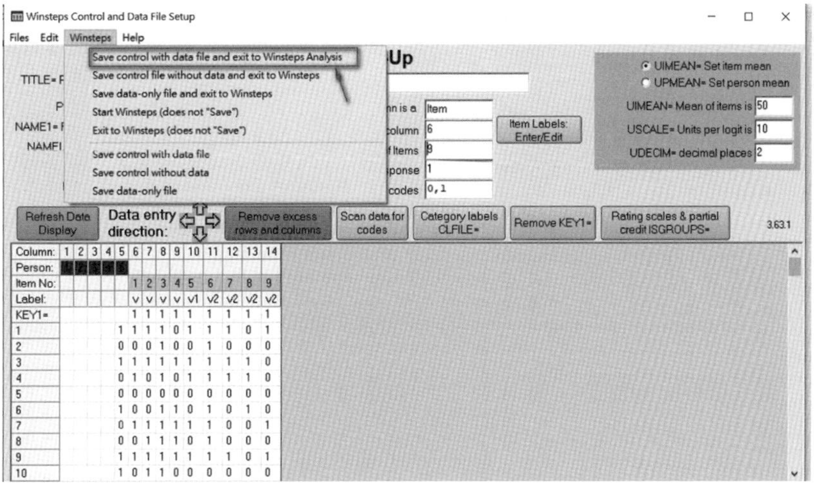

圖7-128　WINSTEPS原始資料檔案的呼叫與儲存

執行WINSTEPS分析，依提示作反應，如採用內定，請直接按Enter key：

Control file name? (e.g., KCT.txt). Press Enter for Dialog Box:

按Enter key

Select your control file from the dialog box

按Enter key

Report output file name (or press Enter for temporary file):

按Enter key

Extra specifications (or press Enter):

按Enter key

接下來，就是看分析結果了，包含統計報表（如表7-17）與ICC曲線圖（如圖7-130）。

（三）非一致性DIF分析

研究者如欲輸出非一致性DIF分析ICC的曲線，請點選圖7-129中WINSTEPS功能表單「Graphs」下的「Non-Uniform DIF ICCs」，圖7-130係V11的ICC曲線圖。

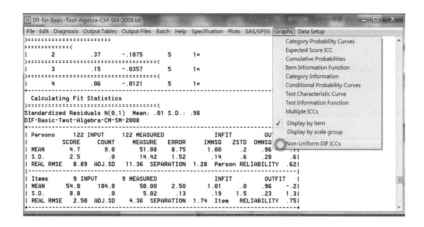

圖7-129　WINSTEPS非一致性DIF分析ICC曲線的輸出表單

以下圖7-130的DIF分析ICC曲線圖，即由「Non-Uniform DIF ICCs」選單所提供，圖中的X軸標籤設定，係利用圖7-131中的「Non-Uniform DIF」的編輯按鈕設定之。

（四）非一致性DIF分析實例

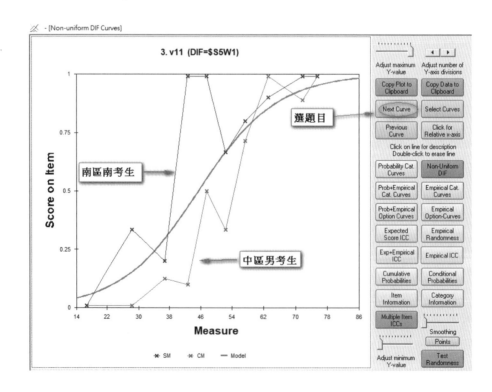

圖7-130　WINSTEPS DIF分析ICC曲線圖：V11

註：X軸為能力量尺，其平均數設定為50，標準差為10（相當於t分數），Y軸為題目答對率，可利用Click for Absolute X-axis按鈕顯示之。

一致性與非一致性差異試題功能分析：CFA與MIMIC取向

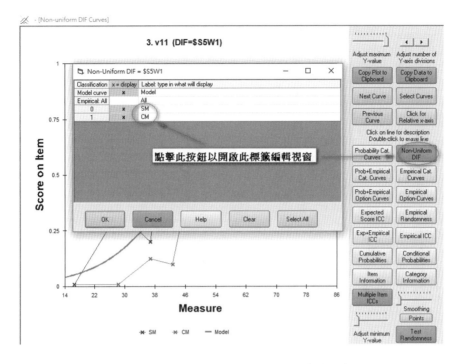

圖7-131　WINSTEPS ICC曲線標籤的編輯

　　圖7-132係WINSTEPS的輸出報表單，點開「Output Tables」後，再點擊「Item: DIF」，即可順利獲得表7-17。

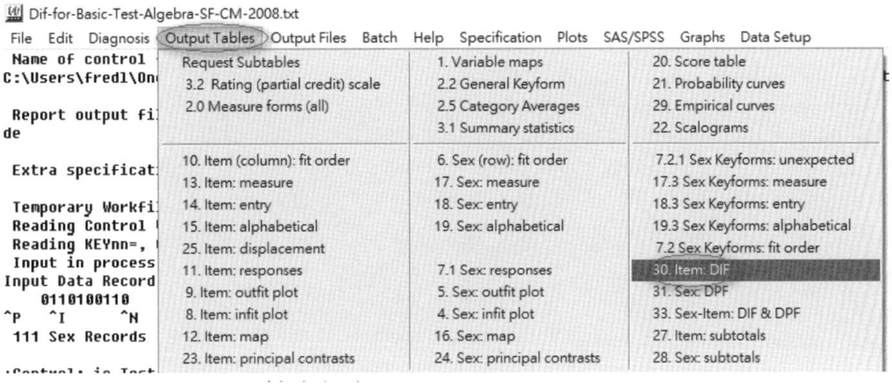

圖7-132　WINSTEPS 輸出報表：Item: DIF

表7-17　男考生在中、南部地區DIF對比分析摘要表

```
TABLE 30.1 DIF-Basic-Test-Algebra-CM-SM-2008
INPUT: 122 Persons  9 Items
DIF class specification is: DIF=$S5W1
```

Person CLASS	DIF MEASURE	DIF S.E.	Person CLASS	DIF MEASURE	DIF S.E.	DIF CONTRAST	JOINT S.E.	t	d.f.	Prob.	MantelHanzl Prob.	Size	Item Number	Name
0	42.18	3.46	1	42.88	3.38	-.70	4.84	-.14	120	.8850	.7446	7.01	1	v7
1	42.88	3.38	0	42.18	3.46	.70	4.84	.14	120	.8850	.7446	-7.01	1	v7
0	46.81	3.35	1	44.02	3.36	2.79	4.75	.59	120	.5575	.5010	-1.37	2	v8
1	44.02	3.36	0	46.81	3.35	-2.79	4.75	-.59	120	.5575	.5010	1.37	2	v8
0	37.18	3.62	1	52.95	3.35	-15.77	4.94	-3.20	120	.0018	.0024	-7.94	3	v11
1	52.95	3.35	0	37.18	3.62	15.77	4.94	3.20	120	.0018	.0024	7.94	3	v11
0	55.45	3.25	1	51.83	3.34	3.62	4.66	.78	120	.4388	.5098	-6.58	4	v16
1	51.83	3.34	0	55.45	3.25	-3.62	4.66	-.78	120	.4388	.5098	6.58	4	v16
0	52.27	3.27	1	51.83	3.34	.44	4.68	.09	120	.9251	.9184	-1.64	5	v17
1	51.83	3.34	0	52.27	3.27	-.44	4.68	-.09	120	.9251	.9184	1.64	5	v17
0	43.37	3.43	1	46.27	3.34	-2.90	4.79	-.60	120	.5464	.9535	-1.10	6	v24
1	46.27	3.34	0	43.37	3.43	2.90	4.79	.60	120	.5464	.9535	1.10	6	v24
0	53.34	3.26	1	52.95	3.35	.38	4.68	.08	120	.9346	.6978	1.88	7	v25
1	52.95	3.35	0	53.34	3.26	-.38	4.68	-.08	120	.9346	.6978	-1.88	7	v25
0	60.73	3.26	1	50.71	3.34	10.02	4.67	2.15	120	.0339	.1361	3.22	8	v26
1	50.71	3.34	0	60.73	3.26	-10.02	4.67	-2.15	120	.0339	.1361	-3.22	8	v26
0	56.51	3.25	1	54.08	3.36	2.43	4.67	.52	120	.6047	.5613	-2.02	9	v27
1	54.08	3.36	0	56.51	3.25	-2.43	4.67	-.52	120	.6047	.5613	2.02	9	v27

```
Size of Mantel-Haenszel slice = .100 logits, 1,000 user units
```

註：0→CM, 1→SM。

　　表7-17顯示，V11出現DIF現象，對中部考生較不利，但有利於南部考生（DIF Contrast = 15.77 > .43, P = .0018），參見圖7-133右側之ICC曲線圖。

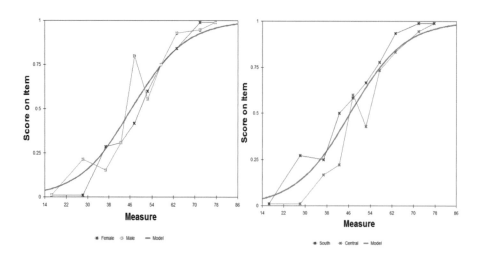

圖7-133　V11地區與性別之非一致性DIF分析ICC曲線的範例

註：X軸為能力量尺，其平均數設定為50，其標準差為10（相當於t分數），Y軸為題目答對率。

　　由圖7-133顯示出：南部考生的表現大致優於中部考生，而男考生的表現也大都優於女考生。

　　（五）WINSTEPS下載網址

　　WINSTEPS下載網址：https://www.winsteps.com/index.htm or https://www.winsteps.com/ministep.htm。

第8章

跨群組與跨時間之測量與結構不變性分析

一、為何測量不變性與結構不變性分析在量表編製上很重要？

二、以下五種跨群組測量不變性的假設考驗，主要目的何在？

　　（一）型態不變性

　　（二）構念層次不變性

　　（三）指標層次不變性

　　（四）截距層次不變性

　　（五）殘差層次不變性

三、跨群組因果結構不變性分析，主要有哪三大步驟？

四、如何利用Amos，進行跨群組測量不變性與因果結構不變性分析？

五、何謂潛在構念的量變與質變？

六、如何利用Amos，進行以下三種量尺量變與質變的統計分析？

　　（一）Gamma change分析

　　（二）Beta change分析

　　（三）Alpha change分析

七、如何利用Amos，進行跨時間的LCA分析（latent change analysis）？

一、測量與結構不變性分析的重要性

測量與結構不變性分析（又稱恆等性分析），主要用於跨群組（Across different groups）與跨時間（Across time）的統計分析上。常見的不變性分析，包含量表因素結構之跨群組、跨時間的不變性分析與因果結構模式之組間不變性分析。

值得特別注意的是，測量工具在不同群組間是否在測相同特質或構念，這是組間有意義比較的最根本前提，也是公平性測驗或考試的基本要求。因此，考驗組間平均數差異之前，必須檢驗潛在構念的測量與結構在組間是否具有因素不變性（Factorial invariance）。此因素不變性的考驗，涉及測量不變性（Measurement invariance）與結構不變性（Structural invariance）。測量不變性所關切的是迴歸截距、因素負荷量與誤差（獨特變異量）的不變性，亦即在探究CFA模式下之恆等性；結構不變性所關切的是因素平均數與其變異數共變數結構的不變性（Byrne, Shavelson, & Muthen, 1989），即在探究CFA/SEM模式下跨群組之不變性。CFA/SEM模式的多群組分析，乃是考驗此因素型態或結構不變性的最有效方法，亦是跨群組或跨文化研究的利器（Little, 1997；Milfont, & Fischer, 2010）。

除了前述跨群組分析之外，量表中所測量構念，在跨時間的測量上具不變性（Longitudinal measurement invariance），也是量表編製者經常關心的重點。此測量不變性分析，即在探討潛在特質變化或成長性分析到底是量變（Alpha change）或質變（Gamma change、Beta change），尤其在不同情境或不同時間點的因素平均數的比較，構念之穩定性更是研究者最關切的基本假設。Kim & Ji（2009）就針對Maslach Burnout量表（MBI），使用CFA進行縱貫式測量不變性的檢驗，以確認MBI測量構念的不變性。假如量表中所測量構念在跨時間點上產生了質變，前後所測的構念將無法精確加以比較或解釋。除了結構不變性分析之外，以下測量不變性分析之論述，將就跨群組與跨時間之分類，再依先理論、後實務的順序逐一介紹之。

二、跨群組分析的理論與考驗步驟

學者對於跨群組分析（或稱為多群組分析）的考驗順序與方法，意見相當分歧。Vandenberg & Lance（2000）經過周延的文獻探討、比較分析與審慎評估之後，提出圖8-1之組間測量不變性考驗流程，值得推薦給研究者採用。組間測量不變性考驗流程，可以分為兩個階段：第一階段涉及測量不變性的考驗，第二階段涉及結構不變性的考驗。假如研究者發現組間共變數矩陣具不變性時，就不必進行測量不變性之

考驗。

第一階段的測量不變性考驗，始於型態不變性（Configural invariance）之考驗，這個基線模式必須成立，才能繼續後續因素負荷量與截距的不變性分析。因此，測量不變性完全不成立之後，研究者即無法進行組間之比較；如果測量不變性部分成立時，研究者可釋放部分參數限制。

第一階段的測量不變性成立之後，即可進入第二階段之考驗，有三個路徑可以走：A、B & C（參見圖8-1下半部之三個分支點）。理論上，潛在平均數應爲完美可靠（Perfectly reliable），於潛在平均數差異的考驗之前，並不需進行獨特變異量的同質性考驗，而且潛在平均數與因素變異量（或共變量）無關，進行因素變異量同質性的考驗純屬多餘，此時，研究者即可直接走A路徑，進行潛在平均數的比較。研究者如欲檢驗測量工具之信度（關切獨特變異量的同質性），可走路徑B；路徑C涉及因素變異數與共變數，則爲檢驗模式中結構參數之用。值得一提的是，當因素變異量同質性成立時，獨特變異量同質性考驗，即爲信度考驗，參見圖8-1之右側底部折線箭頭路徑下之文字說明。

圖8-1的各個步驟，也反映了Cheung與Rensvold（2002）所提出的八種不變性假設考驗，其中五種爲因素測量層次之不變性假設，其餘三種爲因素結構層次之不變性假設。五種測量層次之不變性考驗，依序爲型態不變性（Configural invariance）、構念層次、指標層次量尺不變性（Partial metric invariance）考驗、殘差變異量不變性（Residual scalar invariance）考驗與截距不變性（Intercept scalar invariance）考驗。至於因素結構層次之不變性假設考驗，分別爲潛在因素變異數不變性（Factor variance invariance）、潛在因素共變數不變性（Factor covariance invariance）與潛在因素平均數不變性（Factor mean invariance）等假設考驗；其中潛在因素共變數不變性，在SEM架構下，常較關切因果關係、調節關係或中介關係。

前述第一階段測量不變性之考驗，涉及以下五類不變性假設考驗：

1. 型態不變性。
2. 構念層次不變性。
3. 指標層次不變性。
4. 截距層次不變性。
5. 殘差層次不變性。

進行卡方差異統計考驗時，構念&指標層次不變性假設考驗的對照模式爲型態不變性假設（未受限模式），而截距與殘差層次不變性假設考驗的對照模式爲構念層次

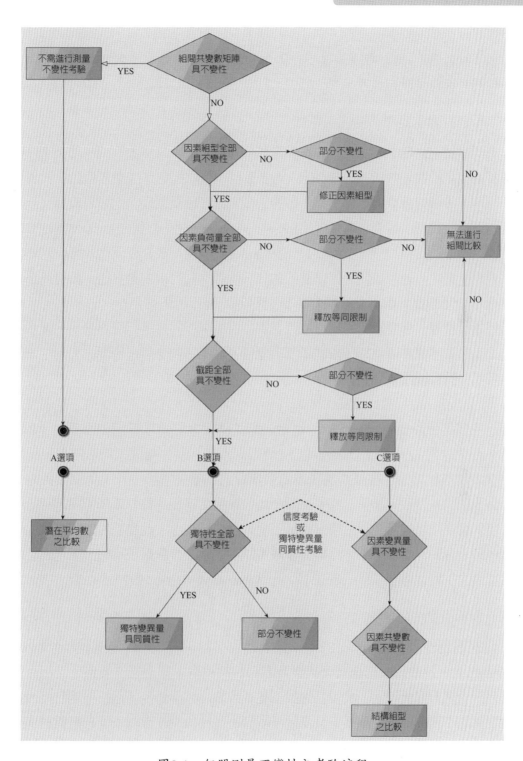

圖8-1　組間測量不變性之考驗流程

註：修訂自Figure 2, Vandenberg & Lance（2000）。

不變性假設（受限較少模式）。

以下針對圖8-1第一階段測量不變性之考驗流程，將重點步驟進一步說明，作為測驗編製者實務操作的參考。

（一）母群共變數矩陣不變性之考驗

組間測量不變性之考驗，首先檢驗虛無假設（H_0）：$\Sigma_1 = \Sigma_2 = ... = \Sigma_G$，這裡的$\Sigma$是母群的變異數共變數矩陣，而G是組別的數目。假如拒絕了該虛無假設，代表群組間不相等，後續的檢驗則在找出不相等的來源。欲考驗觀察變項的變異數與共變數矩陣在組間是否相同，研究者可以運用SPSS中的多變項副程式中的Box's M進行考驗，或者使用Amos的卡方差異值考驗之。使用Amos考驗時，首先分開估計各組的變異數與共變數，其次，進行組間等同限制的估計，兩者之間的卡方差異值，即可用來考驗組間觀察變項的變異數與共變數矩陣是否相等。假如H_0未被拒絕，群組間的共變數結構被視為相等，那麼組間的資料就可合併，而以併組方式進行資料分析。當然在此狀況之下，就不需要再進行後續的組間不變性考驗，研究者可逕行潛在因素平均數間之比較了（圖8-1底部之A路徑）。

不過Muthen持反對的意見，他認為不必先考驗前述之H_0，因為缺乏基本模式之對照，整體的考驗結果和其後的較嚴格的測量模式考驗結果可能相互矛盾（Byrne, 1988，個人通信）。例如：當組間的共變數矩陣與（或）組間平均數向量，經統計考驗後發現具相等性，後續的測量或結構參數的不變性考驗，亦有可能被拒絕。反之，當組間的共變數矩陣與（或）組間平均數向量相等性之整體虛無假設被拒絕後，亦有可能發現後續的測量或結構參數具不變性。由此觀之，此整體性虛無假設的考驗步驟，似乎多此一舉。因此，母群共變數矩陣不變性之考驗似乎可略去，可逕行組間因素型態之不變性考驗（Meredith, 1993；Widaman & Reise, 1997）。

（二）型態不變性之考驗

型態不變性（Configural invariance），又稱為因素組型不變性（Pattern invariance），反映因素結構（含因素及題目個數與兩者間之對應關係）之相似性，尤其以因素個數的恆等性，被視為後續不變性考驗之必要條件，而指標題目與因素之臣屬關係的不變性，則視為其充分條件。型態不變性假設在考驗不同群體對於構念的認知或意義是否相同，不變性成立時，即表示因素個數相同，且每一因素所含之題目亦相同。型態不變性假設，開放估計組間所有因素負荷量或截距與變異數（參見公式

8-1），但限制潛在因素平均數爲0。型態不變性的理論模式，將作爲下一個更嚴苛模式的基線模式（The baseline model）。如果發現組間不具相等性，研究者可針對MI值過大者進行參數之釋放，試試看是否可以找到較適配之理論模式，否則就應停止全部不變性（Full invariance）考驗，而繼續進行部分不變性（Partial invariance）考驗。

$$\text{Covariance Structure}: \Sigma_{XX}^{(g)} = \Lambda_x^{(g)} \Phi^{(g)} \Lambda_x^{'(g)} + \Theta^{(g)}$$
$$\text{Mean Structure}: \mu_x^{(g)} = \tau^{(g)}{}_x + \Lambda_x^{(g)} \kappa^{(g)} \qquad \text{公式8-1}$$

在實務上，公式8-1中截距與潛在平均數 $\tau^{(g)}$ & $\kappa^{(g)}$ 的參數，並無法同時開放進行估計，會發生模式不可辨識現象。解決之道有二：(1)暫時略去平均數結構，僅使用共變數結構（因爲此階段平均數結構，並非研究者所關切之重點）；(2)參照指標的因素負荷量設定爲1，而截距進行組間等同限制。

Steenkamp & Baumgartner（1998）認爲，假如以下幾個證據獲得支撐，就可宣稱組間具有型態不變性：

1. 提議的理論模式與資料之適配度佳。
2. 所有的因素負荷量均夠大且達統計上的既定顯著水準。
3. 沒有過大的MI指標。
4. 因素間的相關係數小於1，因素間具有區辨效度。

值得注意的是，型態之組間不變性模式出現適配度不佳，其可能來源有二：(1)其中一組適配度佳，另一組適配度不佳（顯示該組缺乏型態不變性）；(2)兩組適配度均不佳（顯示型態不變性可能存在，但也可能因所界定的模式，並無法正確代表該資料結構而無法察覺）。

因此，小心檢查每一組的理論模式之適配度，才能正確發覺不適配之根本原因。研究者應對每一組的CFA模式進行獨立分析，利用MI值修正該理論模式，一直到各組均充分適配時，研究者才可進行併組的因素型態不變性模式考驗（Meade, Johnson, Braddy, 2008）。更具體言之，各題目之因素負荷量、截距在組間如不具等同性，即使組間的潛在平均數相同，也會造成各組觀察平均數的差異。因此，作爲基線模式的因素型態，在組間不變性模式必須充分適配，才能作爲後續受限模式的比較基礎。

（三）弱因素不變性之考驗

事實上，弱因素不變性考驗為因素負荷量不變性（Factorial/Metric invariance）考驗。它係反映各題目的因素負荷量之組間相等性（在成長曲線分析時，則反映潛在變項在跨時間點上，對於相關指標是否有相同影響力），是強因素不變性考驗的必要條件。弱因素負荷量之組間不變性（$\Lambda^{(g)} = \Lambda^{(g')}$，參見公式8-2），意謂著外顯變項關係的組間差異，會等於潛在變項關係的組間差異。

$$\text{Covariance Structure：} \Sigma_{xx}^{(g)} = \Lambda_x \Phi^{(g)} \Lambda_x' + \Theta^{(g)}$$

$$\text{Mean Structure：} \mu_x^{(g)} = \tau^{(g)}{}_x + \Lambda_x \kappa^{(g)}$$

公式8-2

因素負荷量不變性（亦是構念層次量尺不變性）考驗，在考驗不同群體在所有因素負荷量上是否相同。此不變性考驗，須開放估計組間之截距、變異數，但限制組間因素負荷量為相同及設定潛在因素平均數為0。換言之，因素負荷量不變性考驗，係將各構念上的題目因素負荷量進行組間等同限制。如果將一些等同限制釋放後，其模式之適配度亦無法顯著改善時，因素負荷量不變性的考驗就獲得支持。

要使組間效果的比較有意義，所有的因素負荷量在組間應具有不變性。然而，有些研究者（Byrne, Shavelson, & Muthen, 1989；Steenkamp & Baumgartner, 1998）認為，只要每一構念中有兩個以上的因素負荷量在組間具有不變性，就可進行組間效果的比較，他們稱之為部分測量不變性（Partial measurement invariance）考驗。此部分測量不變性，係「指標層次量尺不變性」的假設考驗，旨在考驗不同群體在特定因素負荷量上是否相同，此一假設適用於構念層次量尺不變性假設不成立時，此一假設亦可找出哪些指標造成不變性假設無法成立。指標層次量尺不變性假設，開放估計組間之截距、變異數，但限制部分組間因素負荷量為相同及設定潛在因素平均數為0。此時，研究者的首件任務，乃是找出哪些題目之因素負荷量未具有組間不變性。找出這些不具組間不變性題目之方法，主要有四：

1. 因素負荷量組間比較法

檢查未受限模式中之各組相對應之因素負荷量，找出具有組間最大差異者，即可能為不具組間不變性（Non-invariant）的參數。

2. 檢查因素負荷量在組間之顯著性

檢查因素負荷量的顯著性與否，假如一個因素負荷量的統計顯著性考驗，在一組

上達到既定顯著水準，但在另一組上卻未達到顯著水準，該因素負荷量即可能爲不具組間不變性的參數。

3. MI法

利用完全受限模式的MI修正指標（Modification index）大小，判定因素負荷量是否爲具組間不變性的參數。

4. 卡方差異法

考驗「部分測量不變性」的卡方差異法步驟（Byrne, Shavelson, & Muthens, 1989）簡介如下：

首先，判定整個構念是否具有組間不變性。假如所提議之模式含有多個構念，「部分測量不變性」的考驗，需逐一分別進行。將待考驗之構念的因素負荷量進行組間等同之限制，其餘構念上之因素負荷量完全開放估計，利用此受限模式與未受限模式（基礎模式）間之差異，進行比較分析。假如發現該構念之理論模式在組間的卡方差異，達到統計上的既定顯著水準，該構念在組間未具不變性，意謂著該構念內至少有一題目之因素負荷量未具有組間不變性。其次，考驗個別題目是否具有組間不變性，假如有個構念未具有組間不變性，那麼就需進行一系列題目層次的組間不變性考驗。例如：將待考驗題目之因素負荷量進行組間等同之限制，其餘所有構念內之其他因素負荷量完全開放估計。此受限模式與未受限模式（所有構念內之因素負荷量均開放估計）進行卡方差異比較分析，假如卡方差異達到統計上的既定顯著水準，該題目在組間即未具有不變性。

假如所有題目之因素負荷量具有組間相等性，研究者即應進行整體強因素不變性（Full scalar invariance）之考驗。否則，當分析組間差異性時，那些未具有組間相等性的因素負荷量，均應釋放加以估計。

（四）強因素不變性之考驗

強因素負荷量不變性（Strong metric invariance），又稱爲題目截距不變性（Scalar invariance）考驗。反映截距之組間相等性〔$\tau^{(g)} = \tau^{(g')}$，可作爲題目DIF（Item bias）檢查，參見公式8-3〕，是比較因素平均數的先決條件。假如研究者對於跨組潛在平均數的比較並無興趣，題目截距不變性考驗可以省略，直接進行更低層次之不變性考驗即可。強因素負荷量不變性（含平均數結構），意謂著組間在外顯觀察變項平

均數、共變數上的差異，會等於組間在潛在變項平均數、共變數上的差異。由此觀之，題目截距不變性考驗乃是一種截距、平均數與共變數結構的SEM分析。

$$\text{Covariance Structure：} \Sigma_{xx}^{(g)} = \Lambda_x \Phi^{(g)} \Lambda'_x + \Theta^{(g)}$$
$$\text{Mean Structure：} \mu_x^{(g)} = \tau_x + \Lambda_x \kappa^{(g)}$$

公式8-3

　　此層次的題目截距不變性，乃是比較組間潛在構念平均數的先決條件。因為觀察平均數，係外顯指標截距、因素負荷量與潛在平均數的函數，觀察平均數與潛在平均數不能畫上等號。比較組間潛在構念平均數要具有意義，乃植基於各題目之因素負荷量、截距在組間具有不變性。題目因素負荷量、截距不變性，可以確保各題目平均數在組間的差異，乃是出自於他們相對應構念平均數的差異所致。換言之，題目截距不變性考驗，乃在探究跨組觀察平均數的差異，是否完全出自於跨組潛在平均數的真正差異。不能合乎此要求，即可能存在著測量偏差（Measurement bias）或各組使用的量尺不同（Different scale metrics）。因而題目截距不變性考驗，可以用來分析文化上的差異、受試者反應心向上的差異或測驗難度上是否不同。

　　截距不變性假設在考驗不同群體的截距向量（潛在變項為0時）是否相等，亦即在考驗測量量尺在不同群體是否具有相同原點（Origin of the latent variable），或測驗難度是否相同，在測驗上可作為DIF（Differential item functioning）研究的參考指標。因此，欲評估題目截距不變性，需進行各題目截距在組間的等同限制；接著可以利用MI指標，鑑定哪些題目需要進行參數釋放估計。如果此受限模式之適配度良好，且將一些等同限制釋放後，其模式之適配度亦無法顯著改善時，題目截距不變性的考驗就獲得支持。

　　假如模式僅顯示「部分測量不變性」受到支持，研究者可進行「部分題目截距不變性」的考驗，亦即只針對因素負荷量具有組間不變性的題目，進行截距的組間等同限制。考驗時，針對具有「測量不變性」的題目，進行「截距不變性」的考驗。研究者可以利用MI指標，修正理論模式一直到其「部分截距不變性」達到合理程度為止。雖然Meredith（1993）指出，欲使組間潛在平均數的比較具有意義，各題目截距需具有不變性。實際運作上，只要每一因素內至少有2個題目（其中一個可為參照指標的因素負荷量固定為1，截距設定為0；另一個因素負荷量與截距均設定組間等同之限制）以上具有因素負荷量與截距不變性，研究者即可進行組間潛在構念平均數的考驗（Byrne, Shavelson, & Muthens, 1989）。理想上，如欲獲得可靠的潛在平均數估計值，大多數的因素負荷量與截距，最好均能具有組間不變性。

（五）嚴苛因素不變性之考驗

嚴苛因素負荷量不變性（Strict metric invariance）考驗，亦即在考驗殘差變異量組間之不變性（$\Theta^{(g)} = \Theta^{(g')}$，參見公式8-4），此種考驗需符合因素負荷量與截距不變性之後，才能進行。當嚴苛因素負荷量與因素變異量都具不變性時，就意謂著各個題目的測量誤差，在組間或跨時間點上具有不變性（反映各題目在組間或跨時間點上，具有相同的信度），或在考驗不同群體的潛在變項的測量信度的等同性。在成長曲線分析，假如違反此假設，即可能表示受試者對題目逐漸熟悉而降低了反應上的錯誤。

$$\text{Covariance Structure：} \Sigma_{XX}^{(g)} = \Lambda_x \, \Phi^{(g)} \Lambda_x' + \Theta$$
$$\text{Mean Structure：} \mu_x^{(g)} = \tau_x + \Lambda_x \kappa^{(g)} \qquad\qquad \text{公式8-4}$$

此一嚴苛模式在實際生活中並不易成立，此一步驟之考驗時常會被略去。

三、跨群組分析的Amos操作方法

利用Amos的圖形操作介面進行跨群組分析，方法有二：研究者可以使用「Manage Models」視窗內（參見圖8-3）之參數限制（Parameter Constraints）設定，或利用多群組分析「Multiple-Group Analysis」副程式，輕鬆進行測量不變性之分析（參見圖8-5 & 圖8-6）。前者研究者須針對相關參數手動進行等同設定，後者Amos會自動進行一系列之參數等同設定。

（一）手動式

Amos的跨群組分析，以手動方式進行參數等同限制，雖然手續較繁瑣，但較具彈性。在進行手動式多群組分析之前，需先設定各參數之名稱，以便進行相關參數之等同限制。Amos 5.0的使用者請在Tools的Macro下，點選「Name Parameters」；Amos 7.0以上版本之使用者請在Plugins下，點選「Name Parameters」。當出現參數命名的視窗之後，即可進行各參數起首字母之設定，如欲讓Amos自動設定，則只要在圖8-2中勾選欲設定的參數類別即可。

接著，點開圖8-3中各個理論模式之管理視窗（Manage Models），即可在參數限制（Parameter Constraints）的視窗內，進行相關參數之等同限制。圖8-3中包含因素負荷量與截距的組間參數等同限制，例如a1_1 = a1_2即表示：a1的因素負荷量在第一組與第二組上視為相等，Amos將只估計此一共同值，而i1_1 = i1_2即表示：i1的截距在第一組與第二組上視為相等，Amos將只估計一個共同值。

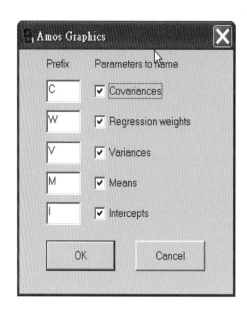

圖8-2　Amos參數自動命名視窗

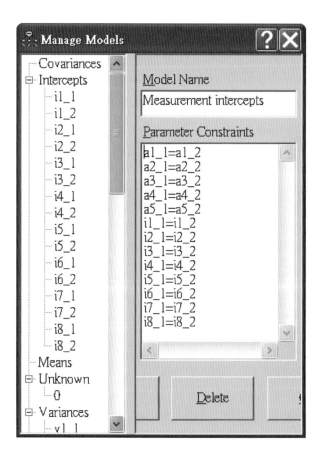

圖8-3　模式管理視窗內之參數等同限制

此外，研究者可以勾選圖8-4物件屬性視窗中之「All groups」功能，加速進行其他組別相同參數之命名工作，參見圖8-4之參數命名與設定。

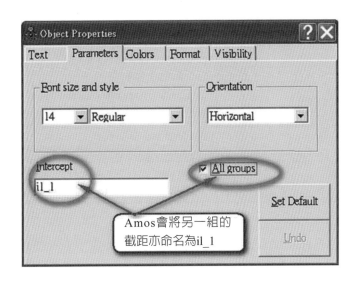

圖8-4　物件屬性視窗中之「All groups」功能

在Amos的程式設計上，不同群組的參數命名如果相同，表示這些組間之相對應參數要進行等同限制。因此，要進行組間之相對應參數等同限制時，只要將一組之參數命名之後（如il_1），勾選圖8-4中「All groups」，就可以省去在其他組上參數之等同命名工作（其他組相對應之截距的名稱，亦將被命名為il_1）。

（二）自動式

在多群組的比較分析時，常需針對一些參數進行組間等同性限制，為讓研究者加速這些參數限制之設定，Amos提供了圖8-5之多群組分析「Multiple-Group Analysis」副程式，讓研究者省去在「Manage Models」視窗內進行參數限制（Parameter Constraints），而且當每一群體使用不同徑路圖時，不須在不同徑路圖上，進行手動參數等同限制，更是省時省力。不過使用此自動化之組間等同性分析，係植基於完全不變性之考驗（Testing for full invariance）；如遇部分不變性之考驗，仍需靠手動在模式管理視窗中，刪去部分參數之組間等同限制。點選圖8-5中Amos多群組分析的表單之後，即會出現如圖8-6的多群組對話框。

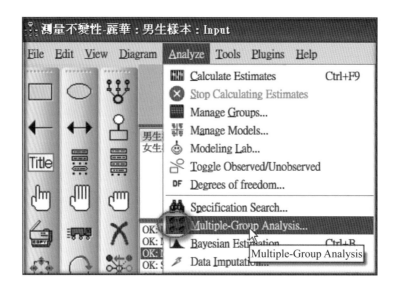

圖8-5 Amos的多群組分析表單

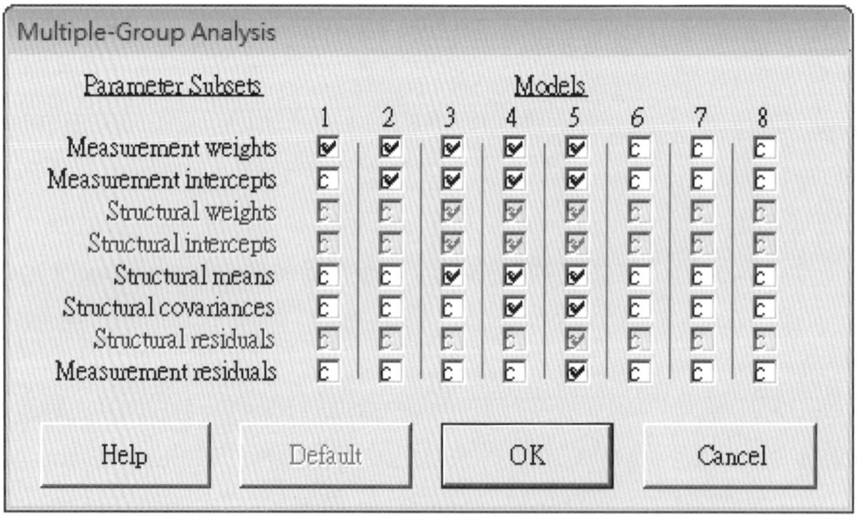

圖8-6 多群組分析的對話框：八大理論模式的設定

在圖8-6這個視窗內，Amos自動列出八大理論模式，依序對應以下八大參數之不變性考驗。

1. 設定測量模式中之迴歸係數或因素負荷量相等。
2. 增加設定測量模式中預測變項之方程式截距為相等。
3. 增加設定結構模式中之迴歸係數為相等。

4. 增加設定結構模式中預測變項之結構截距為相等。

5. 增加設定結構模式中外衍變項之結構平均數為相等。

6. 增加設定測量或結構模式中共變數矩陣為相等（含變異數與共變數）。

7. 增加設定結構模式中誤差變項之共變數矩陣為相等。

8. 增加設定測量誤差變項共變數矩陣為相等。

　　圖8-6左側中Amos雖提供了八大考驗模式，但會依照您模式參數的複雜程度，只顯示可考驗之理論模式。圖8-6中之示範實例，係使用平均數結構的CFA分析模式，因此涉及結構參數的模式就不會自動打勾，但涉及測量截距與平均數的理論模式都會顯現出來，本例圖8-6共出現五大可行模式，涉及的參數依序遞增。研究者可根據自己研究的需要，刪去用不到的模式參數（使用滑鼠將打勾點去除），不一定要照單全收。

　　以下將利用Amos的多群組分析功能與參數恆等性設計，分別在第四節、第五節與第六節，依據圖8-1之不變性考驗流程，舉例、示範與討論Amos在跨群組測量不變性分析、因果結構恆等性分析與跨時間測量不變性分析上之運用。

四、跨群組測量不變性分析

　　跨群組測量不變性分析，旨在探討CFA模式的測量關係是否可以推論到不同群組上。進行跨群組測量不變性分析之前，最好先進行各群組的理論模式之適配度考驗，該理論模式在各組間均合適之後，再進行跨群組測量不變性考驗，才有實質意義。此測量不變性分析的最終目的，在比較組間潛在平均數之差異性。

　　本節將以吳麗華（2007）的「國小級任教師內外控信念與社會支持對身心健康影響之研究：以教師工作壓力為中介變項」為例（有效N = 309），進行跨群組測量不變性分析的實例解說。首先，研究者根據理論模式，於Amos的繪圖視窗內，製作理論模式徑路圖（如圖8-7，男女生均使用同一理論模式），與資料檔案相連接之後，即可開始進行組間測量不變性分析。她的CFA提議模式，包含國小級任教師內、外控信念，社會支持與身心健康三個潛在因素。在徑路圖設計階段，研究者在每個因素上，均需選定一個指標設定為1，以確保模式之可辨識性，此為可辨識性的限制（Identifying constraints）；在測量不變性的考驗階段，研究者須針對特定的參數進行組間恆等限制，則稱為參數實質性限制（Substantive constraints）。

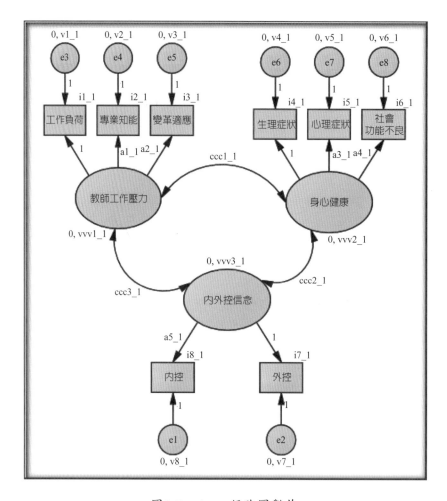

圖8-7　Amos徑路圖製作

（一）Amos的操作步驟

　　接下來，Amos之具體操作步驟，依序如圖8-8～圖8-14所示。

1. 利用組別管理視窗「Manage Groups」界定群組名稱，參見圖8-8。

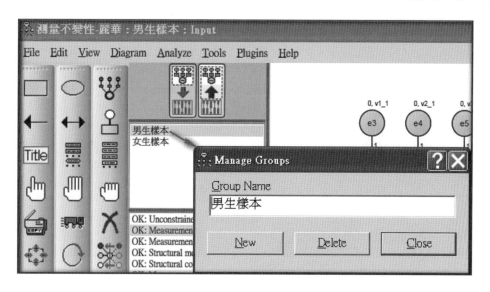

圖8-8　組別管理視窗

　　在「Group Name」下建立「男生樣本」之組別後，再按下「New」鍵建立「女生樣本」組別，參見圖8-8。

2. 選擇分析資料檔並指定分群變項

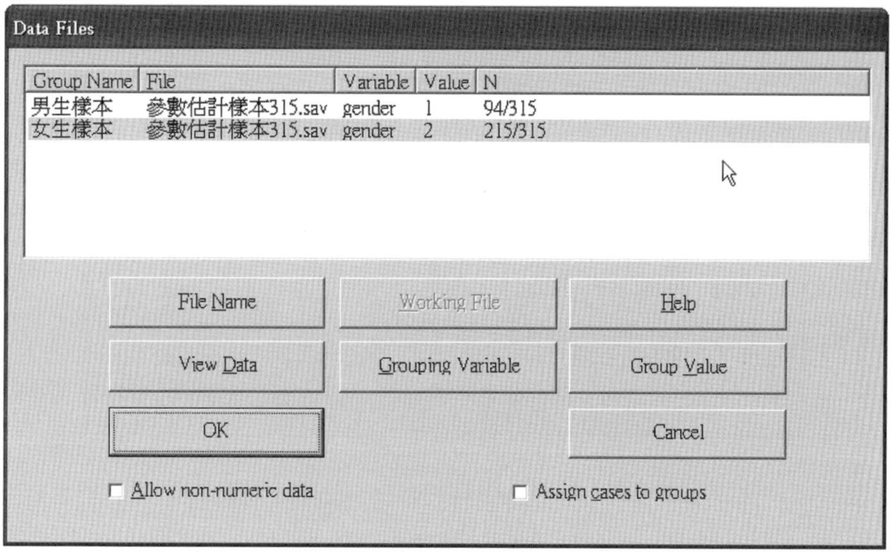

圖8-9　資料檔之設定與連結

在圖8-9「Data Files」視窗中，按下「File Name」鍵，分別進行男、女生的原始資料檔之連接，有效樣本為309人。本例因兩組之資料均存在同一檔案，連接時需使用到分群變項「Grouping Variable」與「Group Value」兩個按鈕，才能順利進行雙群組檔案之連接。

3. 勾選「Estimate means and intercepts」

在圖8-10之分析屬性視窗中，點選「Estimation」之後，勾選「Estimate means and intercepts」，以便進行平均數結構的SEM分析。

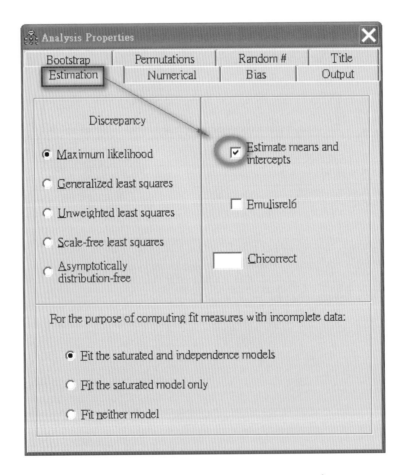

圖8-10　分析屬性視窗：Estimation之設定

4. 設定待輸出之統計量

在圖8-11分析屬性視窗中，點選「Output」之後，務必點選「Critical ratios

for differences」按鈕，以便進行組間參數之比較與統計考驗；點選「Modification indices」按鈕以便檢查組間參數之MI值，並將MI閾值從內定4提高為10，因為在本應用實例中，如MI閾值大於10時，組間對等參數之等同限制，將會開放估計。

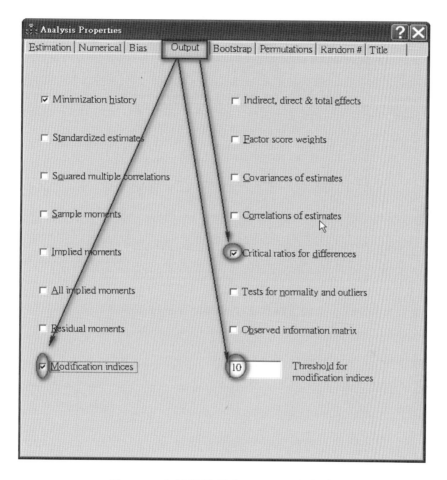

圖8-11　分析屬性視窗：Output之設定

5. 不同組別擁有不同的徑路圖

　　為解決各組可能使用不同的理論模式，研究者可在圖8-12的介面屬性視窗下之「Misc」中，點選使用不同徑路圖的要求：「Allow different path diagrams for different groups」，假如發現各組均適用同一個理論模式，就可取消此一設定。

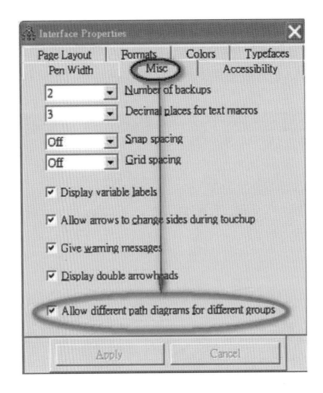

圖8-12　介面屬性視窗：各組擁有不同徑路圖的設定

6. 執行統計分析

　　按下Amos功能表單「Analyze」之多群組分析「Multiple-Group Analysis」（參見圖8-5），Amos會出現OK（可用）與XX（不可用）之理論模式，請參見圖8-13右下視窗，並自動訂定各參數之標籤編號，如圖8-15 & 圖8-17所示。

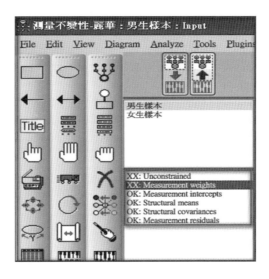

圖8-13 可用之Amos理論模式

7. 模式不可辨識的問題

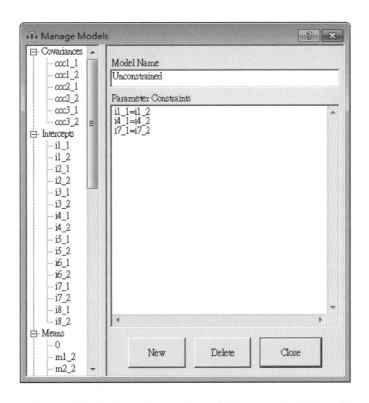

圖8-14 管理視窗內之截距組間等同限制：未受限模式

如使用共變數結構分析法，本例並不會出現模式不可辨識問題；但如改用平均數結構的分析，會使得Unconstrained model與Measurement weights model無法辨識（參見圖8-13中出現XX的模式）。為了解決此模式不可辨識問題，如採指標變項（Marker variable）方法，除將各因素參照指標的徑路係數設定為1之外，尚需將其截距進行組間等同限制（參見圖8-14）或設定為0。將各因素參照指標的徑路係數，設定為1與其截距設定為0，會導致各因素的潛在平均數，等於該因素參照指標的觀察平均數。

熟悉以上Amos的基本操作方法與步驟之後，即可開始探討組間測量不變性之考驗過程與結果分析。

（二）因素型態不變性考驗步驟

測量不變性分析或測量恆等性分析，其基線模式為因素型態不變性（Configural invariance）考驗，此為測量不變性之基本假設。本節實例之基本假設：男、女生獨立CFA模式，需要與資料結構相適配，旨在了解因素結構效度（Factorial validity），為後續測量不變性考驗之先決條件。所以，假如聯合CFA模式分析發現不適配，研究者最好分開進行CFA分析，以便修正各群組之理論模式。

以上因素型態不變性的基本假設考驗，在Amos中係指未受限模式（Unconstrained model）的考驗。未受限模式的統計考驗，旨在考驗因素型態、因素數目與參數因素負荷量的固定或開放，在組間是否相同；本模式為後續等同限制的基線模式。因此，本基線模式（符合因素型態不變性）必須成立，尤其是組間需具有相同因素數目的基本要求，後續的等同限制的考驗才有意義。

不過，Byrne et al.（1989）、Steenkamp & Baumgartner（1998）等認為完全測量恆等性（Full measurement equivalence）並非有效後續考驗的必要條件，部分測量恆等性（Partial measurement equivalence）模式的後續比較分析，仍具有實質意義（雖然仍具爭議性）。圖8-15 & 圖8-17，係男、女生獨立CFA模式的徑路圖設計，將據以進行潛在平均數恆等性之考驗。

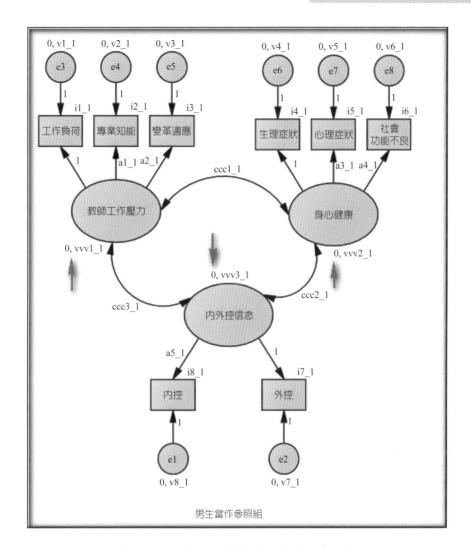

圖8-15　男生CFA模式的徑路圖：參照組

　　本例將男生定為參照組，因此各因素之潛在平均數設定為0（參見圖8-15中之箭頭指向參數）；女生組別的潛在因素平均數則開放估計（參見圖8-17）。將來非參照組所得之參數估計值，係該組與參照組間之潛在因素平均數間之差異量（參見圖8-18）。

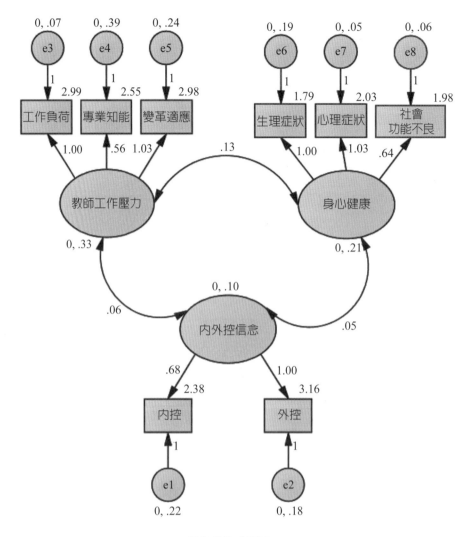

男生當作參照組

圖8-16　男生CFA模式的未受限模式分析結果：參照組

　　注意，本例係將男生定為參照組，因此圖8-16中各因素之潛在平均數均被設定為0。

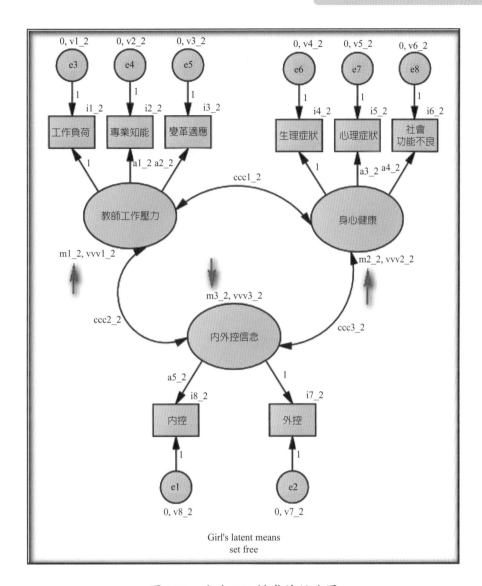

圖8-17　女生CFA模式的徑路圖

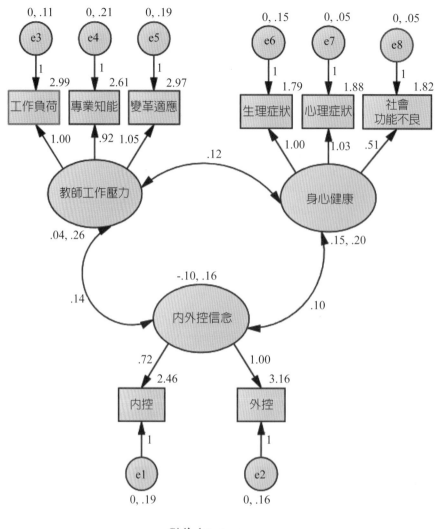

Girl's latent means
Set free

圖8-18　女生CFA模式的未受限模式分析結果

　　本例將男生定為參照組，因此圖8-18中各因素之潛在平均數，係反映男生組（參照組）與女生組（非參照組）間之潛在因素平均數的差異量。因本例男生是參照組，此差異量假如是正的值，例如：在身心健康上，其值為正值.15，代表女生的平均數高於參照組的男生；假如此差異量是負的值，代表女生的平均數低於參照組的男生，例如：在內外控信念上，其值為負值－.10。不過，這些描述性的差異分析，須等到潛在平均數的差異考驗結果之後，才能確認是否具有顯著差異。

　　按下圖8-5的Amos功能表單「Analyze」下之「Calculate Estimates」，正確執行

統計分析後，在Amos的功能表單上點開「View」下之「Text Output」，即可開啟圖8-19的詳細Amos統計報表及製作表8-1的卡方差異摘要表。

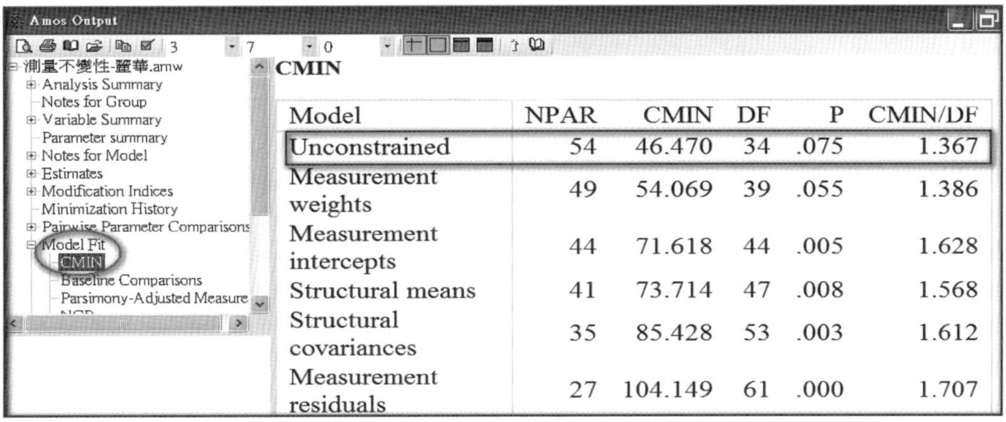

圖8-19　Amos的卡方考驗報表：男、女生聯合

　　根據表8-1之摘要結果，男、女生聯合CFA未受限模式（Configural invariance）與資料結構非常適配（$\chi^2 = 46.47$、df = 34、p = .075、CFI = .985），顯示男女生之因素型態具不變性，而且男、女生分開的未受限模式與資料結構也很適配（CFI & RMSEA均落在合理適配範圍內）。因此，可以放心以此為基線模式（The baseline model），考驗後續的更嚴苛理論模式。

表8-1　男、女生分開與合併之基線模式之CFA考驗（N = 309）

	χ^2	df	p	CFI	RMSEA	RMSEA .90 CI	NCI[*]
Boy (n = 94)	17.294	17	.435	.999	.014	.000~.095	.998
Girl (n = 215)	29.156	17	.033	.981	.058	.016~.093	.971
configural Unconstrained (invariance)	46.470	34	.075	.985	.035	.000~.057	.980

*McDonald's NCI。

（三）因素負荷量組間不變性考驗

　　經由前述因素型態不變性的考驗，可知本例的基本假設獲得支持，以下繼續以該實例示範及說明更嚴苛的理論模式（因素負荷量 & 截距不變性）考驗。

本階段需針對各組間的因素負荷量（a1～a5）進行等同限制，如圖8-20右側視窗所示。

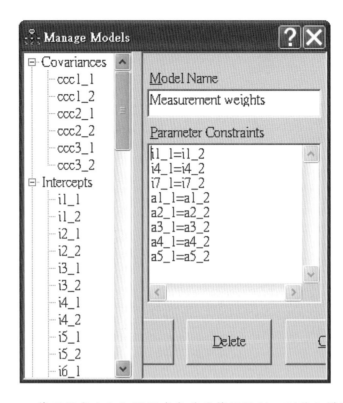

圖8-20　管理視窗內之組間因素負荷量等同限制：測量加權模式

表8-2係圖8-19的卡方考驗等之統計摘要表，顯示因素型態不變性（Configural invariance）理論模式之適配度佳（p = .075, NCI = .980），為一個可靠的基線模式。

表8-2　男、女生組間不變性分析結果（N = 309）

	χ^2	df	p	CFI	RMSEA	NCI[*]	ΔCFI
Unconstrained（Configural invariance）	46.470	34	.075	.985	.085	.980	
Measurement weights（Weak invariance）	54.069	39	.055	.982	.085	.976	−.003
Measurement intercepts（Strong invariance）	71.618	44	.005	.967	.045	.956	−.015

*McDonald's NCI。

根據表8-3的卡方考驗結果知，未受限模式（Unconstrained model）與測量加權模式間（Measurement weights）之差異（54.069 － 46.470），未達.05顯著水準（$\chi^2 = 7.599$, p = .180），再從表8-4中的組間負荷量參數差異比較之CR值（分別為.118、.026、−1.257、.083）來看，皆未達顯著水準（絕對值＜ 1.9645）。

此外，仔細審視表8-2中ΔCFI = −.003（.982 － .985），其絕對值＜ .01，ΔNCI = −.004（.976 － .980），其絕對值＜ .02；根據表8-9模式比較的評鑑標準，一致顯示出未受限模式與測量加權模式間沒有顯著差異，亦即男、女生在兩模式間之因素負荷量具有完全不變性（Full invariance），不需進行部分不變性（Partial invariance）之考驗。不過細心的讀者，不難發現在表8-4中，有一對迴歸係數（a1_1 vs a1_2）在男女間，出現顯著差異（CR值 = 2.202 ＞ 1.9645）。雖然整體因素負荷量之組間等同性考驗，未被推翻。保守的研究者，在後續的組間不變性之考驗時，可將這對迴歸係數開放估計。

表8-3　未受限模式與測量加權模式間之卡方考驗

Nested Model Comparisons

Assuming model Unconstrained to be correct:

Model	DF	CMIN	P	NFI Delta-1	IFI Delta-2	RFI rho-1	TLI rho-2
Measurement weights	5	7.599	.180	.008	.009	.001	.001
Measurement intercepts	10	25.149	.005	.028	.029	.016	.017
Structural means	13	27.244	.012	.030	.032	.013	.013
Structural covariances	19	38.959	.004	.043	.045	.015	.016
Measurement residuals	27	57.680	.001	.064	.067	.021	.023

表8-4　組間負荷量參數配對比較表：CR值

	a1_1	a2_1	a3_1	a4_1	a5_1
a1_2	2.202	−.553	−.628	2.162	.484
a2_2	2.920	.118	.134	3.047	.735
a3_2	2.848	.022	.026	2.973	.700
a4_2	−.358	−2.969	−3.466	−1.257	−.338
a5_2	.838	−1.446	−1.596	.485	.083

假如研究者發現，上述未受限模式與測量加權模式間具有顯著差異，可以利用MI值或CR值，找出需要參數釋放估計的徑路，參見表8-4。本例整體因素負荷量之組

間等同性分析結果，支持全因素負荷量不變性（Full metric invariance）之假設。因此，研究者即可進行整體強因素不變性（Full scalar invariance）之考驗。

（四）題目截距不變性考驗步驟

本階段除了前述a1～a5之組間等同限制之外，尚需針對各組間的題目截距（i1～i8）進行等同限制，如圖8-21右側視窗內容所示。

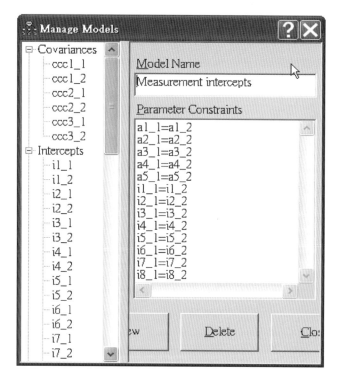

圖8-21　管理視窗內之組間題目截距等同限制：測量截距模式

表8-5　測量加權模式與測量截距模式間之卡方差異考驗

Assuming model Measurement weights to be correct:

Model	DF	CMIN	P	NFI Delta-1	IFI Delta-2	RFI rho-1	TLI rho-2
Measurement intercepts	5	17.549	.004	.020	.020	.015	.016
Structural means	8	19.645	.012	.022	.023	.011	.012
Structural covariances	14	31.360	.005	.035	.037	.014	.015
Measurement residuals	22	50.080	.001	.056	.058	.020	.021

由表8-5知，測量加權模式與測量截距模式間之差異（71.618 − 54.069），達.05顯著水準（χ^2 = 17.549, p = .004），繼而檢視表8-6中截距參數配對差異比較值，其中i5（心理症狀）& i6（社會功能不良）之CR值差異達顯著水準（兩者的絕對值>1.9645），而且由表8-2可知ΔCFI（= −.015）> .01，未達隔宿適配建議標準（Cheung & Rensvold, 2002；Meade, Johnson, & Braddy, 2006，參見表8-9），完全顯示出測量截距模式與測量加權模式間具有顯著差異，亦即男、女生在兩模式間之題目截距未具有完全不變性（Full invariance），需要進行部分不變性（Partial invariance）之後續考驗。研究者處理未具不變性題目的方法有二：刪除法或保留法。本例將採用保留法，處理未具不變性的題目。

表8-6　男、女生在各題目截距上的差異考驗

	i1_1	i2_1	i3_1	i4_1	i5_1	i6_1	i7_1	i8_1
i2_2	9.910	.757	-5.369	10.064	7.980	8.891	-6.676	2.799
i3_2	-.606	4.865	-.205	13.639	12.014	12.811	-2.238	6.543
i5_2	3.216	-6.927	-11.601	2.649	-2.392	-1.584	-14.630	-5.551
i6_2	7.642	-9.377	-14.514	.861	-4.455	-3.942	-21.033	-8.588
i8_2	6.685	-1.035	-5.724	8.286	5.936	7.363	-17.237	1.205

根據Byrne, Shavelson, & Muthens（1989）的建議：每一因素內至少要有2個題目（其中一題之參照指標的因素負荷量可固定為1，截距設定為0；另一個因素負荷量與截距均設定組間等同之限制），組間潛在平均數的比較才有效。由表8-7知，心理症狀（i5）與社會功能不良（i6），同屬身心健康量表內的題目。因一次僅能釋放一個參數，因此將先解除較為嚴重的i6（CR = −3.942, MI = 6.608）組間限制。釋放i6之後，i5的MI值也下降了。

表8-7　男、女生在各題目截距上的估計值

	Estimate	
	男生樣本	女生樣本
工作負荷	2.989	2.989
專業知能	2.550	2.615
變革適應	2.980	2.966
生理症狀 (i5)	1.789	1.789
心理症狀	2.030	1.881
社會功能不良	1.985	1.817
外控	3.164	3.164
內控 (i6)	2.375	2.458

由表8-7知，男、女生在社會功能不良上（i6）的截距估計值，具有最大差異，再利用Amos報表中的MI值（i6 = 6.608）與該題CR值（= |−3.942| > 1.9645），確定該題之截距需要開放估計。因此，i6之截距參數限制（i6_1 = i6_2）必須移除，參見圖8-22之參數限制欄。由此觀之，本例之測量截距的不變性考驗，係一種部分不變性考驗。

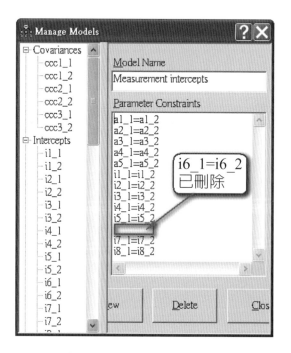

圖8-22　測量截距管理模式視窗：移除參數限制（i6_1 = i6_2）

　　同樣地，在「Structural Means」的模式中，截距i6_1 = i6_2之等同限制亦須移除，如圖8-23右側視窗內容所示。

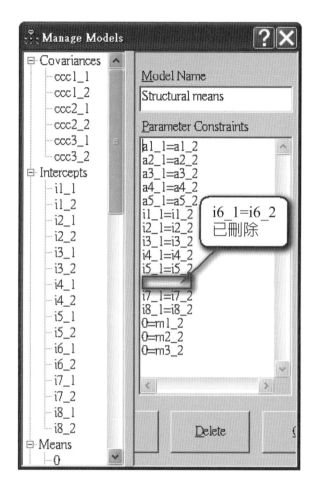

圖8-23　結構平均數參數管理模式視窗：移除參數限制（i6_1 = i6_2）

　　最後，由表8-8知，截距參數限制（i6_1 = i6_2）移除之後，顯示出因素負荷量受限模式與截距受限模式間，已無顯著差異（χ^2 = 8.253, p = .083 > α = .05）。根據以上一系列的測量不變性考驗，至此已知這些測量工具，在男、女生樣本上具有等同性（相關構念無質變情形，只有量變），此為後續潛在平均數差異考驗的先決條件。

表8-8　因素負荷量受限模式與截距受限模式間之卡方差異考驗摘要表

Assuming model Measurement intercepts to be correct:

Model	DF	CMIN	P	NFI Delta-1	IFI Delta-2	RFI rho-1	TLI rho-2
Measurement intercepts	4	8.253	.083	.009	.010	.004	.004
Structural means	7	10.602	.157	.012	.012	.001	.001
Structural covariances	13	22.333	.050	.025	.026	.005	.006
Measurement residuals	21	39.300	.009	.044	.046	.001	.011

　　依照Byrne, Shavelson, & Muthens（1989）的看法，只要每一因素內至少有2個題目以上具有因素負荷量與截距不變性，即可進行後續之組間潛在構念平均數的考驗。因此，本例符合他們的建議標準，可以繼續進行潛在平均數差異之考驗。因素內如果有題目未達上述標準，那麼該因素之潛在平均數差異之考驗，宜特別標註出來，以供後續之研究。

五、潛在平均數不變性考驗步驟

　　潛在平均數組間不變性考驗，涉及隔宿模式間之比較、分析與解釋，為利於後續相關分析結果之解釋，隔宿模式間之比較與評鑑標準，在此先予以簡單介紹。

　　由於卡方差異（$\Delta\chi^2$）的顯著性統計考驗，易受樣本大小（尤其N < 100或N > 400）或非常態性資料的影響，研究者常會輔以其他的相對性適配度統計指標（例如：ΔCFI、ΔGamma-Hat & ΔTLI），進行隔宿模式間之比較。早期隔宿模式的相對適配度分析，最常採用Tucker & Lewis（1973）與Little（1997）的適配指標截斷值標準< = .05，作為ΔRFI & ΔTLI等相對性指標的不變性標準。但是根據Cheung & Rensvold（2002）的模擬研究發現，ΔCFI指標的截斷值可以降低到.01，ΔNCI指標的截斷值可以降低到.02，ΔGamma-Hat的截斷值可以降低到.001，參見表8-9的評鑑標準。而且，他們發現IFI與RNI指標跟CFI具有高度相關（ = .99），重複性甚高。因此，建議只報告CFI、Gammahat, McDonald's NCI等指標就可。其後，Meade, Johnson, & Braddy（2006）亦建議在SEM報告中，一起報告$\Delta\chi^2$、ΔMcDonald's NCI、ΔGamma-Hat & ΔCFI等適配性指標，再進行綜合性評估。假如發現不一致的結論或統計考驗力太強或太弱時，建議根據ΔMcDonald的NCI指標下決策。

表8-9　四種Fit指標差異量在模式間比較之評鑑標準

	$\Delta\chi^2$	ΔNCI^*	ΔCFI	$\Delta Gamma\text{-}Hat$	結論
標準	p > .05	≤ .02	≤ .01	≤ .001	
狀況一	Y	Y	Y	Y	具不變性
狀況二	N	N	N	N	不具不變性
狀況三	N	Y	Y	Y	具不變性

D* McDonald's NCI，各組N最好>200。

研究者如欲使用MacDonald' Noncentrality Index（NCI）與Steiger's Gamma Hat（GH），請利用下列公式8-5計算之：

$$NCI = \exp\left[-\left(\frac{1}{2}\right)\frac{\chi^2 - df}{N-1}\right]$$

$$GH = \frac{p+q}{p+q+2\times\dfrac{\chi^2 - df}{N-1}}$$

公式8-5

式中p + q為觀察變項數，$\chi^2 - df$ 為NCP，N為樣本大小。李茂能（2006）所設計之SEMCAI可以計算這兩個指標（參見隨書光碟），Amos目前並不提供。

依照前述之理論說明，潛在平均數的組間比較，必須符合因素型態不變性、因素負荷量不變性及題目截距不變性等三大前提，否則模式的不適配、因素負荷量與截距會混淆組間潛在平均數的估計值，而導致偏估的組間潛在平均數。潛在平均數組間不變性考驗，研究者首先須將參照組的潛在因素平均數設定為0（注意圖8-15中男性教師工作壓力、身心健康與內外控信念的平均數均設定為0），女性組的潛在因素平均數則開放估計，參見圖8-17。因為女性組別的潛在因素平均數係開放估計，所得之參數估計值，反映出該組與參照組男生間之潛在因素平均數的差異量。以本例男生是參照組來說，此差異量假如是正值，代表女生的平均數高於參照組的男生；假如此差異量是負值，代表女生的平均數低於參照組的男生。

接著，按下Amos功能表單「Analyze」下之「Calculate Estimates」，正確執行Amos之後，可以點選Amos功能表單「View」下之「Text Output」，輸出詳細統計報表，之後再點選圖8-24「Amos Output」視窗之「Means」&「Measurement Intercepts」，Amos會主動顯示各組間之潛在因素平均數的差異量及其顯著性考驗結果，如圖8-24右側下方視窗所示。由圖8-24可知，教師工作壓力、身心健康為正估計

值（.042 & .033），而內外控信念為負估計值（−.069），女生似乎與男生在各變項上之相差無幾，其z統計考驗的結果亦均未達顯著水準（p > .05）；換言之，潛在平均數等同模式之考驗結果顯示：男女生在教師工作壓力、身心健康與內外控信念上之潛在平均數，沒有顯著差異。

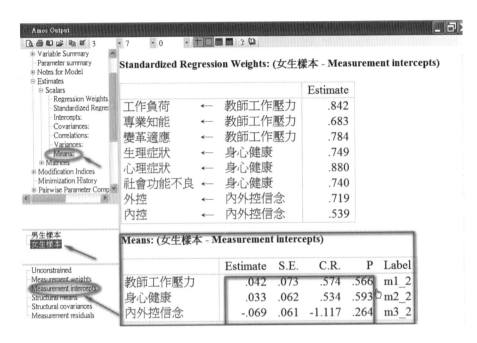

圖8-24　男、女生潛在因素平均數差異量的考驗

表8-10　測量截距模式與結構平均數模式間之卡方差異考驗

Assuming model Measurement intercepts to be correct:

Model	DF	CMIN	P	NFI Delta-1	IFI Delta-2	RFI rho-1	TLI rho-2
Structural means	3	2.349	.503	.003	.003	−.003	−.003
Structural covariances	9	14.080	.120	.016	.017	.001	.001
Measurement residuals	17	31.047	.020	.035	.036	.007	.007

　　根據表8-10的卡方差異結果可知，測量截距模式與結構平均數模式間之差異，未達.05顯著水準（$\Delta\chi^2 = 2.349$, p = .503），再度說明了男女生在教師工作壓力、身心健康與內外控信念上之潛在平均數，沒有顯著差異。

表8-11　男、女生組間不變性分析結果（N = 309）

	χ^2	df	P	CFI	RMSEA	NCI[*]	GH[**]
Unconstrained（configural invariance）	46.47	34	.075	.985	.035	.980	.990
Measurement weights（Weak invariance）	54.069	39	.055	.982	.035	.975	.987
Measurement intercepts（Partial Strong invariance）	62.322	43	.028	.977	.038	.969	.985
Structural means	64.671	46	.036	.978	.036	.970	.985

*McDonald's NCI。
**GH: Gamma Hat（根據公式8-5計算而得）。

　　再根據表8-11結果知，ΔCFI（.978 − .977 = .001）< .01，ΔNCI（.970 − .969 = .001）< .02，ΔGH（.985 − .985 = 0）< .001（參見表8-9的評鑑標準，Cheung & Rensvold, 2002），亦顯示出測量截距模式與結構平均數模式間沒有顯著差異，亦即潛在平均數在性別間具不變性。

　　綜合上述卡方差異考驗與適配度指標實質差異量來看，男、女生在教師工作壓力、身心健康與內外控信念上的潛在平均數（已排除測量誤差），均沒有顯著實質差異。通過上述的一系列不變性考驗，研究者方能確認測驗分數所反映的潛在特質是實質差異，而不是測量不同構念或工具效能不足的虛假差異。通過測量不變性的考驗之後，才可進行以下結構不變性分析。

六、因果結構不變性考驗步驟

　　因果結構不變性分析，又稱為因果結構恆等性分析，旨在探究SEM模式中各潛在變項間因果徑路的結構關係，是否可以推論到不同群組上。因果結構不變性分析，需在測量恆等性成立之後才能進行，否則可能獲致不正確的分析結果。雖然考驗測量模式在組間之不變性較為普遍，但考驗組間結構模式不變性（只考慮因果迴歸係數）也常是研究上不可或缺的一環。

　　換言之，考驗潛在變項間的因果關係在組間是否不同，其考驗方法與上節所述之測量不變性的考驗方法相類似。不過為了示範如何利用Amos手動方式，進行組間結構模式不變性分析，本節之徑路圖內參數之標籤將有所變動。以下仍以前節Amos的實例，依序討論因果結構恆等性分析的四個操作步驟。

（一）建立理論模式與資料連結

　　首先，利用Amos的「組別管理」視窗建立兩個群組：估計樣本與效度複核樣本，如圖8-25所示。接著，在「資料檔案」視窗內連結相關檔案，參見圖8-26。本例資料檔仍取自吳麗華（2007）的研究論文，估計樣本與複核樣本均為315人。因為本節將採手動方式，進行組間結構模式不變性分析，研究者須利用圖8-12介面屬性視窗，進行不同徑路圖的設定，以分別建立估計樣本與複核樣本的徑路圖，如圖8-27與圖8-29所示。

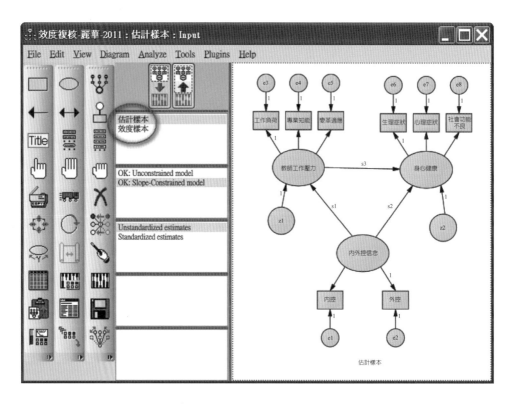

圖8-25　Amos組別管理視窗：設立估計樣本與效度樣本兩個群組

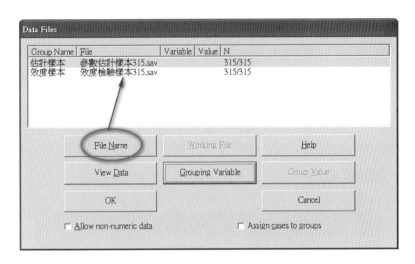

圖8-26　資料檔之設定連結：估計樣本與效度樣本

接著，要賦予潛在變項的因果結構名稱，以便進行後續之徑路參數等同限制，其
理論模式徑路如圖8-27 & 圖8-29所示。例如：在估計樣本的徑路圖內，利用滑鼠左鍵

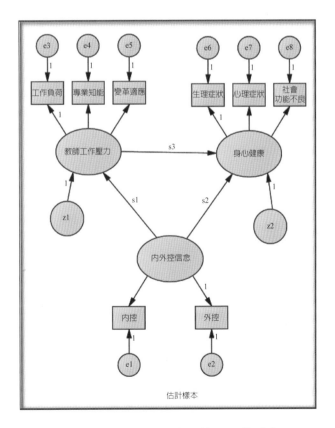

圖8-27　Amos徑路圖設計：估計樣本

點選內外控信念對於教師工作壓力的徑路雙擊之後，利用Amos的「物件屬性」視窗（Object Properties），在圖8-28視窗內，針對內外控信念對於教師工作壓力的徑路係數設定為s1，同樣地，繼續針對內外控信念對於身心健康的徑路係數設定為s2，針對教師工作壓力對於身心健康的徑路係數設定為s3。

由圖8-27知，在估計樣本上，已設定好三個潛在變項間之徑路係數為s1～s3，分別代表三個潛在變項的直接效果。同樣地，在複核樣本上，亦需設定三個潛在變項間之徑路係數，如圖8-29之s4～s6。

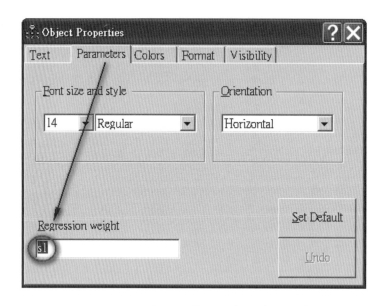

圖8-28　Amos的物件屬性視窗：參數的命名

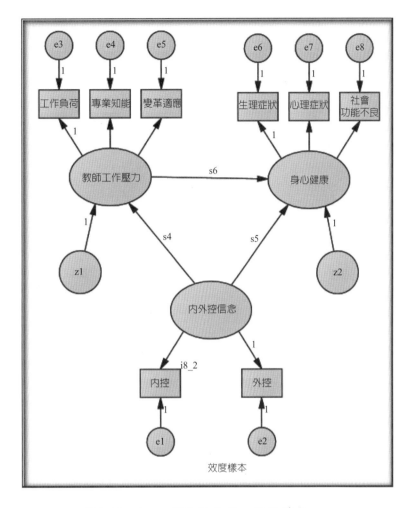

圖8-29　Amos徑路圖設計：複核樣本

（二）潛在變項間的徑路係數之等同限制

其次，利用Amos的「模式管理」視窗（Manage Models），建立兩個模式：Unconstrained model與Slope-Constrained model，如圖8-30所示。利用滑鼠左鍵點選Slope-Constrained model雙擊之後，在模式管理視窗之內，進行群組間潛在變項的迴歸參數等同限制（參見管理視窗內之參數限制）。例如：s1 = s4代表估計樣本上的內外控信念，對於教師工作壓力的徑路係數要等於複核樣本上之相對應參數，請參閱圖8-27 & 圖8-29。換言之，Amos統計分析時，只需估計一個徑路參數，而這個徑路參數適用於這兩個樣本群組。

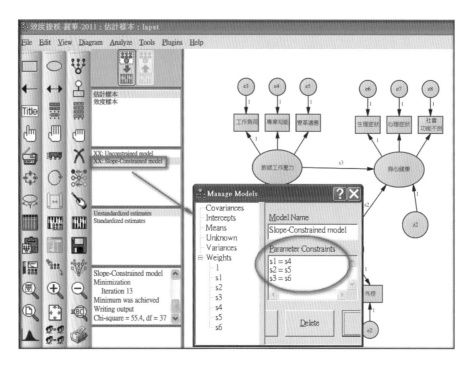

圖8-30　潛在變項的迴歸參數等同限制

（三）考驗基線模式之適配度

接著，按下Amos功能表單「Analyze」下之「Calculate Estimates」，正確執行Amos的統計分析後，在功能表單上點開「View」下之「Text Output」，就可看到如表8-12的整體適配度的摘要表，其中Unconstrained model為基線模式。

表8-12　整體適配度的摘要表

Model	DF	CMIN	p	CFI	RMSEA	L0 90	HI 90	PCLOSE
Unconstrained model	34	52.410	.023	.989	.029	.011	.044	.990
Slope-Constrained model	37	55.416	.026	.989	.028	.010	.043	.995

根據表8-12知，未受限基線模式之適配度佳（χ^2 = 52.410、P = .023、CFI = .989、RMSEA = .029），反映出前述之理論模式適用於估計樣本與複核效度樣本上。因此，可以繼續進行潛在變項間的徑路係數之不變性考驗。

（四）考驗未受限模式與受限模式間之卡方差異

假如未受限基線模式與受限模式間之卡方差異，未達既定的顯著水準，即可判定該結構模式在估計樣本（The calibration sample）與複核樣本（The validation sample）上具有不變性，該模式獲得交叉驗證（Cross-validated）。假如未受限基線模式與受限模式間之卡方差異，已達既定的顯著水準，即可判定組間在結構模式上具有交互作用效果（A moderating effect），此結構關係效果會因樣本而有不同。統計分析結果，如表8-14所示。

表8-13　潛在變項間的未標準化徑路係數之比較

Regression Weights：（估計樣本）

			Estimate	P	Label
教師工作壓力	←	內外控信念	.806	***	s1
身心健康	←	教師工作壓力	.274	***	s3
身心健康	←	內外控信念	.307	.020	s2

Regression Weights：（效度樣本）

			Estimate	P	Label
教師工作壓力	←	內外控信念	.860	***	s4
身心健康	←	教師工作壓力	.255	.003	s6
身心健康	←	內外控信念	.583	***	s5

由表8-13的徑路係數比較分析知，相對應之結構係數之差異亦不大，因果結構係數在估計樣本與複核樣本間具有等同性。換言之，本SEM結構模式，可以適配於估計樣本與複核樣本上。至於，未受限基線模式與受限模式間之卡方差異考驗，參見表8-14。

表8-14　隔宿模式適配度卡方差異的比較分析：假定未受限模式是正確的模式

Model	DF	CMIN	P	NFI Delta-1	IFI Delta-2	RFI rho-1	TLI rho2
Slope-Constrained model	3	3.006	.891	.002	.002	−.001	−.001

進一步由表8-14之卡方差異考驗結果得知，未受限基線模式與受限模式間之卡方差異（$\Delta\chi^2 = 55.416 - 52.410 = 3.006$），未達既定的.05顯著水準（p = .891, ΔNFI = .002, ΔTLI = 0.001）。綜合表8-12、表8-13 & 表8-14的分析結果，可推知：前述提議

之因果結構模式係數，在估計樣本與複核樣本上具有不變性，亦即所提議之因果結構模式獲得交叉驗證。

七、跨時間測量不變性分析

本質上，跨時間測量不變性分析，係潛在特質變化分析（Latent change analysis，簡稱LCA），有時又稱為潛在特質成長模式（Latent growth modeling）。以下將利用實例探討潛在構念的量變與質變，以及潛在特質的成長模式分析。

（一）潛在構念的量變與質變之定義與考驗

縱貫性的測量不變性（Longitudinal measurement invariance）分析，是研究者為確保跨時間潛在構念間的比較具有意義，而進行的跨時間測量不變性分析。因此，這是跨時間而非跨群組的測量不變性分析，研究者關切的焦點乃是測量構念在跨時間上的不變性或恆等性問題。假如缺乏此縱貫性的測量不變性，研究者將無法確知所觀察到的構念改變，到底是基本構念的真正改變，還是構念在跨時間上的測量或結構上的改變。

潛在構念的真正改變又稱為Alpha change，它是一種發展型的改變，此種改變分析必須植基於受測者的構念範疇與測量量尺保持恆定（Chan, 1998），否則研究者無法正確評估受試者的態度或經驗的改變，以確保測量工具的效度。換言之，假如一個構念隨著時間在量尺的寬嚴上產生改變（Beta change）或在構念內涵上產生質變（Gamma change），研究者將無法釐清所觀察到的構念改變，到底是同一構念之量變或變成不同構念之質變。

一個構念假如隨著時間發生了量尺改變或發生了質變，當然無法在不同時間點上進行有意義的比較、分析與解釋。Beta change是量尺基準的重新界定（例如：在甲時間點上的4分，在乙時間點上卻改變為5分），這是一種過渡型的改變（反映在因素負荷量或截距上）；而Gamma change是受試者對構念範疇的重新界定（構念意義的改變），這是一種轉型的改變（反映在因素的結構上，例如：題目跑到其他因素上，或構念下因數個數的增減），此種改變會造成在不同時間點上，測不同構念或特質。在統計上，研究者通常利用因素負荷量與截距在跨時間上的不變性分析，來考驗縱貫性測量不變性的基本假設。本質上，這個基本假設旨在檢驗構念有無Beta change（Alpha change的先決條件）；如欲檢驗構念有無產生Gamma change，可以針對每一

個測量時間點,透過因素型態不變性(Configural-invariance)模式或單因子CFA分析來考驗之。

　　文獻上,潛在特質變化分析,有一階模式與二階模式之分。一階模式會將某一時間點上的指標變項加總或求取平均數,當作單一組合外顯變項,這是一種測量層次的潛在特質變化分析。如果在某一時間點上,第一階因素採多元指標則為二階模式,這是一種構念層次的潛在特質變化分析(參見圖8-31)。二階潛在特質變化分析,具有以下幾個優點:

1. 可以考驗測量不變性。

2. 可以排除測量誤差。

3. 可以提高統計考驗力。

4. 可以了解各外顯指標的功效如何。

(二)量變與質變考驗:實例解說

　　以下將以Ingel et al.(1994)美國教育統計中心所贊助的1988年全國性縱貫性研究資料為例(引自Hancock, Kuo, & Lawrence, 2001),簡介如何運用Amos分析多重指標潛在特質(自我概念)的成長模式,考驗測量工具的不變性,分析自我概念有無Beta change與Gamma change。該研究旨在探究學生在8年級、10年級、12年級時,他們的自我概念的發展情形,假設該成長模式為線性(如有四個測量時間點以上,就可分析曲線模式),所以Shape的相關徑路係數分別設定為0、1、2。研究中之問卷,含有三個有關自我概念的問題:

A.整體而言,我感覺身心愉快。

D.我覺得我是一個有價值的人。

H.整體而言,我對自己感到滿意。

　　該研究涉及791位女學生與764位男學生,這些學生被要求以四點量尺:1～4(非常不同意～非常同意),回答上述之問題,分數愈高自我概念愈強。該研究女學生之相關矩陣與描述統計等資料,摘要於圖8-32的Excel表單中;該研究男學生的原始資料,請參閱Hancock, Kuo, & Lawrence(2001)。

　　以下將介紹單樣本二階潛在特質變化分析,一階為測量模式,二階為結構模式,並透過Amos進行實例分析。因進行單樣本二階潛在特質變化分析,本質上為平均數結構的SEM分析,分析時首先需在Amos之徑路圖設計視窗中,建構如同圖8-31之二階潛在特質成長理論模式(含平均數與共變數結構),再利用Amos的Data Files視窗連接圖8-32之資料檔案後,就可執行後續的統計分析。

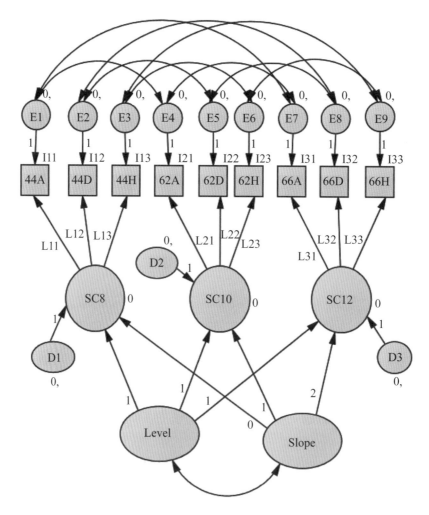

圖8-31　單樣本二階潛在特質變化分析理論模式

　　圖8-31的二階潛在特質變化分析，無法利用Amos表單「Plugins」下所提供的副程式「Growth Curve Model」自動幫研究者畫成長模式徑路圖，研究者必須利用Amos所提供的繪圖工具手動爲之。圖中Level因素代表成長模式的截距（時間原點，成長曲線的起點），而Slope因素代表成長模式的斜率（改變速率），這兩個參數是一般研究者關切之焦點。Level因素上的三個測量點的徑路係數均固定爲1，表示Level因素均等的影響SC8、SC10 & SC12；而Slope因素上的三個測量點的**線性**徑路係數，固定爲0、1、2，0表SC8爲基準點：時間原點。Slope因素的平均數（average rate of change），係代表女學生在三個年級間（8年級、10年級、12年級）自我概念的平均變化量。

一般來說，改變時間原點，但不改變時間間隔，不會影響截距因素的平均數與變異數；改變時間間隔，但不改變時間原點，不會影響斜率因素的平均數與變異數。時間原點與間隔的設定，不會改變成長模式的適配度，但會改變估計參數值的意義。另外，本研究中第一階因素SC8、SC10 & SC12的截距亦須設定為0，參見右圖。另外，SC8、SC10 & SC12在A、D、H指標上的徑路係數，再利用右圖物件屬性視窗，分別命名為L11～L33，而各指標截距亦分別命名為I11～I33，以利指標參數在不同時間點上之等同限制。

圖8-32　美國791位女學生自我概念的相關矩陣資料

由圖8-32美國791位女學生自我概念的相關矩陣資料結構得知，三波段的測量資料均放在同一個資料矩陣中，因此，這是單一組別的縱貫性不變性分析法。此法的優點可以估計誤差的相關性（Correlated errors），缺點是可能產生模式不可辨識或不適配。

研究者在圖8-33的模式管理視窗內，建立三個理論模式：因素型態不變性、因素負荷量不變性與題目截距不變性模式，各個模式內的參數限制詳如圖8-34～圖8-36所示。這三個理論模式為隔宿模式（Nested models），除了都擁有相同的觀察變項之外，且可以經由參數的限制或固定，將一個理論模式轉換成另一個理論模式。因而，研究者可

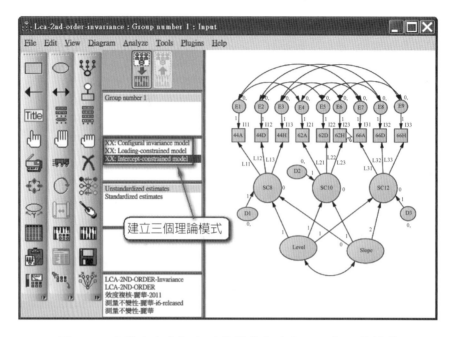

圖8-33　女學生自我概念理論模式之建立：三個理論模式

以利用卡方差異統計量，進行隔宿模式間之比較。假如模式間卡方差異考驗結果，未達.05顯著水準，選擇較簡單的模式；假如達.05顯著水準，則選擇較複雜的模式。

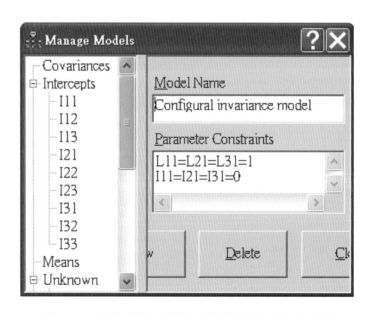

圖8-34　因素型態不變性及模式辨識之等同限制

圖8-34中，參數限制（Parameter Constraints）：L11 = L21 = L31 = 1，係表示此三個因素的負荷量均固定為1（各測量時間點的參照指標），而I11 = I21 = I31 = 0，係將三個因素的截距固定為0。這些參數限制的設計，將使平均數結構的SEM模式成為可辨識模式及易於解釋，也使得自我概念的起始值3.10，等於44A指標的樣本平均數。此種潛在變項量尺的分派法，可以獲得等同參照指標的量尺，而易於解釋起點行為。

另外一種能讓模式成為可辨識模式的方法是設定：

(1)L11 = L21 = L31，

(2)I11 = I21 = I31 = 0，及

(3)將第一個測量時間點之潛在變項的誤差變異量設定為1，而其平均數設定為0。

如此一來，第一個測量時間點之第一階潛在變項，將轉換為z分數量尺（SD = 1, MEAN = 0），作為其他測量時間點之第一階潛在變項的參照變項（Ferrer, Balluerka, & Widaman, 2008），對於資料的解釋有其便利性（研究者可以直接使用Cohen's d量尺，解釋改變情形）。當模式缺乏測量不變性或觀察變項的變異過大或過小時，最適合使用此種固定參數模式。此種潛在變項量尺的分派法，較易於解釋終點行為的改變量，但不利於解釋起點行為。Newsom（2015）則推薦使用效果值編碼（Effect coding）辨識法，此法中的因素平均數係所有指標的加權函數。讀者對於效果值編碼法有興趣，請參考本書第五章第五節：量尺不確定性的三種處理方法。

以上這兩個參數限制模式為等同模式，其卡方值與適配度指標的值將完全相同，分析結果請參閱表8-15。另外，為了模式之辨識性，參照指標的選擇需特別慎重，他必須具有跨時間不變性，只要選定的參照指標具有不變性，即使等同限制不正確，對於因素平均數與變異量估計的影響亦不大（Newsom, 2015）。

除了L11 = L21 = L31 = 1之外，圖8-35參數限制（Parameter Constraints）視窗內之額外等同限制，L12 = L22 = L32、L13 = L23 = L33（量尺不變性之基本假設），係將各個因素的第二指標與第三個指標的因素負荷量，在三個測量時間點上均限制為相等，這是構念層次的限制。

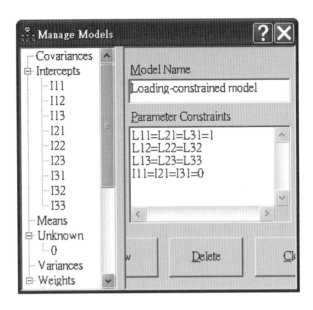

圖8-35　因素負荷量參數等同限制

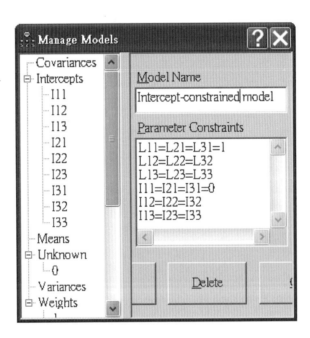

圖8-36　因素負荷量與截距參數等同限制：強因素不變性之基本假設

　　圖8-36參數限制視窗內之更多額外等同限制，I12 = I22 = I32、I13 = I23 = I33，係將各個因素的第二指標與第三個指標的截距，在三個測量時間點上均限制為相等，這是指標層次的限制。

接著，在Amos分析屬性視窗中，進行統計輸出之設定，如圖8-37所示。

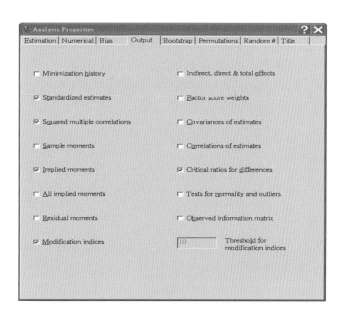

圖8-37　分析屬性視窗之統計輸出設定

最後，按下Amos功能表單「Analyze」下之「Calculate Estimates」，正確執行Amos的統計分析後，在功能表單上點開「View」下之「Text Output」，出現圖8-38的詳細Amos統計報表，就可進行跨時間測量不變性之實例解說了。

量變與質變考驗，本質上係LCA（Latent change analysis）分析，旨在評估個體對於測量工具中構念的詮釋（Gamma change分析）與該工具的運用是否隨著時間或不同群體而改變（Beta change分析）。當此不變性成立時，才能正確推論與解釋構念在不同時間點間或不同群體上之差異或改變量。當LCA不變性沒有違反時，才能正確或有意義的去評估構念高低層次的改變情形（Alpha change, a magnitude change only），亦即只有量變而無質變的情形。以下針對此三種變化分析，逐一說明之。

1. Gamma change分析

Gamma change分析，旨在了解測量工具中的構念有無隨著時間而變質。在SEM的架構下，反映在(1)共同因素個數的不變性及(2)指標與因素臣屬關係之不變性，亦即因素型態（Configural invariance）具不變性。換言之，假如因素型態不變性成立的話，即顯示待測量構念並未出現Gamma change，而確認了構念的穩定性。

Baseline Comparisons

Model	NFI Delta1	RFI rho1	IFI Delta2	TLI rho2	CFI
Configural invariance model	.997	.994	1.001	1.001	1.000
Loading-constrained model	.994	.990	.998	.997	.998
Intercept-constrained model	.993	.989	.998	.997	.998
Saturated model	1.000		1.000		1.000
Independence model	.000	.000	.000	.000	.000

Parsimony-Adjusted Measures

Model	PRATIO	PNFI	PCFI
Configural invariance model	.444	.443	.444
Loading-constrained model	.556	.552	.555
Intercept-constrained model	.667	.662	.665
Saturated model	.000	.000	.000
Independence model	1.000	.000	.000

NCP

Model	NCP	LO 90	HI 90
Configural invariance model	.000	.000	8.630
Loading-constrained model	9.253	.000	27.807
Intercept-constrained model	11.382	.000	31.395
Saturated model	.000	.000	.000
Independence model	4981.936	4752.478	5217.685

圖8-38　Amos之「Text Output」

根據表8-15知，因素型態模式（Configural invariance）之適配度甚佳（χ^2 = 12.799、df = 16、p = .687、CFI = 1.000、RMSEA = .000），顯示出在三個測量時間點上，單因素型態的結構及指標與因素臣屬關係，並未隨著時間而有顯著改變，亦即無Gamma change現象，否則「Game Over」。因素型態具不變性的模式考驗結果，將作為後續測量不變性的基線模式。

2. Beta change分析

Beta change分析，旨在了解量尺的寬嚴（尺度的縮小或放大）有無隨著時間而改變（但構念未變），此即量尺不變性考驗（Metric invariance）。在SEM的架構下，反映在指標與因素間的關係強度上（因素負荷量Lumbda值上）。換言之，觀察到的改變是起因於測量量尺的改變而非構念的改變。

表8-15　縱貫性測量不變性考驗摘要表

模式	χ^2	df	p	$\Delta\chi^2$	Δdf	p	CFI	ΔCFI	NCI	ΔNCI
Configural-Invariance	12.799	16	.687	-	-	-	1	-	1.002	-
Loading-constrained	29.253	20	.083	16.454	4	.002	.998	.002	.994	.008
Intercept-constrained	35.382	24	.063	6.129	4	.190	.998	.000	.993	.001

根據表8-15知，Factor-loading-Constrained模式與基線模式比較結果，$\Delta\chi^2$雖已達顯著差異（$\Delta\chi^2$ = 16.454、Δdf = 4、p = .002、ΔCFI = .002、ΔNCI = .008），但經查本模式中的參數之MI值均小於10，且ΔCFI < .01，ΔNCI < .02（根據表8-9之評鑑標準），顯示出因素負荷量不變性的模式獲得支持。因此，這兩個模式間之顯著差異（p = .002），可能係樣本過大所致（N = 791）。據此，本筆資料符合縱貫性測量不變性的假設，亦即無Beta change現象。

3. Alpha change分析

假如量尺不變性的考驗結果獲得支持，最後一道的不變性考驗就是截距不變性（Intercept scalar Invariance）考驗。在SEM的架構下，反映在tau係數（當潛在特質為0時，指標的觀察值）上。Intercept-constrained模式與Loading-constrained模式的比較結果（參見表8-15），$\Delta\chi^2$未達.05顯著差異（$\Delta\chi^2$ = 6.129、Δdf = 4、p = .190、ΔCFI = .000 < .01、ΔNCI = .001 < .02），經查本模式中的參數之MI值亦均小於10，顯示出截距不變性的模式獲得支持。當因素型態與量尺不變性均獲得支持時，才能正確評估Alpha change（潛在構念在跨時間上的真正改變：量變而非質變）。

綜合上述，強不變性（截距不變性）模式，符合了Alpha change現象中恆定測量量尺的假設；再加上本筆資料也無Gamma change現象而有恆定的構念範疇，研究者可以確保在各測量點上的潛在特質具有相同的定義與特質，而獲得較精確跨時間上構念因素的改變量。

Alpha change的評估，通常為研究者所關切。研究者可以利用重複量數變異數分析，分析對象為觀察變項；亦可利用SEM，分析對象為構念層次。SEM的分析方法因排除測量誤差，構念層次的差異評估方法，通常較精確、有效（Hancock,1997 & 2008）。

（三）多重指標潛在特質的成長模式分析方法

通過前述LCA不變性考驗之後（符合測量不變性基本假設），即可進行多重指標潛在特質的成長模式分析（至少須符合因素型態 & 量尺不變性）。之前論及潛在變項量尺的設定有兩種方法，以下之分析結果將依此分別做解說。量尺設定方法雖不同，但結論將相同。

1. 因素負荷量固定為1

模式辨識之等同限制的具體操作步驟，請參見圖8-34～圖8-36。其中每一構念參照指標的因素負荷量與截距，分別固定為1.0 & 0（L11 = L21 = L31 = 1、I11 = I21 = I31 = 0）。執行結果，如圖8-39所示。

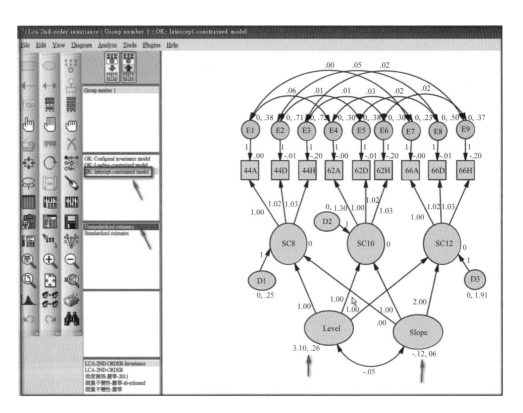

圖8-39　Intercept-constrained的線性成長模式之非標準化估計結果(1)

因為因素負荷量及截距，會影響到因素平均數與變異量的估計，跨時間的測量不變性是不偏成長估計值的重要條件。假如一階測量不變性成立的話，因素負荷量及截距即可進行等同限制，以便有效進行二階成長模式的分析。圖8-39左側視窗中，

建立了三個測量不變性的理論模式，各理論模式內的參數等同限制，參見圖8-34～圖8-36。本資料剛剛已通過了Alpha change、Beta change & Gamma change等三個一階的不變性統計考驗，以下Level因素與Slope因素之二階成長模式分析，將根據最精簡的Intercept-constrained的線性成長理論模式。研究者理論模式的選用，須視哪一個不變性理論模式成立而定（圖8-39建有三個測量不變性的理論模式）。假如發現一個理論模式中的因素負荷量或截距，不具完全不變性，研究者就必須設法找出不具有跨時間不變性的題目，並將之剔除，或者所採用的理論模式不是很完美時，須論述此不變性的效果干擾不大，僅會產生微小偏估（Newsom, 2015）。

(1) Level分析

圖8-39中第二階Level因子的平均數，代表平均起始值，其變異量代表起始值的變異量。根據圖8-39及表8-17知，成長模式之平均起始值為3.102（p < .01），此為8年級學生的自我概念的樣本平均數（請看圖8-32中44A），而其起始值之變異量為.256（p = .002），反映出這些女學生之自我概念，在初測時即存在著顯著個別差異。

(2) Slope分析

圖8-39中第二階Slope因子的平均數，代表平均斜率（亦即平均改變量），其變異量代表斜率的變異量。根據圖8-39及表8-17亦知，成長模式之平均改變量（Average rate of change）為−.122（p < .01），顯示初測之後，自我概念從SC8到SC12的成長變化呈現下降趨勢（參見表8-16各變項潛在平均數逐年遞減，每年約遞減.122/2 = .061），學生的自我概念，愈來愈差；而其變異量為.075（SD = .274, p = .168），反映出改變量的大小，個別間並無顯著差異（亦即成長變化相同），亦即平均改變量適用於所有個體。另外，因為此標準差（.274）遠大於平均值（−.122）兩倍之多，顯示可能有些學生的成長改變為正，有些學生的成長改變為負。由於改變量的相近性，反映出自我概念的成長變化與自我概念的起始值無關，參見以下Level與Slope間之相關分析。

表8-16　女學生自我概念在12年級、10年級、8年級上各變項的潛在平均數

Implied Means (Group number 1 - Intercept-constrained model)								
66H	66D	66A	62H	62D	62A	44H	44D	44A
2.745	2.892	2.859	2.870	3.015	2.981	2.996	3.139	3.102

由圖8-39中二階的徑路關係，可推知：表8-16中的自我概念在各年級上各變項的潛在平均數，係平均起始值（如3.102）加上負荷量編碼（如0、1、2）與平均改變量（如−.122）的乘積。例如：44A for SC8 = 3.102 + 0×(−.122) = 3.102、62A for SC10 = 3.102 + 1×(−.122) = 2.98、66A for SC12 = 3.102 + 2×(−.122) = 2.858。

表8-17　Amos成長模式分析報表：Level & Slope平均數與變異量

Means: (Group number 1 - Intercept-constrained model)

	Estimate	S.E.	C.R.	P
Level	3.102	.030	101.947	***
Slope	-.122	.028	-4.388	***

Variances: (Group number 1 - Intercept-constrained model)

	Estimate	S.E.	C.R.	P
Level	.256	.084	3.044	.002
Slope	.075	.055	1.378	.168

(3) Level與Slope間之相關

根據圖8-39可知，這些女學生之初始自我概念與其後自我概念的成長關係，兩者並未具有顯著相關（Cov = −.048, CR = −.865, P = .887）。Level與Slope間之相關，有時可用來探究有無Matthew effect的現象（弱者恆弱，強者恆強），本例並無此現象。

2. 誤差變異量固定為1

本例係將第一個測量時間點之潛在變項，其誤差變異量固定為1，平均數固定為0，且L11 = L21 = L31 & I11 = I21 = I31 = 0，參見圖8-40之徑路設計及圖8-41之等同限制。

研究者在圖8-40的模式管理視窗內，建立三個理論模式：因素型態不變性、因素負荷量不變性與題目截距不變性模式，各個模式內的參數限制內容，詳如圖8-41～圖8-43所示。本潛在變項量尺的建立方法，其卡方值與適配度指標的值，將與前節固定因素負荷量設定方法所得結果完全相同，請參閱表8-15，不在此贅述。

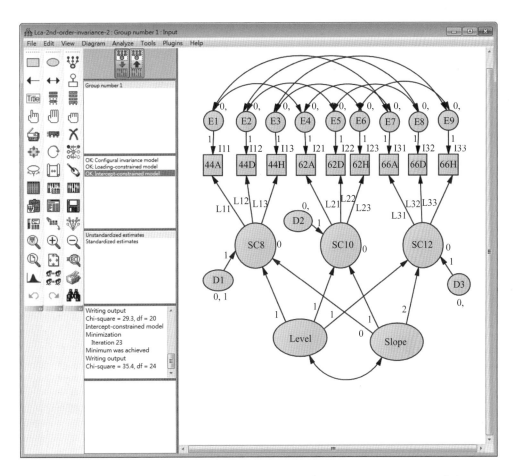

圖8-40　Intercept-constrained的線性成長模式之徑路圖：791位女學生

　　圖8-41參數限制視窗內之等同限制，L11 = L21 = L31係將此三個因素的負荷量設定為相同；而I11 = I21 = I31 = 0，係將三個因素的截距固定為0，此模式旨在測量因素型態不變性。此外，須在模式徑路圖中將第一個測量時間點之潛在變項的誤差變異量固定為1，其平均數固定為0，參見右圖。

　　經過此標準化程序，第一個測量時間點之第一階潛在變項將轉換為z分數量尺，作為其他測量時間點之第一階潛在變項的參照變項，研究者可以直接使用Cohen's d量尺解釋改變情形。當模式缺乏測量不變性時，最適合使用此種固定參數模式（Ferrer, Balluerka, & Widaman, 2008）。此種潛在變項量尺的分派法，較易於解釋終點行為

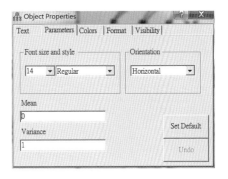

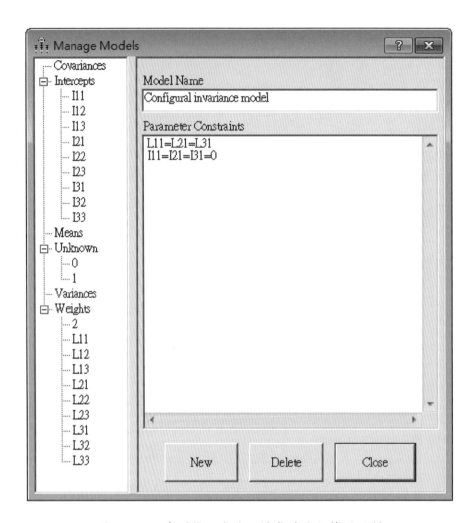

圖8-41　因素型態不變性及模式辨識之等同限制

的改變量，這常是研究者最關切的焦點。

　　圖8-42參數限制視窗內之額外等同限制，L12 = L22 = L32、L13 = L23 = L33，係將各個因素的第二與第三個指標的因素負荷量，在三個測量時間點上均限制爲相等，這是構念層次的等同限制。

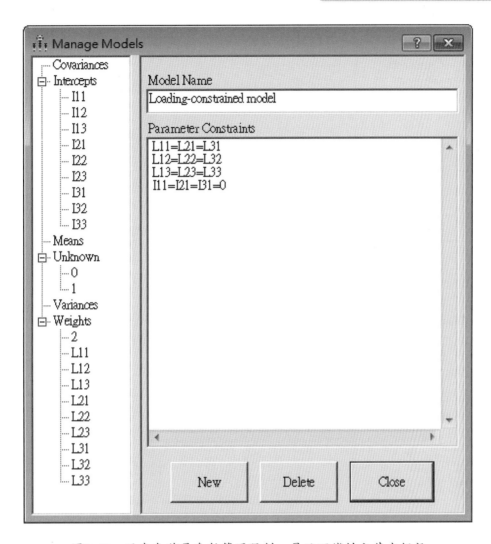

圖8-42　因素負荷量參數等同限制：量尺不變性之基本假設

　　圖8-43參數限制視窗內之額外等同限制，I12 = I22 = I32、I13 = I23 = I33，係將各個因素的第二與第三個指標的截距，在三個測量時間點上均限制為相等，這是指標層次的等同限制。

　　以下Level因素與Slope因素之分析結果，仍採Intercept-constrained的線性成長模式。

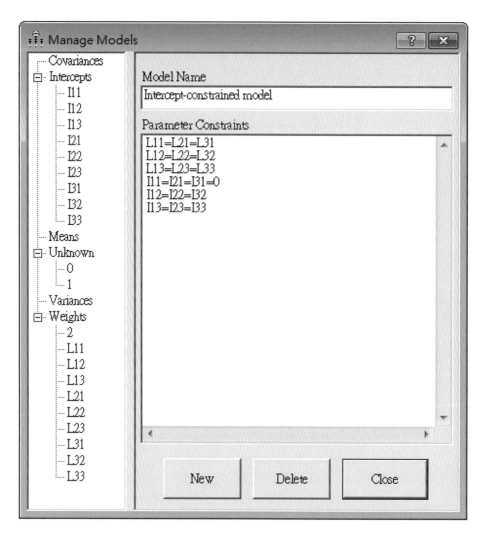

圖8-43　因素負荷量與截距參數等同限制：強因素不變性基本假設

(1) Level分析

　　根據圖8-44及表8-18知，成長模式之平均起始值，經過標準化後爲6.152（ ＝ 3.102/.504, CR = 5.94, p<.01），但因模式中SC8之誤差變異量，設定爲1，導致目前所使用的量尺，已無法正確描述女學生之初始自我概念，及其在初測時的個別差異情形。不過，仍可以參考表8-16：女學生自我概念在8年級、10年級、12年級上各變項的潛在平均數之變化。

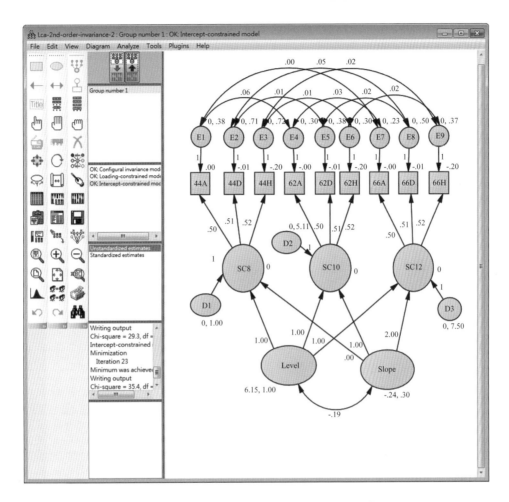

圖8-44　Intercept-constrained的線性成長模式之非標準化估計結果(2)

(2) Slope分析

　　根據圖8-44及表8-18亦知，成長模式之平均改變量為−.241（CR = −3.53, p <
.01），顯示初測之後，自我概念從SC8到SC12的成長變化呈現下降趨勢（參見表
8-16各變項潛在平均數逐年遞減）；而其變異量為.295（SD = .543, CR = 1.02, p =
.307），反映出改變速率的大小，個別間並無顯著差異，亦即平均改變量適用於所有
個體。另外，因為此標準差（.543）遠大於平均值（−.241）兩倍之多，顯示可能有
些學生的成長變化為正，有些學生的成長變化為負。因為第一個測量時間點之第一
階潛在變項已轉換為z分數量尺（SD = 1, MEAN = 0），作為其他測量時間點之第一
階潛在變項的參照變項，自我概念的成長從第一次測量（8年級）到第三次測量（12

（12年級）的改變量爲：2×.241 = .482，而每年下降量約爲.12（0.241/2）個標準差（Cohen's d量尺，屬小效果值）。當模式缺乏測量不變性或觀察值的變異過大或過小時，最適合使用此種固定參數模式（Ferrer, Balluerka, & Widaman, 2008）。

(3) Level與Slope間之相關

根據圖8-44知，這些女學生之初始自我概念與其後自我概念的成長關係，兩者並未具有顯著相關（Cov = −.188, CR = −.684, P = .494）。Level與Slope間之相關，有時可用來探究有無Matthew effect的現象（弱者恆弱，強者恆強），本例並無此現象。

以上所得之結論與前節的結論相同，並不會因量尺設定的方法不同（因素負荷量固定爲1 vs 誤差變異數固定爲1），而有不同。

表8-18　Amos成長曲線分析報表：Level & Slope平均數與變異量

Means: (Group number 1 - Intercept-constrained Model)

	Estimate	S.E.	C.R.	P
Level	6.152	1.035	5.944	***
Slope	-.241	.068	-3.533	***

Variances: (Group number 1 - Intercept-constrained Model)

	Estimate	S.E.	C.R.	P
Level	1.005	.652	1.541	.123
Slope	.295	.289	1.022	.307

八、結語

透過實例解說，本章除介紹「跨群組」與「跨時間」不變性分析的理論與流程之外，並說明如何利用Amos進行跨群組與跨時間不變性的統計考驗。不變性的統計考驗，涉及結構不變性分析與測量不變性分析。因果結構不變性分析，又稱爲因果結構恆等性分析，旨在探究SEM模式中各潛在變項間因果徑路的結構關係，是否可以推論到不同群組上。

結構模式的不變性考驗，需植基於測量模式的不變性。基本上，跨群組測量不變性考驗之順序爲：

1. 母群共變數矩陣不變性之考驗。

2. 因素型態不變性之考驗。

3. 弱因素不變性之考驗。

4. 強因素不變性之考驗。

5. 嚴苛因素不變性之考驗。

　　以上這五大跨群組不變性假設考驗，旨在檢驗測量工具的因素型態是否相同，各因素下的因素負荷量與截距是否相同，及考驗殘差變異量是否相同。

　　另外，在跨時間測量不變性分析中，也介紹了潛在變項之量變與質變的分析方法：Gamma change分析、Beta change分析與Alpha change分析。此種多重指標潛在特質的LCA分析，其潛在變項量尺的分派方法有二：因素負荷量固定為1與誤差變異量固定為1，分析結果將一致，不因方法而有不同。

　　雖然利用Amos進行跨群組或跨時間分析簡單易行，但研究者宜留意以下幾個施行要點與注意事項：

1. 限制較少的理論模式需具有可接受的模式適配度，才可作為基線模式。

2. 只能限制非標準化係數做跨群組的比較（標準化係數，只能做同一群體不跨群組之比較，因此潛在變項的變異數不得設為1）。

3. Meade, Johnson, & Braddy（2006）的模擬研究發現，ΔMcDonald's NCI、ΔCFI、ΔGamma-Hat對於樣本大小較不敏感，且能提供非重複性的獨特資訊，他們推薦SEM分析時，報告這些指標即可。另外，每組人數最好達200人以上，ΔMcDonald's NCI、ΔCFI、ΔGamma-Hat的統計考驗力，才能達到合理水準。因此樣本不能過小，例如：小於100，會使適配度指標之統計考驗力過低。

4. 判斷組間不變性時，除了顧及適配度指標大小之外，仍需考慮模式之複雜度與樣本大小。例如：當模式複雜度愈複雜時，SEM模式之適配度會下降，但當模式複雜度愈簡單，或樣本愈小時，RMSEA的值會偏小。因此，RMSEA的要求標準，可依模式複雜度或樣本大小，酌予升降。

5. 慎選量尺分派的Marker指標，潛在變項的Marker指標選擇（其因素負荷量固定為1），也會嚴重影響測量或結構不變性之評估。尤其當研究者所選定的Marker指標，如未具組間不變性（因素負荷量因為被設定為1，而無法發現它未具組間不變性），其後的部分不變性考驗，適配度可能會變差。Marker指標的選擇，可以透過選定不同題目，重新跑幾次多群組分析比較看看。

6. 研究者必須設法找出不具有跨時間不變性的題目並將之剔除。

習 題

一、為何在進行組間潛在平均數之差異考驗前，必須先確定各題目之因素負荷量及截距，在組間不能具有顯著的差異？

二、為何在考驗因素型態不變性模式之前，研究者須先確認各組之理論模式是否充分適配資料結構？

三、Fonseca-Pedrero、Paino、Lemos-Giráldez、Villazón-García、Sierra、García-Portilla González、Bobes與Muñiz（2010）等人，曾分析Reynolds四因素憂鬱量表在性別與年齡層上的恆等性，分析結果如表8-19所示，請據以回答以下問題：

(1)分別就男女生與年齡層來看，Reynolds的四因素憂鬱理論模式適配嗎？

(2)在強因素不變性考驗上，ΔCFI = .013（>.010），意謂著什麼意涵？研究者須如何進行後續之分析？

提示：此假設考驗不被支持，須釋放部分截距參數之等同限制。

(3)部分強因素不變性模式獲得支持嗎？

(4)Reynolds的四因素憂鬱理論模式，可適用於不同年齡層嗎？

表8-19　Reynolds四因素憂鬱量表在性別與年齡層上的恆等性分析結果

Model	S-B χ^2	df	CFI	RMSEA	RMSEA 90% CI	SRMR	ΔCFI
Gender							
Male ($n = 801$)	1078.1	399	.961	.046	.043–.049	.054	
Female ($n = 858$)	1291.2	399	.945	.051	.048–.054	.056	
Multiple group							
Configural Invariance	2367.6	798	.953	.049	.047–.051	.056	−.010
Weak Invariance	2395.6	824	.953	.048	.046–.050	.059	−.010
Strong Invariance	2874.5	850	.940	.054	.051–.056	.060	.013
Partial Strong Invariance	2650.1	849	.946	.051	.048–.055	.060	−.010
Age							
14–16 years ($n = 1123$)	1509.2	399	.950	.050	.047–.053	.053	
17–19 years ($n = 536$)	936.9	399	.952	.050	.047–.053	.063	

Note: *S-B*χ^2 = Satorra-Bentler scaled statistic; *CFI* = Comparative Fit Index; *RMSEA* = Root Mean Square Error of Approximation; 90% CI = 90% Confidence Interval; *SRMR* = Standardized Root Mean Square Residual.

註：資料取自Fonseca-Pedrero, Paino, Lemos-Giráldez, Villazón-García, Sierra, García-Portilla González, Bobes, and Muñiz（2010）。

四、圖8-45之成長變化分析，係針對高中學生三年來對於生活滿意度的三波調查，請問這批學生的生活滿意度，有無出現Matthew effect（弱者恆弱，強者恆強）之現象？

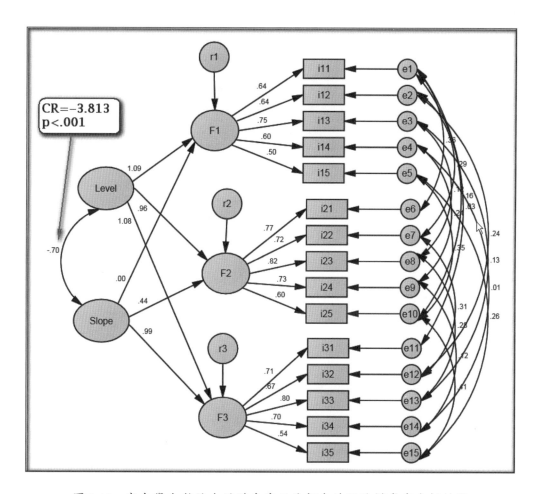

圖8-45　高中學生對於生活滿意度三波調查的徑路模式與分析結果

五、圖8-46係馬氏職業倦怠量表的三因素MBI結構，而表8-20係CFA分析因素不變性分析結果。本研究包含A、B、C與B1～B4等數個理論模式間之比較，請據此回答以下之三個待答問題。

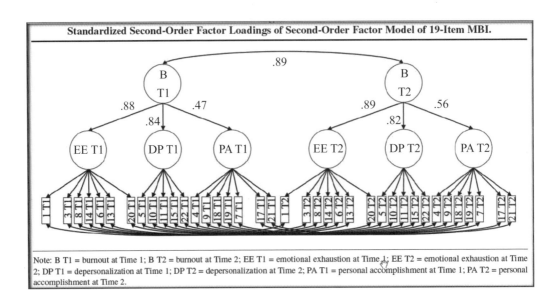

圖8-46　MBI重複施測的三因素MBI結構徑路圖與分析結果

註：取自圖2，Kim & Ji（2009）。圖中T1 & T2係相隔一年重複施測，三因素MBI的因素結構模式。

表8-20　MBI二階因素模式：縱貫式因素不變性考驗

Longitudinal Factorial Invariance for Second-Order Factor Model of 19-Item MBI					
Models	χ^2	df	RMSEA	Comparison	$\Delta\chi^2/\Delta df$
Unrestricted model: All free estimated without specific covariances	1,982	658	.07	—	—
Model A: All free estimated with specific covariances	1,359	639	.05	Unrestricted model and Model A	623/19*
Model B: Equal constraints on first-order factor loadings	1,412	655	.05	Model A and Model B	53/16*
Model B1: Equal constraints on first-order loadings on EE	1,370	645	.05	Model A and Model B1	11/6
Model B2: Equal constraints on first-order loadings on DP	1,366	643	.05	Model A and Model B2	7/4
Model B3: Equal constraints on first-order factor loadings on PA	1,394	645	.05	Model A and Model B3	35/6*
Model B4: Equal constraints on first-order factor loadings on EE and DP	1,377	649	.05	Model A and Model B4	18/10
Model C: Equal constraints on second-order factor loadings of EE and DP on second-order factor of burnout	1,378	651	.05	Model B4 and Model C	1/2

Note: MBI = Maslach Burnout Inventory; RMSEA = root mean square error of approximation; EE = emotional exhaustion; DP = depersonalization; PA = personal accomplishment. Sample size: $n = 475$ for Time 1 and $n = 282$ for Time 2.
*$p < .05$.

註：取自表5，Kim & Ji（2009）。

(1) 卡方差異考驗結果（$\Delta\chi^2/\Delta df$ = 53/16, p<.05）顯示：模式A（未受限模式）與模式B（一階因素負荷量等同限制）具有顯著差異，代表什麼意義與警訊？

參考案：Burnout的特質在不同測量時間點上，可能已產生質變，亦即一階因

素負荷量可能未具跨時間之不變性。

(2) 在個人成就分量表（PA）上，模式A（未受限模式）與模式B3（一階因素負荷量等同限制）具有顯著差異（$\Delta\chi^2/\Delta df = 35/6, p < .05$），研究者須進行什麼後續分析？

參考案：一階因素負荷量可能未具跨時間之不變性，可以繼續探討哪一個Burnout因素未具跨時間之不變性。此時，研究需進行「部分測量不變性」考驗（Partial measurement invariance test）。

(3) 模式C與模式B4的卡方考驗結果（$\Delta\chi^2/\Delta df = 1/2, p > .05$），其考驗的實質意涵為何？

參考案：Burnout的二階因素負荷量具跨時間之不變性，一二階的參數等同限制，並未產生顯著差異。

六、Nimon & Reio（2011）指出，除了CFA分析之外，研究者亦可利用探索式因素分析（EPA）的因素組型負荷量（pattern coefficients, λs）計算Tucker和諧係數（coefficient of congruence, CC），以評估測量不變性。此和諧係數的計算，參見公式8-6：

$$CC = \frac{\sum \lambda_{1,i} \lambda_{2,i}}{\sqrt{\lambda_{1,i}^2 \lambda_{2,i}^2}} \qquad\qquad 公式8-6$$

此和諧係數介於+1（完全一致）與−1（反向完全一致）之間，當此和諧係數 < .70代表測量不變性差（組間因素負荷量相似度不佳）；當此和諧係數介於.70 & .80之間，代表測量不變性尚可；當此和諧係數介於.80 & .90之間，代表測量不變性高；當此和諧係數 > .90，代表測量不變性甚佳。

根據表8-21圖書館服務品質的因素型態負荷量，計算這兩個分量表在組間的和諧係數，並進行適當詮釋。

註：Fleming（1991）的Compare程式可以從網路下載計算Tucker和諧係數，網址：http://swppr.org。

表8-21　研究生與指導教授對於圖書館服務品質的因素型態負荷量

	Pattern (P) Coefficients by Group			
	Library as Place		Information Access	
	研究生	教授	研究生	教授
Item	P	P	P	P
PER1	−0.08	0.02	−0.11	−0.07
PER2	0.02	−0.08	0.06	0.02
PER3	0.10	0.11	0.18	0.00
PER4	0.10	−0.02	0.03	0.03
PER5	0.90	0.95	0.06	0.04
PER6	0.84	0.91	−0.15	0.04
PER7	0.83	0.98	0.02	−0.07
PER8	0.79	0.72	0.07	−0.02
PER9	−0.08	0.28	0.87	0.34
PER10	0.08	−0.03	0.74	0.91
PER11	0.02	0.04	0.82	0.45
PER12	−0.08	0.00	0.48	0.19

註：p表因素型態係數（因素負荷量）。

七、圖8-47之潛在成長理論模式，係四波段縱貫性之研究實例（賴慧敏、鄭博文、陳清檳，2017）。該論文旨在利用縱貫性研究探究臺灣青少年憂鬱情緒與偏差行為之關係，請問如何利用Amos，分析憂鬱情緒與偏差行為起始值以及其行為改變趨勢之相關性。

提示：請參見該論文圖2。

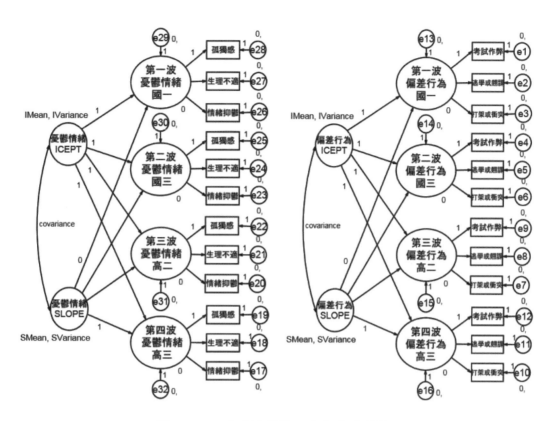

圖8-47 四波段縱貫性研究之應用實例

第9章

因果關係探究：
SEM取向交叉延宕分析

一、因果關係的主要類型有哪些？

二、論述因果關係需具備哪三大要件？

三、如何有效探究因果關係？

四、何謂交叉延宕相關分析？它涉及哪三類的相關係數考驗？

五、如何利用Excel VBA巨集，進行交叉延宕相關分析？

六、使用交叉延宕迴歸分析，有哪些優勢？

七、如何利用Amos透過觀察變項模式，進行雙變項兩波段的交叉延宕迴歸分析？

八、如何利用Amos透過觀察變項模式，進行雙變項三波段的交叉延宕迴歸分析？

九、使用多重指標SEM分析模式，進行交叉延宕相關分析，有何優點？

十、如何利用Amos透過兩波段多重指標，進行交叉延宕SEM分析（未含共變項）？

十一、如何利用Amos透過兩波段多重指標，進行交叉延宕SEM分析（含共變項）？

十二、如何利用Amos透過三波段多重指標，進行交叉延宕SEM分析？

十三、根據Cole & Maxwell（2003）的建議，進行兩波段以上的交叉延宕中介變項效果分析，需透過哪五大步驟？

十四、交叉延宕SEM分析，在實務研究上有哪些重要的應用原則？

Amos

本章旨在探究因果關係類型、傳統因果關係探究方法、交叉延宕相關分析、交叉延宕迴歸分析與交叉延宕SEM分析，盼亦有助建立厚實的SEM理論模式。

一、因果關係類型

因果關係的建立或SEM理論模式的提出，變項間的關係至少須具備相關性（含強度、一致性、合理性）與時間序之必要條件，再根據因果關係的類型，才能建立出合理的提議模式。因果關係可為正向，亦可為反向；因果關係可為單向，亦可為雙向；因果關係可為直接關係，亦可為間接關係；因果關係可為唯一因（Sole causes），亦可為部分因（Partial/contributory causes）；產生果的因可為必要因（Necessary causes），亦可為充分因（Sufficient causes）。為有效解決日常生活的問題，Hill（1965）提出9個因果關係的類型，供人們分析、評估與釐清事件間的因與果，筆者稍作詮釋如下：

1. 直接因果關係：主要條件為因在果之前、有明確的起點與終點，唯一因，唯一果。例如：Mycobacterium病菌→肺結核。在複雜的生物界、經濟界、教育界、心理界，恐不易找到如此單純的因果事件，只有在專一性（Specificity）（只有一對一的關係）較高時，唯一因始有可能。

2. 共同因關係：單一因，多個果，這些果之間沒有明確時序。例如：病毒→發燒、頭痛，年紀大→白髮、視茫茫。常見繆誤，乃忽略共同因，如將發燒視為頭痛的原因，其實均是病毒所致。

3. 共同果關係：多個因，單一果，而因變項之間可能獨立無關。例如：高失業率、高油價、通膨→政治動盪，這是一種複雜的因果關係。又如，氣候變遷的原因很複雜，包含許多重要因素，如：太陽輻射、地球運行軌道變化、造山運動及溫室氣體排放，這些因素之間可能獨立無關。常見繆誤，為過度簡化複合因為唯一因。例如：肥胖導致新冠肺炎的血栓，可能尚有其他原因，如：高血脂、心律不整。

4. 因果鏈關係：主要特色有明確的起點與終點，且果鏈中的任一事件，都會誘發下一事件之發生。例如：失眠→恍神→車禍，沒有直接效果，這是一種間接的因果關係（完全中介現象）。有時，因果鏈關係同時具有直接與間接的效果，形成了類似骨

牌效應的因果關係（部分中介現象），參見示意圖： 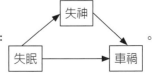 。

5. 互為因果關係（Feedback relationship）：主要特色為雙變項相互影響，沒有明顯的起點與終點，這是一種反饋式關係。例如：工作倦怠↔工作壓力（又是因又是果），愈倦怠，壓力愈大，壓力愈大導致工作更加倦怠。

6. 激勵關係（Stimulated relationship）：當C出現時，才會出現A導致B的因果關係，例如：乙烯＋氧→加觸媒→環氧乙烷；又如：生物新陳代謝中的酵素，也是具有類似的誘發功能。

7. 抑制關係（Suppressed relationship）：當C未出現時，才會出現A導致B的因果關係。例如：年齡與疏離感具有正相關，而經驗與年齡具有正相關，但與疏離感卻具有負相關，導致經驗同時出現時，年齡與疏離感的相關性消失。又如，病毒導致的身體發炎狀態，係因抗生素不存在。有時，抑制變項出現時，亦可能會強化A與B的因果關係，例如：紙筆機械能力與飛行訓練成績之相關性不高，但如加入語文測驗能力，即會強化紙筆機械能力與飛行訓練成績間的相關。

8. 門檻關係（Threshold relationship）：為激勵關係的變型，當A達到某一閾值時，才會導致B的因果關係。例如：發展中國家通膨超過11%時，才會導致經濟成長萎縮。

9. 反向關係（Inverse relationship）：例如：高密度脂蛋白與膽固醇間的反比關係、缺乏維生素A導致乾眼症。

上述因果關係的類型中，類型1、類型2與類型3為直接關係，並未有中介變項存在；類型4為間接關係則有中介變項，中介變項（如失神）無法與另一果變項（失眠）同時出現，只有時序才能證實他的中介角色，如不具時序，類型4會轉變成類型2；而類型5為雙向反饋關係，互為因果。

另外，類型2常易出現虛假相關（Spurious correlations）。虛假相關意謂著，變項間的關係並不真正存在。此虛假相關可能來自於第三變項（共同因）；例如：憂鬱與生理疾病具有密切關聯性，但此關聯性可能是虛假的，真正的共同因是焦慮（憂鬱與焦慮通常為共病症狀）。類型2、類型3與類型4在概念上完全不同，但其數學模式似乎相同（雙變項間的關係，皆可由第三變項所預測）；此即橫斷式（Cross-sectional）的研究分析結果，常誤判變項的真正角色，尤其是因變項與中介變項的混淆（例如：前述的焦慮常被誤認為中介變項）。如欲釐清這三類型的因果關係，最好使用縱貫式的交叉延宕（Cross-lagged）研究設計。

類型6與類型7的A、B因果關係，需視第三變項（C）的存在與否而定，C可能全無或全有時，A、B因果關係才能成立。

最後，在論述因果關係時，尚需注意產生果的因到底是必要因、充分因、部分因或是唯一因。以雙變項X & Y為例，假如Y出現，保證X一定100%會出現，那麼X就是必要因，不過X出現，Y不一定會出現。例如：發生森林大火，現場氧氣必然充足，但氧氣充足，不必然會發生大火。假如X出現，保證Y一定100%會出現，那麼X就是充分因；不過Y出現，X不一定會出現。例如：有陽光必是白天，但白天不一定有陽光。假如Y出現，X必然100%會出現，且X出現，Y必然100%會出現，那麼X就是唯一因（意謂著沒有其他的第三干擾變項存在）。不少研究者常過度簡化因果關係為唯一因，進行唯一因推論需異常謹慎。例如：貧窮造成犯罪率提升、吃燒烤造成大腸癌、玩手機造成黃斑部病變。又如X的出現，Y不必然100%會出現，那麼X就是部分因。例如：體溫的適度提升有助於防止癌症的發生，但不必然可以100%免除癌症的發生。研究者了解以上這些因果關係的類型與因緣，將有助於變項間因果關係的初步建立。不過，正確有效的因果論述，尚須植基於因果關係的強度（相關愈強愈好）、一致性（無時空限制）、唯一性（無干擾變項）、合理性（為專業領域知識所支持）與時序（因先於果）。

二、傳統因果關係的探究方法

人類自古以來對於因果關係的探究或建立，不外乎透過觀察、實驗與相關分析。從否證論的觀點來看，不管應用哪一種方法，所得結論都只能作為暫時性的答案，因為這三種方法都只能對假說加以證偽，而無法加以證實。換言之，因果關係的確立，可能須長時間與多次的探究或透過嚴謹的實驗研究，才能獲得較可信的結論；只透過統計資料分析，恐永遠無法100%證明原因與結果之間的關聯性（詹志禹，1993）。

（一）觀察法

以雙變項X & Y而言，十九世紀英國哲學家Mill（John Stuart Mill, 1806-1873）曾提出五種觀察法則：一致法、差異法、剩餘法、共變法、綜合法，利用可能因（植基於研究者的先驗知識或體驗）及果的出現與否，作為因果關係的推論。此種觀察法的因果推論，雖然簡易可行，但常無法提供why & how，且假如研究者的先驗知識不足或不正確，可能導致錯誤的結論。

1. 一致法：一致出現同一現象時

表9-1 一致法實例：異中求同

	Dental Education Program	Free Dental Clinics	Fluoride in Water	High salaries for dentists	Low rates of tooth decay
		可能的因			果
Dullsvlle	Yes	No	Yes	No	Yes
Bedroom Town	No	Yes	Yes	Yes	Yes
Golfville	No	No	Yes	No	Yes
Megacity	Yes	Yes	Yes	No	Yes

註：實例原取自https://mechanism.ucsd.edu/~mitch/teaching/w10/phil12/lectures/Phil12_W10_Mill's_methods(2-22-2010).pdf，但上述連結已不可用，請改連結以下類似的網站：https://learn.saylor.org/mod/page/view.php?id = 21611。

　　以表9-1流行病學研究爲例，如果發現有些城市，罹患齲齒的比率很低，如欲探究可能防止蛀牙原因，就可採取現象一致法。調查這些城市，有哪些共同特徵，可以預防齲齒？表9-1列出減少齲齒的四種可能原因。因爲水中加氟在所有觀察的城市，均伴隨著低蛀牙比率（因果現象一致）。因此，水中加氟是可能的因。缺點爲出現一致現象的情境，可能與果不相干，需要專業知識才能有效研判可能的因。

2. 差異法：因果出現不一致時

　　以表9-2爲例，如果想要探究爲何有些人可以獲得貸款，有些人無法獲得貸款的原因，就可採取現象差異法：調查這些可以獲得貸款的人與無法獲得貸款的人，到底有什麼特徵是不同的，若出現不同的特質可能就是因（因果現象不一致），例如：獲得貸款的人，過去均未宣告破產，因爲未宣告破產是唯一的差異因素，可以區辨有無貸到款。

表9-2　差異法實例：同中求異

	College Education	Earn over $80K	Own Business	Declared Bankruptcy	Loan Approved
		可能的因			果
Victor	Yes	Yes	No	Yes	No
Crystal	Yes	Yes	No	No	Yes
Tad	Yes	Yes	No	No	Yes
Chin	Yes	Yes	No	Yes	No

註：實例取自https://mechanism.ucsd.edu/~mitch/teaching/w10/phil12/lectures/Phil12_W10_Mill's_methods(2-22-2010).pdf，但上述連結已不可用，請改連結以下類似的網站：https://learn.saylor.org/mod/page/view.php?id = 21611。

3. 共同變異法：類比法

表9-3　共同變異法實例

	Amount of Water	Amount of Fertilizer	Amount of Sunlight	Crop Yield
	可能的因			果
Plot A	13	2	51	8
Plot B	14	3	45	12
Plot C	12	4	46	16

註：實例取自https://mechanism.ucsd.edu/~mitch/teaching/w10/phil12/lectures/Phil12_W10_Mill's_methods(2-22-2010).pdf，但上述連結已不可用，請改連結以下類似的網站：https://learn.saylor.org/mod/page/view.php?id = 21611。

　　因與果並非全有或全無的關係，而是類比式的共變。以表9-3為例，農作物的收穫量與施肥量呈正比（1：4），其他變因則無此比率共變現象。又如：月亮的圓缺大

小與潮汐的大小變化正比，亦呈現比率式共變，可推知月亮對於潮汐的影響力。應用此法時，宜注意雙變項的共變是否為第三變項所導致的共變。例如：病毒導致發燒與頭痛的共變現象。

4. 綜合法：求同求異法

以表9-4為例，一致法可以提供充分因之證據（吃牛肉就會得病），而差異法可以提供必要因之證據（不吃牛肉就不會得病）。

表9-4　求同求異法實例

家人／所吃的食物	牡蠣	牛肉	沙拉	麵條	生病
父親	√	√	√	√	√
母親	√	√	×	√	√
妹妹	√	√	√	×	√
我	√	×	×	√	×

5. 剩餘法：消去法

假設一位醫生先前已知小學生吃Pizza易得疹子、喝冰紅茶易患頭疼。今天有一位學生來求診，抱怨他頭疼、肚子脹氣與出疹子。醫生就會詢問他吃過什麼食物。醫生得知他午餐吃了Pizza、豆漿與冰紅茶。因為醫生已知小學生吃Pizza易得疹子、喝冰紅茶易患頭疼，該醫生即可推知剩餘的肚子脹氣現象，係起因於喝豆漿。

透過觀察法，進行因果關係之推論，雖然簡易可行，但易導致以下一些錯誤。例如：相關性誤以為因果關係（長髮與GPA的關係）、顛倒因果關係（暴力遊戲與暴力行為的關係）、忽視共同因（病毒→發燒、頭痛）、未慮及互為因果（低自尊↔憂鬱）、事後歸因（穿紅衣服→中樂透）、忽視原因的多元性（高血壓的原因）、副作用誤以為主因（Placebo現象）。Mill的因果推論也是利用觀察法，進行因果關係之歸納，當然無法100%確知因果關係間之連結性或穩定性。

另外，一般人通常無法對可能的原因做完善的了解與分析，所做出的結論可能會出錯，但還是可以初步澄清一些因果關係及作為提出研究假設的事證。變項間因果關係之發現與確立，仍有待後續的不斷探究與驗證，才能提高因果關係的可信度，但仍非必然。Popper的否證論名言：真理無法加以證實，只能加以證偽，這是最佳的寫照。因此，Mill的因果推論法，無法100%證實因果關係一定為真，只能作為初步的

因果假說，有待後續的實徵考驗。

（二）實驗法

斷代研究資料（Cross-sectional data）、交叉延宕的研究資料（Cross-lagged data）與真實驗研究資料（True experiment data）是研究中常見的三種資料型態，不同型態資料各有優缺點。斷代研究資料較容易收集但內在效度通常不佳；尤其是無法分辨時序與無法排除第三變項的干擾。交叉延宕的研究適用於隨機分派與控制不可行時，常用來評估變項在不同時間點上的因果方向，但本法受制於同時施測與穩定性之基本假設，細節本章後敘。真實驗研究雖然允許研究者利用操弄自變項與隨機分派，去檢驗因果關係，但有些自變項（如個性、智力）並無法隨意操弄，隨機分派受試與自變項也常不可行，且外在效度也常不佳。實驗法實例：操弄變項X（如水中加氟），看看Y（齲齒減少）是否會產生改變，其他的干擾因素則需加以控制或排除。

（三）相關法

以雙變項X & Y而言，透過統計分析（如Pearson積差相關係數），探究X & Y是否共變。不過任何一次研究中的統計分析結果，只能做到證偽，而無法加以證實，即使是SEM的理論模式分析，也是如此。相關法實例：如果研究發現肥胖新冠確診者與血栓病變間有顯著共變，並無法知道為何會如此。

有因果關係必有相關，有相關不一定有因果關係，因而欲利用相關資料確立因果關係並非易事，所幸時差交叉延宕設計（Cross-lagged panel），為此提供了一盞釋疑明燈。交叉延宕設計（Cross-lagged panel）不僅考慮時序問題，也可以減弱調查研究之缺失，他被視為準實驗設計（Quasi-experimental design），具有折衷的內、外在效度。時差交叉延宕的研究設計，起始於Campbell & Stanley（1963），發展於1970年代後期（Kenny, 1975 & 1979），此設計藉著「時差」或「時序」企圖釐清雙變項間的因果關係，因而有準實驗設計的美稱（Kenny, 1975; Cook & Campbell, 1979）。最單純的雙變項時差交叉延宕設計，如圖9-1所示，此種設計旨在探究到底X是因（Cause），還是果（Effect or consequence），或者Y是因。時差交叉延宕研究設計的統計分析方法，主要有三：交叉延宕相關分析、交叉延宕迴歸分析與交叉延宕SEM分析，茲依序敘說如下。

三、交叉延宕相關分析

　　首先，論述交叉延宕相關分析的理論、四大基本假設及相關係數差異考驗方法，再利用Excel增益集示範重測信度考驗、同時信度考驗與時差交互相關係數差異的考驗過程，最後介紹SEM的分析途徑。

（一）理論簡介

　　Mulaik（1987）主張：有因果必有相關，有相關不一定有因果，無相關則一定無因果（引自詹志禹，1993）。因此，變項間具有了很強的關聯性之後，研究者尚需利用時序，來判斷哪一變項發生在先，哪一變項出現在後。時差交互相關或稱為交叉延宕相關（Cross-lagged-panel correlation）設計（參見圖9-1，此為最單純的兩波段、雙變項的分析模式），乃是因應此要求的產物。在沒有隨機分派的非實驗研究的情境中，企圖利用時序設計分辨哪一變項出現在先（因），哪一變項出現在後（果），因為它能排除一些虛假原因（Spurious causes），才會被認為是一種準實驗設計。因為一個變項間的因果關係的方向與大小，不應隨著時間而改變（Kenny, 1975），因而時差交互相關差異量為0的虛無假設考驗，即為虛假相關（共同的第三變因）所致的考驗（A test of spuriousness）。據此，顯著差異的時差交互相關，乃是無第三變因的證據（Kenny, 1975）。後來，Kenny（1979）主張，可以利用以下三個標準來論定因果關係：

1. 相關性，有因果必有相關，無相關必無因果，但有相關不必然有因果關係。例如：地鳴與地震具有密切關係，但地鳴不是地震的因，其前導變項地殼斷裂才是主因。

2. 時序（Time precedence），因先於果。雖然時序是確定因果關係的一項關鍵條件，但光有時序，尚不足以論斷因果。例如：公雞叫雖然先於太陽出來，但邏輯上公雞叫應該不可能導致太陽上升，而是其他原因（地球自轉）所致；又如閃電與雷聲之時序，雷聲並非閃電所致，閃電是大氣的放電產生極大電流穿越空氣，導致大量熱能而發出強光，同時熱能加熱空氣，令空氣急劇膨脹，因而產生巨響。有時，原因需經歷一些時間才會出現後果，此種延宕因果關係最不易被發覺。

3. 唯一的因（Non-spuriousness），非第三干擾變項所致，亦即若X發生則Y一定會出現，若X不發生則Y也不會出現。有時，表面上變項間出現相關，但實際上並不存在。此類虛假相關可能出自於第三干擾變項，此第三干擾變項可為共同因，亦可

為間接因。例如：口罩銷售量與酒精銷售量具有顯著相關，乃是虛假相關，真正的原因是共同因：疫情。又如前述例子：失眠→失神→車禍，失眠不會直接造成車禍，間接因（失神）才是造成車禍的主因。由此觀之，排除共同因或間接因之後，變項間的關係就會減弱（部分虛假）或完全消失（完全虛假）。以上相關性與時序為因果關係的必要條件，而唯一的因是充分條件。

　　然而時差交互相關設計，原係用來檢驗變項間的縱貫性關係（Longitudinal relationships），它只處理變項相關性與出現時序的問題，並未像真實驗設計一樣，直接針對虛假效果進行任何控制或排除（Sweeney, Shaeffer, & Golin, 1982）。圖9-1顯示出，X & Y分別在不同的時間點，先後施測兩次，共存在三種類別的相關係數：(1)重測相關（Test-retest，或稱為lagged autocorrelations），圖中標註為BETA1 & GAMMA1；(2)同時相關（Synchronous correlations）或稱為unlagged相關，圖中標註為R11 & R22；(3)時差交互相關（Cross-lagged correlations），圖中標註為BETA2 & GAMMA2。分析時差交互相關差異性時，至少需先進行圖9-1中的重測相關與同時相關的顯著考驗。重測相關可以反映構念的穩定性（測量構念的不變性），而同時相關是因果關係的先決條件，它的值應大於.30以上（Kenny & Harackiewicz, 1979），無相關必無因果。虛假相關的統計考驗，通常透過時差交互相關的差異量，進行統計顯著性的考驗（Kenny, 1975）。

　　當各時差交互相關係數均達顯著水準，且兩者的相關係數差異量亦達顯著水準，因果關係才可能存在。例如：BETA2的係數大於GAMMA2的係數，且其差異量達顯著水準，即可能表示「X是因而Y是果」。然而，因為時差交互相關並不是因果關係的真效果值，我們不能僅以它們的相對大小值，來確認何者為因，何者為果（Rogosa, 1980；Shadish, Cook, & Campbell, 2002）；除非透過隨機分派實驗法或在模式中加入共變項，進行第三可能變因之排除或控制，才能獲得明確的因果推論。

　　另外，因果效應常須較長時間才能顯現，不過間距如過長，因果效應亦可能減弱。Sandell（1971）與Sims & Wilkerson（1977）建議研究者使用三波以上的研究設計，以檢驗間距長短的效應。因此，適當時差間距的拿捏，常是研究者的一大難題。因此，交叉延宕相關分析的結果，本質上，仍停留在因果摸索階段，充其量只不過是初步因果模式的假說或者為時序的指標（As an indicator of temporal precedence）而已，而不要將它視為因果關係的實證（Kenny & Harackiewicz, 1979）。

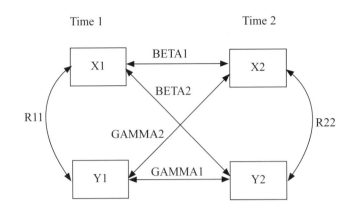

Cross-lagged panel correlation

圖9-1　雙變項時差交互相關設計

（二）基本假設

綜合Kenny（1975）、Cook & Campbell（1979）、Kenny & Harackiewicz（1979）、Rogosa（1980）與Sweeney, Shaeffer, & Golin（1982）等人之論述，時差交互相關差異係數的考驗，必須符合以下四大基本假設：

1. 同時相關須達.30以上，因為無相關即無因果。

2. 變項的重測信度相同，變項的重測信度是指變項特質的穩定度（Stability）。Rogosa（1980）發現只有當變項的重測信度相同時方能推論：相等的時差交互相關代表因果關係不存在，因為低的重測信度可能導致不相等的交互相關。除此之外，變項的重測信度亦可檢驗測量構念的不變性。

3. 同時施測（Synchronicity）：指測驗時間的相同性。只要雙變數的測量時間相同，就能符合要求，最容易達成，但如利用事後回溯之資料，則不符要求。

4. 因果穩定性（Stationarity）：指因果結構的穩定性。可由同時相關不因測量時間而改變、因果效應不因測量時間而改變（雙波段以上之設計）及估計殘差不因測量時間而改變（交叉延宕迴歸分析 & 交叉延宕SEM分析）等之不變性，加以檢驗。

Kenny（1975）認為因果結構穩定性，可以分為三類：完全穩定（Perfect stationarity）、比率式穩定（Proportional stationarity）與部分穩定（Quasi-stationarity）。完全穩定指變項的因果結構在跨時間點上完全沒有改變，其必要條件是，同時相關在跨時間點上完全沒有改變。比率式穩定指變項的因果結構係數，在跨

時間點上出現相同定量的改變，亦即各對變項在不同時間點的同時相關之比率要相同。部分穩定指變項的因果結構係數，在跨時間點上出現不同定量的改變，每一測量變項擁有自己獨特的定量。換言之，當校正測量誤差（可利用共同性比值的平方根加以校正，Kenny, 1975，p.898）之後，各對變項之同時相關在跨時間點上應相等。另外，Kenny（1975）認為兩個變項如同時受到第三個變項（包含間接因與共同因）的影響，而出現虛假相關，同時相關係數應會出現不穩定現象。因此，欲排除第三變項之可能致因，同時相關係數差異的考驗乃是推論因果的關鍵因素。

符合上述的四種基本假設之後，才能繼續考驗變項間是否為虛假相關（Tests for spuriousness）。虛假相關的統計考驗，通常透過時差交互相關的差異量，進行統計顯著性的考驗（Kenny, 1975）。就以圖9-1最簡單的時差交互相關設計為例，當出現交叉延宕相關係數相等時，即隱含著虛假相關（假設雙變項具有相同的穩定性）；不相等的交叉延宕相關係數（Beta2 ≠ Gamma2），即可能顯示無虛假相關。虛假相關的實例，請參閱http://tylervigen.com/spurious-correlations網站。

當虛假相關的虛無假設（圖9-1的H_0: Beta2 = Gamma2）無法被推翻時，研究者就可推論變項間的關係，係因變項的測量信度過低所致，或由間接因、共同因變項所致。此時，有必要檢驗測量變項的信度或繼續探究間接因、共同因變項是什麼。由此觀之，透過時差交互相關的因果推論，乃是充分因的證據而非唯一因的證據。例如：研究者可能發現到，視茫茫對於髮蒼蒼的交叉延宕徑路係數上具有顯著性，此類顯著相關可能係省略的第三變項，如年齡（共同變因）所致，排除共同因之後，變項間的關係就會完全消失。為避免此種虛假相關（雙變項間不正確的因果推論），研究者可以在因果模式中加入年齡當作共變項。

（三）時差交互相關分析中相關係數差異的考驗

前述考驗因果結構穩定性與時差交互相關差異的統計指標相當多元，且其效能也都不一致。這些傳統相關統計指標，主要可以分為兩類：植基於t分配與植基於Fisher's z分配。

利用公式9-1進行r→z的轉換，以獲得z分配。

$$Fisher's\ z_r = \frac{1}{2}\ln(\frac{1+r}{1-r}) \qquad\qquad 公式9\text{-}1$$

　　根據Neill & Dunn（1975）、Hittner, May, & Silver（2003）的模擬研究發現：Williams's t（1959）、Dunn & Clark's z（1969）、Steiger's z（1980）（使用相關係數平均數或使用Fisher's z平均數），及Meng, Rosenthal, & Rubin's z（1992）等指標，在控制第一類型錯誤或統計考驗力上之效能長短互見，但就第一類型錯誤與統計考驗力一起觀之，以Dunn & Clark's z與Williams's t考驗表現最佳。

　　進行統計方法的選擇時，尚須注意相關係數間的差異考驗，有無含有共同變項。由於一般的統計教科書，常未提及這些相關樣本之相關係數間差異考驗的統計方法，以下將依有無含有共同變項，摘要常見的統計方法與計算公式如下，以供研究者快速查考。之後，再介紹筆者所研發的Excel應用程式：Cross-Laggedcorr.xla，以加速因果結構穩定性與時差交互相關係數的計算與考驗。

1. 含有一共同變項

　　應用實例：研究者想要比較IQ & GPA與IQ & SAT的關係，此為含有一共同變項（IQ）的相關係數間的差異考驗：$H_0：\rho_{IQ.GPA} = \rho_{IQ.SAT}$，變項如以數字表示：$H_0：\rho_{12} = \rho_{13}$。利用此應用實例，簡介6種常用相關係數差異的統計考驗方法如下：

(1) Williams-Hotelling's t考驗

　　含有一共同變項的相依樣本相關係數差異的統計考驗，首推Hotelling（1940）的考驗法，後經Williams（1959）的改良，此統計量成t分配，自由度為N-3，在小樣本時更能控制犯第一類型錯誤的機率。此統計量假設此三變項之聯合分配為常態，其統計量之計算，請參見公式9-2。

$$t = \frac{(r_{12} - r_{13})\sqrt{(N-1)(1+r_{23})}}{\sqrt{\left[2\left(\frac{N-1}{N-3}\right)|R| + (\frac{r_{12}+r_{13}}{2})^2(1-r_{23})^3\right]}}$$　　公式9-2

　　式中，$|R| = (1 - r^2_{12} - r^2_{13} - r^2_{23}) + 2 \times (r_{12}r_{13}r_{23})$，係3×3交互相關的行列式值。可見此行列式值，可由原始積差相關係數直接求得。

(2) Pearson-Filon z考驗

　　Pearson-Filon z考驗（參見公式9-3），係Pearson & Filon（1898）創用，後經Peters & Van Voorhis（1940）的推廣而為研究者所樂用。但因本法較適合大樣本，已逐漸被Williams-Hotelling t考驗所取代。

$$PFz = N^{\frac{1}{2}}\left(r_{12} - r_{13}\right) \times \left(\hat{\psi}^2_{12} + \hat{\psi}^2_{13} - 2\hat{\psi}^2_{12,13}\right)^{-\frac{1}{2}} \qquad \text{公式9-3}$$

公式9-3，為公式9-12之特例。式中，r_{12}的變異數可由下式求得：$\hat{\psi}^2_{12} = N\sigma^2_{12} = (1-r^2_{12})^2$（利用相關係數），$r_{13}$的變異數可由下式求得：$\hat{\psi}^2_{13} = (1-r^2_{13})^2$。

至於，具有共同變數時，相關係數之共變數，可由公式9-4求得。

$$\hat{\psi}_{12,13} = N\sigma_{12,13} = r_{23}\left(1 - r^2_{12} - r^2_{13}\right) - \frac{1}{2}\left(r_{12}r_{13}\right)\left(1 - r^2_{12} - r^2_{13} - r^2_{23}\right) \qquad \text{公式9-4}$$

未具有共同變數時，請參見公式9-13。換言之，公式9-4適用於具有共同變數與未具有共同變數的兩種時機。

(3) Meng, Rosenthal, & Rubin（1992）z考驗

公式9-5可校正Hotelling's t考驗的高估現象，又可轉換r值為常態分配。

$$z = \left(z_{r12} - z_{r13}\right)\sqrt{\frac{N-3}{2(1-r_{23})h}} \qquad \text{公式9-5}$$

上式中h定義為

$$h = \frac{1 - f\bar{r}^2}{1 - \bar{r}^2} = 1 + \frac{\bar{r}^2}{1 - \bar{r}^2}(1 - f)$$

上式中f、$\bar{r}^2$定義為

$$f = \frac{1 - r_{23}}{2\left(1 - \bar{r}^2\right)}，f 必須 \leq 1 （當 f > 1，f 設定為 1）$$

且 $\bar{r}^2 = \dfrac{(r_1^2 + r_2^2)}{2}$。

(4) Dunn & Clark（1969）z考驗

本法衍生自公式9-3，因為使用了Fisher's z轉換，相關係數之變異數變為1，且公式9-6也適用於樣本較小時。

$$z = \sqrt{N-3}\left(z_{r12} - z_{r13}\right)\left(2 - 2\text{cov}_{123}\right)^{-\frac{1}{2}} \qquad \text{公式9-6}$$

上式中cov_{123}為

$$\text{cov}_{123} = \frac{r_{23}\left(1 - r_{12}^2 - r_{13}^2\right) - .5\left(r_{12}r_{13}\right)\left(1 - r_{12}^2 - r_{13}^2 - r_{23}^2\right)}{\left(1 - r_{12}^2\right)\left(1 - r_{13}^2\right)}$$

(5) Steiger'z考驗

公式9-7係修正自前述Dunn and Clark's z。

$$z = \sqrt{N-3}\left(z_{r12} - z_{r13}\right)\left(2 - 2c\bar{o}v_{123}\right)^{-\frac{1}{2}} \qquad \text{公式9-7}$$

上式中 $c\bar{o}v_{123}$ 為

$$\bar{cov}_{123} = \frac{r_{23}\left(1 - \bar{r}^2 - \bar{r}^2\right) - .5\left(\bar{r}^2\left[1 - \bar{r}^2 - \bar{r}^2 - \dot{r}_{23}^2\right]\right)}{\left(1 - \bar{r}^2\right)^2}$$

上式中 $\bar{r}^2 = (\dfrac{r_{12} + r_{13}}{2})^2$（以平均數取代個別相關係數r）。

(6) Hittner, May & Silvet（2003）z考驗

本法係修訂自公式9-7，偏差較小。

$$z = \sqrt{N-3}\left(z_{r12} - z_{r13}\right)\left(2 - 2z\,\text{cov}_{123}\right)^{-\frac{1}{2}} \qquad \text{公式9-8}$$

公式9-8中

$$z\,\text{cov}_{123} = \frac{r_{23}\left(1 - r_{\bar{z}}^2 - r_{\bar{z}}^2\right) - .5\left(r_{\bar{z}}^2\left[1 - r_{\bar{z}}^2 - r_{\bar{z}}^2 - r_{23}^2\right]\right)}{\left(1 - r_{\bar{z}}^2\right)^2}$$

式中 $r_{\bar{z}}$ 為

$$\bar{z} = \frac{z_{12} + z_{13}}{2}\quad（以平均數取代個別Fisher's z）$$

$$\bar{r}_z^2 = (\frac{z_{12} + z_{13}}{2})^2\quad（以平均數取代個別相關係數z）$$

$$r_{\bar{z}} = \frac{e^{2\bar{z}} - 1}{e^{2\bar{z}} + 1}\quad（回復成Pearson r）$$

2. 未含共同變項

當未含共同變項時，相依樣本的相關係數差異考驗（Comparing correlated but non-overlapping correlations），常見於兩個測量工具的重測信度考驗，或兩個變項間的相關係數在不同時間點上的差異比較（同時信度考驗），或者兩個變項的時差交互相關係數差異之比較。以下簡介5種此類常用相關係數差異考驗的統計方法：

(1) Olkin & Finn（1990）的z考驗

Olkin & Finn（1990）的z考驗，定義如公式9-9。

$$Z_{OF} = \frac{r_{12} - r_{34}}{\sqrt{Var(r_{12}) + Var(r_{34}) - 2Cov(r_{12}, r_{34})}} \qquad \text{公式9-9}$$

式中，樣本相關矩陣的母群變異數與共變數，可由公式9-10 & 9-11求得（Olkin & Siotani, 1976）。為讓研究者理解母群ACM（Asymptotic covariance matrix）的運算過程，茲將大樣本ACM矩陣的計算公式，呈現於公式9-10 & 公式9-11。

$$Var(r_{12}) = \frac{(1 - \rho^2_{12})^2}{n} \qquad \text{公式9-10}$$

公式9-10中Var(r_{12})，代表變項1、2之相關係數的變異量，n為樣本大小。

$$Cov(r_{12}, r_{34}) = \frac{\begin{bmatrix} 0.5\rho_{12}\rho_{34}\left(\rho_{13}^2 + \rho_{14}^2 + \rho_{23}^2 + \rho_{24}^2\right) \\ + \\ \rho_{13}\rho_{24} + \rho_{14}\rho_{23} \\ - \\ \left(\rho_{12}\rho_{13}\rho_{14} + \rho_{21}\rho_{23}\rho_{24} + \rho_{31}\rho_{32}\rho_{34} + \rho_{41}\rho_{42}\rho_{43}\right) \end{bmatrix}}{n} \qquad \text{公式9-11}$$

公式9-11的共變量(r_{12}, r_{34})，代表變項1、2之相關係數與變項3、4相關係數之共變數，n為樣本大小。因為母群的ρ_{ij}、ρ_{kl}值常無法取得，在實務上，計算Var(r_{ij}) & Cov(r_{ij}, r_{kl})時，我們會以母群估計值r_{ij}、r_{kl}取代之。

(2) Pearson-Filon z考驗

本法係Pearson、Filon（1898）創用，後經Peters & Van Voorhis（1940）與Kenny（1979）加以推廣而被普遍使用，Steiger（1980）並詳加推導z-test的內涵（參見公式9-12）。

$$PFz = N^{\frac{1}{2}}\left(r_{12} - r_{34}\right) \times \left(\hat{\psi}^2{}_{12} + \hat{\psi}^2{}_{34} - 2\hat{\psi}^2{}_{12,34}\right)^{-\frac{1}{2}} \qquad \text{公式9-12}$$

當未具有共同變數時，變項1、2、3、4之變異數與共變數，可由公式9-13求得（利用相關係數），例如：變項1、2的變異數與變項1、2 & 3、4的共變數，分別為：

$$\psi^2{}_{12} = N\sigma^2{}_{12} = \left(1 - r^2{}_{12}\right)^2;$$

$$\psi_{12,34} = N\sigma_{12,34} = \frac{1}{2}\left\{\begin{array}{l}\left[\left(r_{13} - r_{12}r_{23}\right) \times \left(r_{24} - r_{23}r_{34}\right)\right] \\ + \left[\left(r_{14} - r_{13}r_{34}\right) \times \left(r_{23} - r_{12}r_{13}\right)\right] \\ + \left[\left(r_{13} - r_{14}r_{34}\right) \times \left(r_{24} - r_{12}r_{14}\right)\right] \\ + \left[\left(r_{14} - r_{12}r_{24}\right) \times \left(r_{23} - r_{24}r_{34}\right)\right]\end{array}\right\} \qquad \text{公式9-13}$$

公式9-13衍生了很多其他相關程式的指標，如以下之共變數k & Q指標。上述公式9-12的z統計量，亦可以經由Pearson & Filon（1898）的PF_z公式9-14求得：

$$PF_z = \frac{\sqrt{N}\left(r_{14} - r_{23}\right)}{\sqrt{\mathrm{var}(r_{14} - r_{23})}} = \frac{\sqrt{N}\left(r_{14} - r_{23}\right)}{\sqrt{\mathrm{var}(r_{14}) + \mathrm{var}(r_{23}) - 2\,\mathrm{cov}(r_{14}, r_{23})}}$$

$$= \frac{\sqrt{N}\left(r_{14} - r_{23}\right)}{\sqrt{\left(1 - r^2{}_{14}\right)^2 + \left(1 - r^2{}_{23}\right)^2 - k}} \qquad \text{公式9-14}$$

公式9-14中$(1 - r^2{}_{14})^2$, $(1 - r^2{}_{23})^2$係r_{14} & r_{23}之變異數，而k係兩倍r_{14} & r_{23}之共變數（$2\mathrm{cov}(r_{14}, r_{23})$），k亦可由公式9-15（公式9-13化簡）求得：

$$k = (r_{12} - r_{24} \times r_{14})(r_{34} - r_{24} \times r_{23}) + (r_{13} - r_{12} \times r_{23})(r_{24} - r_{12} \times r_{14}) + (r_{12} - r_{13} \times r_{23})$$
$$\times (r_{34} - r_{13} \times r_{14}) + (r_{13} - r_{14} \times r_{34})(r_{24} - r_{34} \times r_{23}) \qquad \text{公式9-15}$$

使用Pearson & Filon（1898）z考驗甚為繁瑣，且上述PF_z統計量，因為需要大樣本統計量之分配，才能符合常態分配，Raghunathan, Rosenthal, & Rubin（1996）建議，先利用公式9-1將原始交叉相關係數轉換成Fisher's z值後，再利用公式9-16，進行計算Z_{PF}的相關統計量。

$$z_{PF} = \frac{z_{12} - z_{34}}{\sqrt{\left(1 - \dfrac{k}{2(1 - r_{12}^2)(1 - r_{34}^2)}\right)\left(\dfrac{2}{N-3}\right)}} \qquad \text{公式9-16}$$

(3) Dunn & Clark（1969）z考驗

本法需先經Fisher z轉換後（參見公式9-1），再帶入Z_{PF}公式9-17。

$$z_{PF} = \frac{\sqrt{\frac{N-3}{2}}(z_{14} - z_{23})}{\sqrt{1 - \frac{Q}{2(1 - r_{14}^2)(1 - r_{23}^2)}}} = \frac{\sqrt{N}(z_{14} - z_{23})}{\sqrt{2 - 2\left(\frac{Q}{(1 - r_{14}^2)(1 - r_{23}^2)}\right)}} \qquad 公式9-17$$

公式9-17中，

$$Q = .5 \times (r_{14} \times r_{23}) \times (r_{12}^2 + r_{13}^2 + r_{24}^2 + r_{34}^2) - (r_{12} \times r_{23} \times r_{24} + r_{13} \times r_{23} \times r_{34}$$
$$+ r_{12} \times r_{13} \times r_{14} + r_{14} \times r_{24} \times r_{34}) + (r_{12} \times r_{34} + r_{13} \times r_{24}) \qquad 公式9-18$$

公式9-17中，分母$1 - r_{14}^2$與$1 - r_{23}^2$係r_{14}、r_{23}標準差，Q係兩倍r_{14} & r_{23}之共變數，因而$\frac{Q}{2 \times (1 - r_{14}^2)(1 - r_{23}^2)}$相當於$r_{14}$ & r_{23}間的相關係數。

由此觀之，本法旨在排除r_{14} & r_{23}間的相關之後，再計算PF_z值，因此以Z_{PF}稱之，而Q值亦可以公式9-14中的K值取代之。本法經Raghunathan, Rosenthal, & Rubin（1996）的研究證實，Z_{PF}的統計考驗力優於PF_z。

(4) Steiger's z考驗

Steiger（1980）認為Z_{PF}公式中分母，如採併組相關估計值較穩定可靠，主張使用平均值$(r_{12} + r_{34})/2$與使用Fisher's z分數（針對待比較的相關係數進行z轉換），去計算z值。這是Dunn & Clark（1969）z考驗的修訂公式，公式9-19中，$\bar{s}_{1234}$係Fisher's z分數的共變數。

$$Z_S = \frac{\sqrt{(N-3)}(z_{12} - z_{34})}{\sqrt{(2 - 2\bar{s}_{12,34})}} \qquad 公式9-19$$

公式9-19中，

$$\bar{s}_{12,34} = \frac{Cov(r_{12}, r_{34})}{(1 - \bar{r}_{12,34}^2)^2} \qquad 公式9-20$$

公式9-20中，分子為變項1、2 & 3、4之共變數，計算公式請參見公式9-13，分母要素$\bar{r}_{12,34}$則界定如公式9-21：

$$\bar{r}_{12,34} = \frac{r_{12} + r_{34}}{2} \quad （計算Q值時，r_{12}或r_{34}均以\bar{r}_{12,34}取代之） \qquad 公式9-21$$

(5) Kenny（1987）PF修正公式（適用於N > 20）

應用時，需先將相關係數轉換成Fisher's z。

$$Z_K = \frac{\sqrt{(n-3)}(z_{12} - z_{34})}{\sqrt{2 - k(1 - \bar{r}^2)^2}} \qquad 公式9-22$$

公式9-22中，

$$\bar{r}^2 = \left(\frac{r_{12} + r_{34}}{2}\right)^2 \qquad 公式9-23$$

公式9-22中，

$$k = (r_{13} - r_{23} \times \bar{r}) \times (r_{24} - r_{23} \times \bar{r}) + (r_{14} - r_{13} \times \bar{r}) \times (r_{23} - r_{13} \times \bar{r})$$
$$+ (r_{13} - r_{14} \times \bar{r}) \times (r_{24} - r_{14} \times \bar{r}) + (r_{14} - r_{24} \times \bar{r}) \times (r_{23} - r_{24} \times \bar{r}) \qquad 公式9-24$$

因為SPSS、SAS並未提供上述之相關分析程式，筆者乃利用Excel VBA撰寫應用程式（交互相關差異考驗Excel VBA巨集），以方便研究者估計與運用上述之統計指標。

（四）Excel VBA巨集簡介與實例應用解說

涉及相依樣本的相關係數差異考驗，一般統計軟體都不提供，且計算過程甚為繁複。為便利研究者進行相關係數差異考驗，本書特提供「Cross-Laggedcorr.xla」分析軟體。本軟體可進行重測信度考驗、同時信度考驗、時差交互相關係數差異的統計考驗與重疊相關係數差異的統計考驗。下載時，首先，將隨書所附之統計分析軟體「Cross-Laggedcorr.xla」拷貝到Microsoft之AddIns次目錄下（通常在C:\Documents and Settings次目錄下），參見圖9-2。

圖9-2　Microsoft之AddIns次目錄位置

接著，再打開Excel「檔案」→「選項」之下的「增益集」選單，在所出現的視窗內點選Cross-Laggedcorr.xla增益集（參見圖9-3），並按下「確定」。Excel即會在主選單增益集視窗中，出現「相關係數差異考驗」之選目（參看圖9-4）。

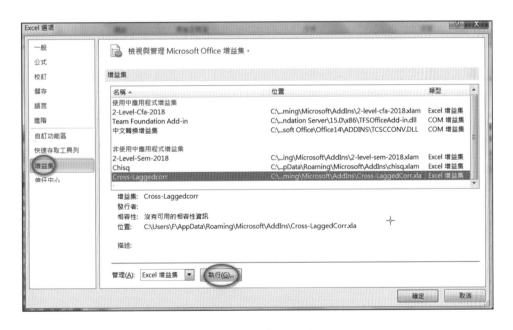

圖9-3　Excel增益集預定存放位置

圖9-4　Cross-Laggedcorr.xla增益集

　　用滑鼠點開圖9-4的Excel表單「Cross-Laggedcorr」之選目，就會在圖9-5左側，顯示相關係數差異的增益集，點開它，就可看到相關的統計功能選目供您點選。第一個模組為同時相關，用以考驗同時相關係數之差異；第二個模組為重測相關，用以考驗重測相關係數之差異；第三個模組為交叉相關，用以考驗交叉相關係數之差異；第四個模組為重疊相關，用以考驗重疊相關係數之差異；第五個模組為含共同變項之相關係數差異的考驗（為第四個模組的簡易版）；第六個模組為相關差異考驗之理論基礎的線上協助；最後一個選目為離開此增益集之按鈕。注意，操作時，請先打開一個空白的Excel表單，才能順利執行這些統計分析的副程式。

　　因為上述第一個模組到第三個模組均係未含共同變項的統計方法，變項間相關係數的命名必須吻合圖9-6的設計，才能正確跑出您所要的統計量。圖9-6中的r_{12} & r_{34}係重測相關（Autocorrelations），可以反映構念的穩定性（測量構念的不變性），r_{13} & r_{24}係同時相關，而r_{14} & r_{23}係時差交互相關係數。

　　以圖9-7愉悅事件（x1、x2）與憂鬱分數（x3、x4）的各種相關係數為例，r_{13}代表在時間一上，愉悅事件與憂鬱分數的同時相關係數（$-.28$），係同時效度指標；r_{24}代表在時間二上，愉悅事件與憂鬱分數的同時相關係數（$-.29$）；r_{12}代表在時間一與

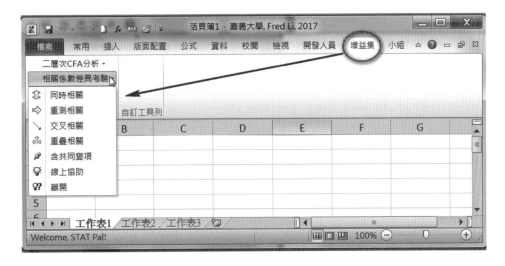

圖9-5　Excel「相關係數差異考驗」增益集之選單

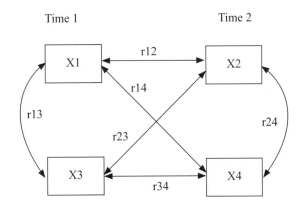

Cross-lagged panel correlation

圖9-6　變項間相關係數的命名

時間二間，愉悅事件的重測相關係數（.67）；r_{34}代表在時間一與時間二間，憂鬱分數的重測相關係數（.59）；r_{14}、r_{23}分別代表愉悅事件與憂鬱分數的時差交互相關係數（−.28、−.21）。同時相關是因果關係的先決條件，無相關必無因果，它的絕對值應大於.30以上（Kenny & Harackiewicz, 1979），本例似乎未達到前述時差交互相關差異考驗基本假設一之要求。

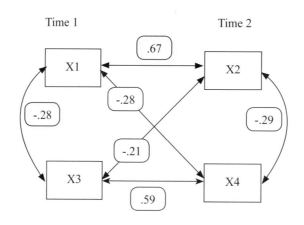

Cross-lagged panel correlation

圖9-7　愉悅事件與憂鬱分數的各種相關係數（$N = 177$）

　　以下逐一以圖9-7之相關係數實例，說明相依樣本之「相關係數差異考驗」，在圖9-5之五個Excel增益集上的實際操作步驟。前三個副程式模組係不含共同變項的統計分析，第四、五個副程式係含共同變項的統計分析。

1. 同時相關係數差異之考驗

　　依照圖9-7之愉悅事件（X1、X2）與憂鬱分數（X3、X4）的三種相關係數，依序輸入圖9-8中的同時相關係數差異考驗之視窗空格處。輸入後，假如發現有異常不合理值或空白，電腦會出現警告視窗（參見圖9-8底部），並限制繼續往下輸入資料。

　　由圖9-9知，個別之同時相關係數$r_{13} = -.28$與$r_{24} = -.29$，離.30的最低要求不遠。當相關之資料輸入齊全之後，按下圖9-9右下角的計算按鈕，就可看到同時相關係數差異（$r_{13} = -.28$ vs $r_{24} = -.29$）考驗之三種統計考驗結果，請讀者依照樣本大小，擇一報告即可。這三種統計考驗結果，均顯示變項的因果結構在跨時間點上相當穩定（p >.05，具有Perfect stationarity），因為同時相關在跨時間點上沒有顯著改變（參見圖9-9），因此符合前述時差交互相關差異考驗的基本假設一（同時相關須達.30以上）& 基本假設四（同時相關不因測量時間而改變）之要求。

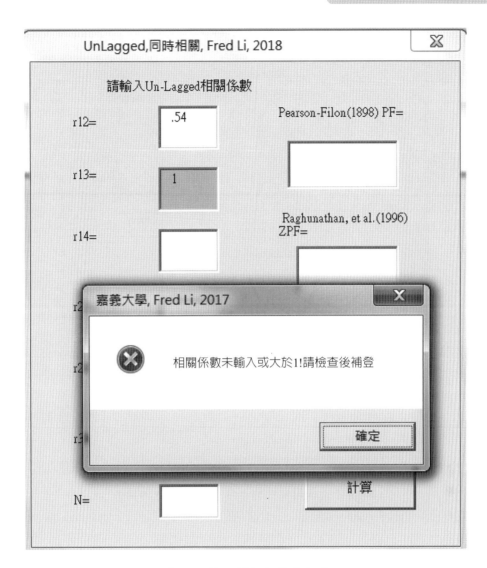

圖9-8　輸入錯誤之警告視窗

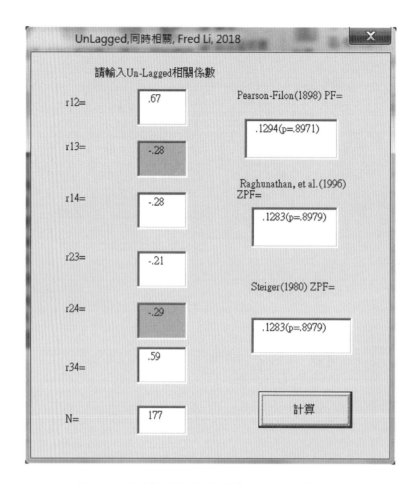

圖9-9　同時相關係數差異考驗之視窗與結果

2.重測相關係數差異之考驗

重測（又稱自動）相關係數差異（r_{12} = .67 vs r_{34} = .59）之考驗，旨在檢驗變項的重測信度是否相同，意即在檢驗測量構念的不變性是否成立，這是前述時差交互相關差異考驗基本假設二之要求。而要符合此基本假設的要件是，個別的重測相關係數要能達到既定顯著水準，最好也要大於.60以上。由圖9-10之三種統計考驗結果知，變項的重測信度尚佳且其差異考驗均未達顯著水準（p > .05），而個別的重測相關係數經t考驗結果（t值分別為11.94 & 9.67）達.05的顯著水準（p < .05，df = 175）。因此，符合前述時差交互相關差異考驗基本假設二：構念穩定性（或不變性）及變項的重測信度相同之要求。

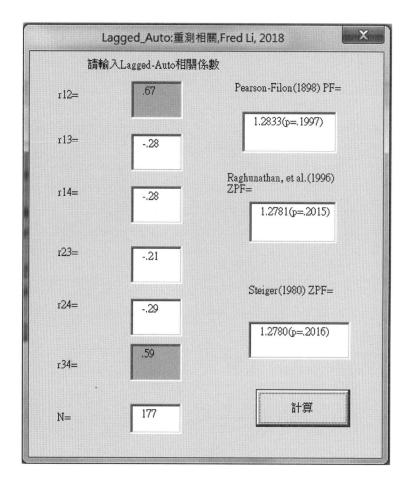

圖9-10　重測相關係數差異之考驗

3. 交叉相關係數差異之考驗

　　本實例之同時相關達.30以上、變項的重測信度相同、在同時施測性與結構穩定性上，亦符合前述的幾個基本要求，因而可以繼續進行交叉相關係數差異考驗，並據此以推論雙變項間之因果關係。不過，在下結論之前，務必考慮有無其他原因，導致虛假相關的虛無假設無法被推翻。

　　由圖9-11之三種統計考驗結果知，變項的交叉相關係數差異之三種統計考驗結果，均未達顯著水準（$p > .05$），反映出變項的交叉相關係數沒有顯著差異（$r_{14} = -.28$ vs $r_{33} = -.21$）。因此，此雙變項間未具有交叉延宕效果（Cross-lagged effects）之因果關係，亦即時差交互相關差異量為0的虛無假設，無法被推翻。換言之，可能存在著第三個變項，而導致此雙變項間之虛假相關（cf. Kenny, 1975）。不過，此種

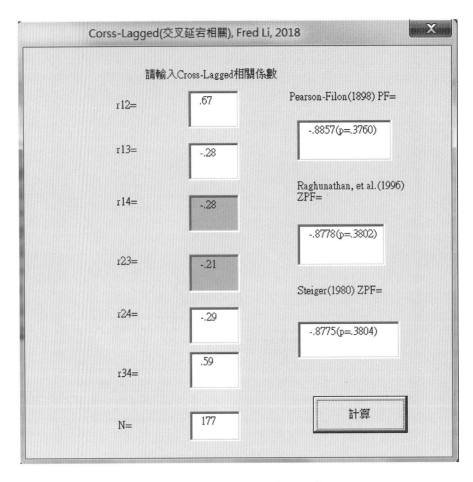

圖9-11　交叉相關係數差異之考驗

考驗結果亦可能由下列原因所致，研究者須謹慎評估之：

　　(1)互爲因果（Reciprocal effects）。

　　(2)效果值不大。

　　(3)N不大（統計考驗力較弱）。

　　(4)重測信度不高。

　　(5)因果不隨時間而改變。

　　(6)時間間隔不當（過長或過短）。

4. 重疊相關係數差異之考驗

　　本節重疊相關係數差異考驗，係含有共同變項的相依樣本之相關係數差異考

驗，跟前節相關係數差異考驗不同。

(1) 相關係數差異之考驗

重疊相關係數差異之考驗提供了四個變項可能配對的差異性考驗。以r_{12} & r_{13}為例，相關係數差異之考驗結果，不管是William考驗法或Steiger考驗法，均顯示兩者的差異達到.05的顯著水準（$p = .0000$）。

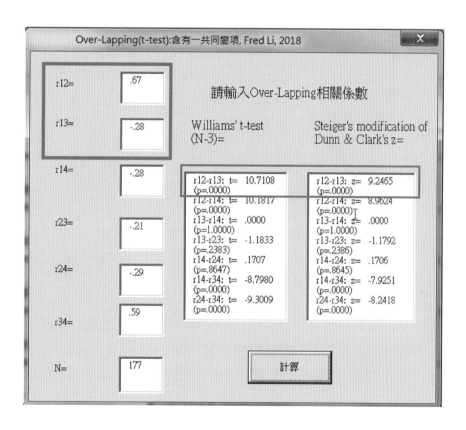

圖9-12　重疊相關係數差異之考驗

(2) 含共同變項之相關係數差異考驗（簡易版）

為利於研究者之應用，特提供僅含三個變項的重疊相關係數差異考驗的簡易副程式，參見圖9-13。例如：研究者想要比較IQ & GPA的關係（.3）與IQ & SAT的關係（.6），此為含有一共同變項（IQ）的相關係數間的差異考驗：$H_0：\rho_{IQ.GPA} = \rho_{IQ.SAT}$。圖9-13顯示考驗結果：$H_0$的虛無假設被推翻了（$p < .05$）。換言之，IQ & GPA間的相關與IQ & SAT的相關，具有顯著差異，IQ與SAT的相關性顯著大於IQ與GPA的相關性。

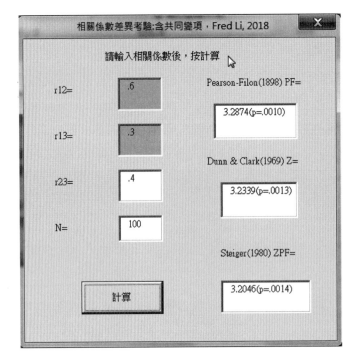

圖9-13　含共同變項之相關係數差異考驗

（五）SEM分析途徑

SEM的分析功能甚具彈性，前述相依性相關係數差異性的統計考驗，亦可利用SEM分析的卡方值差異或其參數間差異的CR值（Cheung & Chan, 2004），進行相依性相關係數差異性的統計考驗。以下將以圖9-14的數據為例，透過相關係數的抽樣分配法（如Olkin & Finn ,1990；Steiger, 1980）與SEM分析兩種不同途徑，進行比較分析，分析對象將僅就重測相關係數差異與交互相關係數差異之考驗。

1.重測相關係數差異性考驗

茲以圖9-14的原始數據矩陣為例，進行Amos的操作示範說明，其徑路圖設計如圖9-15所示。由圖9-15的徑路圖設計可知，X1～X4的誤差變異數設定為0（無測量誤差）；而F1～F4的變異數均設定為1（因係在分析相關係數）。此外，路徑中F1 & F2間與F3 & F4間的重測相關徑路，其係數（均以eq命名，進行參數等同限制）設定為相等，以便進行重測相關係數的恆等性考驗。

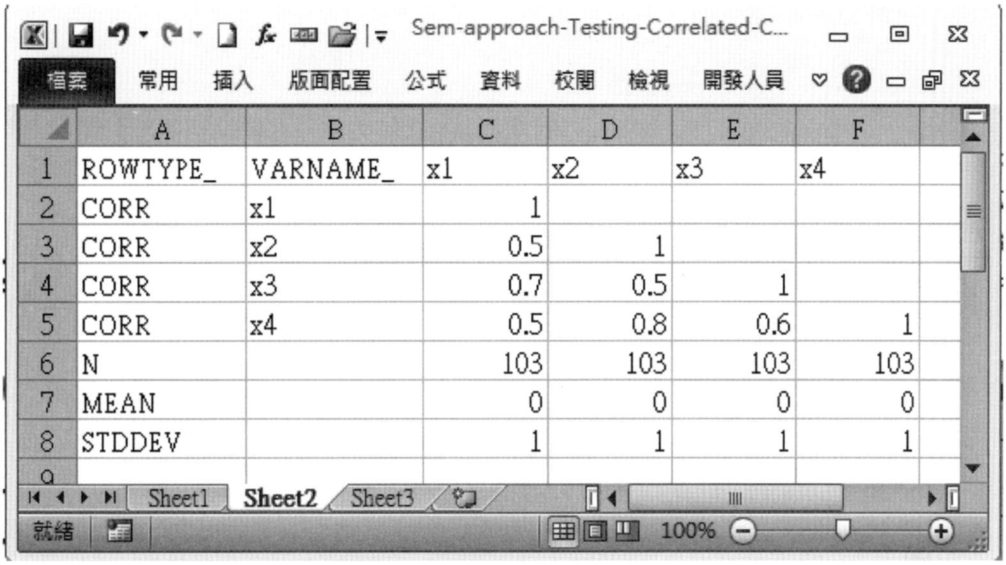

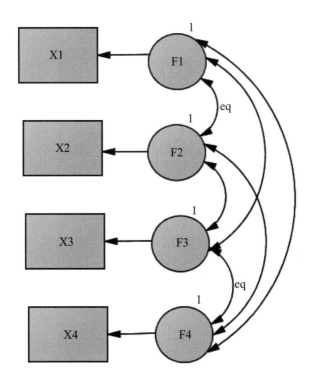

圖9-14　重測相關係數差異性考驗的原始數據矩陣

重測信度的差異性考驗─SEM途徑

圖9-15　重測相關係數差異性考驗徑路圖設計(1)

SEM統計分析結果，如圖9-16 & 表9-5所示。

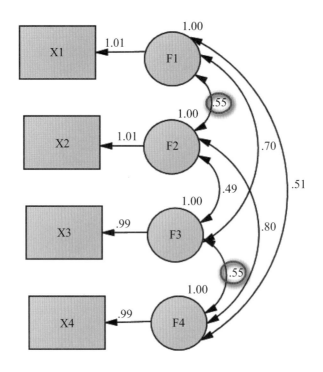

圖9-16　重測相關係數差異性考驗結果：透過SEM

表9-5　透過理論模式卡方值之重測相關係數差異性考驗：Amos分析結果(1)

Model	NPAR	CMIN	DF	P
Default model	9	2.0131696	1	.1559392
Saturated model	10	.0000000	0	
Independence model	4	225.0493560	6	.0000000

由表9-5知，χ^2 = 2.01317、df = 1、p = .1559。因為自由度為1，因此開根號可得z = 1.41886，其 p 值約為.1559，顯示重測相關係數間無顯著差異。

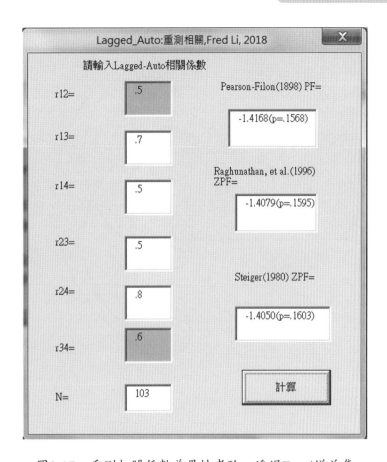

圖9-17　重測相關係數差異性考驗：透過Excel增益集

　　圖9-17之傳統重複量數之相關係數的統計分析（Pearson & Filson, 1898；Dunn & Clark, 1969；Steiger, 1980）與SEM分析之考驗結果（參見表9-5），非常接近（$p = .16$上下），其中以Pearson-Filon之分析結果，最爲接近。

　　另外，重測相關係數差異性考驗，亦可透過Amos徑路圖設計（參見圖9-18），直接針對徑路參數（命名爲s1 & s2），進行參數差異性之CR值考驗。

　　利用圖9-18之Amos徑路圖設計進行統計分析，其自由度爲0，爲完全適配模式，分析結果如表9-6所示。

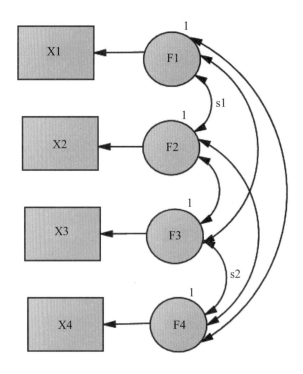

重測信度的差異性考驗—SEM途徑

圖9-18　重測相關係數差異性考驗徑路圖設計(2)

表9-6　透過參數比較之重測相關係數差異性考驗結果：Amos分析結果(2)

Critical Ratios for Differences between Parameters (Default model)

	s1	s2	par_3	par_4	par_5	par_6
s1	.0000000					
s2	1.4099348	.0000000				
par_3	6.0902295	4.9969380	.0000000			
par_4	6.0035308	5.5722713	-.0000008	.0000000		
par_5	-.0000001	-1.6047140	-6.0902296	-6.0902289	.0000000	
par_6	-.0000002	-1.9325878	-5.9001928	-6.5056612	-.0000001	.0000000
par_7	4.1772185	3.1197475	-2.7755936	-3.4559771	4.1772186	4.4667869
par_8	6.0902291	5.0356081	-.0000005	.0000004	6.0035311	6.0902291
par_9	2.6846243	1.4612432	-4.7721581	-3.9542587	2.9289313	2.6846244
par_10	5.9001925	5.5722717	-.0000004	.0000006	6.2755257	6.0902293

由表9-6中s1 & s2參數差異比較知，CR = 1.4099，其值未大於1.9645，與圖9-17之分析結果相似（$p > .05$），其中以Raghunathan, et al.之ZPF的數據，最為接近。因重測相關係數間之差異，未達.05顯著差異水準，兩個構念的穩定性甚佳。綜上所述，三種統計分析途徑，其分析結果相當一致。

2. 交叉延宕相關係數差異性考驗

以下示範分析，仍沿用圖9-14之重測相關係數差異性考驗的原始數據，將相對應的數據代入圖9-19左側之Excel增益集表單空格之處，按下計算鈕，即可獲得該圖右側之統計分析結果。圖9-20係交互相關係數差異性考驗的徑路圖設計，X1～X4的誤差變異數設定為0（無測量誤差），而F1～F4的變異數均設定為1（因係在分析相關係數）。此外，路徑中F1 & F4間與F2 & F3間的交互相關徑路，其係數（eq）設定為相等，以便進行交互相關係數的等同性考驗。

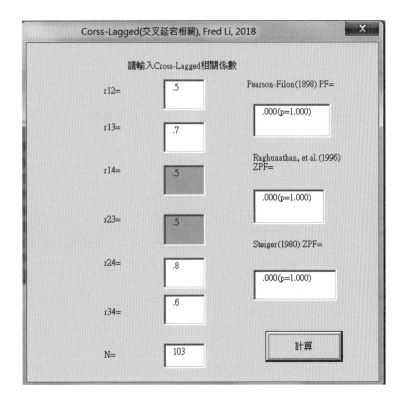

圖9-19　交互相關係數差異性考驗：透過Excel增益集

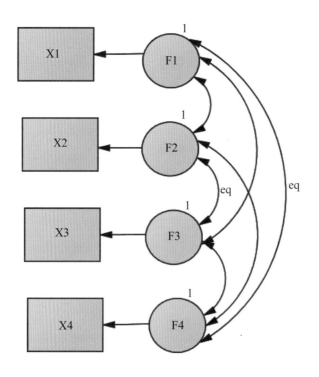

交互相關的差異性考驗—SEM途徑

圖9-20　Amos交互相關係數差異性考驗徑路圖設計(1)

表9-7　透過交互相關係數差異之卡方值考驗結果：Amos分析結果(1)

Model	NPAR	CMIN	DF	P	CMIN/DF
Default model	9	.0000000	1	.9999965	.0000000
Saturated model	10	.0000000	0		
Independence model	4	225.0493560	6	.0000000	37.5082260

　　根據圖9-19之傳統重複量數相關係數差異的分析法（Pearson & Filson, 1898；Dunn & Clark, 1969；Steiger, 1980），所得結果與表9-7之SEM的分析結果非常接近（$p = 1.0$），顯示交互相關係數兩者沒有顯著差異，兩變項可能具有互為因果的關係。另外，交互相關係數差異性考驗，亦可透過以下Amos徑路圖設計（參見圖9-21），直接針對徑路參數（c1 & c2）進行CR值差異性考驗。

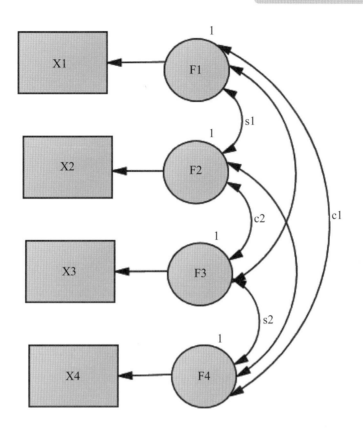

交互相關的差異性考驗—SEM途徑

圖9-21　交互相關係數差異性考驗徑路圖設計(2)

由表9-8中，c1 & c2參數差異比較知，CR接近於0，其值小於截斷值1.9645，與前述分析結果相似（$p = 1.0$），顯示兩個交互相關係數間之差異，未達.05顯著差異水準。

至於同時相關係數之差異性考驗，可依前述方法進行統計顯著性之考驗，不再贅述。

表9-8　透過參數比較之交互相關係數差異性考驗結果：Amos分析結果(2)

Critical Ratios for Differences between Parameters (Default model)

	c1	c2	s1	s2
c1	.0000000			
c2	-.0000001	.0000000		
s1	.0000001	.0000002	.0000000	
s2	1.6047140	1.9325878	1.4099348	.0000000

四、交叉延宕迴歸分析：觀察變項模式

本節先討論交叉延宕迴歸分析的優點，再簡介雙變項交叉迴歸分析的Amos徑路圖設計，接著進行兩波段及三波段交叉延宕迴歸的實例分析。

（一）交叉延宕迴歸分析的優勢

Kenny & Harackiewicz（1979）認為傳統交叉延宕分析提供的有用資訊比迴歸分析少，傳統交叉延宕分析充其量只不過是因果假說而已，而非因果之證據。因為雙變項間的相關可能係第三變項所致，Rogosa（1980）就曾極力反對使用交叉延宕設計分析雙變項間的因果關係，他認為這是一條死胡同（a dead end），因為不管兩個變項間是否具有交互影響力，兩個交叉延宕相關係數的差異，都可能出現顯著或不顯著的結果。Rogosa（1980）也列舉一些交叉延宕分析實例，發現即使重要的因果關係存在，交叉延宕相關係數的差異有可能不存在；同樣的當因果關係不存在時，交叉延宕相關係數的差異有可能出現。Taris（2000）指出利用迴歸係數估計交叉延宕效果（Cross-lagged effects），可以將穩定效果（Stability effects，重測信度）的差異性加以控制。標準化的迴歸係數Gamma2與Bata2，即是分別排除X1與Y1效果之後的估計值（參見公式9-25 & 公式9-26），較適合作為交叉延宕效果的估計值比較（Kessler & Greenberg, 1981；Hamaker, Kuiper & Grasman, 2015）。

因此，最近一二十年來，不少研究者已不再使用交叉延宕相關分析，而改用如圖9-22之交叉延宕迴歸分析（例如：Orth, Robins,& Widaman, 2012；Tang & Wang, 2009；Glebbeek & Bax, 2004；Koys, 2001；Gaddy, 1986；Bateman & Strasser, 1984）。這兩者主要差異在於前者使用相關係數分析，後者使用迴歸係數分析。

交叉延宕迴歸分析須利用公式9-25 & 公式9-26，進行迴歸分析兩次（在SEM的架構下，只須執行一次即可），參見圖9-23 & 圖9-24。接著再比較標準化的Beta2 & Gamma2的大小，如果兩者的差異達統計上的既定顯著水準，即可宣稱該雙變項具有顯著的單向因果關係。

（二）雙向與單向性雙變項交叉迴歸分析的徑路圖設計

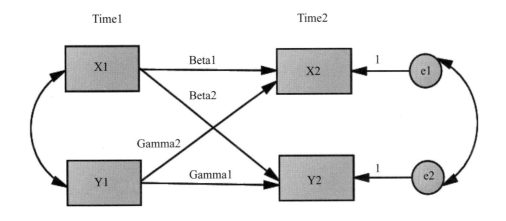

Cross-lagged Regression Model

圖9-22　雙向性雙變項交叉迴歸分析設計：Amos徑路圖

在兩波段交叉延宕迴歸分析中，研究者如顧慮到殘差變項（e1 & e2）間是否具有顯著相關，可開放估計此共變項參數；如果殘差變項間具有顯著相關，顯示交叉延宕相關之外，尚有部分變異量未被解釋到，而導致高估了交叉延宕相關。圖9-22的雙向性雙變項交叉迴歸分析設計，旨在探究重複測量變項或其構念的結構關係。它涉及公式9-25 & 公式9-26等兩個迴歸方程式，此一徑路圖設計為一恰可辨識模式（A just-identified model），其自由度為0（$= \frac{4 \times 5}{2} - 10$），亦為一個完全適配模式。因此，只要針對Bata2 & Gamma2參數進行等同限制，研究者即可使用自由度為1的概似比考驗（Likelihood ratio test），檢驗此對交互相關的等同性。此交互相關的等同性考驗，係針對非標準化迴歸係數所做的統計考驗。不過，當X2或Y2變異量出現顯著改變時，可能會導致錯誤的結論，例如：X2變異量的顯著增加，可能會使交互相關增

大；而Y2變異量的顯著增加，可能會使交互相關變小（Rogosa, 1980）。因此，建議同時報告交互相關的標準化迴歸係數。此外，圖9-22的交叉迴歸分析設計，並未慮及變項的測量誤差問題，可能致使交互相關的估計產生偏差。筆者建議使用雙變項的信度，進行交互相關標準化迴歸係數之校正：例如：$\hat{\beta}_{2,3} = \dfrac{\beta_{2,3}}{\sqrt{\rho_2 \rho_3}}$，看看是否產生巨大變化。

$$X_2 = \beta_1 X_1 + \gamma_2 Y_1 + e1 \qquad\qquad 公式9\text{-}25$$

$$Y_2 = \beta_2 X_1 + \gamma_1 Y_1 + e2 \qquad\qquad 公式9\text{-}26$$

根據Rogosa（1980）的看法，假如Bata2 = Gamma2 = 0，即表示X與Y間沒有直接的因果關係（Direct causal effects）；另一方面，假如Gamma2的值等於或接近於0，而Beta2的值卻很大時，即暗示X可能是Y的因；假如Beta2的值等於或接近於0，而Gamma2的值卻很大時，即暗示可能Y是X的因；假如Beta2 & Gamma2都達到顯著水準且很大時，即暗示X與Y之間具有交互因果關係（Reciprocal causal effects）。由圖9-23或圖9-24可知，交叉延宕效果Bata2 & Gamma2的計算，都會先排除Y1→Y2 & X1→X2的效果（以排除交叉迴歸延宕效果，純由X & Y在第一波段的相關性所致），再估計交叉延宕效果。

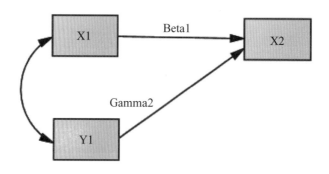

圖9-23　單向性雙變項交叉迴歸分析

不同於雙向雙變項交叉迴歸分析，單向性交叉迴歸分析，僅考驗X對Y或Y對X的效果，適用於當研究者已事先有方向性因果假設，或在時間點上的資料不全時，參見圖9-23 & 圖9-24。

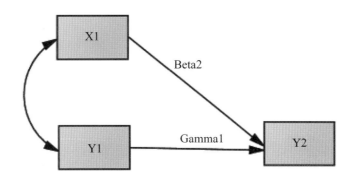

圖9-24　單向性雙變項交叉迴歸分析

（三）兩波段交叉延宕迴歸實例分析

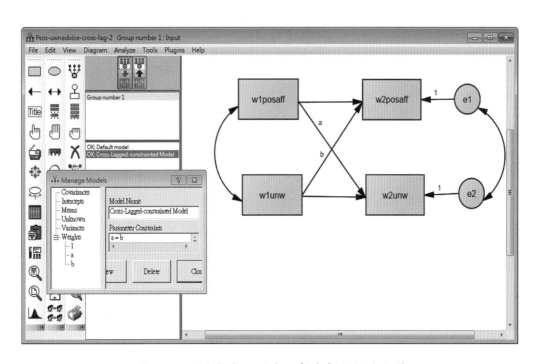

圖9-25　兩波段交叉延宕迴歸分析之徑路設計

　　兩波段交叉延宕迴歸分析之原始數據（socex1.dat），取自Newsom（2015）社會交換行為資料集網站：http://www.longitudinalsem.com/。該研究原本在探究正向、負向社會互動（包含家人或友人）對於憂鬱的影響力，在本章前半段則僅在探究正向 & 負向社會互動間之關係，後半段才探究友誼支持與憂鬱間的關係。圖9-25中的unw

表負向的社會互動，這是衝突的互動模式，例如：家人或友人給自己不想要的忠告或意見、家人或友人質疑自己的決定、家人或友人干預個人的私事；posaff表正向的情緒，例如：家人或友人的互動令人愉悅、家人或友人的情緒支持與友誼，w1表第一波，w2表第2波。圖9-25中的4個觀察值（w1posaff～w2unw），係各量表觀察值的平均數。另外，該圖中操作模式小視窗內之交叉延宕迴歸係數a & b設定為相等（受限模式），旨在進行受限模式與非設限模式（a & b開放估計）之差異考驗，以了解到底a是因，還是b是因。

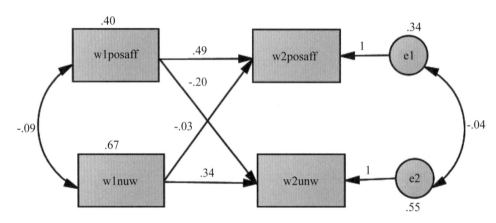

圖9-26　兩波段交叉延宕迴歸分析之例子：未標準化分析結果

　　分析時差交互相關差異性時，需先進行圖9-26中的重測相關與同時相關的顯著考驗。重測相關反映測量構念的不變性，它的值應大於.60以上，而同時相關是因果關係的先決條件，它的值應大於.30以上（Kenny & Harackiewicz, 1979），無相關必無因果。觀之圖9-27的重測相關係數與同時相關係數均未達基本要求，其因果關係似乎不強。

　　第1波段正向情緒對於第2波段負向社會互動的交叉延宕係數為−.20（z = −3.99），達到.05顯著水準，顯示正向情緒愈高者對於負向社會互動的影響力愈低。不過，第1波段負向社會互動對於第2波段正向情緒的交叉延宕係數為−.03（z = −.97），未達到.05顯著水準；顯示負向社會互動對於正向情緒沒有影響力（參見圖9-26、圖9-27）。

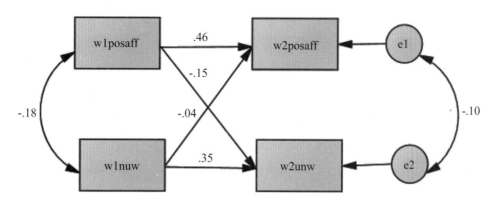

圖9-27　兩波段交叉延宕迴歸分析之例子：標準化分析結果

　　根據圖9-25中參數a & b的等同限制，獲得表9-9的卡方差異值考驗結果（$\chi^2 =$ 8.2836，接近$CR^2 = -2.885^2$、$p = .004$），顯示兩個交叉延宕迴歸係數具有顯著差異性：正向情緒可能是因，而負向社會互動可能是果。

表9-9　兩波段交叉延宕迴歸分析之Amos報表：模式間比較之卡方差異值

Nested Model Comparisons

Assuming model Default model to be correct:

Model	DF	CMIN	P	NFI Delta-1	NFI Delta-2	RFI rho-1	TLI rho-2
Cross-Lagged-constrainted Model	1	8.2836245	.0040004	.0303558	.0303558		

表9-10　兩波段交叉延宕迴歸分析之Amos報表：參數間比較之CR值

Critical Ratios for Differences between Parameters (Default model)

	b	a	par_3	par_4
b	.0000000			
a	-2.8847397	.0000000		
par_3	11.4831429	10.3583871	.0000000	
par_4	7.3083088	9.5130388	-2.6377098	.0000000

此外，研究者亦可利用Amos的參數之CR值考驗法，進行兩個交叉延宕迴歸係數的顯著性考驗。根據表9-10可知CR = −2.8847（$N = 574$、$p < .05$），顯示兩個交叉延宕迴歸係數，具有顯著差異性（當樣本N很大時，CR值趨近於Z值）：正向情緒可能是因，而負向社會互動可能是果。所獲得的結論與表9-9的卡方差異值的統計考驗結果相當一致。不過，因為重測相關係數（<.60）與同時相關係數（<.30）均未達基本要求，正向情緒與負向社會互動間的因果關係，似乎尚難以論斷。

（四）三波段交叉延宕迴歸實例分析

三波段交叉延宕迴歸分析，係二波段交叉延宕迴歸分析的延伸。本實例仍沿用前述二波段社會交換行為之原始數據（socex1.dat，取自Newsom, 2015）。圖9-28中的6個觀察值（w1posaff～w3unw），係兩個量表（正向情緒與負向社會互動）在三波段的重複測量所得觀察值的平均數。三波段交叉延宕迴歸分析，涉及一階與二階自動相關、交互相關，可以檢驗交叉延宕效果是否為時間的函數。譬如，感冒病毒在初期可能不會出現症狀，到中後期才會出現症狀，此時因果關係才會顯現出來。因此，三波段分析較能獲得延宕效果的全貌。

簡言之，三波段交叉延宕迴歸分析，可以評估延宕效果的持續性與穩定性。具體言之，此三波段設計在於利用SEM徑路參數之等同限制（參見圖9-28內右下方小視窗之參數等同限制），檢驗測量不變性（含測量誤差、交互相關）、自動相關不變性與殘差相關之不變性。圖9-28內小視窗之參數等同限制，係針對一階與二階自動相關（P1、P2、U1、U2）、交互相關（PU1、PU2、UP1、UP2）的參數等同限制。在三波段交叉延宕迴歸分析中，研究者如顧慮到殘差變項（e1 & e2、e3 & e4）間是否具有顯著相關，可開放估計共變項參數，以避免高估交叉延宕相關。以下將依自動相關與交互相關等同限制之有無（涉及基本假設是否成立），逐一示範說明之。

1. 自動相關與交互相關等同限制

根據圖9-28內小視窗之參數等同限制（命名為Cross-lagged-Constrained-Model），其未標準化分析結果如圖9-29所示，標準化分析結果如圖9-30所示。自動相關及交互相關等同限制的參數內容，請參見圖9-28右下方小視窗。

表9-11係三波段交叉延宕模式之Amos統計分析報表，其自動相關、交互相關等同限制模式考驗結果之摘要，如表9-12所示。

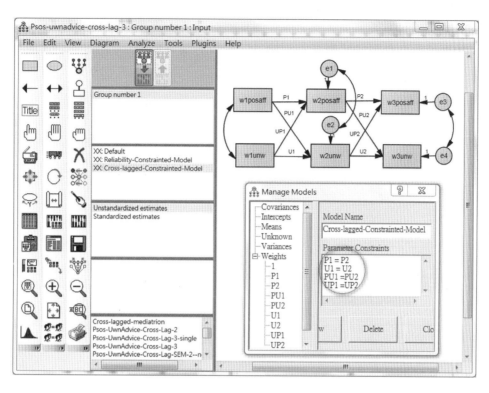

圖9-28　三波段交叉延宕迴歸分析之徑路設計與參數設定：自動相關、交互相關等同限制

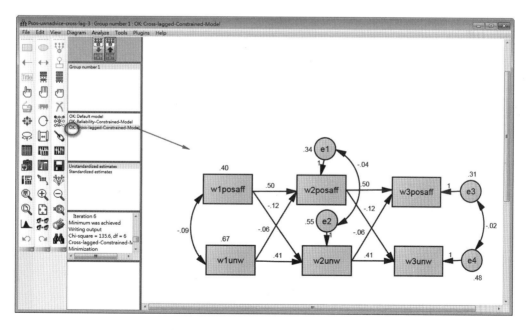

圖9-29　三波段交叉延宕之未標準化分析結果：自動相關、交互相關等同限制

分析時差交互相關差異性時，需先進行圖9-30中的重測相關與同時相關的顯著考驗。重測相關旨在反映測量構念的不變性（約介於.4～.5之間），而同時相關是因果關係的先決條件，它的值應大於.30以上（Kenny & Harackiewicz, 1979），無相關必無因果。由圖9-30的同時相關之絕對值僅達-.18，可知其因果關係似乎存疑。

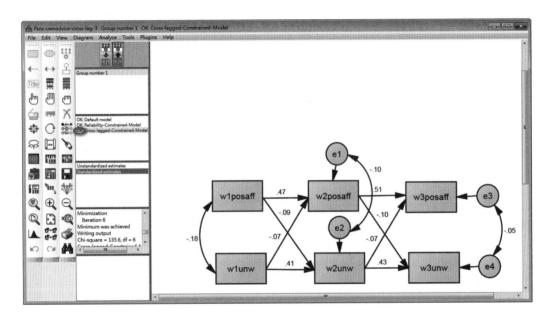

圖9-30　三波段交叉延宕之標準化分析結果：自動相關、交互相關等同限制

表9-11　三波段交叉延宕迴歸分析之Amos報表：模式間比較之卡方差異值（N＝574）

Nested Model Comparisons

Assuming model Default model to be correct:

Model	DF	CMIN	P	NFI Delta-1	NFI Delta-2	RFI rho-1	TLI rho-2
Reliability-Constrainted Model	2	5.6277	.0600	.0074	.0075	-.1955	-.1994
Cross-Lagged-Constrainted Model	4	10.0516	.0396	.0132	.0133	-.2962	-.3022

Assuming model Reliability-Constrainted-Model to be correct:

Model	DF	CMIN	P	NFI Delta-1	NFI Delta-2	RFI rho-1	TLI rho-2
Cross-Lagged-Constrainted-Model	2	4.4239	.1095	.0058	.0059	-.1007	-.1028

由表9-11的雙變項在三波段的重測信度不變性（Reliability-Constrained-Model）考驗結果（p = .060）來看，雙變項的穩定性在三波段具有不變性的假設，可以接受，而且從後續的交叉延宕效果在三波段的等同性（Cross lagged Constrained Model）考驗結果（p = .1095）來看，交叉延宕效果在三波段具有不變性的假設，亦可以接受。依此等同限制，參酌圖9-30，交叉延宕效果與穩定效果，在兩階段上的標準化係數與參數差異之CR值，摘要如表9-12所示。查閱表9-12，正向情緒與負向社會互動的交叉延宕效果，並未出現顯著之差異（CR = −1.6519），顯示正向情緒與負向社會互動並未具有顯著因果關係。因為在第一階或第二階之正向情緒與負向社會互動的交叉延宕效果具有等同性，研究者可以先利用Fisher's z轉換求取平均值，再轉換回積差相關係數（分別為−.095、−.07）。

表9-12　正向情緒（X）與負向社會互動（Y）的交叉延宕效果、穩定效果與CR值：自動相關與交互相關均受限模式

	交叉延宕效果		穩定效果	
	X→Y	Y→X	X→X	Y→Y
第一階	−.09	−.07	.47	.41
第二階	−.10	−.07	.51	.43

Critical Ratios for Differences between Parameters (Cross-lagged-Constrained-Model)

	P1	U1	UP1	PU1	par_5	par_6	par_7	par
P1	.0000							
U1	−2.5312	.0000						
UP1	−18.2753	−13.3759	.0000					
PU1	−14.2833	−13.8914	−1.6519	.0000				

2. 自動相關等同限制

研究者亦可僅對自動相關（或稱為重測信度）進行等同限制（Reliability-Constrained-Model），分析結果如圖9-31 & 圖9-32所示。自動相關等同限制之參數限制內容，請參見圖9-31右下方的小視窗。

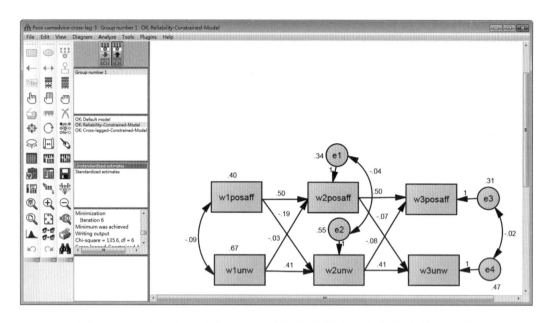

圖9-31　三波段交叉延宕之未標準化分析結果：自動相關等同限制

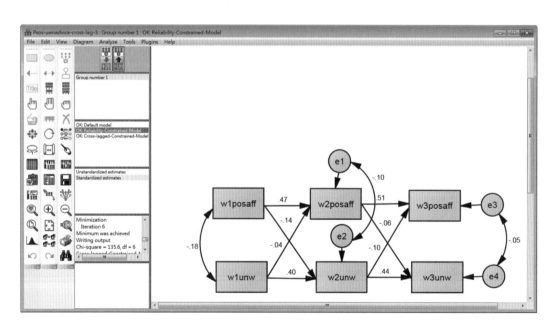

圖9-32　三波段交叉延宕之標準化分析結果：自動相關等同限制

　　參酌圖9-32的三波段交叉延宕模式之標準化分析結果，其自動相關等同限制模式下的交叉延宕效果、穩定效果與CR值，摘要如表9-13所示。

表9-13　正向情緒（X）與負向社會互動（Y）的交叉延宕效果、穩定效果與CR值：自動相關受限

	交叉延宕效果		穩定效果	
	X→Y	Y→X	X→X	Y→Y
第一階	−.14	−.04	.47	.40
第二階	−.06	−.10	.51	.44

Critical Ratios for Differences between Parameters (Reliability-Constrained-Model)

	P1	U1	UP1	PU1	UP2	PU2	par_7
P1	.0000						
U1	−2.5688	.0000					
UP1	−14.3057	−10.7488	.0000				
PU1	−11.9930	−11.2359	−2.6579	.0000			
UP2	−16.1540	−12.3289	−1.0892	1.8951	.0000		
PU2	−11.0617	−10.0801	−.6817	1.7985	.1612	.0000	

註：參數間差異值之臨界比（CR）顯示於矩陣的下半側。

　　由表9-13可看出，在第一階時，正向情緒可以顯著預測社會互動（−.14 vs −.04，CR = −2.6579，p < .05），但在第二階時，正向情緒則無法顯著預測負向社會互動（−.06 vs −.10，CR = .1612，p > .05），此種前後出現不一致的現象，正向情緒的效果似乎無法持續，可能係在第二波段中，其自動相關變大所致。

3. 自動相關與交互相關均開放估計

　　如果自動相關、交互相關均開放進行估計（Default Model），未進行任何參數之限制，其分析結果，如圖9-33與圖9-34所示。

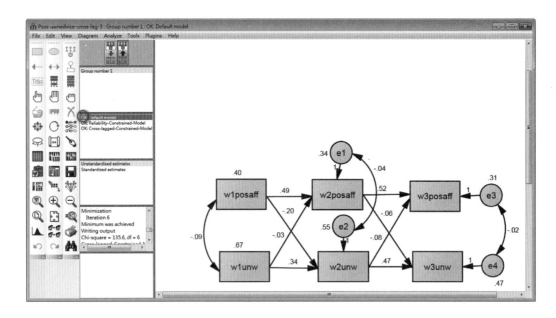

圖9-33　三波段交叉延宕之未標準化分析結果：未受限模式

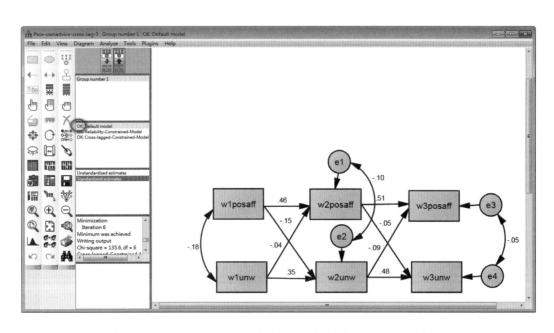

圖9-34　三波段交叉延宕之標準化分析結果：未受限模式

　　依據圖9-34的三波段交叉延宕模式之標準化分析結果，其未受限模式下之交叉延宕效果、穩定效果與參數差異CR值，摘要如表9-14所示。

表9-14 正向情緒（X）與負向社會互動（Y）的交叉延宕效果、穩定效果與CR值：未受
限模式

	交叉延宕效果		穩定效果	
	X→Y	Y→X	X→X	Y→Y
第一階	−.15	−.04	.46	.51
第二階	−.05	−.09	.35	.48

Critical Ratios for Differences between Parameters (Default Model)

	P1	U1	UP1	PU1	P2	U2	UP2	PU2
P1	.0000							
U1	−2.6377	.0000						
UP1	−11.4831	−7.3083	.0000					
PU1	−10.3584	−9.5130	−2.8847	.0000				
P2	.4884	3.2826	11.6025	11.6475	.0000			
U2	−.4504	2.3170	10.4854	10.7997	−.9784	.0000		
UP2	−11.5120	−8.7213	−1.1341	2.0972	−14.1812	−11.3366	.0000	
PU2	−9.2255	−6.8496	−.4912	2.1527	−9.8088	−10.1642	.4076	.0000

　　觀之未受限模式Amos摘要表9-14，在第一階時，正向情緒可以顯著預測負向社會互動（−.15 vs −.04，CR = −2.8847，p < .05），但在第二階時，正向情緒則無法顯著預測負向社會互動（−.05 vs −.09，CR = .4076，p > .05）。正向情緒效果似乎無法持續，因果方向的推論，似乎出現了不一致的現象。

五、多重指標交叉延宕SEM分析：潛在變項模式

　　由於傳統交叉延宕相關分析，例如：Peaerson-Filon（1898）的相關考驗法，並未考慮到測量誤差，且需要大樣本以免統計考驗力偏低，日漸被CFA考驗法所取代（Kenny & Harackiewicz, 1979）。採取多重指標的SEM模式，因同時估計測量誤差及分析構念之不變性，可以避免低估變項間之相關性（測量誤差所致）與高估構念之穩定性，因而可更正確估計自動相關與延宕交互相關效果（Newsom, 2015）。Schriesheim & Neider（2016）認為SEM分析模式，可以克服傳統交叉延宕相關分析模式的大部分缺點，例如：低的統計考驗力（需使用大樣本）與嚴苛的基本假設：構念的穩定性、無測量誤差、同時施測、無虛假相關及誤差間無相關。以下係他們進一

步分析SEM模式的幾點優勢：

1. SEM分析模式考驗的對象為潛在變項而非觀察變項，因而可以排除測量誤差所導致的估計偏差，而獲得更精確的參數估計值。

2. SEM分析模式易於進行提議模式與其對立假設間之比較。

3. SEM分析模式可以將控制變項（Control variables，即造成虛假相關的第三變項）納入模式中，以淨化因果關係，而獲得獨特的相關估計值（Unique effects beyond the control variables）。

4. SEM分析模式允許跨時間上測量誤差間具有相關，可以降低模式界定錯誤（Model misspecification，常為有重要變項被省略了）之衝擊。

5. SEM分析模式可以利用三波以上的樣本資料，來評估較適切的交叉延宕時差間隔。例如：Sims & Wilkerson（1977）建議利用三波以上的樣本資料，決定時差間隔。假如交叉延宕相關係數會隨著時差間隔的增加而變大，那麼時差間隔應該延長；假如交叉延宕相關係數會隨著時差間隔的增加而變小，那麼時差間隔應該縮短。因此，在什麼時間進行測量（When to measure）須審慎考慮。

6. SEM分析模式可以利用因素負荷量，進行自動相關與測量誤差（或預測殘差）在跨時間上的恆等性分析，同時考驗交叉延宕分析的基本假設：構念與因果結構的穩定性。

　　本節將就常用的兩波段、三波段的理論模式與有無共變項，逐一透過Amos的操作，進行實例之示範說明。

（一）兩波段多重指標交叉延宕SEM分析：未含共變項

　　圖9-35係多重指標交叉延宕（Cross-lagged）SEM分析模式，這是一種潛在變項分析模式，內含三個理論模式，Un-constrained-Model（參數自由估計模式）、Lumbda-constrained-Model、Cross-lagged-Equal-Model。本模式最大優點為同時考慮到測量誤差的相關性與構念之穩定效果，其結構方程式內含兩個迴歸方程式，如公式9-27所示。

$$PA_2 = \beta_{21}\eta_1 + \beta_{23}\eta_3 + r_1 \qquad \text{公式9-27}$$
$$UA_2 = \beta_{43}\eta_3 + \beta_{41}\eta_1 + r_2$$

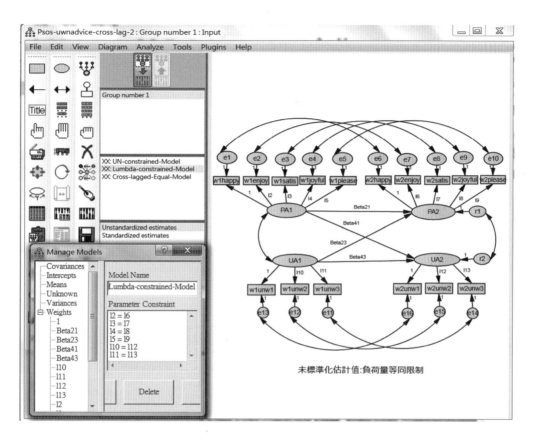

圖9-35　多重指標交叉延宕SEM分析徑路圖：兩波段潛在變項分析模式

　　圖9-35的理論模式，只要每一潛在變項具有二個測量指標以上，該模式通常即有正的自由度而可以辨識。通常自由度都來自於測量模式部分，因此測量指標的個數對於模式的辨識性具有決定性的影響力。一般來說，此交互相關差異考驗之模式，均會針對跨時間的因素負荷量（基本要求）及各觀察指標間的殘差相關進行等同限制（理想上，因素負荷量與因素變異量，最好具有跨時間的不變性），而結構模式部分的徑路參數通常會開放估計。

　　因素負荷量與因素變異量具有密切關係，兩者的變化均會牽動測量信度的變化。以圖9-35中之模式為例（資料取自Newsom, 2015），當雙變項中，有一變項（如PA）的變異量會隨時間而變大時（其他參數保持恆定），該變項主宰因的機會常會增大，而UA成為果的機會就會增加（p. 253, Rogosa, 1980）。另外，只要觀察變項含有測量誤差，交互相關徑路上之相對效果的推論，都可能因雙變項具有不相等的測量誤差而導致偏差。

　　未標準化迴歸係數，係預測變項變異量之函數，而標準化迴歸係數，係預測變項與效標等雙變項變異量之函數。另外，未標準化交互相關之迴歸係數，也會因為因素變異量的不同界定方法（潛在變項量尺之界定，例如：使用不同的參照指標）而有不同估計值。由此觀之，研究者有必要同時報告標準化、未標準化迴歸係數與量尺界定的方法。

　　另外，因測量殘差之間的相關性（Correlated measurement residuals，因係重複測量，殘差必然具有相關性），亦會導致高估交互相關估計值，有必要將測量殘差之間的相關納入分析模式中，或進而針對測量殘差之間的相關性進行跨時間之等同限制，以避免高估交互相關估計值及確保其穩定的估計值。

　　圖9-36係在因素負荷量等同限制模式（Lumbda-Constrained-Model）下，兩波段交叉延宕潛在變項未標準化的估計結果。其各波段相對因素負荷量等同限制的細節，請參見圖9-35左下角的模式管理視窗之參數限制內容。

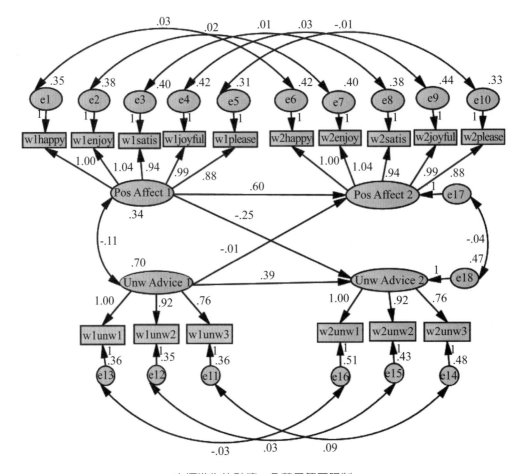

未標準化估計值：負荷量等同限制

圖9-36　多重指標交叉延宕SEM分析結果：兩波段潛在變項模式

利用兩波段交叉延宕SEM分析的原始資料（Newsom, 2015），透過Amos之統計分析，發現多重指標交叉延宕SEM分析的模式適配度尚稱良好（χ^2 = 226.12、$p < .01$、CFI = .959、TLI = .949、RMSEA = .049）。分析時差交互相關差異性時，需先進行圖9-37中的重測相關與同時相關的顯著考驗。重測相關可以評估測量構念的不變性，而同時相關是因果關係的先決條件，它的值應大於.30以上（Kenny & Harackiewicz, 1979），無相關必無因果。由圖9-37的同時相關之絕對值僅達.22，可知其因果關係似乎不強。觀之圖9-36中第1波段正向情緒對於第2波段負向社會互動的交叉延宕係數為$-.25$（$z = -3.518$、$p < .01$），達到.05顯著水準，顯示正向情緒愈高者，其負向社會互動愈少；不過，第1波段負向社會互動對於第2波段正向情緒的交叉延宕係數為$-.01$（$z = -.372$、$p = .710$）未達到.05顯著水準，顯示負向社會互動對於正向情緒沒有影響力。另外，正向情緒與負向社會互動的殘差間的相關（$-.04$、$z = -1.84$、$p = .067$），似乎顯示研究者不須繼續探討額外的第三變項了。

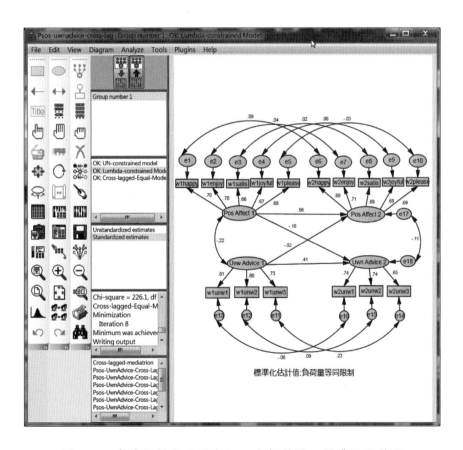

圖9-37　多重指標交叉延宕SEM分析結果：標準化估計值

前節顯示正向情緒愈高，其負向社會互動愈少，但是負向社會互動則對於正向情緒沒有顯著影響力（參見圖9-37）。如欲考驗此種交叉延宕效果的差異性，除了可以透過Amos的參數CR值之考驗外，亦可透過理論模式之參數等同限制，進行卡方差異值的統計考驗。表9-15即是理論模式間卡方差異值的統計考驗摘要表。此表顯示當假設Lumbda-Constrained-Model為真時，其虛無假設：Cross-lagged-Equal-Model無法成立（$\chi^2 = 9.023$、$p = .0027$、$\Delta TLI = .0026$、$\Delta ILI = .0028$），顯示出正向情緒似乎為負向社會互動的因，反之則不然。

表9-15　正向情緒與負向社會互動的交叉延宕效果考驗：Amos報表

Nested Model Comparisons

Assuming model UN-constrained model to be correct:

Model	DF	CMIN	P	NFI Delta-1	NFI Delta-2	RFI rho-1	TLI rho-2
Lumbda- constrained Model	6	15.3185	.0179	.0047	.0048	.0005	.0005
Cross-Lagged-Equal-Model	7	24.3417	.0010	.0074	.0076	.0030	.0031

Assuming model Lumbda-constrained model to be correct:

Model	DF	CMIN	P	NFI Delta-1	NFI Delta-2	RFI rho-1	TLI rho-2
Cross-Lagged-Equal-Model	1	9.0233	.0027	.0028	.0028	.0025	.0026

（二）三波段交叉延宕SEM分析

本節三波段交叉延宕SEM分析，係前節二波段交叉延宕迴歸分析的延伸。

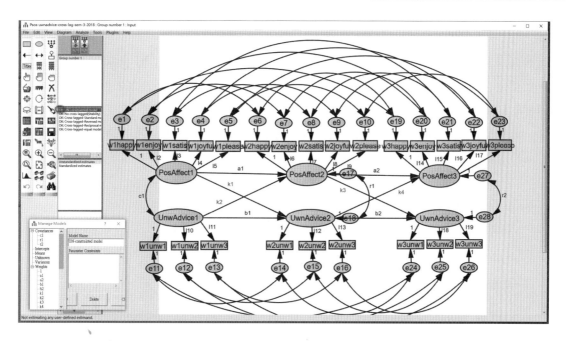

圖9-38　多重指標交叉延宕SEM分析徑路圖：三波段潛在變項分析未受限模式

　　圖9-38係含有三波段以上的交叉延宕SEM分析的一個實例，取自Newsom（2015）的實例5.6。研究者可以針對自動迴歸效果（Autoregressive effect）、交叉延宕迴歸效果（Cross-lagged effect）或殘差共變量（Disturbance covariance）等參數進行等同限制。由於殘差共變量對於研究結果的影響不大，通常研究中很少針對它進行等同限制（Newsom, 2015），除非懷疑有重要的第三變項被遺漏了（會導致r1 & r2出現顯著相關）。例如：研究者可以預先設定a1 = a2、b1 = b2、k1 = k3、k2 = k4或r1 = r2（這三種參數可以分開或同時進行等同限制），再進行隔宿模式的比較，分析這些模式參數是否隨時間而改變。假如受限模式與非受限模式間並無顯著差異性，即顯示該提議模式的因果結構具有不變性（Stationarity），變項間的關係在不同時間點上，具有等同性或不變性。當受限模式與非受限模式間出現顯著差異或間隔時距不同時，就須開放這些參數進行估計，不再進行等同限制。

　　有別於前節的二波段資料分析方法，本節的資料分析將包含兩大階段，第一階段為基線模式的選定，第二階段為對立因果模式（Alternative causation models）的設定。除未受限模式（Un-constrained Model）之外，圖9-39模式管理視窗中，事先共規劃了五大待考驗的理論模式：

1. No cross-lagged (Stability) model

此為基線模式，主要在檢驗各構念的測量穩定性（a1、a2、b1、b2），因為未包含交叉延宕徑路（k1 = k2 = k3 = k4 = 0），將用來評估以下三大因果模式（模式2~模式4）中直接效果的存在與否。另外，相同觀察變項的因素負荷量在三波段中，將進行等同限制，而在三波段中相同觀察變項間的測量誤差相關，將開放估計，參閱圖9-39左下角模式管理視窗內的參數設定。

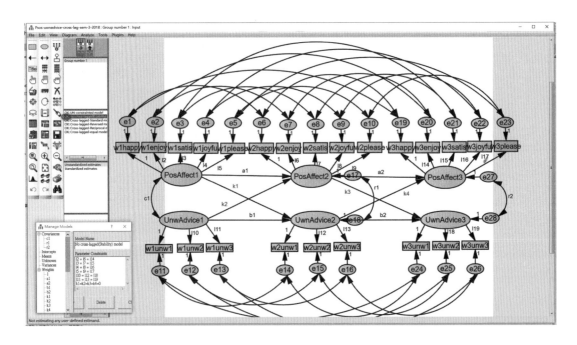

圖9-39　三波段潛在變項分析模式的參數等同限制：穩定基線模式

2. Cross-lagged-Standard model

　　本模式係Stability model增列了k1 & k3的徑路（k2 & k4仍等同限制），在此稱為標準模式，顯示在第一波段與第二波段中，正向的情緒（Pos affect）對於第二波段與第三波段中「不想要忠告」（Uwn Advice，係負向社會互動）的預測力，參閱圖9-40左下角模式管理視窗內的參數設定。

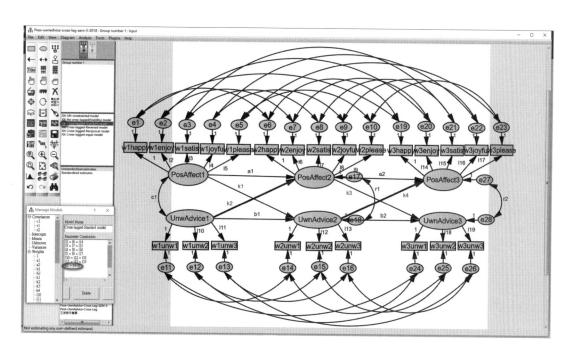

圖9-40　三波段潛在變項分析模式的參數等同限制：標準模式

3. Cross-lagged-Reversed model

本模式係Reversed model增列了k2 & k4的徑路（k1 & k3仍等同限制），在此稱為反向模式，顯示第一波段與第二波段中，「不想要忠告」對於第二波段與第三波段中正向的情緒的預測力，參閱圖9-41左下角模式管理視窗內的參數設定。

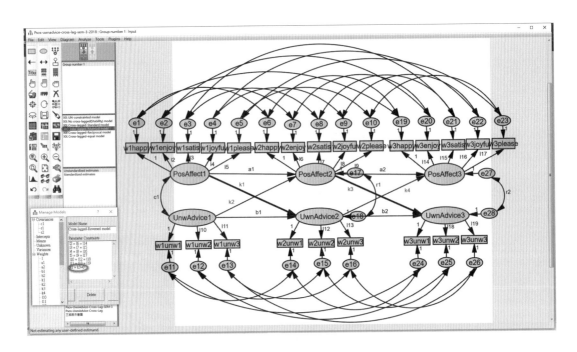

圖9-41　三波段潛在變項分析模式的參數等同限制：反向模式

4. Cross-lagged-Reciprocal model

本模式係Reciprocal model增列了k1～k4的徑路，在此稱為互為因果模式，參閱圖9-42左下角模式管理視窗內的參數設定。

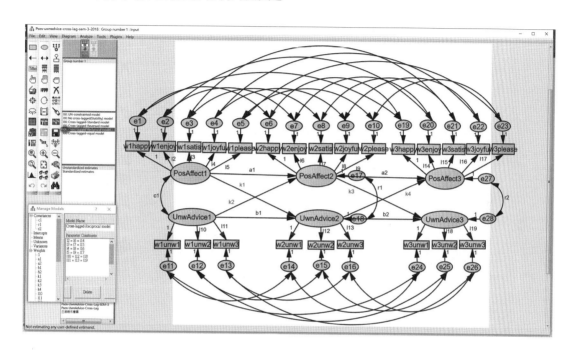

圖9-42　三波段潛在變項分析模式的參數等同限制：互為因果模式

5. Cross-lagged-equal model

本模式將以Reciprocal model為基線模式，Cross-lagged-equal model中，每一波段中的交互相關設定為相等（k1 = k2、k3 = k4），參閱圖9-43左下角模式管理視窗內的參數設定。

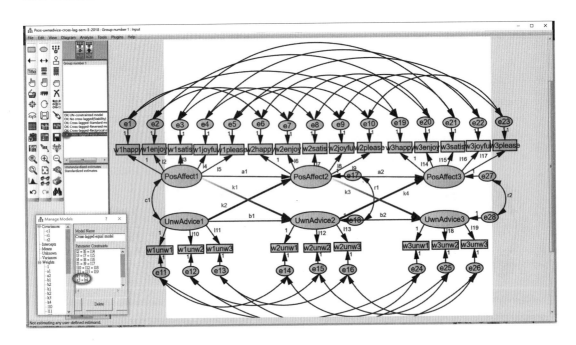

圖9-43 三波段潛在變項分析模式的參數等同限制：交互相關相等模式

以上五個理論模式的Amos分析結果，彙整如表9-16所示。

表9-16　SEM理論模式的適配度考驗結果：Amos報表

Assuming model UN-constrained model to be correct:

Model	DF	CMIN	P	NFI Delta-1	NFI Delta-2	RFI rho-1	TLI rho-2
No Cross-Lagged(Stability) model	16	45.27695	.00013	.00804	.00837	.00110	.00115
Cross-Lagged-Standard model	14	31.82905	.00424	.00565	.00588	-.00069	-.00072
Cross-Lagged-Reversed model	14	42.58953	.00010	.00757	.00787	.00160	.00168
Cross-Lagged-Reciprocal model	12	27.82922	.00586	.00494	.00514	-.00048	-.00050
Cross-Lagged-equal model	14	39.28546	.00033	.00698	.00726	.00090	.00094

Assuming model Cross-Lagged-Standard model to be correct:

Model	DF	CMIN	P	NFI Delta-1	NFI Delta-2	RFI rho-1	TLI rho-2
No Cross-Lagged(Stability) model	2	13.44790	.00120	.00239	.00249	.00178	.00187

Assuming model Cross-Lagged- Reversed model to be correct:

Model	DF	CMIN	P	NFI Delta-1	NFI Delta-2	RFI rho-1	TLI rho-2
No Cross-Lagged(Stability) model	2	2.68742	.26088	.00048	.00050	-.00050	-.00053

Assuming model Cross-Lagged-Reciprocal model to be correct:

Model	DF	CMIN	P	NFI Delta-1	NFI Delta-2	RFI rho-1	TLI rho-2
No Cross-Lagged(Stability) model	4	17.44773	.00158	.00310	.00323	.00157	.00165
Cross-Lagged-Standard model	2	3.99983	.13535	.00071	.00074	-.00021	-.00022
Cross-Lagged-Reversed model	2	14.76031	.00062	.00262	.00273	.00207	.00218
Cross-Lagged-equal model	2	11.45624	.00325	.00204	.00212	.00137	.00144

Assuming model Cross-Lagged- equal model to be correct:

Model	DF	CMIN	P	NFI Delta-1	NFI Delta-2	RFI rho-1	TLI rho-2
No Cross-Lagged(Stability) model	2	5.99149	.05000	.00106	.00111	.00020	.00021

　　根據表9-16的Amos分析結果，可以整理出表9-17的卡方差異分析結果摘要表。Stability model的適配度尚佳（RMSEA = .0516、TLI = .921、CFI = .933），而測量模式中的標準化因素負荷量，介於.63～.81之間，尚屬恰當，可以有效作為後續對立因果模式的基線模式。當增列徑路參數的因果模式，可以顯著的改善基線模式的適配度時，將接納該因果模式；假如兩個模式間的卡方差異量未達顯著差異時，將接受較簡單的理論模式。如果發現資料嚴重違反常態性基本假設，建議採用Satorra-Bentler量尺化卡方差異考驗，EQS軟體提供此分析方法。

表9-17　SEM理論模式間比較的適配度考驗結果摘要表

考驗模式	χ^2(df)	RMSEA	TLI	CFI	模式比較：$\Delta\chi^2$(df)
Stability model	45.277(16)	.0516	.921	.933	基線模式
Standard model	31.829(14)	.0510	.923	.936	$\Delta\chi^2$=13.45(2), p = .0012
Reversed model	42.589(14)	.0518	.920	.934	$\Delta\chi^2$=2.69(2), p = .2610
Reciprocal model	27.829(12)	.0511	.923	.936	$\Delta\chi^2$=17.45(2), p = .0016
Reciprocal model	27.829(12)	.0511	.923	.936	基線模式
Standard model	31.829(14)	.0510	.923	.936	$\Delta\chi^2$ = 3.998(2), p = .1353
Equal c-l model*	39.285(14)	.0516	.921	.934	$\Delta\chi^2$ = 11.46(2), p = .0033

*Cross-lagged-equal model。

　　由表9-17知，Reciprocal model與Stability model的卡方差異比較結果為：$\Delta\chi^2$= 17.45, p = .0016，顯示Reciprocal model的互為因果關係之理論模式成立。但從 Standard model與Stability model的卡方差異比較結果為：$\Delta\chi^2$ = 13.45、p = .0012，顯示Standard model比沒有延宕效果的Stability model，更有效詮釋資料結構。換言之，時間一 & 時間二的正向的情緒會顯著影響時間二 & 時間三的「不想要忠告」。不過，Reversed model與Stability model的卡方差異比較結果為：$\Delta\chi^2$ = 2.69、p = .2610，顯示Reversed model並無法比沒有延宕效果的Stability model，更有效詮釋資料結構。換言之，時間一 & 時間二的「不想要忠告」，不會顯著影響時間二 & 時間三的正向的情緒，反映出「不想要忠告」無法有效預測正向的情緒。

　　另外，如果以Reciprocal model為基線模式，與Standard model的卡方差異值為：$\Delta\chi^2$ = 3.998（p = .1353），顯示Standard model的單向性假設可以接受；而Cross-lagged-equal model的模式（Equal c-l model）則不成立（$\Delta\chi^2$ = 11.46、p = .0033），顯示正、反向之預測力不同。

　　綜上所述，Standard model為最佳理論模式（RMSEA = .0510、TLI = .923、CFI = .936），可以推知：正向的情緒是因，而「不想要忠告」是果。不過此因果關係似乎只出現在第一及第二波段中（k1 = −.18），在第二及第三波段中，此因果關係則不明顯（k3 = −.01），似乎無延宕效果（參見圖9-44）。值得注意的是，「不想要忠告」的重測信度偏低，其構念穩定性似乎不佳（<.60），且兩個構念間的同時效度也不高（絕對值<.30）。Rogosa（1980）發現低的重測信度，可能導致不相等的交互相關。上述因果關係的推論，有待後續研究的檢驗。

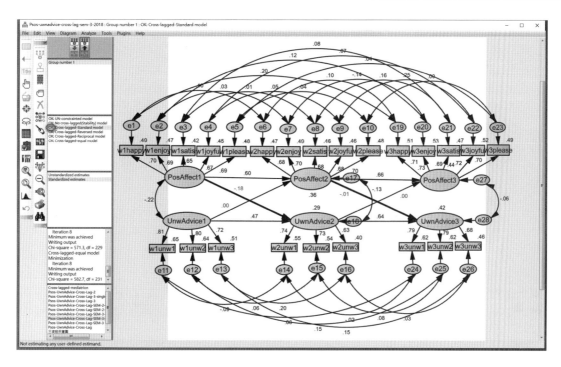

圖9-44　最佳理論模式Standard model的分析結果：標準化係數

（三）二波段多重指標交叉延宕SEM分析：包含共變項

　　SEM分析模式可以將可能造成虛假相關的控制變項納入模式中，除了探究虛假相關外，也可淨化因果關係，而獲得較精確的延宕交互相關估計值。納入SEM模式中的控制變項，應具有以下三點特徵：能夠顯著詮釋依變項的變異量、與相關理論有密切關聯性、不應有過多的缺失值（導致樣本過少）。以圖9-45為例，員工的身心健康（η_1、η_2）與其工作績效（η_3、η_4）的因果關係，可能會受到工時（η_5）的干擾（工時會不會是身心健康與其工作績效的共同因，工時過長會導致睡眠不足）。納入SEM模式中的可疑干擾變項，應能夠顯著詮釋依變項中的變異量，且與理論有密切關聯性。假如重要的干擾變項（η_5）沒有納入SEM模式中，會造成效標變項（η_2）的殘差（ζ_2）與預測變項（η_1）的顯著相關，當然會出現模式的不適配（起因於模式界定錯誤）；同時假如η_5與η_1、η_2具有相關時，也會偏估自動相關估計值（β_{21}）。重要的遺漏變項在任何的時間點均可以納入模式中，圖9-45即是將遺漏變項放在首次的測量時間點上。另外，通常研究者也會估計干擾變項（η_5）與效標間（η_2 & η_4）的延宕交互相關估計值，因為它可能是η_2 & η_4的共同因。以下將針對有無共同因的理論模式

（參見圖9-46 & 圖9-48），進行分析結果之比較。

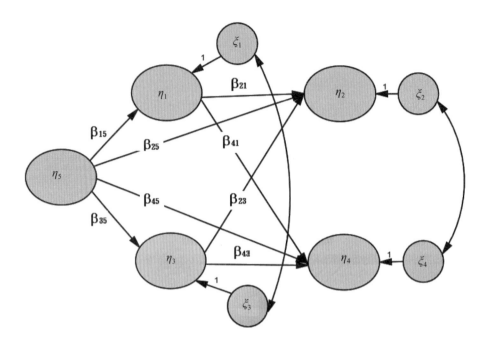

圖9-45　員工身心健康（η_1、η_2）與工作績效（η_3、η_4）的因果關係：干擾變項工時（η_5）

　　圖9-46係二波段交叉延宕SEM分析（未含共變項正向情緒：Postaff），本實例的資料取自Newsom（2015）的實例5.3（測量模式有稍作簡化）。採用ML估計法，本模式的適配度尚佳（χ^2 = 166.163、P < .001、GFI = .963、CFI = .968、RMSEA = .0480），旨在分析友誼互動（Vst）與憂鬱（Dep）的交叉延宕效果，分析結果如圖9-47 & 表9-18所示：憂鬱患者較少尋求友誼互動或朋友迴避了憂鬱患者（−.1276、p = .0117），但友誼互動並無法有效預測憂鬱（−.054、p = .2388），似乎可推論：憂鬱可能導致友誼互動的下降，但仍待有無虛假相關的考驗。

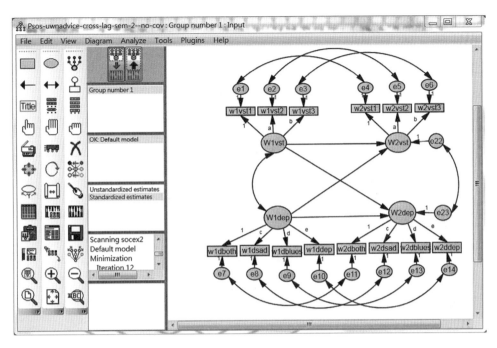

圖9-46　友誼互動與憂鬱的交叉延宕效果分析模式：未含共變項

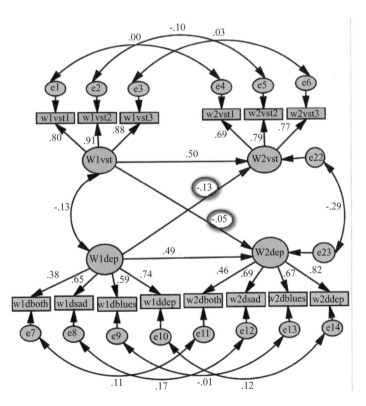

圖9-47　多重指標交叉延宕SEM分析結果（標準化係數）：未含共變項

表9-18　友誼支持與憂鬱的交叉延宕效果考驗：Amos報表

		Estimate	Standardized	S.E.	C.R.	P
W2vst	←W1dep	-.2488	-.1276	.0987	-2.5219	.0117
W2dep	←W1dep	.5627	.4865	.0614	9.1649	***
W2dep	←W1vst	-.0256	-.0540	.0217	-1.1780	.2388
W2vst	←W1vst	.4033	.5011	.0357	11.2044	***

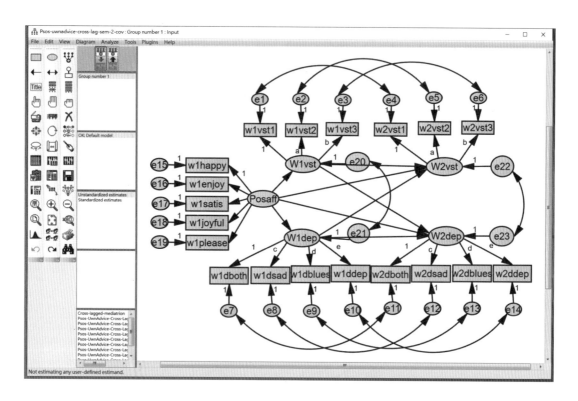

圖9-48　友誼支持與憂鬱的交叉延宕效果分析模式：含正向情緒爲共變項

　　圖9-48係二波段交叉延宕SEM分析，但模式中包含共變項：正向情緒（Posaff）。本實例的資料仍係取自Newsom（2015）的實例5.3，本模式旨在分析友誼支持（Vst）與憂鬱（Dep）的交叉延宕效果是否受到愉悅心情（正向情緒）的干擾。分析結果參見圖9-49或表9-19：顯示憂鬱對於友誼支持（W1dep→W2vst）的延宕效果已消失（−.1276→−.0088、$p = .8837$），至於友誼支持對於憂鬱（W1vst→W2dep）的延宕效果，亦不存在（−.054→−.0321、$p = .4786$）。此外，也發現正向情緒可以有效預測憂鬱（−.1826、$p = .0032$）及友誼支持（.2447、$p <$

.0000）；換言之，正向情緒愈多則愈少憂鬱，正向情緒愈多則愈多友誼支持，正向情緒會影響友誼支持與憂鬱的交叉延宕效果。

綜上所述，SEM模式的界定，如遺漏重要的共變項，會導致交叉延宕分析結論的錯誤。採用ML估計法，本模式的適配度亦佳（χ^2 = 276.78、GFI = .952、CFI = .965、RMSEA = .0413），顯示模式中含共變項（Posaff，正向的情緒）是正確的抉擇，也因此證實了之前憂鬱對於友誼支持的延宕效果為虛假相關。

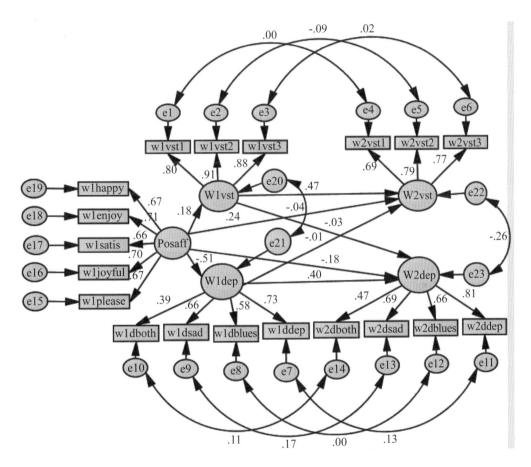

圖9-49　多重指標交叉延宕SEM分析結果（標準化係數）：含共變項

表9-19　友誼支持與憂鬱的交叉延宕效果考驗：Amos報表（含共變項）

			Estimate	Standardized	S.E.	C.R.	P
W1dep	←	Posaff	-.3522	-.5087	.0461	-7.6385	***
W1vst	←	Posaff	.3018	.1822	.0811	3.7210	***
W2vst	←	Posaff	.3235	.2447	.0783	4.1323	***
W2vst	←	W1dep	-.0168	-.0088	.1147	-.1463	.8837
W2dep	←	W1dep	.4607	.3982	.0742	6.2119	***
W2vst	←	W1vst	.3759	.4709	.0354	10.6227	***
W2dep	←	W1vst	-.0155	-.0321	.0219	-.7085	.4786
W2dep	←	Posaff	-.1463	-.1826	.0496	-2.9486	.0032

註：Estimate表未標準化估計值，Standardized表標準化估計值。

（四）交叉延宕中介變項效果分析

顧名思義，交叉延宕中介變項效果分析，包含構念間直接效果（自動相關）及間接（或稱中介）效果的分析，此中介變項具有時序的特性，它須發生在前因之後，並出現在後果之前。Cole & Maxwell（2003）指出：過去不少的中介效果分析，常利用事後回溯的方式，在同一時間取得因、果變項與中介變項的資料，雖然可以節省時間與金錢，但常無法正確反映縱貫式的中介效果（Longitudinal mediation effects）。因此，縱貫式的研究設計（Longitudinal designs）比橫斷式的研究設計（Cross-sectional designs）更適合於中介效果的考驗；而且最好具有三波段以上交叉延宕的測量資料、每一構念最好具有多重指標及使用未標準化（共變數）的資料進行分析（Cole & Maxwell, 2003）。假如只有兩波段資料，將無法考驗因果結構不變性，且易偏估中介效果值。假如使用標準化（相關係數）的資料進行統計分析，會產生不正確的參數估計值、標準誤與適配度指標值（Cudeck, 1989）。當您擁有兩波段以上之交叉延宕的測量資料，Cole & Maxwell（2003）建議利用SEM架構，依序進行以下五步驟的中介效果模式的統計考驗：

1. 考驗測量模式的適切性

測量模式適配之後，才能進行結構模式的適配性考驗，否則會因所測的構念不清晰，而導致因果結構解釋上的困難。具體做法：潛在變項間允許相關、觀察變項誤差允許跨時間具有相關。

2. 驗證因素負荷量、變異數的不變性（構念的意義有無隨著時間而改變）

　　具體做法：觀察變項負荷量具有跨時間恆等性、潛在變異數與共變數允許具有跨時間恆等性。

3. 檢驗模式有無遺漏重要的變項

　　具體做法：考驗全模式與受限模式（受限模式中的外衍潛在變項的殘差相關設定為0）間的差異，假如此卡方差異性考驗達顯著差異水準，即意謂著模式中可能有重要的變項遺漏了。

4. 檢驗模式有無包含不重要的變項

　　具體做法：考驗全模式與受限模式（受限模式中的因果徑路係數設定為0）間的差異，假如此卡方差異性考驗達顯著差異水準，即意謂著受限模式太簡略了，需要繼續尋找那些徑路須重新設置。

5. 估計直接與中介效果

　　以圖9-50為例，具體做法：估計(1)第一波段自變項X與最後一波段依變項Y間（Wd06→dp10）的整體效果、(2)第一波段X與最後一波段Y間的中介效果（wd06→ds08→dp10）、(3)第一波段X與最後一波段Y間的直接效果（整體效果扣除中介效果），並進行這些相關統計量的顯著性考驗。

　　圖9-50係三變項三波段交叉延宕設計（3-variable cross-lagged panel design）的中介效果考驗示意圖，其間接（中介）效果徑路為：wd06→ds08→dp10。此中介效果的估計，係圖中未標準化a & b徑路參數的乘積。Little, Preacher, Selig & Card（2007）認為Bootstrap考驗法，為最佳的中介效果顯著性考驗法。欲知如何利用Amos的Bootstrap考驗法進行中介效果，請參閱李茂能（2011）的專書第九章，有關交互作用效果與間接效果之統計考驗方法。

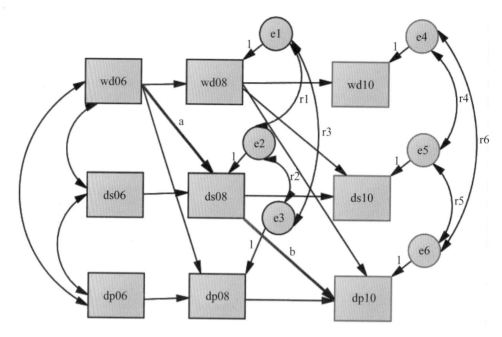

圖9-50　三波段交叉延宕設計的中介模式示意圖

註：徑路圖修訂自Magnusson Hanson, Chungkham, Åkerstedt, & Westerlund（2014）。

因本書篇幅之限制，操作實例與解說請逕行參閱Cole & Maxwell（2003）與 Little, Preacher, Selig & Card（2007）的經典論文。文末習題二之實例演練，便利讀者學習，亦提供了圖9-50理論模式的統計分析結果。

六、交叉延宕SEM分析在實務研究上的應用原則

交叉延宕SEM分析在實際應用時，研究者須遵守以下幾個運用限制與原則。

1. 交叉延宕SEM分析，無法驗證因果關係，理由參見下節結語。

2. 需使用大樣本，不允許大量流失受試者。

3. SEM可以將測量誤差納入模式中，但仍需符合同時施測、高的自動相關與穩定的因果結構等基本假設。

4. 最適化時差間距不易選擇，間隔時間過短，效果無法呈現，但間隔時間過長，效果可能會消失。Dormann & Griffin（2015）建議使用現有研究資訊或利用短時差設計進行前導研究，以估計最適化的時差間距（效果值出現極大化的時程）。

5. 須釐清到底有多少個干擾變項要納入SEM模式中，否則易導致變項間虛假相關的存在與否，難以確定。

6. 因果間時差的波段需三波段以上，且其波長需有理論依據，才能更正確的推估因果的存在與否，參見Kessler & Mummendey（2001）的三波段研究實例。

7. 進行交叉延宕SEM分析時，對於交叉延宕徑路未標準化係數的比較，需考慮不同方向交叉延宕徑路未標準化係數的計算，係來自不同預測變項與效標的變異量。因此，最好應同時報告標準化的交叉延宕徑路係數。

8. 因果之間的關係常是有條件性（Shadish, Cook, & Campbell, 2002），會因人、事、地與時間而異，要視情境而定，其外在推論效度通常是有限的。以火柴與森林大火為例，要發生森林大火需要許多因素（如氣候乾燥、氧氣充足、有易燃物在場）的配合，才能引起大火；因此，火柴並非充分條件。所以，在進行交叉延宕SEM分析時，研究者須針對因與果加以分解，盡可能找出所有可能的因及其因果關係脈絡。

9. 交叉延宕SEM分析結果，只能作為因果描述（Causal description）的依據，無法作為因果詮釋（Causal explanation）的論證。換言之，交叉延宕SEM分析結果，只能描述因果關係的現象（WHAT），無法進一步說明因果間關係是如何形成的（WHY & HOW）。由此觀之，交叉延宕SEM分析只能知其然，而無法知其所以然。

七、結語

　　本章旨在透過交叉延宕SEM分析，探究變項間的相互因果關係。交叉延宕設計適用於縱貫性資料分析，此類分析旨在了解在不同時間點上，變項間的相互因果影響關係與穩定性。論斷變項間之因果關係，需具備三大要件：相關性、時序與唯一的因。而進行交叉延宕分析前，應注意所蒐集的資料是否符合以下四大基本假設：

1. 同時相關須達.30以上。
2. 變項的重測信度相同。
3. 同時施測。
4. 因果穩定。

　　雖然Rogosa（1980）曾撰文力陳交叉延宕相關研究的種種缺失，極力反對使用它去分析變項間的因果關係，他認為這是死路一條（A dead end），需另起爐灶以SEM分析模式取而代之。交叉延宕SEM分析的優點，除了構念的恆等性分析、變項間關聯性、測量誤差的探究之外，尚可進一步判定到底變項間是具有交互因果關係（Reciprocal causation）或具有單向的因果關係（Causal direction）。

誠如詹志禹（1993）所言：「統計分析不能決定因果關係或方向」。不管您用什麼低階或高階統計方法（含SEM），此乃統計學者的共識箴言：沒有嚴謹的自變項操作就無法談因果關係（No causation without manipulation），尤其無法以隨機分派去控制干擾變項時。就研究設計而言，相關研究法由於未操弄任何自變項，故其研究結果只能考驗變項間之相關性，而無法真正回答變項間有無「因果關係」。簡言之，除了嚴謹的實驗研究法（如RCT）之外，其他相關研究法或調查研究法上的變項間關係的探討，根本無法進一步確認變項間的因果方向。

由此觀之，不管是交叉延宕Panel相關分析或交叉延宕SEM分析的結果，只能視之為因果關係確立前的先導探索工作，或作為模式驗證的理論基礎。雖然因果推論效力上不如實驗研究法，縱貫式的交叉延宕（Cross-lagged）SEM分析的因果推論效力，還是優於橫斷式（Cross-sectional）SEM分析，而交叉延宕研究設計還是有其魅力，尤其在變項的操弄不可行與內、外在效度均不能忽視時（Cook & Campbell, 1979）。

習 題

一、請根據圖9-51智力（IQ）＆學業成就（ACH）之已知相關數據，利用Amos及Excel增益集進行(1)同時相關係數 > .30的基本假設考驗、(2)重測信度等同的基本假設考驗及(3)交叉延宕相關係數差異性之考驗，以判定何者為因。

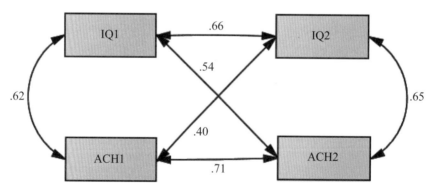

圖9-51　智力（IQ）＆學業成就（ACH）之相關係數

參考案：Amos報表如表9-20所示。

表9-20

CMIN

Model	NPAR	CMIN	DF	P	CMIN/DF
Default model	9	5.3907325	1	.0202440	5.3907325
Staturated model	10	.0000000	0		
Independence model	4	432.1222639	6	.0000000	72.0203773

二、根據表9-21的資料、圖9-52的三變項三波段延宕效果之中介效果模式的徑路圖與
圖9-53的殘差設定，進行(1)縱貫延宕效果理論模式的適配度考驗、(2)中介效果
的顯著性統計考驗、(3)考驗此理論模式是否遺漏了重要的變項。

表9-21

Means, standard deviations, and intercorrelations of work demands, disturbed sleep, and depressive symptoms 2006-2010

Variables	Means	SD	1	2	3	4	5	6	7	8	9
1. WD06	10.41	2.16	–								
2. WD08	10.53	2.08	0.62*	–							
3. WD10	10.32	2.14	0.55*	0.63*	–						
4. DS06	9.78	4.10	0.28*	0.20*	0.19*	–					
5. DS08	9.92	4.07	0.23*	0.27*	0.23*	0.18*	–				
6. DS10	10.54	4.29	0.23*	0.25*	0.28*	0.22*	0.65*	–			
7. DP06	11.58	5.08	0.31*	0.24*	0.22*	0.18*	0.52*	0.41*	–		
8. DP08	11.43	5.14	0.25*	0.31*	0.25*	0.20*	0.37*	0.48*	0.36*	–	
9. DP10	11.14	5.02	0.27*	0.27*	0.32*	0.25*	0.36*	0.42*	0.48*	0.38*	–

*$P < 0.05$; DP, depressive symptoms; DS, disturbed sleep; SD, standard deviation; WD, work demands.

註：N = 2017。

資料取自Magnusson Hanson, Chungkham, Akerstedt, & Westerlund（2014）。

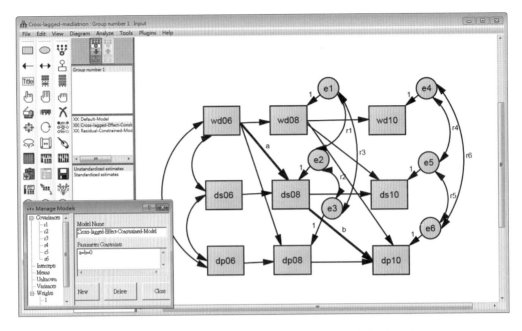

圖9-52　三變項三波段延宕效果之中介效果模式的徑路圖

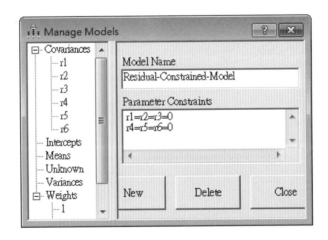

圖9-53　Amos管理視窗：殘差之設定

提示：Amos的分析報表，如表9-22所示。

表9-22 三變項三波段延宕效果的中介效果之參數估計值與其標準誤：Amos報表

Regression Weights: (Group number – 1 Default-Model)

			Estimate	S.E.	C.R.	P	Label
wd08	←	wd06	.5970	.0168	35.4803	***	
ds08	←	ds06	.6546	.0155	42.1788	***	
dp08	←	wd06	.2471	.0468	5.2815	***	
ds08	←	wd06	.0855	.0311	2.7515	.0059	a
dp08	←	dp06	.4771	.0189	25.2958	***	
ds10	←	ds08	.7213	.0172	42.0006	***	
dp10	←	dp08	.3870	.0192	20.1893	***	
ds10	←	wd08	.1346	.0333	4.0373	***	
dp10	←	ds08	.2374	.0250	9.5166	***	b
wd10	←	wd08	.6482	.0178	36.4243	***	
dp10	←	wd08	.2297	.0467	4.9241	***	

提示：Sobel考驗的報表，如表9-23所示。

表9-23 中介效果統計考驗：Sobel test

Input:		Test statistic:	Std. Error:	p-value:
a	.0855	Sobel test: 2.64075327	0.00768633	0.00827219
b	.2374	Aroian test: 2.62734591	0.00772555	0.00860538
s_a	.0311	Goodman test: 2.654368	0.00764691	0.00794571
s_b	.0250	Reset all	Calculate	

註：Sobel計算器下載網址為http://quantpsy.org/sobel/sobel.htm。

提示：Amos的分析報表，如表9-24所示。

表9-24 三變項三波段延宕效果的中介效果之卡方差異考驗結果

Nested model Comparisons

Assuming model Default-Model to be correct:

Model	DF	CMIN	P	NFI Delta-1	NFI Delta-2	RFI rho-1	TLI rho-2
Cross-Lagged- Comparisons-Model	2	92.8091	.0000	.0109	.0110	.0008	.0008
Resudial-Comparisons-Model	6	621.2458	.0000	.0732	.0734	.0681	.0684

三、圖9-54係四波段交叉延宕效果應用實例：賴慧敏、鄭博文、陳清檳（2017）。
該論文旨在利用縱貫性研究探究臺灣青少年憂鬱情緒與偏差行為之關係，閱讀
之後，請說明如何利用Amos進行參數等同設計，以便分析此四波段交叉延宕效
果。

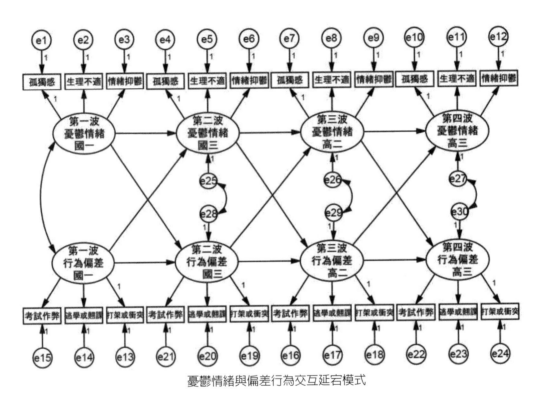

憂鬱情緒與偏差行為交互延宕模式

圖9-54　四波段交叉延宕效果的應用實例：賴慧敏、鄭博文、陳清檳（2017）

第10章

多元共線性之原因、症狀與解決方法

Amos

一、序言

　　線性迴歸分析應用者，通常都知悉預測變項間具有高度相關，可能會產生多元共線性（Multicollinearity）的現象，但SEM的使用者卻經常漠視外衍潛在變項（Latent exogenous constructs）間的高相關性（Grewal, Cote, & Baumgartner, 2004；Niemelä-Nyrhinen & Leskinen, 2014），有些甚至認為SEM分析可以迴避多元共線性的問題（Verbeke & Bagozzi, 2000），而導致高估的標準誤與異常的迴歸係數估計值，亦不自知。其實，不管是共變數導向或變異數導向的SEM統計分析，均為迴歸分析與因素分析的延伸，潛在變項間的高相關性也會發生多元共線性的不良後遺症。因此，在SEM測量模式的評估階段，除了聚斂效度的考驗之外，潛在變項間的區辨效度的考驗亦應同時進行，否則在結構模式評鑑階段，會錯誤估計結構係數，導致模式界定錯誤。一般的經驗法則，就如同前述的多元迴歸分析，潛在變項間的相關如大於.80，就可能威脅到SEM結構係數的正確解釋。因此，多元共線性可能出現的時機與解決方法，也是SEM研究者的必備知能。

二、多元共線性的定義與種類

　　多元共線性（Multicollinearity）可能發生在指標變項間，也可能出現在潛在變項間（Kock & Lynn, 2012）。多元共線性最常出現於多元迴歸分析、SEM及HLM分析上，尤其當兩個或兩個以上之預測變項間具有高度相關，或建置交互作用項時，常會導致個別參數之估計值不穩定及其標準誤過大之現象：觀察值如有些許變動，就會導致估計參數的巨大變動。此時$(X'X)$的行列式值等於0，因而其反矩陣$(X'X)^{-1}$將不存在，亦即當有任何兩個預測變項間具有完全相關，或是一個預測變項係其他預測變項間之線性組合時，將無法利用OLS解出Beta估計值。此時，統計分析軟體的報表，通常會出現「Matrix is singular」的警語。

　　就SEM分析而言，如果採用反映性指標，本質上這些反映性指標就須具有高度相關。因此，此時研究者較關切的是潛在變項間的共線性，包含預測變項間或預測變項與效標間的共線性。但是，如果採用形成性指標，這些反映性指標的共線性就值得關切了。常見的多元共線性分析，旨在評估進行多元迴歸分析時，預測變項間之相關程度，文獻上稱為垂直式共線性（Vertical collinearity），這是典型的多元共線性分析。另外，多元共線性亦可能發生在預測變項與效標間之相關性，這類相關性之分析，稱為水平式或側生共線性（Lateral collinearity），更多細節請參閱Kock & Lynn

（2012）的經典文獻。

三、多元共線性的檢驗方法

檢驗多元共線性的方法，通常有三：相關係數法、VIF（Variance-inflation factor）法與特徵根法。一般來說，進行多元迴歸分析時，兩兩自變項的相關如果大於.80，即有潛在多元共線性的危機（Berry & Stanley, 1985）。此時，$VIF = \frac{1}{1-.8^2} = 2.78$。Kock & Lynn（2012）認為當兩個變項（含潛在變項）的相關大於.835，即有多元共線性的嫌疑。此時，$VIF = \frac{1}{1-.835^2} = 3.3$。其實，決斷值.80亦非一體適用，端視樣本大小而定。當樣本愈小，.70亦可能出現嚴重的多元共線性；反之，當樣本愈大，通常會降低標準誤，.80就可能不會出現多元共線性。同樣的，如果發現迴歸模式中的R^2很高，且F值亦達.05顯著水準，但卻發現其預測變項之迴歸係數的t考驗未達.05顯著水準，此即多元共線性的典型徵兆；這是因為多元共線性會導致虛胖的標準誤，導致統計考驗力下降。

另外一個統計指標容忍度（Tolerance），亦常用來偵測多元共線性。它等於$1 - R_i^2$（R_i^2表示以其他預測變項，預測某一個預測變項i所得的決定係數），容忍度的倒數（$\frac{1}{1-R_i^2}$）即為VIF。VIF旨在分析預測變項間的關係，它與效標獨立無關。一般來說，VIF> 10（亦即容忍度小於.10，Hair et al, 2009）或在SEM的情境中，VIF> 5（亦即容忍度小於.20，Kline,1998），或條件指標（Condition indices，等於$\sqrt{\frac{\lambda_{max}}{\lambda_{min}}}$，$\lambda$為特徵根）> 30，即有多元共線性的危機。因為考慮各自變項及其他自變項間的線性組合效果，判斷多元共線性的現象，VIF指標比自變項間的相關係數$r > .80$的標準來得正確，尤其模式中的自變項數目大於2時。因為多個自變項間亦有可能產生共線性關係，因而對於此種共線性，雙變項的相關係數常無法檢驗出來。

雖然過高的相關可能會導致多元共線性，但值得注意的是，變項間的低相關或小VIF指標值，並不能完全保證一定未具多元共線性（Chennamaneni, Echambadi, Hess, & Syam, 2008），而這常被一般研究者所忽略。請參見以下兩個實例（Belsley, Edwin, & Roy, 1991；Chennamaneni, Echambadi, Hess, & Syam, 2008）。第一個例子：$r_{xy} = 0$：

$$X = \begin{bmatrix} x & y \\ 1.000 & 1.000 \\ 1.001 & 1.003 \\ 1.002 & 1.000 \end{bmatrix}$$

雖然$r_{xy} = 0$，但是$|(X'X)^{-1}| = 41853$ 或 $|(X'X)| = \dfrac{1}{41853} \cong 0$，行列式值逼近於0，出現共線性現象。

第二個例子：VIF = 1：

$$X = \begin{bmatrix} x & y \\ 1.000 & 1.000 \\ 1.001 & 1.003 \\ 1.002 & 1.004 \end{bmatrix}$$

雖然不管就x或y來分析，其VIF = 1（無共線性），但是$|(X'X)^{-1}| = 2.78 \times 10^{10}$ 或 $|(X'X)| = \dfrac{1}{(2.78 \times 10^{10})} \cong 0$，行列式值逼近於0，因而出現共線性現象。

可見變項間的相關性指標或VIF指標，亦有可能與其共線性脫鉤的情形，高相關只是共線性的必要條件，但非充分條件（Kock & Lynn, 2012），上述這兩個指標的偵測率並非百分之一百。

以下將探討共線性的三個主要問題：

1. 什麼原因或條件下會出現多元共線性？
2. 多元共線性的症候為何？
3. 如何處理這些多元共線性的問題？

四、SEM發生多元共線性的原因與主要症狀

SEM分析出現多元共線性的主要原因有三（Kock & Lynn, 2012）：

1. 構念重疊(Redundant latent variables)

例如：重疊的潛在變項，事實上都在測量同一潛在構念。

2. 構念誤配（Construct mismatch）

例如：研究者原先設計的問卷係含有兩個不同構念的特質，但是受試者的心理反應表徵，卻只有一個特質。

3. 共同方法變異（Common method variance）

構念或指標間的相關性，係由於共同方法、相同測量情境或相同受試者所致（李茂能，2011）。由於測量模式中的共同方法偏差（Common method bias），會導致徑路係數膨脹，出現聚斂效度偏高及多元共線性，例如：社會期許效應（Social desirability）。社會期許效應起因於受試者回答問卷時，係朝著社會期許的方向作答，導致觀察指標亦分享了此共同變異量。由此觀之，多元共線性的評估方法，亦可用來作為共同方法偏差的辨識。

至於SEM分析，最常出現多元共線性的六大症狀為：

（一）標準化迴歸係數出現大於+1或小於−1

在SEM中，當所有的潛在變項的變異量設定為1時，其標準化迴歸係數理應介於±1之間。可是當兩個潛在變項之構念幾乎相同時（如相關大於.80），作為另一潛在變項的外因變項，因效果值無法分離，SEM分析將無法正確估計迴歸係數，通常會產生異常數值，例如：會使得其中的一個標準化迴歸係數出現大於+1，而另一個標準化迴歸係數會小於−1。此病徵所伴隨的症狀是轉軸前橫跨因素的因素負荷量（指標與潛在變項分數之相關），會大於.50以上，及出現觀察指標跑到非預期的因素中。

（二）過大的未標準化迴歸係數之標準誤

當兩個潛在變項之構念幾乎相同時，作為另一潛在變項的外因變項，SEM將高估迴歸係數之標準誤（Inflated standard errors），而出現不正確p值，導致統計考驗力下降（Kenny, 2014），而重要的預測變項可能被忽略了。因此，如果迴歸係數的標準誤出現異常的大時，即可能係多元共線性所致。以圖10-1資料為例，樣本不大時，最易出現此種現象；樣本很大時（如超過1000），不易出現此種現象（參見圖10-3 & 表10-1）。

（三）內因潛在變項的變異估計值會小於0

當兩個潛在變項之構念幾乎相同時，作為另一潛在變項的外因變項，SEM方法

可能會使內因潛在變項的變異值變爲負的，而產生非正定（Non-positive definite）矩陣；換言之，極端的多元共線性會導致非正定矩陣。

（四）不合常理的參數估計值

當兩個外因潛在變項X1 & X2（其構念幾乎相同時）與另一內因潛在變項Y間的相關皆爲正，卻出現X1的參數估計值是負，而X2的參數估計值爲正的怪異現象（變項關係的方向相反），且這些預測變項的參數估計值都非常大，參見圖10-2。

（五）巨大的修正指標

有時多元共線性會導致連接誤差間之相關增大，因而會出現巨大的修正指標。

（六）R^2很高，但大部分預測變項的迴歸係數，卻未達既定之顯著水準

此種現象最易出現於樣本很小時，預期應該具有預測力的變項（R^2 = .83，參見圖10-2），因標準誤過大而未達統計上的既定顯著水準（可能會造成統計考驗過低）；圖10-3即是一個N = 10的極端具體實例：y爲效標，其餘x1、x2、x3爲預測變項，其P值均甚大，均未達既定的顯著水準。

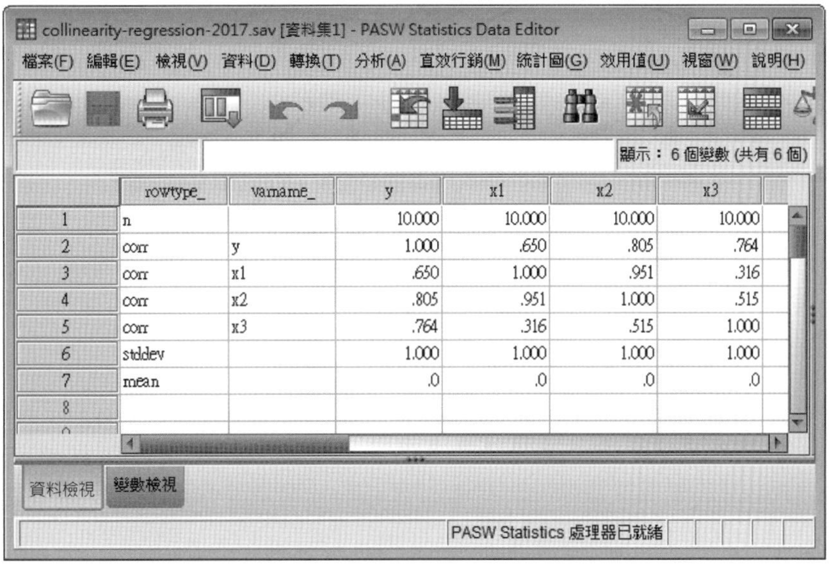

	rowtype_	varname_	y	x1	x2	x3
1	n		10.000	10.000	10.000	10.000
2	corr	y	1.000	.650	.805	.764
3	corr	x1	.650	1.000	.951	.316
4	corr	x2	.805	.951	1.000	.515
5	corr	x3	.764	.316	.515	1.000
6	stddev		1.000	1.000	1.000	1.000
7	mean		.0	.0	.0	.0
8						

圖10-1　變項間的相關矩陣與各變項的描述統計

由圖10-1的相關矩陣可知，預測變項x1與預測變項x2具有高度相關（.951），是發生多元共線性的可疑對象。

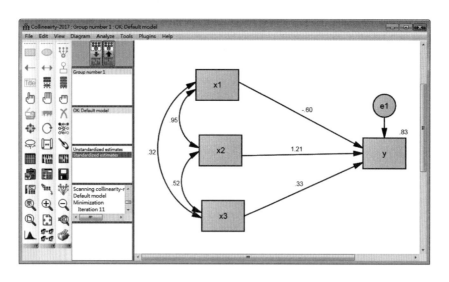

圖10-2　徑路分析圖：標準化迴歸係數

　　由圖10-2的Amos徑路分析可知，三個預測變項標準化迴歸係數出現了異常值，x2→y的標準化迴歸係數大於1（1.21），而與他具有高度正相關的x1之標準化迴歸係數卻為負值（−.60）。這是典型的多元共線性現象，係起因於x1與變項x2具有高度相關所致。另外，由圖10-2中的R^2 = .83，相當接近於Kock & Lynn（2012）所建議的VIF顯著臨界值.835。

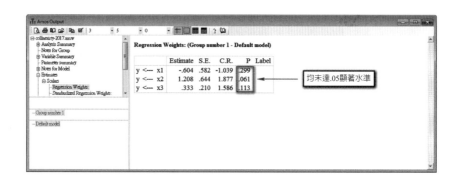

圖10-3　三個預測變項迴歸係數估計值的統計顯著性考驗（N = 10）

　　再由圖10-2 & 圖10-3的Amos報表知，三個預測變項的R^2很高（.83），但其迴歸係數估計值的p值，均未達.05之顯著水準，SE過大或樣本過小（N = 10）所致，出現了多元共線性的標準症候。

表10-1　三個預測變項迴歸係數估計值的統計顯著性考驗（N＝100）

Regression Weights: (Group number 1 – Default model)

N=100

		Estimate	S.E.	C.R.	P	Label
y ← x1		-.604	.175	-3.444	***	
y ← x2		1.208	.194	6.224	***	
y ← x3		.333	.063	5.260	***	

另外，由表10-1可知，當N由10增大到100，三個預測變項的迴歸係數估計值的p值，均達.05之顯著水準（p＜.001），惟其標準化迴歸係數估計值，仍出現異常狀態（大於1）。由此觀之，增大SEM樣本（可提高統計考驗力）雖然可以避免模式界定錯誤現象，但仍無法校正偏估的參數估計值。

以上SEM多元共線性的六大症狀，並不一定全部都會出現。例如：有時SEM分析結果只出現「過大的未標準化迴歸係數標準誤」，其餘的五個症狀都未出現。因此，SEM的使用者應確實檢查有無上述的所有症狀，才能確保SEM分析結果免於多元共線性的威脅（例如：不正確的參數估計值、排除了具有顯著預測力的變項、降低統計考驗力）。

五、傳統迴歸分析中多元共線性的解決方法

過去研究者對於迴歸分析的多元共線性問題，最常採用的解決方法不外乎：

1. 刪除發生共線性的多餘變項。
2. 使用標準分數化的迴歸分析法，例如：使用z分數。
3. 使用Ridge迴歸分析。

LISREL提供Ridge迴歸分析法，操作程序：LISREL軟體Output→Lisrel Output→Estimation→勾選Ridge Option，參見下圖。

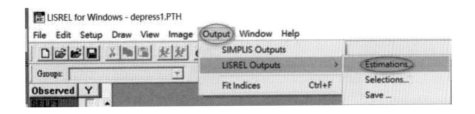

4. 先進行變項中心化（mean-centered），再進行迴歸分析。

5. 指標的重新分派。

潛在變項間如發現具有共線性，常見未轉軸或斜交轉軸上的因素負荷量上，出現指標在原先所屬的潛在變項上出現低的因素負荷量，但卻在其他潛在變項上出現高的因素負荷量。此時，可能的解法是重新分派該指標變項到正確的因素中。

6. 高相關指標變項的合併（Item parceling），潛在變項亦然。

其中，最常用的是變項的刪除與合併或指標的重新分派（Kock & Lynn, 2012），尤其刪除發生共線性的多餘變項。不過此項作法，曾被Hamilton（1987）撰文加以反對，他利用圖10-4的資料，分析此項作法的盲點；因為高度相關的變項不一定是多餘的（Redundant）。圖10-4資料中，個別X1（土地價值）& X2（家居提升值）等預測變項間的相關甚為密切（$r_{x1x2} = -.90$，參見表10-2），但個別變項對於

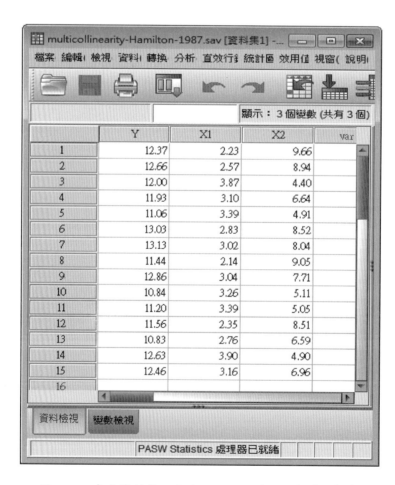

圖10-4 房產資料集，取自Hamilton（1987）表1資料

Y（房地產價值）的R^2解釋力都不高（參見公式10-1 & 公式10-2中的R^2）；但整體而言，其解釋力R^2卻高達100%（參見公式10-3或表10-3）。

$$\hat{Y} = 11.989 + .004X1, R^2 = 0 \qquad\qquad 公式10-1$$

$$\hat{Y} = 10.632 + .195X2, R^2 = .188 \qquad\qquad 公式10-2$$

$$\hat{Y} = -4.515 + 3.097X1 + 1.032X2, R^2 = 1.0 \qquad\qquad 公式10-3$$

由公式10-1～公式10-3可知，$R^2_{y(x1+x2)} > R^2_{yx1} + R^2_{yx2}$（1.0 > .188），因此具有$-.90$高相關的兩個預測變項，其解釋量重複並不大，可見拋棄任一預測變項非明智之舉。換言之，拋棄變項以解決多元共線性，有潛在的危險，因為具有高相關的預測變項不一定是多餘的，因為上述的兩個預測變項並非在測量同一特質。

表10-2　Hamilton（1987）房產資料的相關矩陣（N = 15）

		Y	X1	X2
Pearson Correlation	Y	1.000	.002	.434
	X1	.002	1.000	-.900
	X2	.434	-.900	1.000

就表10-2的資料而言，因為共線性之關係（X1 & X2的相關係數 = $-.90$，VIF值 = 5.252），不同的迴歸分析法將導致不同的分析結果。如果研究者採行強迫進入法（Forced entry method）的迴歸分析，研究者將會得到表10-3的分析結果：X1 & X2的聯合預測力高達100%，顯然X1似乎是一個抑制變項（Suppressor variable）。利用表10-3中的標準化迴歸係數及本書公式2-10：

$$c_3 = 1 = \underbrace{p_{31}^2 + p_{32}^2 + 2(p_{31} r_{21} p_{32})}_{R^2 \quad + } + \underbrace{p_{E3}^2}_{1-R^2} \Rightarrow P_{E3} = \sqrt{1-R^2}$$

也可推導出：

$$R^2 = 2.064^2 + 2.292^2 + 2(2.064 \times -.90 \times 2.292) = 5.2533 - 4.2576 = .998$$

$$\cong 1$$

另外，值得注意的是，個別X1 & X2等預測變項（土地價值、家居提升值）的相關雖然高達$r_{x1x2} = -.90$，但其VIF值（5.252）並非異常高。因此，VIF值用來作為多元共線性的唯一指標，似乎有其盲點。

另外，表10-3的分析結果可知，X1 & X2等預測變項的標準化迴歸係數，分別為2.064 & 2.292，因出現了多元共線性之關係，導致均大於1.0，為異常結果。

表10-3　Hamilton（1987）房產資料的多元迴歸分析結果：SPSS報表

Model Summary

Model	R	R Square	Adjusted R Square	Std. Error of the Estimate
1	1.000[a]	1.000	1.000	.01072

a. Predictors: (Constant), X2, X1

ANOVA[b]

Model		Sum of Squares	df	Mean Square	F	Sig.
1	Regression	9.007	2	4.504	39222.343	.000[a]
	Residual	.001	12	.000		
	Total	9.009	14			

a. Predictors: (Constant), X2, X1

b. Dependent Variable: Y

Coefficients[a]

Model		Unstandardized Coefficients		Standardized Coefficients	t	Sig.	Collinearity Statistics	
		B	Std. Error	Beta			Tolerance	VIF
1	(Constant)	-4.515	.061		-73.851	.000		
	X1	3.097	.012	2.064	252.314	.000	.190	5.252
	X2	1.032	.004	2.292	280.079	.000	.190	5.252

a. Dependent Variable: Y

如果研究者進行多元逐步（Step-wise method）或前進選擇法迴歸分析，將會得到圖10-5之SPSS警訊：沒有任何變項可以進入方程式中，亦即沒有任何預測變項對於房地產具有預測力。此法分析結果與強迫進入法的分析結果完全不同，為何會有如此巨大的差異？

Warnings

No variables were entered into the equation.

圖10-5　SPSS逐步迴歸分析警訊

由此觀之，迴歸模式統計方法的選擇，首應審視R^2的多寡，其次再看模式的精簡性。當預測變項間具有多元共線性時，多元逐步或前進選擇法迴歸分析，無法找到重要的預測變項。這兩種迴歸分析存在著運用上之盲點，它可能把重要的預測變項拋棄

於方程式之外。此時，所有可能迴歸分析法（All-possible regression method）或後退刪除迴歸分析法，才是較佳迴歸模式的選擇法（Hamilton, 1987）。

六、SEM分析中潛在變項之區辨效度考驗

區辨效度（Discriminant validity）係指不同構念內的指標間不應具有高相關或不同構念間之相關要低。在SEM測量模式的評估階段，除了聚斂效度考驗之外，潛在變項間的區辨效度的考驗亦應同時進行，否則在結構模式評鑑階段，會偏估結構係數或導致模式界定錯誤。換言之，構念內測量指標間要能聚斂，構念間要能區辨：SEM理論模式下，每一構念需具有聚斂效度，而構念間須具有區辨效度，否則可能產生多元共線性。

（一）影響區辨效度考驗的因素

進行SEM區辨效度分析時，樣本之大小及模式之適配度，會影響區辨效度考驗的結果。

1. 樣本數大小

以表10-4之資料為例，如果將原先的樣本數（N = 364）降低為100，各徑路參數估計值不變，但相關的標準誤（SE）卻增大許多，導致p值亦變大，原先具有預測力

表10-4 Amos報表：組織公民行為、組織承諾與工作績效的參數估計值與統計考驗

N = 364

			Estimate	S.E.	C.R.	P
組織公民行為	←	組織承諾	1.287	.098	13.120	***
工作績效	←	組織公民行為	1.401	.475	2.948	.003
工作績效	←	組織承諾	-.814	.629	-1.294	.196

N = 100

			Estimate	S.E.	C.R.	P
組織公民行為	←	組織承諾	1.287	.188	6.852	***
工作績效	←	組織公民行為	1.401	.910	1.540	.124
工作績效	←	組織承諾	-.814	1.205	-.676	.499

註：徑路圖，參見圖10-14。

的變項就會因統計考驗力下降而被捨棄，例如：當N從364降為100時，組織公民行為
→工作績效的徑路，即會被捨棄（p值：.003→.124）。

2. 模式適配度

以圖10-10之徑路圖為例，因組織承諾指標的e1 & e3間之MI值相當高（＝
53.639），乃將其參數釋放估計，分析結果發現其測量誤差間之相關為.43（參見圖
10-9）。組織承諾指標的e1 & e3間之參數釋放估計後，模式之適配度就可加以改善。
因為組織承諾指標的e1 & e3間之參數，如未開放估計，其模式之適配度下降，因而
減弱區辨效度考驗之正確性。

（二）區辨效度考驗的常用方法

SEM構念間區辨效度的分析，應針對水平共線性或垂直共線性，同時進行探
究。SEM構念間區辨效度的考驗，其常用方法有三：

1. 相關係數法

Ping（2005）認為來自不同構念的相關係數，應小於.70，否則區辨力不高。
Anderson & Gerbing（1988）則提議審視相關係數的信賴區間是否包含1，以進行區
辨力分析，如果包含1，即表示該對構念間的區辨性不佳。

2. AVE考驗途徑

根據Fornell & Larcker（1981a）建議研究者檢查各構念內的AVE（Average
variance extracted）是否大於各構念間的決定係數（r^2），以判斷構念間的區辨效度。

以表10-5中的組織公民行為為例，其對角線係數（.886）為該構念內的AVE，大
於其他構念間的決定係數（r^2）：$.758^2$ & $.810^2$，即表示組織公民行為與組織承諾或
工作績效間，具有區辨效度。

表10-5　組織公民行為、組織承諾與工作績效間的區辨效度考驗

Fornell-Larcker criterion			
	工作績效	組織公民行為	組織承諾
工作績效	.883		
組織公民行為	.758	.886	
組織承諾	.681	.810	.878

3. 卡方差異考驗法

利用Amos進行潛在構念間之區辨效度考驗，需在模式管理視窗中建立一個開放模式（An unconstrained model）與一個限制模式（A constrained model）。開放模式中，變異數設定為1，但共變數開放估計；限制模式中，構念間的相關設定為1（共變數與變異數均限制為1），參見圖10-6。假如這兩個模式的卡方差異值未達顯著差異，即表示這兩個構念未具區辨效度，亦即無法拒絕H_0：$\Phi = 1$的假設。

卡方差異值考驗法有一缺點：易受樣本大小之干擾；因應之道：同時利用相關係數法或AVE考驗途徑，加以覆核。

（三）區辨效度考驗的實例解說

以下將利用Amos進行潛在構念間之區辨效度考驗。為了考驗組織公民行為與組織承諾之區辨效度，需在模式管理視窗中建立一個開放模式與一個限制模式，參見圖10-6 & 圖10-7。因前面已發現組織承諾指標的e1 & e3間之MI值相當高，在圖10-6的理論模式中，須將e1 & e3間之共變量參數開放估計。在開放模式中，變異數設定為1，但共變數開放估計（圖10-7內部小視窗，並無任何參數限制）；在限制模式中，

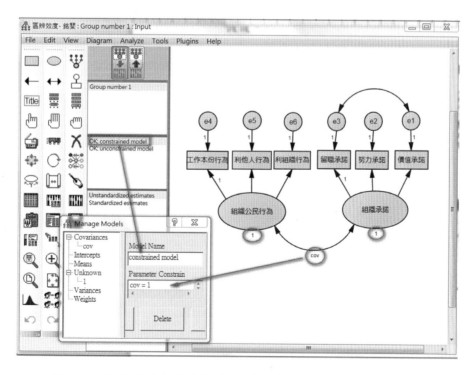

圖10-6　組織公民行為與組織承諾之區辨效度分析：設限模式

構念間的相關設定為1（共變數與變異數均限制為1，亦即V1 = V2 = COV = 1），相關之參數等同限制，請參見圖10-6內部小視窗之說明。假如這兩個模式的卡方差異值未達顯著差異，即表示這兩個構念未具區辨效度，無法拒絕H_0：$\Phi = 1$的假設。本節實例解說的資料取自圖10-13，其樣本人數為364。

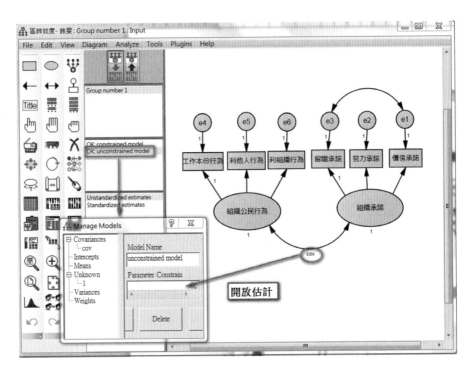

圖10-7　組織公民行為與組織承諾的區辨效度分析：未設限模式

圖10-8 & 圖10-9係分別為未設限（cov開放估計）與受限模式（cov = 1）之統計分析結果，其中所顯示的參數值為標準化係數。

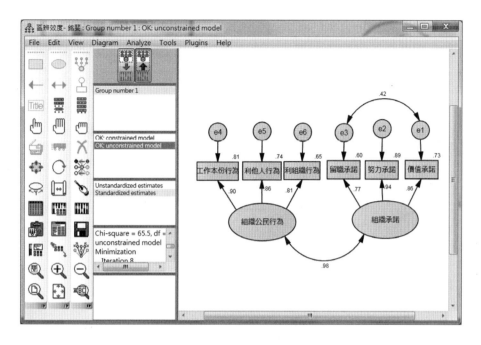

圖10-8　組織公民行為與組織承諾未設限模式的分析結果

　　由圖10-8知，組織公民行為與組織承諾之相關高達.98，產生多元共線性是預料中事，其區辨效度甚低。

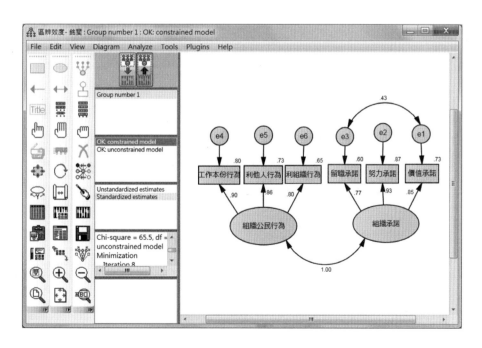

圖10-9　組織公民行為與組織承諾設限模式的分析結果（cov = 1）

　　根據表10-6隔宿模式間之比較，受限與非受限模式間的卡方差異值（3.441）達顯著差異（df = 1、P = .064、ΔTLI = −.003），表示這兩個構念間未具區辨性。又從相關估計值.98 vs 1.0來看，足見組織公民行為與組織承諾之區辨度不大。再從AVE考驗結果來看（$\begin{bmatrix} .907 & .98^2 \\ .98^2 & .901 \end{bmatrix}$），本例因為對角線AVE係數.907 & .901，均小於構念間的決定係數$.98^2$，所以此兩構念的區辨效度不佳，顯示兩者均在測量同一特質。

表10-6　SEM區辨效度分析結果：e1 & e3間之誤差共變量開放估計

Assuming model Unconstrained to be correct:

Model	DF	CMIN	P	NFI Delta-1	IFI Delta-2	RFI rho-1	TLI rho-2
constrained model	1	3.441	.064	.002	.002	−.003	−.003

　　注意，如果研究者未注意到組織承諾指標的e1 & e3間之相關性，將e1 & e3間視為獨立無關，其徑路圖如圖10-10，分析結果如圖10-11所示。

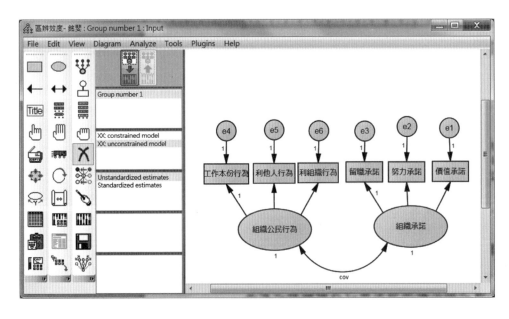

圖10-10　組織公民行為與組織承諾理論模式：未修正殘差相關

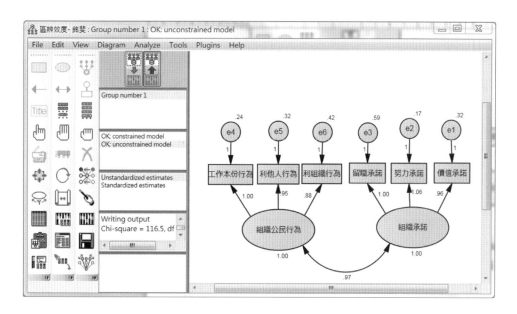

圖10-11　組織公民行為與組織承諾理論模式：未受限模式分析結果

表10-7　SEM區辨效度分析結果：e1 & e3間之誤差共變量獨立無關

Assuming model unconstrained to be correct:

Model	DF	CMIN	P	NFI Delta-1	IFI Delta-2	RFI rho-1	TLI rho-2
constrained model	1	8.559	.003	.006	.006	-.003	-.003

　　因為組織承諾指標的e1 & e3間之參數，如未開放估計，因卡方值會增大（8.559），本模式之適配度下降，因而會減弱區辨效度考驗之正確性。由表10-7之結果（p = .003）即反映出，修正後之理論模式已拒絕了構念間之H_0：ϕ = 1之虛無假設，該對構念間具有區辨性，前後之結論完全相反。由此觀之，SEM模式卡方檢驗區辨效度前，需先檢驗其模式適配度，方能正確區辨之。

七、SEM分析中多元共線性的解決方法

　　茲將過去文獻上解決SEM多元共線性的八種統計方法，依序說明如下：

（一）徑路係數等同限制

本法須將發生多元共線性的自變項與效標間的徑路係數，進行等同限制。例如：Pietsch, Walker, & Chapman（2003）的研究發現，自我效能對於學業成就的預測力遠大於自我概念（.55 > −.05，參見圖10-12），其實這項結論是錯誤的。因爲自我效能與自我概念的相關甚高（.93），導致兩條徑路係數的偏估與其SE均甚大（SE = .25）。Marsh, Dowson, Pietsch, & Walker（2004）經重新檢視後指出，如果將出現多元共線性的相關徑路進行等同限制，可以迴避此多元共線性的偏誤，且會大大降低過高的標準誤（從.25降到.03）。

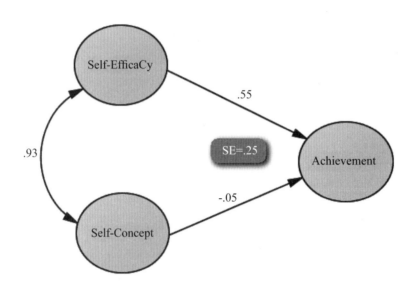

圖10-12　自我效能、自我概念與學業成就的標準化徑路係數

以下另舉劉銘斐（2015）的研究實例，說明SEM理論模式遇到多元共線性時，如何利用Amos進行參數等同限制。圖10-13係該研究組織公民行爲、組織承諾與工作績效等觀察變項之相關矩陣與描述統計。

名斐 [相容模式] - Microsoft Excel

	A	B	C	D	E	F	G	H	I	J	K
1	rowtype_	varname_	工作品質	工作效率	工作熱忱	價值承諾	努力承諾	留職承諾	利組織行為	利他人行為	工作本份行為
2	corr	工作品質	1								
3	corr	工作效率	0.67	1							
4	corr	工作熱忱	0.665	0.677	1						
5	corr	價值承諾	0.518	0.5	0.524	1					
6	corr	努力承諾	0.657	0.62	0.588	0.727	1				
7	corr	留職承諾	0.416	0.387	0.434	0.688	0.561	1			
8	corr	利組織行為	0.601	0.526	0.466	0.579	0.678	0.417	1		
9	corr	利他人行為	0.685	0.6	0.616	0.636	0.73	0.483	0.678	1	
10	corr	工作本份行為	0.65	0.617	0.54	0.673	0.801	0.523	0.648	0.706	1
11	n		364	364	364	364	364	364	364	364	364
12	stddev		1	1	1	1	1	1	1	1	1
13	mean		0	0	0	0	0	0	0	0	0

圖10-13　組織公民行爲、組織承諾與工作績效等之相關矩陣與描述統計

觀之圖10-14之組織公民行爲、組織承諾與工作績效的標準化徑路係數（相當於變項間的相關係數），其中組織承諾與組織公民行爲的相關高達.97，組織公民行爲與工作績效的標準化徑路係數大於1（1.53），而組織承諾與工作績效的標準化徑路係數，出現反向的相關（–.67）。這些跡證，正是多元共線性的典型特徵。

此多元共線性（導致圖10-14中的兩個徑路係數異常），最簡便之解法是利用Amos進行參數等同限制（使用相同的參數名稱p1），參見圖10-15，以獲得較合理的估計值。統計分析結果如圖10-16所示，兩條徑路係數分別爲.36 & .50，已在正常值範圍之內。

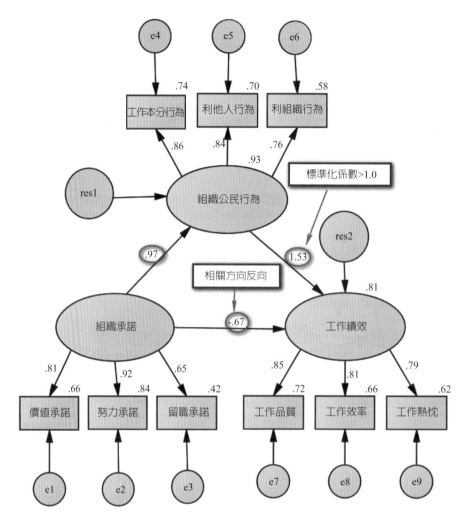

圖10-14　組織公民行為、組織承諾與工作績效的標準化徑路係數：未受限模式

註：Amos filename：區辨效度-unconstrained。

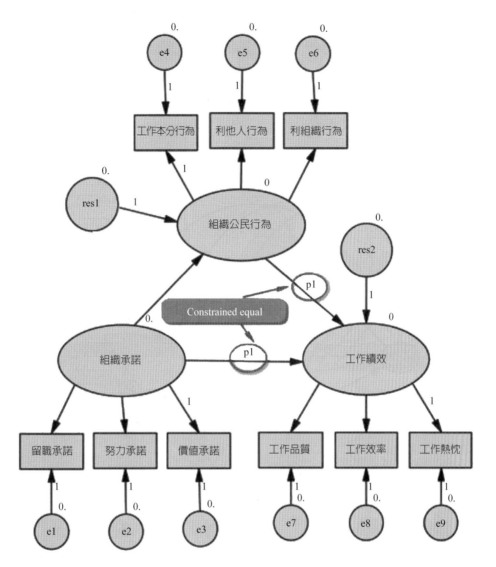

圖10-15　組織公民行為、組織承諾與工作績效的徑路係數：等同限制

註：Amos filename：區辨效度-constrained。

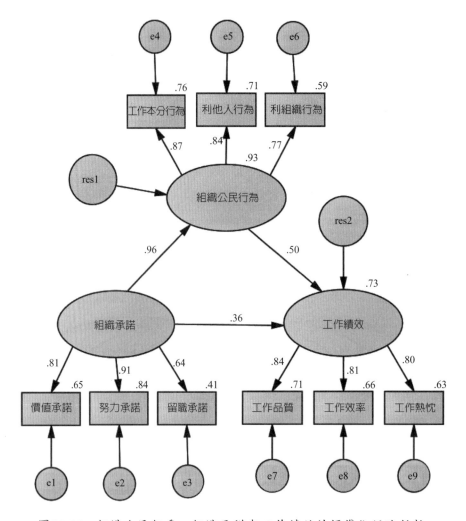

圖10-16 組織公民行為、組織承諾與工作績效的標準化徑路係數

（二）利用整合分析結果，進行徑路係數設定

研究者可根據過去的研究結果，合理設定發生多元共線性當中的一個變項之徑路係數，但較佳作法為利用整合分析之結果，進行徑路係數之設定。例如：根據整合分析結果，將組織承諾與工作績效間的徑路係數設定為.21，如圖10-17所示。分析結果，請參見圖10-18，兩條徑路係數分別為.17 & .70，已在正常值範圍之內。

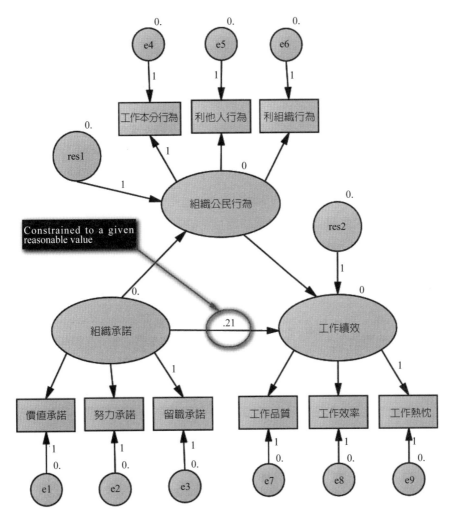

圖10-17　組織公民行為、組織承諾與工作績效的徑路圖：限制徑路係數

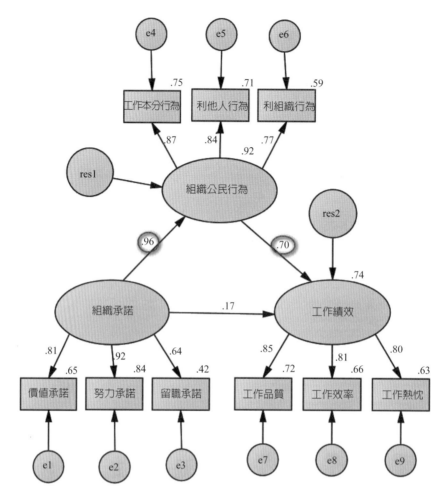

圖10-18　組織公民行為、組織承諾與工作績效的標準化徑路係數

（三）漠視潛在變項間之關係，視為獨立無關

　　本法係將發生多元共線性的雙變項（組織承諾 vs 組織公民行為）視為獨立無關，參見圖10-19之徑路設計。分析結果，請參見圖10-20，兩條徑路係數分別為.14 & .85，已在正常值範圍之內。本法雖可解決多元共線性問題，但可能會扭曲或掩飾真相，不值得推薦。

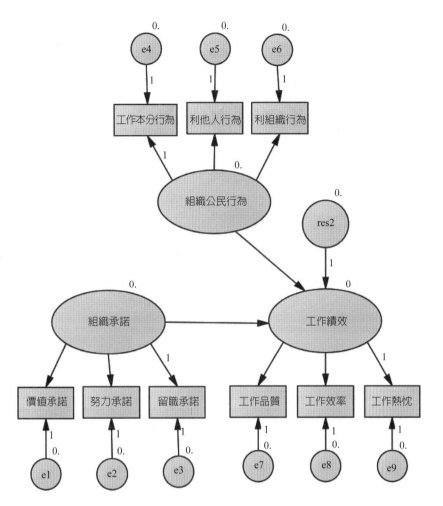

圖10-19　組織公民行為、組織承諾與工作績效的徑路圖：獨立無關模式

註：Amos filename：區辨效度-independent。

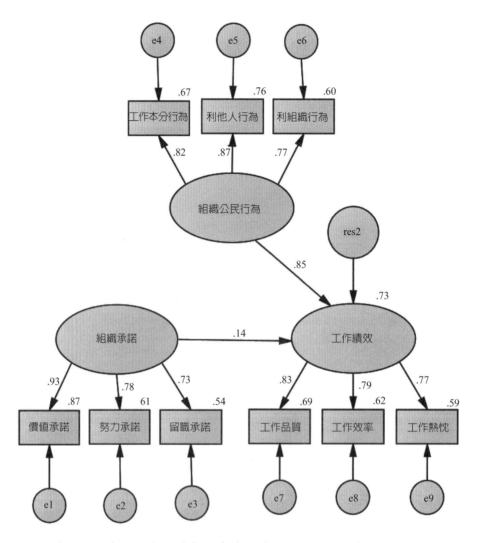

圖10-20　組織公民行為、組織承諾與工作績效的徑路圖：獨立無關模式之分析結果

（四）殘差參數限制法

　　研究者遇到多元共線性時，亦可針對殘差參數進行限制（如將圖10-21中工作績效之res2變異量設定為1），常可解決標準化係數大於1的異常現象。以劉銘斐（2015）的徑路圖設計與其研究資料為例，示範如下。

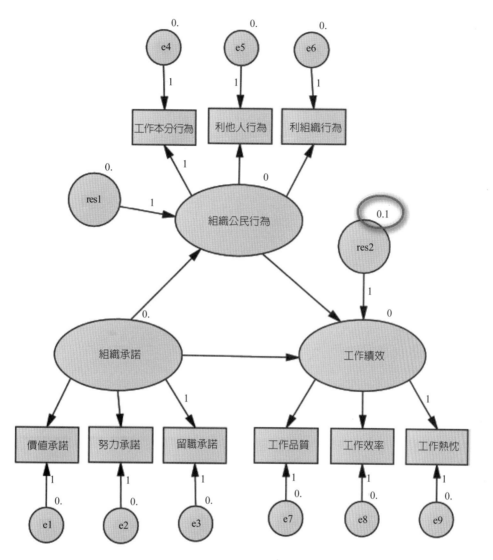

圖10-21　組織公民行為、組織承諾與工作績效的徑路圖：殘差參數限制

如果將圖10-21中工作績效之res2的變異量設定為1，分析結果如圖10-22所示，三個潛在變項間的標準化徑路係數，均在合理範疇之內。

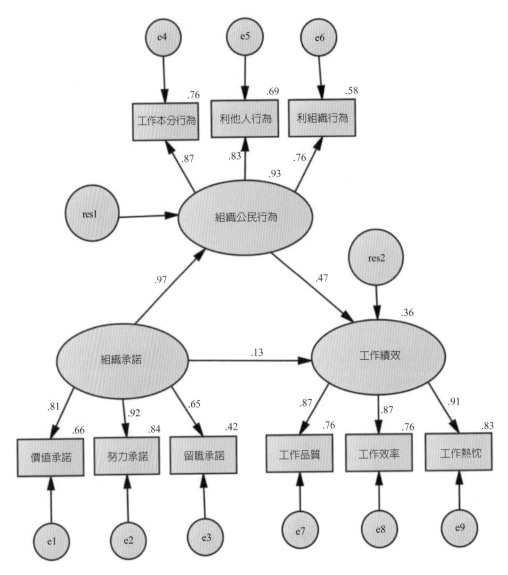

圖10-22　組織公民行為、組織承諾與工作績效的分析結果：標準化係數

（五）建立二階因素，解決多元共線性問題

　　二階徑路設計與分析結果，請參見圖10-23，組織公民行為、組織承諾之二階因素F與工作績效的參數值（.78）已在正常值範圍之內，本法頗值得推薦。

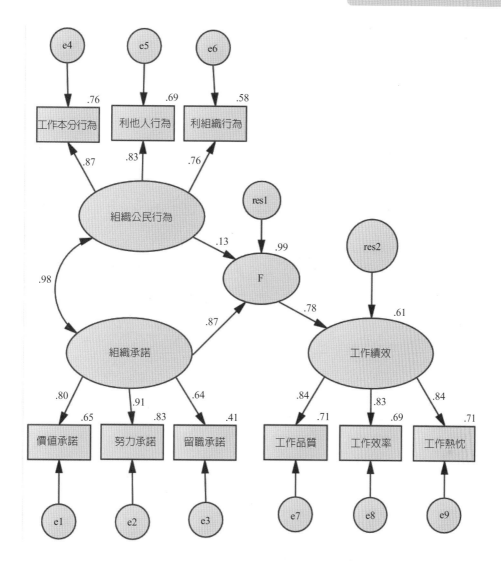

圖10-23　組織公民行為、組織承諾與工作績效的徑路圖：二階因素模式

註：Amos filename：區辨效度-2nd-order。

（六）刪除或合併具有高相關的潛在變項

假如兩個具有高相關的潛在變項係為同質性構念，可刪除其中一個變項，或合併為一個潛在變項（尤其所屬指標不多時）。圖10-24係刪除組織公民行為之後，組織承諾與工作績效的徑路分析結果。假如兩個具有高相關的潛在變項為異質性構念，則建議使用前述建立二階因素的方法或運用徑路參數等同限制法，解決多元共線性問題。Hamilton（1987）認為拋棄變項以解決多元共線性，有潛在的危險，因為具有高相關的預測變項，其預測力不一定重疊（引自Chatterjee & Price, 1977），尤其所測

的特質不同時。因此，刪除具有高相關的預測變項須謹慎為之，尤其他們具有不同構念時，否則就會產生模式界定錯誤的副作用。圖10-25則係合併組織公民行為之後，組織承諾與工作績效的徑路分析結果。

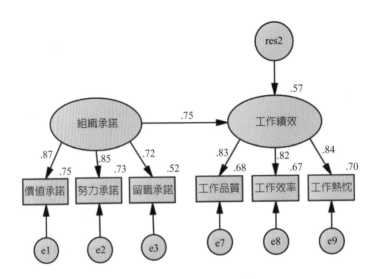

圖10-24　組織承諾與工作績效的徑路圖：刪除具有高相關的潛在變項

註：Amos filename：區辨效度-path。

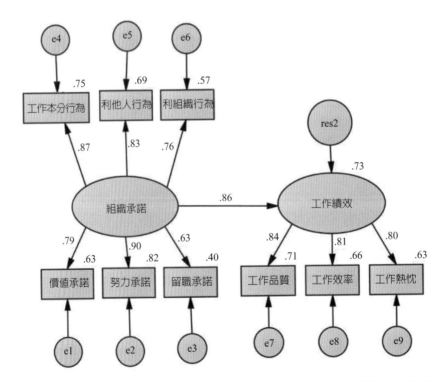

圖10-25　組織承諾與工作績效的徑路圖：合併具有高相關的潛在變項

（七）刪除高相關指標

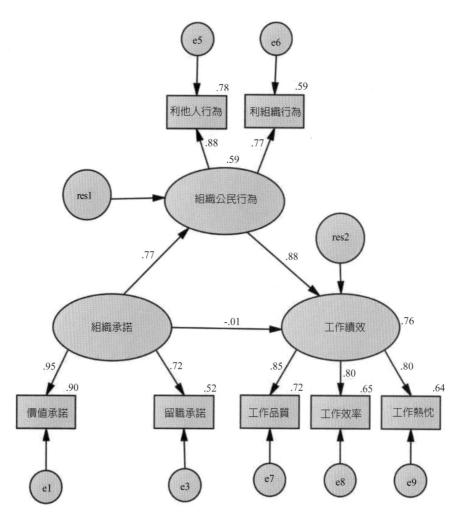

圖10-26　組織公民行為、組織承諾與工作績效的徑路圖：刪除高相關指標

　　利用圖10-13的相關矩陣資料，刪除組織公民行為與組織承諾因素中，具有高相關的指標（如本例努力承諾與工作本分行為的相關為0.801）之後，理論模式與標準化分析結果如圖10-26所示，顯示出組織承諾對於工作績效，幾乎沒有任何直接效果（λ = −.01），此分析結果，有待商榷。

（八）使用變異數導向的SEM分析

　　變異數導向的SmartPLS軟體，可以提供Outer VIF & Inner VIF的共線性考驗。在

SEM分析中，多元共線性可能發生在指標變項間，可利用Outer VIF進行偵測，亦可能發生在潛在變項間，可利用Inner VIF進行偵測。在形成性（Formative）潛在變項（常具有多面向的屬性）中，觀察指標所反映的是相同特質的不同面向，這些指標與潛在變項分數具有顯著相關，而指標間的相關或重複性，並不期望要高（Kock & Lynn, 2012）。以下係形成性測量工作滿意度的題目：

1. 我喜歡工作地點的辦公室。

2. 我喜歡我的老闆。

在反映性（Reflective）潛在變項（常需具有單面向的屬性）中，觀察指標所反映的是相同特質的不同表述，而指標間的相關或重複性，預期要高。以下係反映性測量工作滿意度的題目：

1. 我喜歡我的教學工作。

2. 我的教學工作太棒了。

Outer VIF的評估，在形成性指標中，才有必要；就反映性指標而言，沒有必要，因為反映性指標間本來就需有高相關。至於Inner VIF的評估，可用來偵測預測變項間或預測變項與效標間的多元共線性。

筆者發現使用變異數導向的SEM分析，可以減輕多元共線性的威脅。以SmartPLS分析為例，並未出現異常的標準化徑路係數，參見圖10-27：

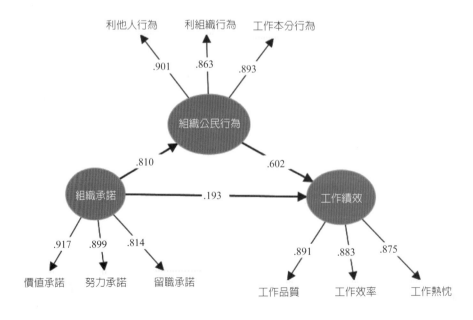

圖10-27　組織公民行為、組織承諾與工作績效的分析結果：變異數導向

不過，根據表10-8中SmartPLS的Inner model報表，其共線性的診斷數據（2.914），雖然其VIF的臨界值，尚未超過3.3（Kock & Lynn, 2012）的建議，但可以發現組織公民行為與組織承諾對於工作績效的預測，仍有多元共線性的疑慮，因為之前使用共變數導向的SEM分析，組織公民行為與組織承諾具有多元共線性。據此，似乎可以推論變異數導向的SEM分析，對於多元共線性的辨識較不敏感，筆者建議可將VIF標準稍微降到2.78（$= \dfrac{1}{1-.8^2}$）。

表10-8　SmartPLS的Inner model & Outer model報表

Collinearity statistics (VIF)	
Outer model - List	
	VIF
價值承諾	2.806
利他人行為	2.398
利組織型為	2.069
努力承諾	2.154
工作品質	2.135
工作效率	2.195
工作本份行為	2.230
工作熱忱	2.170
留職承諾	1.929
Inner model - List	
	VIF
組織公民行為 -> 工作績效	2.914
組織承諾 -> 工作績效	2.914
組織承諾 -> 組織公民行為	1.000

就反映性指標而言，本質上這些反映性指標就須具有高度相關。因此，此時就不需評估表中Outer model中的VIF；如果這些是形成性指標，就須評估Outer model中VIF的大小了。表10-8中Inner model的VIF數據，反映的是潛在預測變項間共線性的嚴重性，當中有兩個VIF值大於2.78。

以上所提供的八種多元共線性的事後補救方法，只是應急。雖然可以暫時去除不良的參數估計值，但其正確性有待後續檢驗。因此，事先熟悉發生多元共線性的原因與時機，就能事先防範，勝於事後補救。

八、水平式多元共線性的分析

垂直式共線性是大家所熟悉的預測變項與預測變項間的共線性，至於水平式或稱為側生多元共線性（Lateral collinearity）則較為陌生，它是預測變項與效標間的共線性。預測變項與效標間具有共線性，顯示兩者間本質上可能在測同一特質或能力；換言之，預測變項與效標在構念上不具有區辨效度。因而在SEM的情境中，常被誤認為這兩個潛在變項具有顯著的因果關係（Kock & Lynn, 2012），其實是因兩個潛在變項均在測同一構念，而出現高度的相關性。以下簡介一種可以同時進行垂直式與水平式共線性考驗的方法與應用實例。

（一）全方位共線性考驗的步驟

Kock & Lynn（2012, 2015）的全方位共線性考驗（A full collinearity test），只要一次統計考驗，就能完成垂直式與水平式的共線性檢驗，其步驟為：

1. 建立一個隨機的虛擬變項（Y）

此隨機的虛擬變項，可為任意值，例如：介於0～1的隨機變數，將作為單一外顯效標（Y）。注意，VIF值的計算與效標無關，因此Y可為任意值。

2. 建立一個SEM的理論模式

所有的潛在變項均視為預測變項（X），而模式中的效標為虛擬變項（Y）。

3. 進行迴歸分析

4. 檢查VIF值是否過大（例如：大於3.3）

依照Kline（1998）的建議，在共變數導向的SEM上，VIF的臨界值如在5以上，即具有多元共線性的疑慮或共同方法偏差的問題；Kock & Lynn（2012, 2015）則認為，在變異數導向的SEM上，VIF的臨界值如在3.3以上，即有多元共線性的疑慮。

圖10-28係根據圖10-13的數據，進行全方位共線性考驗的應用實例：WarpPLS。WarpPLS分析結果（在View latent variable coefficients選單下），參見圖10-29，顯示組織公民行為的VIF超過3.3的臨界值。

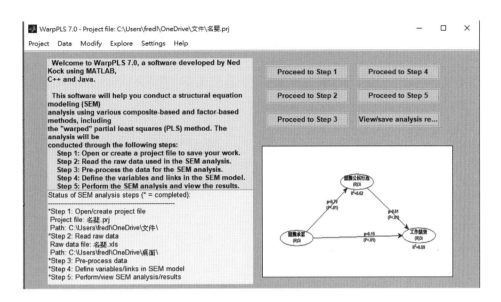

圖10-28　全方位共線性考驗的應用軟體介面：WarpPLS

WarpPLS 7.0 - Latent variable coefficients

Close Help

	組織公民行為	組織承諾	工作績效
R-squared	0.622		0.588
Adj. R-squared	0.621		0.586
Composite reliab.	0.916	0.911	0.914
Cronbach's alpha	0.863	0.853	0.859
Avg. var. extrac.	0.785	0.773	0.780
Full collin. VIF	3.518	2.727	2.383
Q-squared	0.622		0.588
Min	-3.263	-3.100	-3.529
Max	1.435	1.540	1.922
Median	0.022	-0.150	-0.128
Mode	-0.700	-0.339	-0.128
Skewness	-0.515	-0.250	-0.221
Exc. kurtosis	0.068	-0.485	0.170
Unimodal-RS	Yes	Yes	Yes
Unimodal-KMV	Yes	Yes	Yes
Normal-JB	No	No	Yes
Normal-RJB	No	No	No
Histogram	View	View	View

Notes: Unimodal-RS = Rohatgi-Sz蜶ely test of unimodality; Unimodal-KMV = Klaassen-Mokveld-van Es test of unimodality; Normal-JB = Jarque□era test of normality; Normal-RJB = robust Jarque□era test of normality; click on "View" cell to see corresponding histogram.

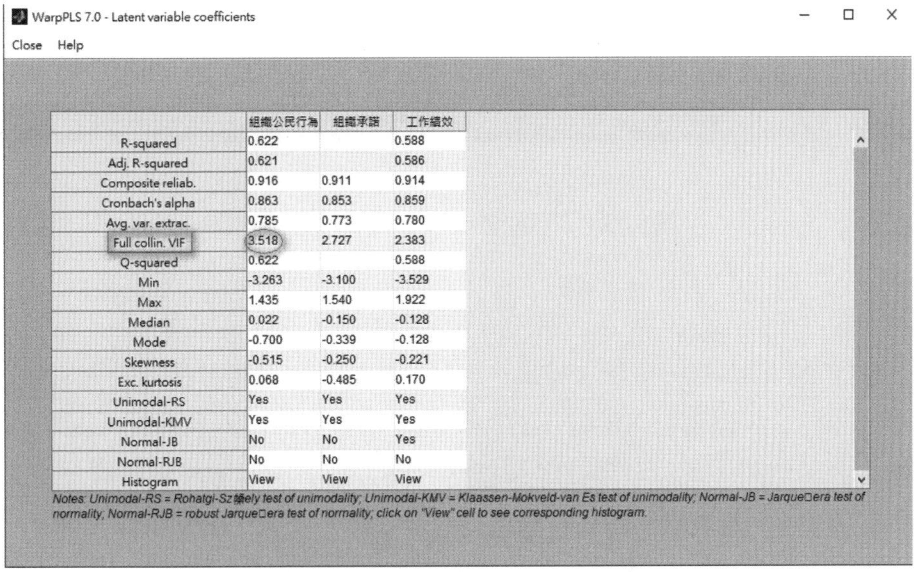

圖10-29　全方位共線性考驗的實例：WarpPLS分析結果

以上之統計分析，WarpPLS 7.0軟體（SEM商用軟體）能自動提供全方位共線性考驗。該試用軟體下載網址：www.scriptwarp.com，效期3個月。

（二）實例解說

1. Kock & Lynn（2012）的實例

Kock & Lynn（2012）的文中實例，如圖10-30 & 圖10-32所示，在此特提供研究者之參考。

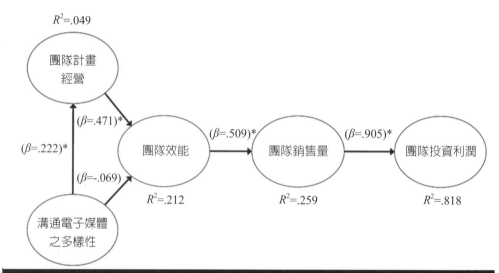

圖10-30　潛在變項未合併前之模式

由圖10-30的理論模式，顯示出原先構思：賣得好，才會有利潤，因此團隊銷售量是因，團隊投資利潤是果。分析之結果，亦顯示團隊銷售量對於團隊投資利潤的高預測力（$R^2 = .818$），但這也可能暗示著：預測變項與效標間的共線性。圖10-31的全方位共線性考驗結果，可以發現團隊銷售量（SSucce）與團隊投資利潤（RSucce）的VIF值均超過3.3，代表這兩個潛在變項均在測量同一特質，似乎可以合併。

Table 4. Full Collinearity Estimates				
ECMV	**Prjmgt**	**Effic**	**SSucce**	**RSucce**
1.067	1.366	1.593	5.700	5.668

Notes: ECMV: Electronic communication media variety; Prjmgt: Team project management; Effic: Team efficiency; SSucce: Team success in terms of sales; RSucce: Team success in terms of return on investment. The VIFs shown are for all of the latent variables; a "dummy" latent variable criterion was used. VIFs equal to or greater than 3.3 suggest collinearity.

圖10-31　全方位共線性考驗實例

　　如將團隊銷售量與團隊投資利潤的觀察指標合併為一個潛在變項，命名為團隊銷售成就，此即圖10-32的潛在變項合併後之新理論模式；此理論模式已無水平式或側生共線性現象（$R^2 = .276$），已無預測力虛胖現象。

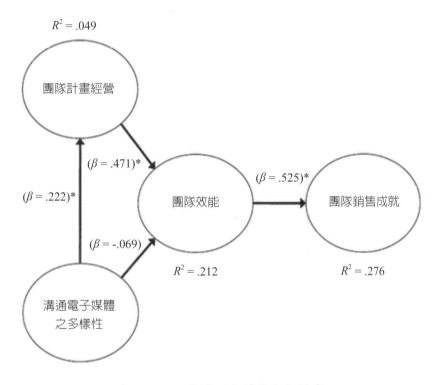

圖10-32　潛在變項合併後之新模式

2. de Andrade, Tedesco-Silva（2020）的實例

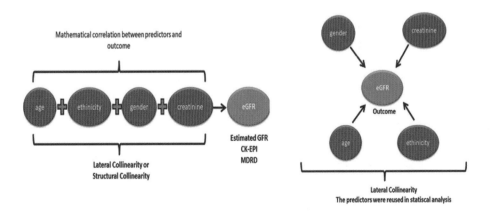

圖10-33　結構性水平共線性實例

由圖10-33左側圖可知：eGFR為估計的腎絲球過濾率（腎功能的評估指標），係根據年齡、種族、性別與血液中的肌酸酐換算而來。如果研究者再利用年齡、種族、性別與肌酸酐，去預測估計的腎絲球過濾率，即會產生水平式的共線性，參見圖10-33右側圖。如欲排除此種水平式的共線性，可以改用菊糖（inulin）測量的GFR當作效標，就可避免高估變項間之相關性。

九、結語

綜上所述，不管是垂直式或水平式的共線性，SEM分析亦會因為潛在變項的重疊性過高，或構念配置失當（問卷設計者的本意與受試者作答的反應不同），而產生多元共線性，致使結構參數估計值或其標準誤出現異常現象。發生在潛在變項間的多元共線性，除了SmartPLS之外，亦可以利用WarpPLS進行偵測垂直式共線性與水平式共線性，前者出現在預測變項間，後者出現在預測變項與效標間。

本文配合實例，列舉了數種出現多元共線性的症候，與解決或降低多元共線性的具體方法，但都是一時權變的措施，所得之結論，有待後續之再檢驗。以下彙整學者對於多元共線性分析的忠告（Hamilton, 1987；Belsley, Edwin, & Roy, 1991；Grewal, Cote, & Baumgartner, 2004；Chennamaneni, Echambadi, Hess, & Syam, 2008；Niemelä-Nyrhinen & Leskinen, 2014），期盼對SEM研究者有些助益。

1. 事先防範，勝於事後補救。研究者需知道什麼條件下會出現多元共線性，學會如何測知會發生多元共線性，知道如何處理這些多元共線性的問題。
2. SEM分析前，區辨效度之檢驗不可少。檢驗SEM區辨效度前，需先檢驗模式之適配度或評估統計考驗力的適切性，才能正確分辨。
3. 假如R^2高（包含重要預測變項），樣本較大與測量信度佳，可以大大減低多元共線性的威脅。
4. 前述利用雙變項相關係數.80的決斷值無法一體適用，用它來檢驗多元共線性是否存在，亦須考慮樣本之大小與模式之複雜度。當樣本愈小或模式愈複雜，.70的雙變項相關就可能產生嚴重的多元共線性；反之，當樣本愈大，即使.80的雙變項相關，也可能不會產生多元共線性。
5. 僅憑雙變項的相關係數大小判斷多元共線性，亦有所短。因為一個獨立變項可能係其他獨立變項的線性組合，也可能出現嚴重的多元共線性，雖然雙變項間之相關並不高。因為VIF考慮各自變項及其他自變項間的線性組合效果，所以判斷多元共線性的現象，VIF指標比自變項間的相關係數來得有效。

6. 拋棄變項以解決多元共線性，有潛在的危險，因為具有高相關的預測變項不一定是多餘的，尤其所測的特質不同時。

習　題

一、如何進行全方位共線性考驗（A full collinearity test）？

二、圖10-34係組織公民行為、組織承諾與工作績效等之相關矩陣資料，其中組織公民行為與組織承諾為預測變項，工作績效為效標，請參見圖10-6的徑路設計。如果將原先的樣本數（N = 364）降低為100（參見圖10-13），因而導致卡方值變小，影響到組織公民行為與組織承諾的區辨效度之有效分辨；同樣地，如果將原先的樣本數（N = 364）升高為1000，其後遺症為何？請利用圖10-34的實例資料，進行說明。

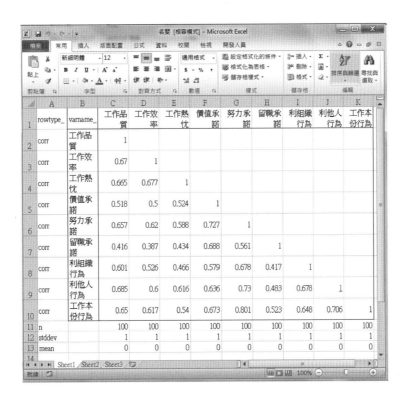

圖10-34　組織公民行為、組織承諾與工作績效等之相關矩陣

後 記

承先啓後，更上一層樓

　　SEM結合了結構模式與測量模式，是目前社會科學（如教育學、心理學、犯罪學、市場行銷）研究的常用統計分析模式。近年來，SEM的應用已延伸到不同領域的研究，它可結合多層次分析、整合分析、貝氏理論與潛在成長曲線模式分析，例如：秦夢群 & 吳勁甫（2011）的〈國中校長教學領導，學校知識管理與教師教學效能之多層次分析〉；溫福星 & 邱皓政（2009）的〈組織研究中的多層次調節式中介效果：以組織創新氣氛，組織承諾與工作滿意的實證研究為例〉；蕭佳純（2017）〈學生學習動機與學業成就關聯之研究：教師創意教學的多層次調節式中介效果〉、Rafikasari & Iriawan（2021）的「Estimation of Technology Acceptance Model (TAM) on the Adoption of Technology in the Learning Process Using Structural Equation Modeling (SEM) with Bayesian Approach」；吳勁甫（2018）的〈校長正向領導，教師組織公民行為與學校效能關係之後設分析〉；張芳全（2021）的〈國中生的家庭社經地位，英語學習動機對英語學習成就之成長軌跡分析〉。學會了本書SEM的基本功之後，如欲登堂入室更上一層樓，深入上述這些SEM應用上的延伸主題，推介閱讀以下專書：*Meta-Analysis: A Structural Equation Modeling Approach*（Cheung, 2015）、《圖解Amos在學術研究之應用》（李茂能，2011）與《當代整合分析理論與實務：ESS、Meta-SEM、Mvmeta & WinBUGS》（李茂能，2016）、《多層次模式與縱貫資料分析：Mplus 8解析應用》（邱皓政，2017）與《貝氏統計：原理與應用》（邱皓政，2020）。

參考書目

余民寧、謝進昌（2006）。國中基本學力測驗之DIF的實徵分析：以91年度兩次測驗為例。*國立高雄教育大學教育學刊*，*26*，241-276。

李茂能（2003）。圖解式結構方程模式軟體Amos之簡介與應用。*國民教育研究學報*，*11*，1-39。

李茂能（2006）。*結構方程模式軟體Amos之簡介及其在測驗編製上之運用：Graphic & Basic*。臺北：心理。

李茂能（2008）。SEM適配度指標的潛藏問題：最佳模式難求。*測驗統計年刊*，*16(2)*，17-29。

李茂能（2011）。*圖解Amos在學術研究之應用*（第二版）。臺北：五南。

李茂能（2016）。*當代整合分析理論與實務：ESS、Meta-SEM、Mvmeta & WinBUGS*。臺北：五南。

李茂能（2017）。*SEM Estimation教學輔助軟體：Excel Macro增益集*（未出版）。

吳勁甫（2018）。校長正向領導，教師組織公民行為與學校效能關係之後設分析。*教育科學期刊*，*(17)*，*2*，1-32。

吳麗華（2007）。*國小級任教師內外控信念與社會支持對身心健康影響之研究：以教師工作壓力為中介變項*。國立嘉義大學碩士論文。

何宗岳（2011）。*模擬與實徵試題差異功能之指標效能分析：IRT法及CFA法之比較*。國立嘉義大學博士論文。

林清山（1983）。*多變項分析統計法*。臺北：東華。

涂金堂（2015）。數學後設認知量表之發展與信效度考驗，*教育心理學報*，*47(1)*，109-131。

曾建銘（2005）。93年第一次國中基本學力測驗數學科區域試題差別功能的探討與研究。教育部臺灣省中等學校教師研習會九十四年度研究計畫（編號：94105）。臺中：教育部臺灣省中等學校教師研習會。

邱皓政（1997）。態度測量與心理測驗發展與檢驗的新趨勢：結構方程模式的應用。*世新學報*，*7*，61-95。

邱皓政（2004）。*結構方程模式：LISREL的理論、技術與應用*（2nd ed.）。臺北：雙葉。

邱皓政（2017）。*多層次模式與縱貫資料分析：Mplus 8解析應用*。臺北：五南。

邱皓政（2020）。*貝氏統計：原理與應用*。臺北：雙葉。

程姿螢、張詠婷、宋曜廷（2016）。大專學生工作價值組合量表之編製及信效度研究，*教育心理學報*，*48(1)*，91-112。

連盈如（1997）。*精神分裂症患者親屬的準精神分裂性人格特徵：探索性與驗證性因素分析*。未出版碩士論文，國立臺灣大學流行病學研究所。

秦夢群、吳勁甫（2011）。國中校長教學領導，學校知識管理與教師教學效能之多層次分析。*教育與心理研究*，*34(2)*, 1-31.

溫福星（2010）。*HGLM在空間能力的多層次多向度分析與DIF研究*。第十九屆南區統計研討會暨第七屆海峽兩岸機率與統計研討會。

溫福星、邱皓政（2009）。組織研究中的多層次調節式中介效果：以組織創新氣氛，組織承諾與工作

滿意的實證研究爲例。*管理學報，26*(2)，189-211。

陳正昌、程炳林、陳新豐、劉子鍵（2003）。*多變項分析方法－統計軟體應用*。臺北：五南。

陳李綢（2014）。國中學生正向心理健康量表之編製研究。*教育研究與發展期刊，10*(4)，1-22。

陳順宇（2007）。*結構方程模式Amos操作*。臺北：心理。

張芳全（2021）。國中生的家庭社經地位，英語學習動機對英語學習成就之成長軌跡分析。*臺北市立大學學報，教育類，52*(1)，1-27。

蔡青姿（2004）。*醫學雷射美容消費意向模式建構之實證研究－結構方程模式之應用*。未出版碩士論文，國立中正大學企業管理研究所。

詹志禹（1993）。因果關係與因果推理。*國立政治大學學報，67*，1-15。

賴慧敏、鄭博文、陳清檳（2017）。臺灣青少年憂鬱情緒與偏差行爲之縱貫性研究。*教育心理學報，48*(3)，399-426。

盧雪梅（1999）。差別試題功能（DIF）的檢定方法。*臺北市立師範學院學報，30*，149-165。

韓楷檉、黃瑞峯、黃聖夫（2011）。生涯轉換心理量表之編製研究。*臺灣心理諮商季刊，3*(2)，15-35。

劉名斐（2015）。*國民小學主任人格特質、組織承諾、組織公民行爲及工作績效關係之研究*。博士論文，國立嘉義大學教育學研究所。

鍾覺非（2004）。*臺灣地區戶政機關服務品質量表之發展*。未出版碩士論文，國立交通大學經營管理研究所。

蕭佳純（2004）。*組織知識創新模式與量表建構之研究：以成人教育組織爲例*。未出版博士論文，國立中正大學成人及繼續教育研究所。

蕭佳純（2017）。學生學習動機與學業成就關聯之研究：教師創意教學的多層次調節式中介效果。*特殊教育研究學刊，42*(1)，79-111。

魏寶蓮（2010）。*運用DEMATEL技術改善SEM—以網路廣告效果爲例*。博士論文，國立交通大學管理科學系。

鄭博眞、黃義良（2009）。大學教師教學評鑑量表發展之研究。*政治大學教育與心理研究，32*(2)，57-80。

Ackerman, T. A. (1992). A didactive explanation of item bias, item impact, and item validity from a multidimensional perspective. *Journal of Educational Measurement, 29* (1), 67-91.

Ainsworth, A.(2010). *Ghost chasing: Demystifying latent variables and SEM*. Retrieved March 1, 2011 from the World Wide Web: http://www.csun.edu/~ata20315/psy524/docs/teachingtalkSEM.pdf.

Aish, A. M., & Joreskog, K. G. (1990). A panel model for political efficacy and representativeness: An application of LISREL 7 with weighted least squares. *Quality and Quantity, 19*, 716-723.

Anderson, J. C., & Gerbing, D. W. (1984). The Effect of Sampling Error on Convergence, Improper Solutions, and Goodness-of-Fit Indices for Maximum Likelihood Confirmatory Factor Analysis. *Psychometrika, 49*(2), 155-173.

Anderson, J. C., & Gerbing, D. W. (1988). Structural equation modeling in practice: A review and recommended two-step approach, *Psychological Bulletin, 103*, 411-23.

Arbuckle J. L. (2005). *Amos 6.0 user's guide*. Spring House, PA: Amos Development Corporation.

Arbuckle, J. L. (2009). *AMOS 17.0 user's guide*. Crawfordville, FL: Amos Development Corporation.

Arbuckle, J. L. (2013). *IBM® SPSS® Amos™ 22 User's Guide*.

Arbuckle J. L. & Worthke, W. (2003). *Amos 5.0 update to the Amos user's guide*. Chicago, IL: SmallWaters

Corporation.

Bateman, T. S., & Strasser, S. (1984). A longitudinal analysis of the antecedents of organizational commitment. *Academy of Management Journal, 27* (1), 95-112.

Beer, D. M.(2004). Use of differential item functioning (DIF) analysis for bias analysis in test construction. *Journal of Industrial Psychology, 2004, 30* (4), 52-58.

Belsley, D. A., Edwin, K. and Roy, E. W. (1991). *Conditioning diagnostics: Collinearity and weak data in regression*. New York: John Wiley.

Berry, W. D., and Stanley, F.(1985). *Multiple Regression in Practice*. Newbury Park, CA: Sage.

Bentler, P. M. (1990). Comparative fit indexes in structural models. *Psychological Bulletin, 107* (2), 238-46.

Berman H. B.(2022). *Echelon form of a matrix*. Retrieved July 30, 2022 from the World Wide Web: https://stattrek.com/matrix-algebra/echelon-form.

Boker, S. M., McArdle, J. J. & Neale, M. C. (2002). An algorithm for the hierarchical organization of path diagrams and calculation of components of expected covariance. *Structural Equation Modeling, 9* (2), 174-194.

Bollen, K. A. (1989). *Structural equations with latent variables*. New York: John Wiley & Sons.

Bollen, K. A. (1990). Overall fit in covariance structure models: Two types of sample size effects, *Psychological Bulletin, 107* (2), 256-59.

Bollen, K. A., & Bauldry, S. (2011). Three Cs in measurement models: causal indicators, composite indicators, and covariates. *Psychological Methods, 16(3)*, 265-84.

Bollen, K. A. & Lennox, R. (1991). Conventional wisdom on measurement: A structural equation perspective. *Psychological Bulletin, 110* (2), 305-314.

Bollen, K. A. & Long, J. S. (1993). *Testing structural equation models* (Eds.). Newbury Park: Sage.

Broer, M., Lee, Y-W., Rizavi, S., Powers, D. (2005). *Ensuring the fairness of GRE writing prompts: Assessing differential difficulty*. GRE Board Report No. 02-07R ETS RR-05-11.

Brown, T. A. (2006). *Confirmatory factor analysis for applied research*. New York: Guilford.

Browne, M.W. (1984). Asymptotically distribution-free methods for the analysis of covariance structures. *British Journal of Mathematical and Statistical Psychology, 37*, 62–83.

Browne, M. W. & Cudeck, R. (1993). *Alternative ways of assessing model fit*. In K. A. Bollen,& J. S. Long (Eds.). Testing structural equation models(pp. 136-162). Newbury Park: Sage.

Browne, M. W., MacCallum, R. C., Kim, C.-T., Anderson, B., and Glaser, R. (2002). *When fit indices and residuals are incompatible. Psychological Methods 7*, 403–421.

Burnham, Kenneth P. and David R. Anderson. (1998). *Model selection and inference: A practical information-theoretical approach*. New York: Springer-Verlag.

Byrne, B. M., Shavelson, R. J., & Muthen, B. (1989). Testing for the equivalence of factor covariance and mean structures: The issue of partial measurement invariance. *Psychological Bulletin, 105*(8), 456-466.

Byrne, B. M. (1998). *Structural equation modeling with LISREL, PRELIS and SIMPLIS: Basic concepts, applications and programming*. Mahwah, New Jersey: Lawrence Erlbaum Associates.

Byrne, B. M. (2001). *Structural equation modeling with Amos: Basic concepts, applications, and programming*. New Jersey: Lawrence Erlbaum Associates.

Byrne, B. M. (2016). *Structural equation modeling with AMOS: Basic concepts, applications, and programming*, 3nd edition. New York : Routledge, Taylor & Francis Group.

Campbell, D. T., & Stanley, J. C. (1963). *Experimental and quasi-experimental design for research*. Hopewell, NJ: Houghton Mifflin Company.

Carey (1998). *Multiple regression and path analysis*. Retrieved March 12, 2011 from the World Wide Web: http://psych.colorado.edu/~carey/Courses/PSYC7291/handouts/pathanal2.pdf.

Chan, D. (1998). The conceptualization and analysis of change over time: An integrative approach incorporating longitudinal and covariance structures analysis (LMACS) and multiple indicator latent growth modeling (MLGM). *Organizational Research Methods, 1*, 421-488.

Chan, D. (2000). Detection of differential item functioning on the Kirton Adaptation- Innovation Inventory using multiple-group mean and covariance structure analyses. *Multivariate Behavioral Research, 35* (2), 169-199.

Chatterjee, S., and Price, B. (1977). *Regression Analysis by Example*. New York: John Wiley.

Chen, F., Paxton, P., Curran, P. J., & Kibby, J. (2001). Improper solutions in structural equation models: Causes, consequences, and strategies. *Sociological Methods and Research, 29* (4), 468-508.

Cheng, S. H., Ou, S.M., & Lin, S.M.(2018).Using decision-making trial and evaluation laboratory(DEMATEL) to explore the key success factors for green logistics manufacturers. *African Journal of Business Management, 12* (3), 58-65.

Chennamaneni, P., Echambadi, R., and Hess, J., Syam, N. (2008). *How do you properly diagnose harmful collinearity in moderated regressions*? Retrieved June 1, 2011 from the World Wide Web: http://som.utdallas.edu/academicAreas/marketing/documents/Hess.pdf.

Cheung, G. W., & Rensvold, R. B. (2002). Evaluating goodness-of-fit indices for testing measurement invariance. *Structural Equation Modeling, 9* (2), 233-255.

Cheung, W. L. and Chan, W. (2004). Testing dependent correlation coefficients via structural equation modeling. *Organizational Research Methods, 7* (2), 206-223.

Cheung, M. W.L. (2015). *Meta-analysis: A structural equation modeling approach*. Wiley, Amazon and Google Book.

Chin, W. W. (1998). Issues and opinion on structural equation modeling. *MIS Quarterly, 22*, 1, 7-16.

Chun, S. (2004). *Using MIMIC methods to detect and identify sources of DIF among multiple groups*. Graduate Theses and Dissertations. http://scholarcommons.usf.edu/etd/5352.

Chun, S., Stark, S., Kim, E.S. & Chernyshenko, O. S. (2016). MIMIC methods for detecting DIF among multiple groups: Exploring a new sequential-free baseline procedure. *Applied Psychological Measurement, 40* (7), 486-499.

Cole, D. A., & Maxwell, S. E. (2003). Testing meditational models with longitudinal data: Questions and tips in the use of structural equation modeling. *Journal of Abnormal Psychology, 112* (4), 558-577.

Cook, T. D., & Campbell, D. T. (1979). *The design and analysis of quasi-experiments in field settings*. Chicago: Rand McNally.

Comrey, A. L., & Lee, H. B. (1992). *A first course in factor analysis*. Hillsdale, NJ: Lawrence Erlbaum.

Cortina, J. M. (2002). Big things have small beginnings: An assortment of Minor methodological misunderstandings. *Journal of Management, 28* (3), 339-362.

Cudeck, R. (1989). Analysis of correlation matrices using covariance models. *Psychological Bulletin, 105*, 317-327.

de Andrade, L.G.M., Tedesco-Silva, H. (2020). Recycling of predictors used to estimate glomerular filtration rate: Insight into lateral collinearity. *PLOS ONE, 15*(2): e0228842.

Dormann, C., & Griffin, M. A. (2015). *Optimal time lags in panel studies*. Psychological Methods. August 31, Retrieved from http://dx.doi.org/10.1037/met0000041.

Dorans, N. J., & Holland, P. W. (1993). *DIF detection and description: Mantel-Haenszel and standardization*. In P. W. Holland & H. Wainer (Eds.), *Differential item functioning* (pp. 35-66). Hillsdale, NJ: Erlbaum.

Dunn, O. J., & Clark, V. A. (1969). Correlation coefficients measured on the same individuals. *Journal of the American Statistical Association, 64*, 366-377.

Fabrigar, L. R., Wegener, D. T., MacCallum, R. C., & Strahan, E. J. (1999). Evaluating the use of exploratory factor analysis in psychological research. *Psychological Methods, 4*, 272-299.

Farmer, G. L. (2000). Use of multilevel covariance structure analysis to evaluate the multilevel nature of theoretical constructs. *Social Worker Research, 24*, 180-191.

Ferrer, E., Balluerka, N., Widaman, K. F. (2008). Factorial invariance and the specification of second-order growth models. *Methodology, 4* (1), 22-86.

Ferron, J. M., & Hess, M. R. (2007). Estimation in SEM: A concrete example. *Journal of Educational and Behavioral Statistics, 32*, 110-120.

Feldman, S. & Weber, C.(2007). *The implications and detection of differential Item functioning in survey analysis*. Paper presented at the annual Meeting of the American Political Science Association, Hyatt Regency Chicago and the Sheraton Chicago Hotel and Towers, Chicago, IL.

Finch, H. (2005).The MIMIC model as a method for detecting DIF: Comparison with Mantel-Haenszel, SIBTEST and the IRT likelihood ratio. *Applied Psychological Measurement, 29*, 278-295.

Fleishman, J. A., Spector, W.D., & Altman, B.M. (2002). Impact of differential item functioning on age and gender differences in functional disability. *Journal of Gerontology: Social Sciences, 57B* (5), S275-S284.

Fleming, J. S. (1991). *COMPARE: An interactive program for computing measures of similarity for factor loadings, with Procrustes rotation*. Available from: http://swppr.org.

Fonseca-Pedrero, E., Wells, C., Paino, M., Lemos-Giráldez, S., Villazón-García, U., Sierra, S., García-Portilla González, M. P., Bobes, J., and Muñiz, J. (2010). Measurement invariance of the Reynolds Depression Adolescent Scale across gender and age. *International Journal of Testing, 10*, 188-148.

Fornell, C. & Larker, D. F.(1981a). Evaluating structural equation models with unobservable variables and measurement error. *Journal of Marketing Research, 18*, 39-50.

Fornell, C., & Larcker, D. F. (1981b). Structural equation models with unobservable variables and measurement error: Algebra and statistics. *Journal of Marketing Research, 18*, 382-388.

Fornell, C. (1983). Issues in the application of covariance structure analysis: A comment. *Journal of Consumer Research, 9*, 443-448.

Gaddy, G. D. (1986). Television's Impact on high school achievement. *The Public Opinion Quarterly, 50* (3), 340-359.

Gerbing, D. W., & Anderson, J. C. (1992). Monte Carlo evaluations of goodness of fit indices for structural equation models. *Sociological Methods and Research, 21*(2), 132-160.

Gerbing, D. W., & Anderson, J. C. (1993). *Monte carlo evaluations of goodness-of-fit indices for structural equation models*. In K. Bollen & J. S. Long (Eds.), Testing structural equation modeling (pp. 40-65). Newbury Park, CA: Sage.

Glebbeek, A., E. Bax. (2004). Is high employee turnover really harmful? An empirical test using company records. *Academy of Management Journal, 47,* 277-286.

Gomez, R. & Vance, A. (2008). Parent ratings of ADHD symptoms: Differential symptom functioning across Malaysian Malay and Chinese children. *Journal of Abnormal Child Psychology, 36,* 955-967.

Gomez, R. (2010). Equivalency for father and mother ratings of the ADHD symptoms. *Journal of Abnormal Child Psychology, 38,* 303-314.

Gonzalez, R. & Griffin, D. (2001). Testing parameters in structural equation modeling: Every "One" matters. *Psychological Methods, 6,* 258-269.

Grewal, R.; Cote, J., A., & Baumgartner, H. (2004). Multicollinearity and measurement error in structural equation models: implications for theory testing. *Marketing Science, 23* (4), 519-529.

Gu, L., Drake, S., & Wolfe, E. W. (2006). Differential item functioning of GRE mathematics items across computerized and paper-and-pencil testing media. *Journal of Technology, Learning, and Assessment, 5*(4), 1-30. Retrieved from http://www.jtla.org.

Hair, J., Anderson, R., Tatham, R. and Black, W. (1998). *Multivariate data analysis.* 5th Edition, Prentice Hall, New Jersey.

Hair, J.F., Black, W.C., Babin, B.J., & Anderson, R.E. (2009). *Multivariate data analysis.* Upper Saddle River, NJ: Prentice Hall.

Hamaker, E. L., Kuiper, R. M., & Grasman, R. P. P. (2015). A critique of the cross-lagged panel model. *Psychological Methods, 20,* 102-116.

Hambleton, R. K., Merenda, P. F., & Spielberger, C. D. (2006). *Adapting educational and psychological tests for cross-cultural assessment.* Routledge Academic.

Hamilton, D. (1987). Sometimes $R^2 > r_{yx1}^2 + r_{yx2}^2$: Correlated variables are not always redundant. *American Statistician, 41,* 129-132.

Hancock, G. R. (1997). Structural equation modeling methods of hypothesis testing of latent variable means. *Measurement and Evaluation in Counseling and Development, 80,* 91-105.

Hancock, G. R., Kuo, W., & Lawrence, F. R. (2001). An illustration of second-order latent growth models. *Structural Equation Modeling: A Multidisciplinary Journal, 8,* 470-489.

Hancock, G. R.(2008). Fortune cookies, measurement error, and experimental design. *Journal of Modern and Applied Statistical Methods, 2,* 298-805.

Hancock, G. R.(2011). *EDMS 722: Structural Equation Modeling.* Retrieved January 12, 2011 from the World Wide Web: http://www.education.umd.edu/EDMS/fac/Hancock/Course_Materials/EDMS722materials. html.

Heene, M., Hilbert, S., Draxler, C., Ziegler, M., Buehner, M. (2011). Masking misfit in confirmatory factor analysis by increasing unique variances: A cautionary note on the usefulness of cutoff values of fit indices. *Psychological methods, 16,* 319-36.

Hernández, A. & González-Romá, V. (2003) Evaluating the multiple-group mean and covariance structure analysis model for the detection of differential item functioning on polytomous ordered items. *Psicothema, 15,* 322-327.

Hill, A. B.(1965). The environment and disease: Association or causation? *Proceedings of the Royal Society of Medicine, 58,* 295-300.

Hittner, J. B., May, K., Silver, N.C. (2003). A monte carlo evaluation of tests for comparing dependent correlations. *Journal of General Psychology, 130,* 149-168.

Holzinger, K. J. & Swineford, F.A. (1939). *A study in factor analysis: The stability of a bi-factor solution.* Supplementary Educational Monographs, 48. Chicago: University of Chicago, Dept. of Education.

Hooper, D., Coughlan, J. and Mullen, M. R. (2008). Structural equation modelling: Guidelines for determining model fit. *The Electronic Journal of Business Research Methods, 6* (1), 53-60.Available online at www.ejbrm.com.

Hotelling, H. (1940). The selection of variates for use in prediction with some comments on the general problem of nuisance parameters. *The Annals of Mathematical Statistics, 11*, 271-283.

Hox, J. J. (1995). *Applied multilevel analysis.* Amsterdam: TT-Publikaties.

Hoyle, R. H., & Smith, G. T. (1994). Formulating clinical research hypotheses as structural equation models: A conceptual overview. *Journal of Consulting and Clinical Psychology, 62*, 429-440.

Hu, L. T, Bentler, P. M., & Kano, Y. (1992). Can test statistics in covariance structure analysis be trusted? *Psychological Bulletin, 112*, 351-362.

Hu, L. T, Bentler, P. M. (1999). Cutoff criteria for fit indexes in covariance structure analysis: Conventional criteria versus new alternatives. *Structural Equation Modeling: A Multidisciplinary Journal, 6*, 1-55.

Jain, R. and Chetty, P. (2022). *Confirmatory factor analysis (CFA) in SEM using SPSS Amos.* [online] Project Guru. Available at: https://www.projectguru.in/confirmatory-factor-analysis-cfa-in-sem-using-spss-amos.

Jones, R. N. (2006). Identification of measurement differences between English and Spanish language versions of the Mini-Mental State Examination: Detecting differential item functioning using MIMIC modeling. *Medical Care, 44* (11 Suppl 3), S124-S133.

Joreskog, K.G. (1969). A general approach to confirmatory maximum-likelihood factor analysis. *Psychometrika, 34*, 183-202.

Joreskog, K. G.(1993). *Testing structural equation models.* In K. Bollen & J. S. Long(Eds.), Testing structural equation modeling. Newbury Park, CA(pp. 256-293): Sage.

Kenny, D. A. (1975). Cross-lagged panel correlation: A test for spuriousness. *Psychological Bulletin, 82* (6), 887-903.

Kenny, D. A. (1979). *Correlation and causality.* New York: John Wiley.

Kenny, D. A. (1987). *Statistics for the social and behavioral sciences.* Boston, MA: Little, Brown and Company.

Kenny, D. A., & Harackiewicz, J. M. (1979). Cross-lagged panel correlation: Practice and promise. *Journal of Applied Psychology, 64*, 372-379.

Kenny, D. A., & Judd, C. M. (2014). Power anomalies in testing mediation. *Psychological Science, 25*, 334-339.

Kenny, D. A., Kaniskan, B., & McCoach, D. B. (2015). The performance of RMSEA in models with small degrees of freedom. *Sociological Methods & Research, 44*(3), 486-507.

Kessler, R. C., & Greenberg, D. F. (1981). *Linear panel analysis. Models of quantitative change.* New York: Academic Press.

Kessler, T., & Mummendey, A. (2001). Is there any scapegoat around? Determinants of intergroup conflicts at different categorization levels.*Journal of Personality and Social Psychology, 81*, 1090-1102.

Kim, H., & Ji, J. (2009). Factor structure and longitudinal invariance of the Maslach Burnout Inventory. *Research on Social Work Practice, 19*, 825-889.

Kline, R. B. (1998). *Principles and practice of structural equation modeling.* New York: Guilford.

Kline, R. B. (2000). *Supplemental Chapter B: Introduction to mean structures*. Retrieved Oct.2, 2018 from the World Wide Web: https://psychology.concordia.ca/fac/kline/Supplemental/means_b.html.

Kline, R. B. (2004). *Principles and practice of structural equation modeling* (2nd ed.). New York: Guilford.

Kline, R.B. (2011). *Principles and practice of structural equation modeling*. Guilford Press, New York.

Kock, N. (2015). Common method bias in PLS-SEM: A full collinearity assessment approach. *International Journal of e-Collaboration, 11*(4), 1-10. https://drive.google.com/file/d/0B76EXfrQqs3hYlZhTWdWcXRockU/view.

Kock, N., & Lynn, G.S. (2012). Lateral collinearity and misleading results in variance-based SEM: An illustration and recommendations. *Journal of the Association for Information Systems, 13*(7), 546-580. http://www.scriptwarp.com/warppls/pubs/Kock_Lynn_2012.pdf.

Koys, D. J. (2001). The effects of employee satisfaction, organizational citizenship behavior, and turnover on organizational effectiveness: A unit-level, longitudinal study. *Personnel Psychology, 54*, 101-114.

Landis, R., Edwards, B. D., & Cortina, J. (2009). *Correlated residuals among items in the estimation of measurement models*. In C. E. Lance & R. J. Vandenberg (Eds.). *Statistical and methodological myths and urban legends: Doctrine, verity, and fable in the organizational and social sciences* (pp. 195-214). New York: Routledge.

Lee, J. (2008). *A study of the power and Type-I error associated with confirmatory factor analysis of detecting differential item functioning: Toward a unified strategy against identification problem*. Unpublished manuscript Retrieved Dec. 30, 2008 from the World Wide Web: http://www.psych.ku.edu/Program/Quant/CFA-IF.Prosem.ppt.

Lee, J. (2009). *Type I error and power of the mean and covariance structure confirmatory factor analysis for differential item functioning detection: Methodological issues and resolutions*. Unpublished doctoral dissertation, University of Kansas, USA.

Lee, J., Little, T. D., & Preacher, K. J. (2011). *Methodological issues in using structural equation models for testing differential item functioning*. In Davidov E., Schmidt P., Billiet J. (Eds.), Cross-cultural research: Methods and applications (pp. 55-84). New York: Routledge.

Lessem,J.(2002). *Tracing Rules for Unstandardized Variables*. Retrieved Aug. 20, 2017 from the World Wide Web: http://ibgwww.colorado.edu/twins2003/cdrom/HTML/BOOK/node79.html.

Li, H. H. & Stout, W. (1996). A new procedure for detection of crossing differential item functioning. *Psychometrika, 61*, 647-677.

Little, T. D. (1997). Mean and covariance structures (MACS) analyses of cross-culture data: Practical and theoretical issues. *Multivariate Behavioral Research, 32* (1), 53-76.

Little, T. D., Bovaird, J. A. & Card, N. A. (2006). *Modeling contextual effects in longitudinal studies* (pp.1-11). Mahwah, NJ: LEA.

Little, T. D., Slegers, D. W., & Card, N. A. (2006). A non-arbitrary method of identifying and scaling latent variables in SEM and MACS models. *Structural Equation Modeling, 13*, 59-72.

Little, T. D. (2013). *Longitudinal Structural Equation Modeling*. New York, NY: Guilford Press.

Little, T. D., Preacher, K. J., Selig, J. P., & Card, N. A. (2007). New developments in latent variable panel analyses of longitudinal data. *International Journal of Behavioral Development, 31*, 357-365.

Liu, O. L., Schedl, M., Malloy, J., and Kong, N. (2009). *Does content knowledge affect TOEFL iBT™ reading performance? A confirmatory approach to differential item functioning*. ETS: RR-09-29.

Lopez, G. E. (2012). *Detection and classification of DIF types using parametric and nonparametric methods: A comparison of the IRT-likelihood ratio test,crossing-SIBTEST, and logistic regression procedures.* Graduate Theses and Dissertations.

MacCallum, R. C., Browne, M. W., & Sugawara, H. M. (1996). Power analysis and determination of sample size for covariance structure modeling. *Psychological Methods, 1*, 130-149.

MacIntosh, R., & Hashim, S. (2003).Variance estimation for converting MIMIC model parameters to IRT parameters in DIF analysis. *Applied Psychological Measurement, 27*, 372-379.

Magnusson Hanson, L.L., Chungkham, H.S., Åkerstedt, T., Westerlund, H. (2014). The role of sleep disturbances in the longitudinal relationship between psychosocial working conditions, measured by work demands and support, and depression. *Sleep, 37*, 1977-1985.

Marsh, H. W.; Dowson, M.; Pietsch, J.; & Walker, R. (2004). Why multicollinearity matters: A reexamination of relations between self-efficacy, self-concept, and achievement. *Journal of Educational Psychology, 96* (3), 518-522.

McArdle, J. J. (1978, December). *A structural view of structural models. Paper presented at the Winter Workshop on Latent Structure Models Applied to Developmental Data.* University of Denver.

McArdle, J. J. and McDonald, R.P. (1984). Some Algebraic Properties of the Reticular Action Model. *British Journal of Mathematical and Statistical Psychology, 37*, 234-251.

McArdle, J. J., & Boker, S. M. (1990). *Rampath.* Hillsdale, NJ: Lawrence Erlbaum Associates, Inc.

McNeish, D., An, J., & Hancock, G. R. (2018). The thorny relation between measurement quality and fit index cutoffs in latent variable models. *Journal of personality assessment, 100*(1), 43-52.

Meade, A. W., Johnson, E. C., & Braddy, P. W. (2006, August). *The utility of alternative fit indices in tests of measurement invariance.* Paper presented at the annual Academy of Management conference, Atlanta, GA.

Meade, A. W.; Johnson, E. C.; Braddy, P. W. (2008). Power and sensitivity of alternative fit indices in tests of measurement invariance. *Journal of Applied Psychology, 98* (8), 568-592.

Meade, A. W., & Wright, N. A. (2012). Solving the measurement invariance anchor item problem in item response theory. *Journal of Applied Psychology, 97*, 1016-1031.

Meng, X.L., Rosenthal, R., Rubin, D. B. (1992). Comparing correlated correlation coefficients. *Psychological Bulletin, 111*, 172-175.

Meredith, W. (1993). Measurement invariance, factor analysis, and factorial invariance. *Pyschometrika, 58* (4), 525-543.

Milfont, T. L., & Fischer, R. (2010). Testing measurement invariance across groups: Applications in cross-cultural research. *International Journal of Psychological Research, 8*, 112-181.

Moshagen, M., & Auerswald, M. (2018). On congruence and incongruence of measures of fit in structural equation modeling. *Psychological Methods, 23*(2), 318-336.

Mulaik, S. A., James, L.R., Van Alstine, J., Bennett, N., Lind, S. & Stilwell, C.D. (1989). Evaluation of goodness-of-fit indices for structural equation models. *Psychological Bulletin, 105*, 430-445.

Muthén, B. (1989). Latent variable modeling in heterogeneous populations. *Psychometrika, 54*, 557-585.

Muthen, B. O. (1994). Multilevel covariance structure analysis. *Sociological Method & Research, 22* (3), 376-398.

Muthen, B. O. (1991). Multilevel factor analysis of class and student achievement components. *Journal of Educational Measurement, 28*, 338-354.

Muthen, B. O., Kao, C. F., & Burstein, L. (1991). Instructionally sensitive psychometrics: Application of a new IRT-based detection technique to mathematics achievement test items. *Journal of Educational Measurement, 28*(1), 1-22.

Myung, J. (2004). *Model selection methods.* OSU: Amsterdam workshop on model selection (Aug. 27-29, 2004). Retrieved Aug. 20, 2005 from the World Wide Web: http://www2.fmg.uva.nl/modelselection/presentations/AWMS2004-Myung.pdf.

Newsom, J. T. (2015). *Longitudinal structural equation modeling: A comprehensive introduction.* New York: Taylor & Francis.

Neill, J. J., Dunn, O.J. (1975). Equality of dependent correlation coefficients. *Biometrics, 31,* 531-543.

Niemelä-Nyrhinen, J. & Leskinen, E. (2014). Multicollinearity in Marketing Models: Notes on the Application of Ridge Trace Estimation in Structural Equation Modelling. The Electronic *Journal of Business Research Methods, 12* (1), 3-15, available online at www.ejbrm.com.

Nimon, K., Reio Jr., T.G.(2011).Measurement invariance: A foundational principle for quantitative theory building. *Human Resource Development Review, 10* (2),198-214.

Nunnally, Jum & Bernstein, Ira. (1994). *Psychometric Theory* (3 ed). New York: McGraw Hill.

Oishi, S. (2006). The concept of life satisfaction across cultures: An IRT analysis. *Journal of Research in Personality, 40,* 411-423.

Olkin, I., & Siotani, M. (1976). *Asymptotic distribution of functions of a correlation matrix.* In S. Ideka (Ed.), Essays in probability and statistics (pp.235-251). Tokyo: Shinko Tsusho.

Olkin, I., Finn, J.D. (1990). Testing correlated correlations. *Psychological Bulletin, 108,* 330-333.

Oort, F. J. (1998). Simulation study of item bias detection with restricted factor analysis. *Structural Equation Modeling, 5,* 107-124.

Orth, U., Robins, R. W., & Widaman, K. F. (2012). Life-span development of self-esteem and its effects on important life outcomes. *Journal of Personality and Social Psychology, 102*(6), 1271-88.

Pearson, K., & Filon, L. N. G. (1898). Mathematical contributions to the theory of evolution: IV. On the probable error of frequency constants and on the influence of random selection of variation and correlation. *Philosophical Transactions of the Royal Society of London, Series, A, 191,* 229-311.

Petter, Straub, & Rai (2007). Specifying formative constructs in information systems research. *MIS Quarterly, 31,* 623-656. 10.2307/25148814.

Peters, C. C., & Van Voorhis, W. R. (1940). *Statistical procedures and their mathematical bases.* New York: McGraw-Hill.

Petrescu, M.(2013). Marketing research using single-item indicators in structural equation models. *Journal of Marketing Analytics, 1* (2), 99-117.

Pietsch, J., Walker, R., & Chapman, E. (2003). The relationship among self-concept, self-efficacy, and performance in mathematics during secondary school. *Journal of Educational Psychology, 95* (3), 589-603.

Ping, R. A. (2005). *What is the average variance extracted for a latent variable Interaction.* Available at http://home.att.net/～rpingjr/ave1.doc.

Rafikasari, E. F., & Iriawan, N. (2021). Estimation of technology acceptance model (TAM) on the adoption of technology in the learning process using structural equation modeling (SEM) with bayesian approach. In *2021 1st International Conference on Computer Science and Artificial Intelligence (ICCSAI)* (Vol. 1, pp.

86-91).

Raghunathan, T. E., Rosenthal, R., & Rubin, D.B. (1996). Comparing correlated but nonoverlapping correlations. *Psychological Methods, 1* (1), 178-183.

Raju, N.S., Laffitte, L. J., & Byrne, B.M. (2002). Measurement equivalence: A comparison of confirmatory factor analysis and item response theory. *Journal of Applied Psychology, 87*, 517-529.

Reckase, M. D. (1979). Unifactor latent trait models applied to multifactor tests: Results and implications. *Journal of Educational Statistics, 4*, 207-230.

Rick, W. (2012). *Computing the nearest correlation matrix*. Available at: http://blogs.sas.com/content/iml/2012/11/28/computing-the-nearest-correlation- matrix.html#comment-62389.

Reuterber, S. E., & Gustafsson, J. E. (1992). Confirmatory factor analysis and reliability: Testing measurement model assumptions. *Educational and Psychological Measurement, 52*, 795-811.

Richter, N. F., Sinkovics, R. R, Ringle, C. H., and Schlägel, C. (2016). A critical look at the use of SEM in international business research, *International Marketing Review, 33* (3), 376-404.

Riley, B. B. & Dennis, M.(2009). *Distinguishing between treatment effects and DIF in a substance abuse outcome measures using multiple indicator multiple causes (MIMIC) models*. Retrieved January 12, 2017 from the World Wide Web: https://www.slideserve.com/job/barth-b-riley-michael-l-dennis-chestnut-health-systems.

Roesch, S. C. (2011). *Path Analysis*. Retrieved March 12, 2011 from the World Wide Web: http://www.psychology.sdsu.edu/new-eb/FacultyLabs/Roesch/Lecture8_Path_Analysis.ppt.

Roever. C. (2005). That's not fair! Fairness, bias, and differential item functioning in language testing. *Brownbag, 1-14*.

Rogosa, D. (1980). A critique of cross-legged correlation. *Psychological Bulletin, 88*, 245-258.

Sandell, R. G. (1971). Note on choosing between competing interpretations of cross-lagged panel correlations. *Psychological Bulletin, 75*, 367-368.

Saris, W. E., & Satorra, A.(1993). *Power evaluations in structural equation models*. In K. Bollen & J. S. Long (Eds.), Testing structural equation modeling. Newbury Park, CA (pp. 181-204): Sage.

Satorra, A., & Bentler, P. M. (1994). *Corrections to test statistics and standard error on covariance structure analysis*. In A. Von Eye & C. C. Clogg (Eds.), Latent variables analysis (pp. 399-419). Thousand Oaks, CA: Sage.

Schreiber, J. B., Nora, A., Stage, F. K., Barlow, E. A., & King, J. (2006). Reporting structural equation modeling and confirmatory factor analysis results: A review. *Journal of Educational Research, 99*, 323-337.

Schreiber, J. (2017). Update to Core Reporting Practices in Structural Equation Modeling. *Research in Social and Administrative Pharmacy, 13*, 634-643.

Schriesheim, C. H. & Neider, L. L.(2016). *Current theory and research in transforming organizations*. Charlotte: Information Age Publishing Inc.

Schwarz, C.; Schwarz, A. & Black, W. C.(2014). *Examining the impact of multicollinearity in discovering higher-order factor models*. Communications of the Association for Information Systems, 34, Article 62. Available at: http://aisel.aisnet.org/cais/vol34/iss1/62.

Shadish, W. R., Cook, T. D., & Campbell, D. T. (2002). *Experimental and quasi-experimental designs for generalized causal inference*. Boston: Houghton Mifflin.

Shi, D., Distefano, C., Maydeu-Olivares, A., & Lee, T. (2021). Evaluating SEM model fit with small degrees of freedom. *Multivariate Behavioral Research, 57*, 179-207.

Sims, H. P. & Wilkerson, D. A. (1977). *Time lags in cross-lagged correlation studies: A computer simulation.* Decision Sciences, 8, 630-644. Available at: https://www.researchgate.net/publication/274702402.

SmallWaters (2003). *Amos 5.0 Update to the Amos User's Guide.*

Stark, S., Chernyshenko, O. S., Dragsow, F. (2006). *Detecting differential item functioning with confirmatory factor analysis and item response theory: Toward a unified strategy.* Journal of *Applied Psychology, 91*,1292-1306.

Steenkamp, J. E. and Baumgartner, H. (1998). Assessing measurement invariance in cross-national consumer research. *Journal of Consumer Research, 25*(1), 78-90.

Steiger, J. H. (1980). Tests for comparing elements of a correlation matrix. *Psychological Bulletin, 87*, 245-251.

Steiger, J. H. (2002). When constraints interact: A caution about reference variables, identification constraints, and scale dependencies in structural equation modeling. *Psychological Methods, 7* (2), 210-227.

Studerus, E., Gamma, A., Vollenweider, F.X. (2010). Psychometric evaluation of the altered states of consciousness rating scale (OAV). *PLOS ONE, 5*(8), e12412.

Sweeney, P. D., Shaeffer, D. E., and Golin, S. (1982). Pleasant events, unpleasant events, and depression. *Journal of Personality and Social Psychology, 43* (1), 136-144.

Tabachnick, B. G, Fidell, L. S. F. (2001). *Using multivariate statistics* (4 th Ed.). Boston: Allyn & Bacon.

Takane, Y. & de Leeuw, J. (1987). On the relationship between Item Response Theory and factor analysis of discretized variables. *Psychome-trika, 52*, 393-408.

Tanaka, J. S. (1993). *Multifaceted conceptions of fit in structural equation models.* In K. A. Bollen & J. S. Long (Eds.), Testing structural equation modeling (pp. 10-39). Newbury Park: Sage.

Tang, D. & Wang, D. (2009).Reason or result? Subjective well-being of the elderly in urban Beijing: A cross-lagged panel regression analysis. *Aging International, 34*, 189-202.

Taris, T. (2000). *A primer in longitudinal data analysis.* Thousand Oaks, CA: Sage.

Teresi, J. A. & Fleishman, J. A. (2007). Differential item functioning and health assessment. *Quality of Life Research, 16*, 33-42.

Timm, N. (2002). *Applied Multivariate Analysis.* New York: Springer.

Tomarken, A. J., & Waller, N. G. (2003). Potential problems with well-fitting models. *Journal of Abnormal Psychology, 112*, 578-598.

Tomarken, A. J., & Waller, N. G. (2005). Structural Equation Modeling: Strengths, limitations, and misconceptions. *The Annual Review of Clinical Psychology, 1*, 31-65.

Tsai, J. Y., Ding, J. F., Liang, G. S. and Ye, K. D. (2018). Use of a hybrid MCDM method to evaluate key solutions influencing service quality at a port logistics center in Taiwan. *Journal Brodogradnja/ Shipbuilding, 69* (1), 89-10.

Tucker, L., and Lewis, C. (1973). A reliability coefficient for maximum likelihood factor analysis. *Psychometrika, 88* (1), 1-10.

Ullman, J. B. (1996). *Structural equation modeling.* In B.G. Tabachnick and L.S. Fidell (Eds.), Using multivariate statistics (pp. 709-819, 3rd Ed.). HarperCollins College Publishers. New York, NY.

Vandenberg, R. J., & Lance, C. E. (2000). A review and synthesis of the measurement invariance literature:

Suggestions, practices, and recommendations for organizational research. *Organizational Research Methods, 3*, 4-70.

Verbeke, W., & Bagozzi, R. (2000). Sales call anxiety: Exploring what it means when fear rules a sales encounter. *Journal of Marketing, 64* (3), 88-101.

Wang, W. C. (2000). The simultaneous factorial analysis of differential item functioning. *Methods of Psychological Research Online, 5* (1),57-76. http://www.mpr-online.de.

Warren, R. D., White, J.K. & Fuller, W.A. (1974). An errors-in-variables analysis of managerial role performance. *Journal of the American Statistical Association, 69*, 886-893.

Widaman, K. F., & Reise, S. P. (1997). *Exploring the measurement invariance of psychological instruments: Applications in the substance use domain.* In K. J. Bryant, M. Windle, & S. G. West (Eds.), The science of prevention: Methodological advances from alcohol and substance abuse research, pp. 281-324. Washington, DC: APA.

Williams, E. J. (1959). The comparison of regression variables. *Journal of the Royal Statistical Society, Series B, 21*, 396-399.

Woods, C. M. (2009). Evaluation of MIMIC-model methods for DIF testing with comparison to two-group analysis. *Multivariate Behavioral Research, 44*, 1-27.

Woods, C.M., Oltmanns, T.F., Turkheimer, E. (2009). Illustration of MIMIC-model DIF testing with the schedule for nonadaptive and adaptive personality. *Journal of Psychopathology Behavioral Assessment, 31*, 320-330.

Woods, C. M., & Grimm, K. J. (2011). Testing for non-uniform differential item functioning with multiple indicator multiple cause models. *Applied Psychological Measurement, 35*, 339-361.

Wothke, W. (1993). *Nonpositive definite matrices in structural equation modeling.* In K. Bollen & J. S. Long (Eds.), Testing structural equation modeling. Newbury Park, CA(pp. 256-293): Sage.

Wright, S. (1934). The method of path coefficients. *Annals of Mathematical Statistics,5*,162-215.

Yildirim, H. H., & Berberôglu, G. (2009). Judgmental and statistical DIF analyses of the PISA-2003 mathematics literacy items. *International Journal of Testing, 9* (2), 108-121.

Zieky, M. (2003). *A DIF primer*. Princeton, NJ: Educational Testing Service.

Zimbra, D. J. (2018). *An examination of the mimic method for detecting DIF and comparison to the IRT likelihood ratio and wald tests.* Available from ProQuest Dissertations & Theses Global.

Zimprich, D., Perren, S., & Horung, R. (2005). A two-level confirmatory factor analysis of a modified Rosenberg self-esteem scale. *Educational and psychological measurement, 65* (3), 465-481.

Zumbo, B.D. (2007). Three generations of differential item functioning (DIF) analyses: Considering where it has been, where it is now, and where it is going. *Language Assessment Quarterly, 4*, 223-233.

Zumbo, B.D. (2008). *Psychometric methods for investigating potential item and scale/test bias.* Presented at Carleton University, Ottawa, Canada.

Zwick, R., Thayer, D. T., & Lewis, C. (1999). An empirical Bayes approach to Mantel Haenszel DIF analysis. *Journal of Educational Measurement, 36*(1), 1-28.

中英文索引

國家圖書館出版品預行編目(CIP)資料

結構方程模式理論與實務：圖解Amos取向／
李茂能著. -- 二版. -- 臺北市：五南，
2024.06
　　面；　公分
　　ISBN 978-626-393-400-9(平裝附光碟片)

1.CST：統計套裝軟體　2.CST：統計分析

512.4　　　　　　　　　　　113007401

1H2A

結構方程模式理論與實務：
圖解Amos取向

作　　　者 ― 李茂能

發 行 人 ― 楊榮川

總 經 理 ― 楊士清

總 編 輯 ― 楊秀麗

副總編輯 ― 侯家嵐

責任編輯 ― 吳瑀芳

文字校對 ― 鐘秀雲

封面設計 ― 封怡彤

出 版 者 ― 五南圖書出版股份有限公司

地　　　址：106臺北市大安區和平東路二段339號4樓

電　　　話：(02)2705-5066　　傳　　真：(02)2706-6100

網　　　址：https://www.wunan.com.tw

電子郵件：wunan@wunan.com.tw

劃撥帳號：01068953

戶　　　名：五南圖書出版股份有限公司

法律顧問：林勝安律師

出版日期：2019年4月初版一刷
　　　　　2024年6月二版一刷

定　　　價：新臺幣750元